"十二五"职业教育国家规划教材
经全国职业教育教材审定委员会审定

农产品安全与质量控制

尹凯丹　主编　　　苏新国　主审

NONGCHANPIN ANQUAN YU
ZHILIANG KONGZHI

化学工业出版社
·北京·

内 容 简 介

《农产品安全与质量控制》为"十二五"职业教育国家规划教材,依据农产品食品安全与质量控制工作岗位及岗位群对职业能力的需求进行编写。教材涵盖农产品安全与质量控制导论,农产品、食品安全监管体系,质量控制的工具和方法,初级农产品安全及质量控制,安全农产品生产与认证,食品安全控制体系HACCP,农产品、食品可追溯体系,安全农产品质量检验,标准化管理体系等内容。每单元还配有相应的案例练习,以强化应用技能的培养;为提高读者对食品质量管理法律法规的重视,各单元内容均从相关案例切入,加深读者对农产品质量管理法律法规意义的认识。教材同时提出了各单元的知识与能力目标、思政与职业素养目标,以强化学生的能力和素质养成。

本书适合高职高专食品、农产品相关院校师生用书,也可作为企事业单位人员参考用书。

图书在版编目(CIP)数据

农产品安全与质量控制/尹凯丹主编. —北京:化学工业出版社,2020.7(2024.9重印)
"十二五"职业教育国家规划教材
ISBN 978-7-122-37957-3

Ⅰ.①农… Ⅱ.①尹… Ⅲ.①农产品-质量管理-安全管理-职业教育-教材 Ⅳ.①F326.5

中国版本图书馆 CIP 数据核字(2020)第 218175 号

责任编辑:迟 蕾 李植峰　　　　　　文字编辑:李娇娇 陈小滔
责任校对:李 爽　　　　　　　　　　装帧设计:王晓宇

出版发行:化学工业出版社(北京市东城区青年湖南街13号　邮政编码100011)
印　　刷:北京云浩印刷有限责任公司
装　　订:三河市振勇印装有限公司
787mm×1092mm　1/16　印张17¾　字数455千字　2024年9月北京第1版第4次印刷

购书咨询:010-64518888　　　　　　　售后服务:010-64518899
网　　址:http://www.cip.com.cn
凡购买本书,如有缺损质量问题,本社销售中心负责调换。

定　价:54.00元　　　　　　　　　　　　　　　　　　　　　版权所有　违者必究

《农产品安全与质量控制》编审人员

主　　编　尹凯丹

副主编　许纪发　郑　昕　郝志明　吴　英

编　　者　（按姓名汉语拼音排列）

　　　　　曹　阳（黑龙江农业经济职业学院）

　　　　　范梅红（广东省东升农场有限公司）

　　　　　郝志明（广东农工商职业技术学院）

　　　　　宋宏光（黑龙江农业经济职业学院）

　　　　　吴　英（黑龙江农业经济职业学院）

　　　　　许纪发（黑龙江农业经济职业学院）

　　　　　尹凯丹（广东农工商职业技术学院）

　　　　　赵玉娟（扎兰屯职业学院）

　　　　　郑　昕（深圳第二高级技工学校）

主　　审　苏新国（广东农工商职业技术学院）

前言

"民以食为天,食以安为先"。近年来,肥料、农药、动植物激素等的广泛推广和应用,在促进农产品产量大幅度增长的同时,也给农产品质量安全带来了隐患;还有一些不法生产者在食品生产、加工过程中违法添加有毒有害物质。农产品安全已成为社会焦点和热点问题。

为了解决农产品质量安全问题,2002年国家开始全面实施"无公害食品行动计划",陆续颁布实施了《中华人民共和国农产品质量安全法》和《中华人民共和国食品安全法》,同时加大了检测标准整合、颁布与实施的力度。截止到"十一五"末,农产品质量安全依法监管格局基本形成;监测预警能力明显增强;执法监管深入推进;农业标准化逐步完善;安全优质品牌农产品快速发展。农业部于2011年底颁布了《农产品质量安全发展"十二五"规划》。其发展目标是农业标准化生产、检验检测体系建设、安全优质品牌农产品发展、农业投入品安全、监管体系建设。

《"十三五"全国农产品质量安全提升规划》是根据《国民经济和社会发展第十三个五年规划纲要》《"健康中国2030"规划纲要》《"十三五"国家食品安全规划》和《全国农业现代化规划(2016—2020年)》部署制定的。在"十三五"期间,农产品质量安全的主要任务是大力推进农业标准化(具体工作是完善标准体系、强化标准实施、推进"三品一标"发展等);扎实推进全程执法监管;全面强化风险监测评估预警;加快建设追溯体系。

本教材根据国家农产品质量安全规划目标要求,农产品、食品安全与质量控制工作岗位要求及岗位群体对职业能力的需求进行编写,内容涵盖农产品质量安全基础知识;农产品、食品安全管理机构与法规标准体系;质量控制的工具和方法;初级农产品安全及质量控制手段;食品生产控制手段:危害分析与关键控制点(HACCP)、食品良好操作规范(GMP)、卫生标准操作程序(SSOP),同时介绍了食品加工企业有关认证体系包括食品安全管理体系(ISO 22000)、质量管理体系(ISO 9000族)等知识。根据《"十三五"全国农产品质量安全提升规划》目标,教材融入了安全农产品生产与认证(三品一标)、安全农产品质量检验、农产品质量追溯等内容。每单元配有相应的案例,以强化应用技能的培养。

"质量不是检验出来的,是生产出来的"这句经典的质量管理口号充分表明,只有在农产品生产的各个环节,即从生产、加工、运输等各个环节对质量进行有效控制和监督管理,才能最大限度地降低食品风险,保障人民身体健康,维护消费者的切身利益。预防与控制食品生产过程中存在的潜在危险,确保食品质量安全是农产品管理者、农产品生产者和消费者共同努力的方向。为此，在涉农类专业和食品专业开设"农产品安全与质量控制"相关课程非常重要。本教材力求以企业"真实质量控制活动"贯穿整个编写过程，具有理论联系实际、简明易懂、职业性和实用性强的特点，适宜作为高等职业教育院校涉农专业和食品类专业教材。2017年，农业部开始开展全国新型职业农民培训、农业职业经理人培训工作。农产品质量安全知识是新型职业农民培训、农业职业教育、农村实用人才培养等的重要内容，本教材也可以作为相关职业培训教材。

本书由尹凯丹担任主编，许纪发、郝志明、吴英、郑昕担任副主编，苏新国担任主审，参加编写的人员还有曹阳、范梅红、赵玉娟和宋宏光。在编写过程中，得到了企业有关专家的帮助，在此表示感谢。

由于编者水平有限，文中疏漏之处在所难免，恳请广大读者提出宝贵意见，以便进一步修改、完善和提高。

编者

2020年10月

目 录

第一单元 农产品安全与质量控制导论 … 1

第一节 农产品、食品安全的概念及内涵 … 2
一、农产品和食品的界定 … 2
二、食品、农产品安全 … 3

第二节 国内外食品安全现状及控制的重要性 … 4
一、国内外食品安全问题 … 4
二、农产品、食品质量安全问题形成的原因 … 5
三、解决农产品、食品质量安全问题的途径 … 8

第三节 农产品质量安全工作成效与任务 … 8
一、我国农产品质量安全工作成效 … 8
二、我国农产品质量安全工作的主要任务 … 9

第四节 农产品安全与质量控制主要研究的内容 … 11
【单元思考】 … 12

第二单元 农产品、食品安全监管体系 … 13

第一节 农产品、食品监管体制和监管机构 … 14
一、农产品、食品监管体制和监督管理机构（2018年后） … 14
二、食品监管格局转变过程 … 15

第二节 中国农产品、食品安全法律法规体系 … 16
一、法律法规体系 … 16
二、中国农产品、食品安全法律法规解读 … 18
三、与农产品、食品相关的法律 … 21

第三节 中国农产品、食品安全标准体系 … 23
一、标准及标准化的概念 … 23
二、标准化的作用 … 23
三、食品安全标准的分级和分类 … 24

四、农业标准和标准化 ··· 25
　　五、农产品、食品标准 ··· 26
　　六、农产品、食品安全标准的主要内容 ································· 28
　　七、农产品、食品安全标准的结构 ······································· 28
第四节　国际食品质量法规及标准 ··· 29
　　一、国际食品质量法规 ··· 29
　　二、国际食品质量标准 ··· 31
【单元思考】 ·· 34

第三单元　质量控制的工具和方法 ··· 35

第一节　质量数据 ·· 36
　　一、质量数据的性质 ··· 36
　　二、数据的收集 ··· 36
　　三、数据特征值 ··· 37
　　四、产品质量的波动 ··· 38
第二节　质量控制的传统方法 ·· 39
　　一、调查表 ··· 39
　　二、排列图 ··· 42
　　三、因果图 ··· 44
　　四、散布图 ··· 46
　　五、分层法 ··· 47
　　六、直方图 ··· 49
　　七、控制图 ··· 54
第三节　食品质量控制的新方法 ·· 59
　　一、关联图法 ··· 59
　　二、KJ 法 ·· 60
　　三、系统图法 ··· 61
　　四、矩阵图法 ··· 62
　　五、矩阵数据分析法 ··· 63
　　六、过程决策程序图法 ··· 63
第四节　科学试验方法 ·· 64
　　一、试验设计方法论述 ··· 64
　　二、正交试验 ··· 66
【单元思考】 ·· 74

第四单元　初级农产品安全及质量控制 ····································· 75

第一节　初级农产品的污染来源与预防控制措施 ····················· 76
　　一、生物性危害 ··· 76
　　二、化学性危害 ··· 78
　　三、物理性及放射性危害 ··· 80
第二节　良好农业规范（GAP） ·· 81

  一、GAP 介绍 ········ 81
  二、GAP 的基本原理 ········ 84
  三、GAP 的具体内容 ········ 84
  四、实施 GAP 认证的意义 ········ 85
 第三节 中国良好农业规范（ChinaGAP）体系 ········ 85
  一、ChinaGAP 标准颁布情况 ········ 85
  二、现行 ChinaGAP 系列标准 ········ 86
 第四节 中国良好农业规范（ChinaGAP）标准结构及释义 ········ 87
  一、ChinaGAP 相关术语 ········ 87
  二、ChinaGAP 标准结构与解读 ········ 88
 第五节 中国良好农业规范（ChinaGAP）认证 ········ 95
  一、ChinaGAP 认证依据及标准 ········ 95
  二、ChinaGAP 标准要求和产品认证范围 ········ 95
  三、ChinaGAP 认证级别及认证要求 ········ 95
  四、ChinaGAP 认证方式及要求 ········ 97
  五、申请 ChinaGAP 认证的农场须具备的基本条件 ········ 98
  六、ChinaGAP 认证程序 ········ 99
【单元思考】········ 100

第五单元 安全农产品生产与认证 ········ 101
 第一节 "三品一标"认证农产品介绍 ········ 102
  一、"三品一标"农产品简介 ········ 102
  二、"十三五"期间我国"三品一标"重点工作 ········ 103
 第二节 无公害农产品生产及认证 ········ 104
  一、无公害农产品简介 ········ 104
  二、无公害农产品的技术保障 ········ 105
  三、无公害农产品法规依据 ········ 105
  四、无公害农产品认证的相关机构 ········ 105
  五、无公害食品、农产品标准 ········ 106
  六、无公害农产品标志和认证证书 ········ 106
  七、无公害农产品认证程序 ········ 107
 第三节 绿色食品生产及认证 ········ 109
  一、绿色食品相关知识 ········ 109
  二、绿色食品标准 ········ 111
  三、绿色食品认证程序 ········ 113
 第四节 有机食品生产及认证 ········ 114
  一、有机食品的概念 ········ 114
  二、中国有机食品现状 ········ 115
  三、中国有机产品标志 ········ 116
  四、中国有机食品法规及标准 ········ 117
  五、有机食品认证分类 ········ 117

六、有机产品认证 ··· 119
第五节　农产品地理标志产品 ·· 122
　　一、农产品地理标志产品简介 ·· 123
　　二、农产品地理标志公共标识和名称 ·· 123
　　三、农产品地理标志产品的作用 ·· 124
　　四、农产品地理标志登记 ·· 124
　　五、农产品地理标志产品法律依据 ··· 125
　　六、农产品地理标志产品认证 ·· 125
第六节　食品安全市场准入制度 ··· 130
　　一、食品安全市场准入制度历史 ·· 130
　　二、申请食品生产许可证（SC 认证）条件 ·· 132
　　三、食品生产许可证（SC 认证）办理程序 ·· 132
　　四、食品生产许可证（SC 认证）申报过程 ·· 133
【单元思考】 ·· 133

第六单元　食品安全控制体系 HACCP ·· 134

第一节　HACCP、GMP、SSOP 介绍 ·· 135
　　一、HACCP 的发展与现况 ··· 135
　　二、HACCP 控制体系的特点 ·· 136
　　三、HACCP 体系与其他质量控制模式的区别 ··· 136
　　四、HACCP 与 GMP、SSOP 的关系 ··· 137
第二节　食品良好操作规范（GMP） ··· 139
　　一、GMP 概述 ·· 139
　　二、中国 GMP 标准的框架 ··· 140
　　三、中国 GMP 内容 ·· 142
第三节　卫生标准操作程序（SSOP） ·· 150
　　一、SSOP 概述 ··· 150
　　二、SSOP 的具体内容 ·· 152
第四节　危害分析和关键控制点（HACCP） ··· 163
　　一、HACCP 定义和原理 ··· 163
　　二、HACCP 的预备步骤 ··· 163
　　三、HACCP 原理的应用 ··· 165
第五节　HACCP 体系文件 ··· 177
　　一、HACCP 体系文件的概念 ·· 177
　　二、HACCP 文件案例 ·· 178
【单元思考】 ·· 187

第七单元　农产品、食品可追溯体系 ·· 188

第一节　农产品、食品可追溯体系的发展情况 ·· 189
　　一、国外农产品、食品安全溯源体系建设 ·· 189
　　二、我国农产品、食品安全溯源体系建设情况 ··· 190

第二节 追溯的相关术语 192
一、追溯术语 192
二、技术术语 193
第三节 追溯体系的架构与建设 194
一、追溯平台建设 194
二、规范制度建设 196
三、数据中心建设 196
第四节 农产品追溯体系的建设 197
一、系统设计 197
二、系统各功能模块设计 199
三、数据库设计 202
第五节 RFID 食品追溯应用 203
一、RFID 食品追溯管理系统 203
二、食品追溯系统功能 204
三、食品追溯系统特点 206
四、食品追溯系统适用领域 207
【单元思考】 207

第八单元 安全农产品质量检验 208
第一节 质量检验与食品质量检验机构概述 209
一、质量检验的基本知识 209
二、食品质量检验机构的基本知识 211
三、实验室的基本知识 214
第二节 质量检验计划 218
一、质量检验计划的概念和编制 218
二、检验流程图 219
三、检验站的设置 219
四、检验手册和检验指导书 220
【单元思考】 223

第九单元 标准化管理体系 224
第一节 ISO 系列标准简介 225
一、ISO 的基本知识 225
二、ISO 9000 族标准简介 226
三、ISO 22000 标准简介 227
四、ISO 14000 标准简介 227
五、ISO 系列标准的关系 228
第二节 质量管理发展历程 229
一、质量管理的不同阶段 229
二、质量管理体系标准的产生和作用 231
第三节 ISO 9000 族标准 232

一、ISO 9000 族标准的构成 ⋯⋯⋯⋯⋯⋯⋯⋯⋯⋯⋯⋯⋯⋯⋯⋯⋯⋯⋯⋯⋯⋯⋯⋯⋯ 232
二、实施 ISO 9000 族标准的作用和意义 ⋯⋯⋯⋯⋯⋯⋯⋯⋯⋯⋯⋯⋯⋯⋯⋯⋯⋯⋯ 233
三、质量管理原则 ⋯⋯⋯⋯⋯⋯⋯⋯⋯⋯⋯⋯⋯⋯⋯⋯⋯⋯⋯⋯⋯⋯⋯⋯⋯⋯⋯⋯ 233
四、ISO 9000 基本术语 ⋯⋯⋯⋯⋯⋯⋯⋯⋯⋯⋯⋯⋯⋯⋯⋯⋯⋯⋯⋯⋯⋯⋯⋯⋯⋯ 236
五、GB/T 19001—2016《质量管理体系 要求》理解要点 ⋯⋯⋯⋯⋯⋯⋯⋯⋯⋯ 239
  第四节 ISO 22000:2018 食品安全管理体系 ⋯⋯⋯⋯⋯⋯⋯⋯⋯⋯⋯⋯⋯⋯⋯ 244
一、食品安全管理体系的产生和作用 ⋯⋯⋯⋯⋯⋯⋯⋯⋯⋯⋯⋯⋯⋯⋯⋯⋯⋯⋯ 244
二、ISO 22000:2018 食品安全管理体系理解要点 ⋯⋯⋯⋯⋯⋯⋯⋯⋯⋯⋯⋯⋯ 245
  第五节 ISO 14000 环境管理体系 ⋯⋯⋯⋯⋯⋯⋯⋯⋯⋯⋯⋯⋯⋯⋯⋯⋯⋯⋯⋯ 259
一、ISO 14000 系列标准产生的背景 ⋯⋯⋯⋯⋯⋯⋯⋯⋯⋯⋯⋯⋯⋯⋯⋯⋯⋯⋯ 259
二、ISO 14000 系列标准的简介 ⋯⋯⋯⋯⋯⋯⋯⋯⋯⋯⋯⋯⋯⋯⋯⋯⋯⋯⋯⋯⋯ 261
三、实施 ISO 14000 系列标准的意义 ⋯⋯⋯⋯⋯⋯⋯⋯⋯⋯⋯⋯⋯⋯⋯⋯⋯⋯⋯ 262
四、术语和定义 ⋯⋯⋯⋯⋯⋯⋯⋯⋯⋯⋯⋯⋯⋯⋯⋯⋯⋯⋯⋯⋯⋯⋯⋯⋯⋯⋯⋯ 262
五、GB/T 24001—2016 等同于 ISO 14001:2015《环境管理体系 要求及使用
   指南》 ⋯⋯⋯⋯⋯⋯⋯⋯⋯⋯⋯⋯⋯⋯⋯⋯⋯⋯⋯⋯⋯⋯⋯⋯⋯⋯⋯⋯⋯⋯⋯ 263
【单元思考】 ⋯⋯⋯⋯⋯⋯⋯⋯⋯⋯⋯⋯⋯⋯⋯⋯⋯⋯⋯⋯⋯⋯⋯⋯⋯⋯⋯⋯⋯⋯⋯ 270

参考文献 ⋯⋯⋯⋯⋯⋯⋯⋯⋯⋯⋯⋯⋯⋯⋯⋯⋯⋯⋯⋯⋯⋯⋯⋯⋯⋯⋯⋯⋯⋯⋯⋯ 271

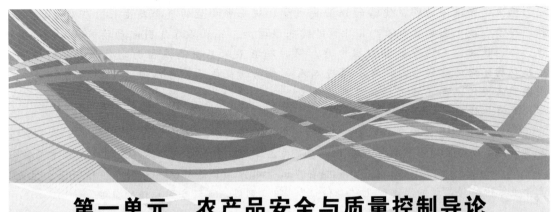

第一单元　农产品安全与质量控制导论

 知识与能力目标

1. 了解农产品质量安全主要问题；
2. 熟悉中国农产品质量安全工作成效和未来的工作重点内容；
3. 掌握农产品安全与质量控制主要研究的内容。

 思政与职业素养目标

通过对农产品、食品安全典型事件分析，总结出农产品食品安全的主要问题；分析农产品、食品质量安全问题形成的原因。

深刻理解食品、农产品安全的概念及内涵，明确农产品质量安全工作的主要任务；充分认识农产品质量安全是一个国家农业持续、健康发展的前提条件，是关系到国计民生的大问题，也是国家安全的基础，食品、农产品从业人员必须树立国家意识。

宣讲"十三五"期间农产品、食品质量安全工作取得的成效，激发学生的使命感和责任感。

 案例引导

水产品滥用孔雀石绿

2005年6月5日，英国《星期日泰晤士报》报道：英国食品标准局在英国一家知名的超市连锁店出售的鲑鱼体内发现"孔雀石绿"。有关方面将此事迅速通报给欧洲国家所有的食品安全机构，发出食品安全警报。英国食品标准局发布消息说，任何鱼类都不允许含有此类致癌物质，新发现的有机鲑鱼含有孔雀石绿这种化学物质是"不可以接受的"。

2005年6月，《河南商报》记者对水产品批发市场进行的调查表明：在水产品的养殖过程中，养殖人员用孔雀石绿来预防鱼的水霉病、鳃霉病、小瓜虫病等；在运输过程中，为了使鳞受损的鱼延长生命，鱼贩也常使用孔雀石绿。知名品牌"豆豉鲮鱼罐头"也曾经被查出含有致癌物"孔雀石绿"。

"孔雀石绿"具有较高的毒副作用。它能溶解锌，引起水生动物急性锌中毒；能引起鱼类的鳃和皮肤上皮细胞轻度炎症，使肾管腔轻度扩张，肾小管壁细胞的细胞核扩大；

还影响鱼类肠道中的酶，使酶的分泌量减少，从而影响鱼的摄食及生长。研究发现，长时间给予小鼠无色孔雀石绿，其肝脏肿瘤明显增加。孔雀石绿能引起动物肝、肾、心脏、脾、肺、眼睛、皮肤等器官组织中毒。同时孔雀石绿具有高残留的副作用，一经使用，养殖动物体内终身残留。孔雀石绿进入人类或动物机体后，可以通过生物转化，还原代谢成脂溶性的无色孔雀石绿，具有高毒素、高残留和致癌、致畸、致突变作用，严重威胁人类身体健康。

《中华人民共和国农产品质量安全法》《中华人民共和国食品安全法》《国务院关于加强食品等产品安全监督管理的特别规定》等有关法律规定对包括水产品在内的农产品质量安全的生产、经营进行了严格的规范。有些省市试行水产品产地标识准入制，给桂花鱼、生鱼、黄骨鱼等价格较昂贵的鱼类配上"身份证"，即追溯码，可以查到具体的鱼塘。

第一节 农产品、食品安全的概念及内涵

一、农产品和食品的界定

农产品的概念相当广泛，有食用与非食用之分。本课程里所说农产品主要指食用农产品。

1. 农产品的概念

现行法规中对农产品的概念有很多描述，有些很笼统，这里我们仅选择《农产品质量安全法》中"农产品"的概念。

《农产品质量安全法》第二条规定：本法所称"农产品"是指来源于农业的初级产品，即在农业活动中获得的植物、动物、微生物及其产品。

2. 食品的概念

欧洲议会和理事会 2002 年 1 月 28 日通过的 EC 1782002 法规制定了食品法的基本原则和要求中，食品（或食品原料）的定义是"指那些经过加工、半加工或未加工、意欲加工以及可能会被人类食用的任何物质或产品"。

我国的国家标准 GB/T 15091—1994《食品工业基本术语》中对食品的定义是"可供人类食用或饮用的物质，包括加工食品、半成品和未加工食品，不包括烟草或只作药品用的物质"。

《食品安全法》对"食品"的定义是"指各种供人食用或者饮用的成品和原料以及按照传统既是食品又是中药材的物品，但是不包括以治疗为目的的物品"。

3. 农产品与食品范围的界定

从上面定义可以看出，虽然农产品和食品两者概念没有科学意义上的明确界定，两者在许多方面难以划分，但是从食物生产环节上，农产品可以粗略地划分为食用农产品和非食用农产品。农产品重在生产环节，通常直接销售或是经初级加工后再销售给消费者。农产品与食品关系图见图 1-1。

4. 农产品与食品的法律界定

在执法实践中，食品、农产品、食用农产品，因为监管要求和适用法规不同，一旦界定不明，就容易产生监管

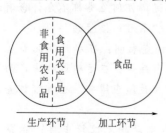

图 1-1 农产品与食品关系图

空白和争议。

《食品安全法》中指出，食用农产品不需要办理食品经营许可。以食用农产品作为原料进行食品生产的，应当取得食品生产许可证。食用农产品进入批发、零售市场或者生产加工企业后，由国家市场监督管理总局监督管理。

同样是农产品，由于我国农产品认证形式主要是"三品一标"，因此不同认证农产品其定义也不同。《无公害农产品管理办法》中的农产品，是指产地环境、生产过程和产品质量符合国家有关标准和规范的要求，经认证合格获得认证证书并允许使用无公害农产品标志的未经加工或者初加工的食用农产品。《绿色食品标志管理办法》中的绿色食品，是指产自优良生态环境、按照绿色食品标准生产、实行全程质量控制并获得绿色食品标志使用权的安全、优质食用农产品及相关产品。

《食品药品监管总局关于食用农产品市场销售质量安全监督管理有关问题的通知》（食药监食监二〔2016〕72号）关于食用农产品的范围比较清晰："食用农产品，指在农业活动中获得的供人食用的植物、动物、微生物及其产品。农业活动，指传统的种植、养殖、采摘、捕捞等农业活动，以及设施农业、生物工程等现代农业活动。植物、动物、微生物及其产品，指在农业活动中直接获得的，以及经过分拣、去皮、剥壳、干燥、粉碎、清洗、切割、冷冻、打蜡、分级、包装等加工，但未改变其基本自然性状和化学性质的产品。以食用农产品作为原料进行食品生产的，应当取得食品生产许可证。"

农产品和食品界定，可以弥补我国现行农产品质量安全和食品安全按照"分段监管为主，品种监管为辅"管理的需要，可以避免多年来因客体和主体区分不清造成的重复执法的问题。

二、食品、农产品安全

1. 食品安全

食品安全，指食品无毒、无害，符合应当有的营养要求，对人体健康不造成任何急性、亚急性或者慢性危害。（《食品安全法》第十章）

狭义的食品安全是指食品卫生，即食品应该无毒、无害，保证人类健康和生命安全，维持身体健康。广义的食品安全是指持续提高人类的生活水平，不断改善环境生态质量，使人类社会可以持续、长久地存在与发展。包括卫生安全、数量安全、质量安全、营养安全、生物安全、可持续性安全六大安全要素。

（1）**卫生安全** 食品的基本要求是卫生和必要的营养，其中食品卫生是食品的最基本要求。强调保证食品卫生，是解决吃得干净不干净、有害与无害、有毒与无毒的问题，也就是食品安全与卫生的问题。食品安全是以食品卫生为基础。食品安全包括了卫生的基本含义，即"食品应当对人体无毒、无害"。

（2）**数量安全** 是指食品数量满足人民的基本需要，从数量的角度，要求人们既能买得到又能买得起需要的基本食品。

（3）**质量安全** 是指食品产品品质的优劣程度，即食品的外观和内在品质，如感官指标色、香、味、形；内在品质包括口感、滋味、气味等。食品要符合产品标准规定的应有的营养要求和相应的色、香、味、形等感官性状。

（4）**营养安全** 营养安全就是"在人类的日常生活中，要有足够的、平衡的，并且含有人体发育必需的营养元素供给，以达到完善的食品安全"。

食品的营养成分指标要平衡、结构要合理。食品必须要有营养，如蛋白质、脂肪、维生素、矿物质、纤维素等各种人体生理需要的营养素要达到国家相应的产品标准，食品要能促进人体的健康。如果食品达不到国家相应的产品标准，这种食品在营养上就是不安全的。

(5) **生物安全** 是指现代生物技术的研究、开发、应用以及转基因生物的跨国、越境转移，可能会对生物多样性、生态环境和人体健康及生命安全产生潜在的不利影响，特别是各类转基因活生物放到环境中可能对生物多样性构成潜在风险与威胁。研究和监测表明，转基因生物可能对生物多样性、生态环境、人体健康和生命安全产生多方面的负面影响。

(6) **可持续性安全** 从发展的角度，要求食品的获取要注重生态环境保护和资源利用的可持续性。

2. 农产品安全

农产品质量安全，是指农产品质量符合保障人的健康、安全的要求（《农产品质量安全法》第二条）。农产品质量安全的概念可以从卫生、管理、剂量反应进行说明。

从卫生的角度表述为，农产品中不含有导致消费者急性或慢性毒害或疾病感染的因素，或不含有产生危及消费者及其后代健康隐患的有毒有害因素。从管理的角度表述为，农产品的种植、养殖、加工、包装、贮藏、运输、销售、消费等活动符合国家强制性标准和要求，不存在损害或威胁消费者及其后代健康的有毒有害物质。从剂量反应的角度，又可分为绝对安全性与相对安全性两种。绝对安全性是指不可能因食用某种农产品而危及健康或造成伤害，也就是农产品应绝对没有风险。相对安全性被定义为一种食物或成分在合理食用方式和正常食量的情况下不会对健康造成损害的实际确定性。

农产品安全包括：数量供给的安全，即粮食安全；品质和特性要求上的安全，即农产品质量安全。粮食安全是指保证任何人在任何时候都能得到为了生存与健康所需要的足够粮食食品，确保所有人在任何时候都能买得到又能买得起他们所需要的基本食物。

第二节 国内外食品安全现状及控制的重要性

随着科技的发展、人类的进步和认识的提高，人们对食品安全越来越重视，对食品危害与健康越来越挑剔。

随着食品生产的工业化和新技术、新原料、新产品的采用，造成了食品污染的日益复杂化。近几十年发生了许多食源性疾病和食物中毒等恶性事故，使全球都越来越重视加强食品安全管理。

一、国内外食品安全问题

20世纪以来，一些危害人类生命健康的重大食品安全事件不断发生，如美国沙门菌病事件、英国疯牛病事件、日本大肠杆菌O157事件、东南亚的猪脑炎事件、比利时二噁英事件、法国李斯特杆菌事件、日本雪印牌牛奶污染事件及欧洲口蹄疫事件等。从发达国家经历的GDP 1000～3000美元时期来看，无一例外都是食品安全问题多发阶段，如美国在进入大工业化食品生产之初，也曾经历过一段食品安全危机的历史。美国农业部于1902年在调查中发现牛奶的掺假比例高达50%，几乎所有的食品都存在掺假、造假的问题。1906年6月30日，美国国会颁布了一部里程碑式的法律——《纯净食品和药品法》（Pure Food and Drug Act），这部法律首次全面规定了联邦政府在美国药品规制中所应承担的责任，它奠定了美国现代药品法的雏形与骨架，催生了美国食品和药品管理局的诞生。当今，其他国家以及一些世界知名品牌也仍然存在着食品安全问题。

我国食品安全的形势同样严峻,从2000年开始,由于国家监管机构建立、新媒体的传播,食品安全事件越来越被百姓熟知,包括啤酒甲醛含量超标事件、苏丹红染色食品事件、奶粉碘超标事件、福寿螺致病事件、人造蜂蜜事件、毒猪油事件、瘦肉精猪肉事件、阜阳劣质奶粉事件、龙口粉丝事件、三鹿奶粉事件等。归纳这些事件,我国存在的主要的问题包括以下几个方面。

1. 农药残留问题

许多农药在生产和使用中带来了环境的污染,导致食品中农药的残留大大超标,对人体产生不良的影响。目前食品中的药物残留已成为我国农畜产品出口的重要限制因素之一。

2. 农用化学物质

在进行食品原料的生产过程中为提高生产数量和质量,常常施加各种化学物质。如:在畜禽饲养中,为了防病和促生长,在饲料内添加抗生素和抗菌药物,造成畜禽产品中药物残留;为了争取反季节果蔬早上市,使用早熟技术,如激素类物质。

3. 不按规定添加食品添加剂

在食品加工工业中食品添加剂的使用对食品产业的发展起到了重要的作用。我国对食品添加剂的使用作了严格的规定,规定了在哪一类食品中允许添加哪种食品添加剂及添加的允许量。但某些企业为商业利润所驱动,不合理使用食品添加剂,造成了对消费者的危害。如面粉中增白剂的超标。

4. 掺杂使假

少数不法生产经营者,为牟取暴利,在食品生产经营中掺杂使假。如用甲醛浸泡海产品,用地沟油炸油条等。

5. 食源性致病菌中毒

某些生产、储存、运输、销售食品的企业不遵守国家食品安全法的规定,致使一些食品产生腐败、变质,致病菌污染,危及了人们的健康。

人类食品的安全性正面临着严峻的考验,控制食品安全迫在眉睫,已成为全球性的共同问题,食品安全问题直接关系到人民群众的身体健康、生命安全和社会稳定。

二、农产品、食品质量安全问题形成的原因

1. 各种污染源

农业生产是人为操作和自然作用双重力量并行的过程,外部环境特别是农业环境中的气候、水、土壤等要素会影响到农产品质量安全。

(1) 工业污染 工业污染主要来自乡镇企业、城市向农村转移的"高耗能、高排放、高污染"加工业以及劳动密集型制造业等工业生产所排放的废气、废水、废渣等。全国5000万亩❶受中重度污染的耕地大都与长三角、珠三角、东部地区等粮食主产区相重合,而这些地区都是过去经济发展比较快、工业比较发达的地区。排放的未经处理的废水、废烟、固体废弃物,不仅污染了周围农田和河流,而且严重影响了农业生产。

① 大气污染物。大气中的污染物氮氧化物和二氧化硫,既能通过植物表面的呼吸气孔直接进入植物体内,也能与空气中水分子结合形成酸雨,腐蚀农作物和农田。

---

❶ 1亩=666.7平方米。

② 水资源污染。水是农作物体的重要组成部分，也是农作物进行光合作用、呼吸作用和养分吸收等生理活动的关键。水体污染不但给农作物灌溉和牲畜饮水造成困难，而且使水产养殖业面临更直接、更巨大的风险。部分渔业水域总氮、总磷超标相对较重，黄河和黑龙江流域部分渔业水域非离子氨和高锰酸盐超标相对较重，养殖水域环境条件不断恶化。

③ 土壤环境恶化。土壤是农业生产的对象，伴随着工业化和城镇化的快速推进，农业经受着耕地数量减少和耕地质量下降的双重考验。农业科技和高产作物作用下的粮食增产掩盖了一个严峻事实，几百年才形成一厘米的黑土层正以每年近一厘米的速度消失，在过去半个世纪黑土层减少了50%，并且还在继续变薄。我国一些地区的土壤污染出现了有毒化工和重金属污染由工业向农业转移、由城市向农村转移、由地表向地下转移、由上游向下游转移、由水土污染向食品链转移的特点，呈现出新老污染物并存、无机有机污染混合的复杂局面。

(2) 农业污染 农业污染表现在以下几个方面：

① 农业投入品使用不当。在产量和效益的驱动下，农户经常违规使用农业投入品，这些过量的、有毒有害的农业投入品往往通过降雨、地表径流等途径进入土壤，导致土壤微生物数量和活性降低、产生抗药性，为消灭病虫菌农户又会加大投入品使用量，从而陷入"病虫害重→施用投入品→土壤毒性加剧→病虫害重"的怪圈。

② 病死畜禽及其排泄物处理不当。养殖业造成的环境污染不容小觑。2013年3月上海黄浦江松江段水域出现大量死猪漂浮，就是嘉兴养殖户随意丢弃死猪而致，这一事件引起了更多人对养殖业污染问题的关注。

③ 农用生产资料残留严重。以农膜为例，其保温、保湿、防虫的功能让农户欢喜，但其难降解性也让人头疼。积聚在土壤中的农膜残片越来越多，影响农作物的生长发育。据测定，连续覆膜10年、15年和20年，地膜残余量分别为262kg/公顷、350kg/公顷、430kg/公顷，地膜污染严重的土壤会使小麦产量下降2%～3%，玉米产量下降10%左右。此类农膜残留，除了影响土壤团粒结构使作物减产外，潜在的危害是在其逐步降解过程中被作物吸收而影响农产品质量。

(3) 生活污染 人口增多和消费水平的提高造成生活垃圾迅猛增长，除了农村生活垃圾外，由于城市现有垃圾处理能力有限，城市生活垃圾呈现向郊区和农村转移的趋势。在垃圾处理上，许多地方通常采用倾倒入河中、焚烧掩埋和转移的方法。这样做不但没能解决问题，反而造成污染加重和污染源扩大。

2. 现代科技风险

现代科技的进步是一把双刃剑，促进了农产品产量的提高和品种丰富的同时，也带来了未知的风险。

(1) 科技的不成熟带来安全隐患 转基因技术作为新兴生物技术的典型代表，为解决全球粮食危机提供了很好的机遇，但其隐患和风险不容忽视。虽然目前缺乏足够证据证明转基因食品对人类的危害，对转基因作物的风险尚未有定论，但是转基因作物商业化的巨大利润已经被各利益链盯上。比如转基因大豆有着明显的价格优势和较高的出油率，不法分子会利用转基因大豆制作其他食品而不标注。当前国内对转基因作物实施强制标识，但相关的检测监管力度不够导致部分企业刻意回避转基因标识问题。

(2) 科技的过度使用增加变异风险 随着食品工业的发展，添加剂、激素、抗生素被广泛用于农作物增产催熟、防腐变质、改善口感等。尽管这些技术已经比较成熟，而且各国都非常重视这些化学品的食用安全性，但现实情况仍然令人担忧；医学界普遍认为食品中的过量激素会危害肾脏、神经系统和生殖系统，如焦油色素、染色剂等食品添加剂容易导致荨麻疹、哮喘、过敏性皮炎等病症。

3. 生产经营过程中的人为因素

（1）生产者 质量是生产出来的，农产品质量安全首先是"产"出来的。生产者是农产品的供给者，其生产的产品质量状况对市场上农产品安全起着基础作用，生产者行为显然成为影响农产品质量的首要因素。由于历史和现实原因，国内农村基础教育事业发展滞后，农业教育体系和农民后续职业培训体系也不完善，造成我国农民整体文化层次偏低。这些问题制约了农业科技的推广和使用，在农业生产中突出表现为投入品使用不当。现在通过新型农民培训和农业职业经理人培训项目，让农产品生产从业水平整体提高，农产品质量安全得到足够重视和普及。

（2）组织化程度低 小而散，这是当前我国农业经营面临的最突出问题之一。在农产品市场信息不对称的情况下，分散的、小规模的生产方式暴露出的问题更加突出，生产阶段成为农产品质量安全最薄弱的阶段。组织化程度低增加了生产过程的随意性。农户作为独立的经济主体，在缺乏组织约束和指导下，拥有决定生产经营方案的完全自由，包括作物品种选择、农业投入品使用等，这就容易造成农产品品种多、乱、杂，农产品质量良莠不齐的局面。

组织化程度低加大了安全生产的成本与风险。与合作组织和龙头企业相比，单个农户的经济实力、信息获取能力、市场分析能力和承受化解风险能力相对薄弱，这就局限了其对先进技术和经营理念的尝试。在组织的引导和协调下，实施质量安全生产的成本和风险可以在个体之间合理分摊，比如组织统一采购、配送农资使农户免受假冒伪劣农资之害，提供技术指导服务以促进实现规模化和标准化生产，集中处理病死畜禽等农业生产垃圾以解决环境忧患等。组织化程度低使得政府监管更加困难。监管对象面广量多，不仅使得监管工作难以面面俱到、力不从心，管理效果不甚理想，而且会导致监管成本增加，为应对监管品种多而杂乱的局面，势必会带来检验检测、认证、商标注册、执法等一系列管理成本的增加。

（3）农资生产经营者 农资产品，包括农药、化肥等农业投入品和农用物资等，是农业生产持续、稳定、健康发展的重要保障。部分农资生产经营者为牟取暴利置国家政令和市场交易原则于脑后，导致农资市场乱象频生，恶意竞争横行，坑农害农的事件屡有发生。假劣农资典型案件集中表现为无证、套证、伪造证件进行生产，所生产的农资产品成分纯度不足或是含有违禁成分。

（4）管理者行为 表现在立法不完善，惩处不严。《食品安全法》《农产品质量安全法》等综合性管理法规，为保障农产品质量安全提供了法律权威，然而条文不够严谨和对问题考虑不够周详导致其缺乏实践性和操作性。比如《农产品质量安全法》第五十条仅对农产品生产企业、农民专业合作经济组织、农产品销售企业和农产品批发市场的违法销售行为作了责任规定，却并未涉及个体户销售不合格农产品的法律责任。《种子法》《农药管理条例》《饲料和饲料添加剂管理条例》应根据新形势作适当修改和调整。

4. 监管和保障体系

根据《食品安全法》和《农产品质量安全法》等法律法规规定，我国参与或承担农产品、食品质量安全监管的部门及其主要职责不同。保障农产品质量安全，完善监管体系十分重要，农产品质量保障体系主要包括标准体系、检验检测体系、预警和追溯体系等方面。我国这几年都在进行标准体系和检验机构整合，表现在解决国家标准（GB）、行业标准（SB、QB、NY等）、地方标准（DB）和企业标准中标准多而相互衔接差、重复标准难以选择使用等问题；同时加强标准与国际标准紧密接轨。

与发达国家相比，国内农产品预警和追溯体系建设起步较晚，发展较慢，公众认知不足。

三、解决农产品、食品质量安全问题的途径

1. 产业链要做好"无缝"衔接

从农田到餐桌，整个产业链是分段的，种植、养殖、加工生产、运输、储藏、流通销售、餐饮，每个环节都要做到上下无缝衔接。

2. 监管模式从抽样检测转变为过程控制

某产品检测合格率为97％，其合格率不会因为检测而改变。因此从源头上到加工过程、运输、储藏、流通销售每个环节都要采取控制措施，监管产品整个生产过程，从原料到产品出厂，真正提高监管水平。比如初级农产品生产中认真实施良好农业规范（GAP）、加工环节实施危害分析和关键控制点（HACCP），认真实施"三品一标"认证制度。

3. 监管覆盖全产业链

目前，我国履行食品安全监管职能的有农业农村部、市场监管总局、海关总署、国家卫生健康委。农业农村部部门负责养殖、种植环节；市场监管总局管理后续的食品加工环节；海关总署管理进出口食品的安全；国家卫生健康委负责在风险监测和风险评估基础上制定食品安全国家标准。

第三节　农产品质量安全工作成效与任务

一、我国农产品质量安全工作成效

（1）监管队伍基本构建　全国所有省（区、市）、86％的地市、75％的县（区、市）、97％的乡镇建立了农产品质量安全监管机构，落实监管人员11.7万人。30个省（区、市）、276个地市和2332个县（区、市）开展了农业综合执法。组织开展全国农产品检测技术比武练兵活动，不断提高执法检测的能力和水平。深化实施全国农产品质量安全检验检测体系建设规划，支持建设部、省、地、县四级农产品质检机构3332个，落实检测人员3.5万人，每年承担政府委托检测样品量1260万个。

（2）标准化生产全面启动　制定农药残留限量标准4140项、兽药残留限量标准1584项，基本覆盖我国常用农兽药品种和主要食用农产品。制定发布农业行业标准5121项，各地制定农业生产技术规范1.8万项。创建园艺作物标准园、热带作物标准化生产示范园、畜禽养殖标准化示范场和水产健康养殖示范场10059个，创建标准化示范县185个。全国有效期内的无公害、绿色、有机和地理标志产品总数达到10.7万个。

（3）执法监管深入推进　持续实施农药、"瘦肉精"、生鲜乳、兽用抗菌药、水产品、生猪屠宰、农资打假等专项治理行动。全国共查处各类问题17万余起，查处案件6.8万件。三聚氰胺连续7年监测全部合格，"瘦肉精"监测合格率处于历史最好水平。国家例行监测范围扩大到151个大中城市、117个品种、94项指标，基本涵盖主要城市、产区、品种和参数。各地例行监测工作全面启动，监督抽查和专项监测依法开展。

（4）应急处置水平大幅提高　考核认定100家农产品质量安全风险评估实验室和145家风险评估实验站，对隐患大、问题多的农产品品种和环节组织开展农产品质量安全专项评

估，广泛开展农产品质量安全政策咨询、科普解读、热点回应、宣传培训等工作。建立全天候舆情监测制度和上下联动、区域协同、联防联控的应急机制，妥善处置农产品质量安全突发问题。

（5）**质量安全县创建扎实开展** 全面开展国家农产品质量安全县创建，命名首批107个国家农产品质量安全县，30个省同步开展了省级创建工作，创建省级农产品质量安全县477个。推动各地落实责任、加大投入、创新机制，大力推进监管体系建设、标准化生产、全链条监管、全程可追溯管理和诚信体系建设。

（6）**监管制度机制逐步理顺** 全国人大常委会修订了《食品安全法》，国务院对食品安全监管体制进行重大调整。农业部、食品药品监管总局签订了农产品质量安全全程监管合作协议，联合印发了加强农产品质量安全监管工作指导意见，厘清职责分工，建立无缝衔接工作机制。农业部加快推进国家农产品质量安全追溯管理信息平台建设，组织各地开展追溯试点，努力建立"从农田到餐桌"全链条监管体系。

但农产品质量安全问题和风险隐患仍然存在，农兽药残留超标和产地环境污染问题在个别地区、品种和时段还比较突出。由于农产品质量安全工作起步晚、基础弱，公众对农产品的要求已从过去只求吃饱变成吃好、吃得安全放心和营养健康，农产品质量安全已成为全面建成小康社会、推进农业现代化需要着力解决的重大问题。

二、我国农产品质量安全工作的主要任务

1. 大力推进农业标准化

（1）**完善标准体系** 实施《加快完善农兽药残留标准体系行动方案》，加快制定农兽药残留、畜禽屠宰、饲料安全、农业转基因等国家标准，完善促进农业产业发展和依法行政的行业标准。支持地方加强标准集成转化，制定与国家标准、行业标准相配套的生产操作规程。鼓励规模生产主体制定质量安全内控制度，实施严于食品安全国家标准的企业标准。积极参与或主导制定国际食品法典等国际标准，开展技术性贸易措施官方评议，加快推进农产品质量安全标准和认证标识国际互认。

（2）**强化标准实施** 开展农业标准化示范区（县）创建和园艺作物、畜禽水产养殖、畜禽屠宰加工标准化示范创建。鼓励各地因地制宜创建农业标准化生产示范园（区）、示范乡（镇）、示范场（企业、合作社），推动全国"菜篮子"大县的规模种养基地全程按标准生产。推进新型农业经营主体和农业示范园（区）率先实行标准化生产，通过"公司＋农户""合作社＋农户"等多种方式发展规模经营，建立质量安全联盟，把农产品质量安全知识纳入新型职业农民培训、农业职业教育、农村实用人才培养等培训计划。

（3）**推进"三品一标"发展** 加快发展无公害农产品，积极发展绿色食品，因地制宜发展有机农产品，稳步发展地理标志农产品，打造一批知名区域公共品牌、企业品牌、农产品品牌，以品牌化引领农业标准化生产。加大政策扶持力度，支持创建"三品一标"生产基地，全面推行质量追溯管理，推动规模生产经营主体发展"三品一标"。借助农产品展示展销活动和网络电商平台，开展"三品一标"宣传推介，提高安全优质农产品的品牌影响力和市场占有率。严格"三品一标"产品的准入条件，加强"三品一标"证后监管，提高"三品一标"品牌公信力。

2. 扎实推进全程执法监管

（1）**加强产地环境治理** 主要工作是强化废旧农膜、秸秆、畜禽粪便综合利用，切断污染物进入农田的链条。完善农产品产地环境监测网络，开展农产品产地环境与对应农产品质

量安全协同监测评估。根据监测结果推行产地分级管理，加强耕地重金属污染治理。实施耕地质量保护与提升行动，科学保护和合理利用水资源，保证农业种植、养殖用水安全。

（2）**严格投入品监管** 推行统防统治、绿色防控、配方施肥、健康养殖和高效低毒农兽药使用等质量控制技术。严格农业投入品登记许可制度，依法推行高毒农药定点经营和实名购买，指导农资生产经营者建立电子化购销台账。

（3）**强化生产督导巡查** 开展日常巡查检查，督促生产经营主体按标生产、合理用药、科学施肥，落实禁限用规定和休药间隔期、生产记录等制度。

（4）**深化专项整治** 聚焦非法添加、违禁使用、制假售假、私屠滥宰等突出问题，开展农产品质量安全专项治理行动，严格生猪定点屠宰和奶站管理，全面落实畜禽屠宰企业、奶站质量安全主体职责，落实屠宰进场检查登记、肉品检验、"瘦肉精"自检等制度。健全病死畜禽水产品和不安全农产品无害化处理制度，认真落实畜禽无害化处理措施。

3. 全面强化风险监测评估预警

（1）**健全监测网络** 制定全国统一的农产品质量安全监测计划，形成以国家为龙头、省为骨干、地市为基础、县乡为补充的农产品质量安全监测网络。深入实施农兽药残留、水产品药物残留、饲料及饲料添加剂监控计划。建立监测信息报告制度，逐步实现全国农产品质量安全监测信息互联互通、监测数据统一共享、监测结果互认共用。

（2）**推进风险评估** 深入实施农产品质量安全风险评估计划，将"菜篮子"和大宗粮油产品全部纳入评估范围，全面开展农产品营养功能和品质规格评价，为优势农产品区域布局和绿色优质农产品品牌创建提供技术支撑，指导优质农产品品牌化发展，引导居民科学膳食和健康消费。

（3）**加强应急处置** 制定和修订农产品质量安全应急预案，明确任务分工，完善相关应急程序和制度，建立快速反应、信息通畅、上下协同、跨区联动的应急机制。

（4）**强化风险交流** 积极利用微信、网络、电台、报纸、图书等形式，开展常态化多样化的风险交流和科普宣传，提升公众质量安全意识和科学识别判断能力。加强农产品质量安全专家组建设，组织开展政策咨询、产地调研、技术指导、科普解读等工作，建立稳定有效的风险交流机制。

4. 加快建设追溯体系

（1）**推进平台建设** 实施国家农产品质量安全追溯管理信息平台建设项目，完善追溯管理核心功能。按照"互联网＋农产品质量安全"理念，建设高度开放、覆盖全国、共享共用、通查通识的智能化监管服务信息平台。出台国家农产品质量安全追溯管理办法，建立统一的编码标识、信息采集、平台运行、数据格式、接口规范等关键技术标准和主体管理、追溯赋码、索证索票等追溯管理制度。

（2）**实施追溯管理** 优先将国家级和省级龙头企业以及农业部门支持建设的各类示范基地纳入追溯管理。鼓励有条件的规模化农产品生产经营主体建立企业内部运行的追溯系统，带动追溯工作全面展开，实现农产品源头可追溯、流向可跟踪、信息可查询、责任可追究。

（3）**推动智慧监管** 利用互联网、大数据、云计算与智能手机等新型信息技术成果，探索运用"机器换人""机器助人"等网络化、数字化新技术和新型监管方法，推动农产品质量安全监管方式改革创新。

5. 深入推进质量安全县创建

（1）**扩大创建规模** 统筹建立质量安全县创建扶持政策和激励机制，加大项目安排、资金投入等方面的倾斜力度，为创建工作提供有力保障。

（2）**提升创建水平** 加大投入力度，实施全程监管，做到生产标准化、发展绿色化、经营规模化、产品品牌化、监管法制化，率先实现网格化监管体系全建立、规模基地标准化生产全覆盖、从田头到市场到餐桌的全链条监管、主要农产品质量全程可追溯和生产经营主体诚信档案全建立。

（3）**发挥辐射带动作用** 把质量安全县打造成"标准化生产、全程监管、监管体系建设和社会共治"的四个样板区。各地因地制宜开展省级农产品质量安全县创建和农产品质量安全乡（镇）创建。

6. 加强监管队伍能力建设

（1）**健全监管队伍** 建立健全农产品质量安全监管机构，"菜篮子"大县全部建立监管机构，推进乡镇农产品质量安全监管服务机构标准化建设，加快配备村级农产品质量安全协管员，协助开展技术指导服务和督导巡查工作。加强农业综合执法队伍建设，将农产品质量安全作为农业综合执法重要任务。组织开展农产品质量安全法律法规、标准、认证、质量安全县创建、追溯管理、应急处置等培训。

（2）**提升检测能力** 按照大农业架构和综合建设方向，稳步推进农业系统检验检测资源整合，逐步形成与食品安全检验检测相互衔接、并行共享的全国统一的农产品质量安全检验检测体系。积极推动实施农产品质量安全检测员职业资格制度。

（3）**加强硬件装备配置** 实施农产品质量安全工程，强化农业执法监管能力建设，建立省级监管指挥调度中心和县级追溯点。

（4）**强化科技支撑** 强化农产品质量安全科研人才队伍建设，推进省级农产品质量安全专业技术研究机构全覆盖和整建制研究能力提升，推动地方设立农产品质量安全科技规划项目。鼓励和支持科研院所、大专院校、公司、学会等积极参与推动农产品质量安全科技进步。

7. 健全完善制度机制

（1）**推动法制建设** 不断完善农业投入品、畜禽屠宰、监督抽查、质量追溯、风险评估、生产经营主体责任等法规制度，配套制定相关实施细则和管理规范。推动农产品质量安全地方立法，健全农产品质量安全全程监管法律制度。

（2）**加强协作联动** 强化与卫生计生、工商、食药、公安等部门的协调配合，加强部门会商研判和协同合作，利用现有农业行政、执法、检测、"三品一标"、风险评估、科研推广等公共资源，聚焦重点任务，落实监管责任，加快推动形成上下贯通、相互联动的农产品质量安全监管工作机制。

（3）**实施社会共治** 建立农产品质量安全和农资打假举报投诉奖励制度，畅通投诉举报渠道。依法公开行政许可、行政处罚、监督抽查等信息，实现监管工作透明公开。

第四节 农产品安全与质量控制主要研究的内容

农产品安全与质量控制主要研究以下内容：质量管理与质量控制的基本理论和基本方法、农产品监管机构与法规和标准、农产品安全质量控制体系、农产品安全生产与认证、食品质量检验制度、农产品质量安全可追溯管理体系等问题。

1. 质量管理与质量控制的基本理论和基本方法

质量管理与质量控制的基本理论和基本方法主要研究质量形成管理的普遍规律。比如质量战略、质量意识、质量文化、质量形成规律、企业质量控制的职能与方法、数理统计方法和工具等。

2. 农产品监管机构与法规和标准

质量都是建立在法制化、标准化、规范化管理之上的。从全世界来看，国际组织和各国政府制定了各种法规和标准，旨在保障消费者的安全和合法利益，规范企业的生产行为，促进企业的有序公平竞争，推动世界各国的正常贸易，避免不合理的贸易壁垒。因此质量法规和标准是保障人民健康的生命线，是企业行为的依据和准绳。

3. 农产品安全质量控制体系

农产品安全质量控制主要内容包括：初级农产品生产中良好农业规范（GAP）的建立；食品加工过程中实施食品良好操作规范（GMP），同时建立危害分析与关键控制点（HACCP）操作系统；行之有效的食品卫生与安全、环境保护的质量控制的保证制度和保证体系ISO 22000 标准、ISO 9000 标准、ISO 14000 标准。食品企业在构建食品卫生与安全保证体系时，首先要根据自身的规范生产需要和管理水平确定适合的保证制度，然后结合生产实际把保证体系的内容细化和具体化，这是企业实现安全产品的重要过程。

4. 食品质量检验制度

食品质量检验是食品质量控制的必要的基础工作和重要组成部分，是保证食品安全和营养的重要手段，也是食品生产过程质量控制的重要手段。食品质量检验主要研究确定必要的质量检验机构和制度，根据法规标准建立必需的检验项目，选择规范化的切合实际需要的采样和检验方法，根据检验结果提出科学合理的判定。

5. 农产品质量安全可追溯管理体系

逐步建立农产品质量安全追溯信息平台，推动农产品质量追溯制度的建立和实施。按照从生产到销售的每一个环节可相互追查的原则，逐步建立农产品生产、加工、运输、储藏、销售等各个环节登记制度，为建立农产品质量安全追溯制度创造条件。

 单元思考

1. 名词解释：食品、农产品、农产品安全。
2. 阐述食品安全、农产品质量安全的含义。
3. 为什么说食品数量安全就是粮食安全？
4. 农产品安全与质量控制包括哪些内容？

第二单元　农产品、食品安全监管体系

 知识与能力目标

1. 中国农产品、食品安全管理机构的设置和职能。
2. 中国农产品、食品法规标准体系。
3. 国内外有关农产品、食品标准化的基本情况和发展动态。
4. 国际食品法规和发达国家的食品质量法律的基本情况。

 思政与职业素养目标

农产品质量安全监管体系包括农产品监管体制和监管机构,食品、农产品安全法律法规以及标准体系。深刻理解建立起一套与国家自身相适宜、与社会共进步的质量安全监管体系,对于提高我国的食品、农产品质量安全及国际竞争力的重要意义。

强化责任意识教育。责任意识是食品、农产品质量控制人员职业素养的根本,维护农产品、食品质量安全监管体系是食品、农产品质量控制人员的基本职责。

 案例引导

食品标签违规事件

2018年7月,某生物科技有限公司因所生产的食品标签展示版面字体不符合国家规定,被食品药品监督管理局罚款6000元。该公司销售的"同粥记乞禾散"食品标签展示版面标识的"乞禾散""同粥记"和"方便食品25g×20袋"的字体和字号不一样,"乞禾散"字体是"同粥记"字体的3倍,是"方便食品25g×20袋"字体的9倍。其中"乞禾散"是苏新诗柳楷简体、160号加粗;"同粥记"是造字工房力黑体、28号加粗;"方便食品25g×20袋"是迷你简粗倩体、12号。执法人员当场将问题产品扣押。

经过执法人员调查,该行为属于在生产经营的食品、食品添加剂中的标签、说明书存在瑕疵。根据《中华人民共和国食品安全法》第一百二十五条第一款第二项,该市食品药品监督管理局依法对其作出处罚:没收违法所得人民币340元,没收违规食品并处罚款6000元。

本案例说明,农产品、食品在监管过程中必须依照法律和标准执行。《中华人民共和国食品安全法》依据"分工协作、统一协调"的原则，明确规定了我国食品安全监督管理体制。食品从业人员必须对法规标准以及监管职能部门权限有一个清晰的认识。

第一节　农产品、食品监管体制和监管机构

一、农产品、食品监管体制和监督管理机构（2018年后）

1. 农业农村部

主要职责很多，包括指导农业行业安全生产工作。其下设部门中与农产品质量安全相关的有法规司、科技教育司（农业转基因生物安全管理办公室）、农产品质量安全监管司、种植业管理司（农药管理司）、畜牧兽医局、渔业渔政管理局等。直属单位与农产品质量安全有密切关系的有农业农村部农产品质量安全中心、中国绿色食品发展中心、农业农村部农药检定所（国际食品法典农药残留委员会秘书处）、中国动物疫病预防控制中心（农业农村部屠宰技术中心）等多个部门。

（1）农产品质量安全监管司　组织实施农产品质量安全监督管理有关工作。指导农产品质量安全监管体系、检验检测体系和信用体系建设。承担农产品质量安全标准、监测、追溯、风险评估等相关工作。

（2）农产品质量安全中心　承担农产品质量安全全程控制体系（HACCP、GAP、GMP等）及相关先进农产品质量安全体系的引进转化、推进建立与示范推广工作；承担农产品生产经营主体（合作社、生产企业、家庭农场、专业化生产乡镇村等）质量安全示范与农产品生产经营主体质量安全（标准化）生产星级示范创建推进工作；农业系统农业标准体系构建以及农业系统国家标准、行业标准农产品质量安全的追溯管理；承担良好农业规范相关认证制度的建立工作。

2. 国家市场监督管理总局

2018年后国家市场监督管理总局在职责方面有了很大变化。现有职责包括制定有关规章、政策、标准，组织实施质量强国战略、食品安全战略和标准化战略以及食品安全监督管理综合协调工作；负责食品安全应急体系建设；负责食品安全监督管理，健全食品安全追溯体系。与食品相关直属机构包括食品安全协调司、食品生产安全监督管理司、食品经营安全监督管理司、特殊食品安全监督管理司、食品安全抽检监测司等机构。

食品安全协调司承担统筹协调食品全过程监管中的重大问题，推动健全食品安全跨地区跨部门协调联动机制工作。食品生产安全监督管理司制定食品生产监督管理和食品生产者落实主体责任的制度措施；组织食盐生产质量安全监督管理工作；组织开展食品生产企业监督检查，组织查处相关重大违法行为；指导企业建立健全食品安全可追溯体系。食品经营安全监督管理司拟订食品流通、餐饮服务、市场销售食用农产品监督管理和食品经营者落实主体责任的制度措施，组织实施并指导开展监督检查工作。特殊食品安全监督管理司拟订特殊食品注册、备案和监督管理的制度措施并组织实施和查处工作。食品安全抽检监测司，拟订全国食品安全监督抽检计划并组织实施，定期公布相关信息；督促指导不合格食品核查、处置、召回；参与制定食品安全标准、食品安全风险监测计划，承担风险监测工作，组织排查风险隐患工作。

二、食品监管格局转变过程

1. 食品监管格局的变化

2004年国务院发布了《国务院关于进一步加强食品安全监管工作的决定》，按照一个监管环节由一个部门监管的分工原则，采取分段监管为主、品种监管为辅的方式，进一步理顺了有关食品安全监管部门的职能，明确了责任。形成了"全国统一领导，地方政府负责，部门指导协调，各方联合行动"的监管工作格局。

该决定将食品安全监管分为四个环节，分别由农业、质检、工商、卫生四个部门实施。其中初级农产品生产环节的监管由农业部门负责，进出口农产品和食品监管、食品生产加工环节的质量监督和日常卫生监管由质检部门负责，食品流通环节的监管由工商部门负责，餐饮业和食堂等消费环节的监管由卫生部门负责，食品安全的综合监督、组织协调和依法组织查处重大事故由食品药品监管部门负责。

长期以来，面对"僧多粥少"的粮食问题，我国的食品供应体系主要是围绕解决食品供给量问题即数量问题建立起来的，对于食品质量安全的关注程度不够，而粮食问题逐步解决后，食品供应面对由多到精的急速观念转型和实践转型，这个过程中的"排异反应"凸显了我国食品行业在原料供给、生产环境、加工、包装、贮存、运输及销售等环节质量安全管理的严重不适应性。随着我国社会主义市场经济不断发展，食品工业化生产在带来食品数量和种类飙升的同时，也促使新的食品安全问题不断涌现。之前我国实行"分段监管为主，品种监管为辅"的食品安全监管体制，农业、质检、工商、食药、卫生、商务等部门像是竹子一样，各管一节，互有中空，在监管过程中不到位、"踢皮球"的现象时有发生。

2009年公布实施的《食品安全法》规定，县级以上地方人民政府统一负责、领导、组织、协调本行政区域的食品安全监督管理工作。然而作为食品安全监管的重要部门，工商行政管理、质量技术监督和2008年前的食药监管部门长期实行省级以下垂直管理体制，与地方政府负总责不匹配。加之近年食品安全形势严峻，属地负责的制度设计带来较大行政问责风险，体制改革呼声越来越高。

2013年3月《国务院机构改革和职能转变方案》获第十二届全国人民代表大会第一次会议审议通过，改革的目标是整合职能、下沉资源、加强监管，在各级政府设立完善统一权威的食品药品监管机构。至此，整合各部门食品安全监管职责以法定形式被固定下来，省以下工商和质监行政管理体制改革也终于实质性启动。改革组建正部级国家食品药品监督管理总局，对研制、生产、流通、消费环节的食品安全实施统一监督管理。改革后，食品药品监督管理部门转变管理理念，创新管理方式，充分发挥市场机制、行业自律和社会监督作用，建立了让生产经营者真正成为食品安全第一责任人的有效机制。之后，各地食药监管部门升格为独立的政府工作部门。地方政府则在乡镇或区域设立食品药品监管派出机构，配备必要的技术装备，填补基层监管执法空白。

党的十八届三中全会提出改革市场监管体系，实行统一的市场监管。强调完善统一权威的食品药品安全监管机构。2014年7月，国务院发布的《关于促进市场公平竞争维护市场正常秩序的若干意见》（国发〔2014〕20号）指出，整合优化市场监管执法资源，减少执法层级，健全协作机制，提高监管效能。从2013年末开始，一些地方政府在不同层面整合工商、质监、食药，甚至物价、知识产权、城管等机构及其职能，推进"多合一"的综合执法改革，组建市场监督管理局（委）。根据国务院《关于地方改革完善食品药品监督管理体制的指导意见》（国发〔2013〕18号）要求，工商、质监相应的食品安全监管队伍和检验检测机构划转为食品药品监督管理部门,在乡镇或区域设立食品药品监管派出机构,配备必要的技术装备,填补基层监管执法空白。

2015年4月24日,《食品安全法》经第十二届全国人民代表大会常务委员会第十四次会议修订通过。新法明确食品安全工作实行预防为主、风险管理、全程控制、社会共治,建立科学、严格的监督管理制度。

2. 2018年机构改革后变化

第十三届全国人大一次会议通过的《国务院机构改革方案》提出,将国家工商行政管理总局的职责,国家质量监督检验检疫总局的职责,国家食品药品监督管理总局的职责,国家发展和改革委员会的价格监督检查与反垄断执法职责,商务部的经营者集中反垄断执法以及国务院反垄断委员会办公室等职责整合,组建国家市场监督管理总局,作为国务院直属机构。其主要职责是,负责市场综合监督管理,统一登记市场主体并建立信息公示和共享机制,组织市场监管综合执法工作,承担反垄断统一执法,规范和维护市场秩序,组织实施质量强国战略,负责工业产品质量安全、食品安全、特种设备安全监管,统一管理计量标准、检验检测、认证认可工作等。

组建国家药品监督管理局,由国家市场监督管理总局管理。市场监管实行分级管理,药品监管机构只设到省一级。药品经营销售等行为的监管,由市县市场监管部门统一承担。

将国家质量监督检验检疫总局的出入境检验检疫管理职责和队伍划入海关总署。保留国务院食品安全委员会、国务院反垄断委员会,具体工作由国家市场监督管理总局承担。国家认证认可监督管理委员会、国家标准化管理委员会职责划入国家市场监督管理总局,对外保留牌子。不再保留国家工商行政管理总局、国家质量监督检验检疫总局、国家食品药品监督管理总局。

这一轮食品药品监管机构改革真正体现"大市场-专药品"模式,抓住了当前食药安全治理的两大关键:食品安全监管的协调力和综合性,药品监管的特殊性和专业性。

第二节 中国农产品、食品安全法律法规体系

中国立法包括全国人大及其常委会立法、国务院及其部门立法、一般地方立法、民族自治地方立法、经济特区和特别行政区立法。行政法规规定的事项包括为执行法律的规定需要制定行政法规的事项、国务院行政管理职权的事项。地方性法规规定的事项是为执行法律、法规的规定,需要根据本行政区域的实际情况具体规定的事项;属于地方性事物需要制定地方性法规的事项。

目前,中国已建立了一套完整的食品安全法律法规体系,为保障食品安全、提升食品质量水平、规范进出口食品贸易秩序提供了坚实的基础和良好的环境。中国食品法律法规体系包括法律、行政法规、部门规章、规范性文件等。中国食品法律法规体系框架见图2-1。

一、法律法规体系

法律是由国家制定或认可,以权利义务为主要内容,由国家强制力保证实施的社会行为规范及其相应的规范性文件的总称。法规是法令、条例、规则、章程等法定文件的总称。法规指国家机关制定的规范性文件,如我国国务院制定和颁布的行政法规,省、自治区、直辖市人大及其常委会制定和公布的地方性法规。中国立法包括全国人大及其常委会立法、国务院及其部门立法、一般地方立法、民族自治地方立法、经济特区和特别行政区立法。

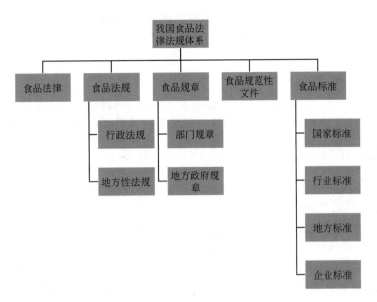

图 2-1　中国食品法律法规体系框架

食品法律是指由全国人大及其常委会经过特定的立法程序制定的规范性法律文件，地位和效力仅次于宪法，称为基本法。食品行政法规是由国务院根据宪法和法律，在其职权范围内指定的有关国家食品的行政管理活动的规范性法律文件，其地位和效力仅次于宪法和法律。

1. 农产品、食品生产相关法律

包括《中华人民共和国食品安全法》《中华人民共和国产品质量法》《中华人民共和国农产品质量安全法》《中华人民共和国行政许可法》《中华人民共和国计量法》《中华人民共和国进出口商品检验法》《中华人民共和国商标法》《中华人民共和国农业法》《中华人民共和国标准化法》《中华人民共和国消费者权益保护法》《中华人民共和国进出境动植物检疫法》《中华人民共和国动物防疫法》《中华人民共和国国境卫生检疫法》等。

2. 农产品、食品生产相关法规

（1）**行政法规**　是由国务院根据宪法和法律，在其职权范围内制定的有关国家食品行政管理活动的规范性法律文件。其地位和效力仅次于宪法和法律。如《乳品质量安全监督管理条例》《生猪屠宰管理条例》《中华人民共和国认证认可条例》《食盐加碘消除碘缺乏危害管理条例》《农业转基因生物安全管理条例》等。

（2）**地方性法规**　指省、自治区、直辖市以及省级人民政府所在地的市和经国务院批准的较大的市的人民代表大会及其常委会制定的适用于本地方的规范性文件。如广东省人民代表大会常务委员会于 2019 年 12 月 3 日通过的《广东省种子条例》。

3. 农产品、食品规章

一是由国务院行政部门依法在其职权范围内制定的食品行政管理规章，在全国范围内具有法律效力。比如国家市场监督管理总局制定了《强制性国家标准管理办法》、2020 年新型冠状病毒肆虐时颁布的《市场监管总局　农业农村部　国家林草局关于禁止野生动物交易的公告》。

二是由各省、自治区、直辖市以及省级人民政府所在地的市和经国务院批准的，根据食品法律在其职权范围内制定和发布的有关地区食品管理方面的规范性文件。比如广东省农业农村厅颁布的《关于试行食用农产品合格证制度的通知》(粤农农函〔2020〕5号);广东省市场监督管理局颁布的《广东省市场监督管理局关于广东省食品从业人员健康检查的管理办法》(粤市监规字〔2019〕6号)。

4. 地方条例

以广东省为例,如《广东省食品安全条例》《广东省家禽经营管理办法》《广东省水产品质量安全条例》《关于食用农产品市场销售质量安全监督管理办法的实施意见》等。

二、中国农产品、食品安全法律法规解读

1. 中华人民共和国产品质量法

《中华人民共和国产品质量法》(下面简称《产品质量法》)于1993年2月22日第七届全国人民代表大会常务委员会第三十次会议通过,根据2000年7月8日第九届全国人民代表大会常务委员会第十六次会议《关于修改〈中华人民共和国产品质量法〉的决定》进行第一次修正。根据2009年8月27日第十一届全国人民代表大会常务委员会第十次会议《关于修改部分法律的决定》进行第二次修正。《产品质量法》的实施是我国经济生活中的一件大事,它标志着我国产品质量工作全面走上了法制化管理的轨道。在提高我国产品质量水平、明确产品质量责任、保护消费者的合法权益等方面发挥了重要作用。同时也为严厉制裁生产、销售假冒伪劣产品等违法行为,提供了法律依据。

《产品质量法》是调整在生产、流通以及监督管理过程中,因产品质量而发生的各种经济关系的法律规范的总称。《产品质量法》主要适用于:在中国境内从事产品生产、销售活动,包括销售进口商品的活动;生产、流通的产品即各种动产(不适用于不动产);生产者、销售者、用户和消费者以及监督管理机构。产品质量法不但能够引导产品质量工作走上法制化的轨道,而且能够充分解决经济领域的现实问题。

2. 中华人民共和国食品安全法

《中华人民共和国食品安全法》2009年2月28日第十一届全国人民代表大会常务委员会第七次会议通过;2015年4月24日第十二届全国人民代表大会常务委员会第十四次会议修订;2018年12月29日第十三届全国人民代表大会常务委员会第七次会议修正;《中华人民共和国食品安全法实施条例》于2019年3月26日国务院第42次常务会议修订通过。

(1)《食品安全法(2018年修正版)》修订意义

① 食品安全形势依然严峻。表现在食品安全问题燃点低、触点多,折射出政府信任危机;社会公众希望加大对食品安全违法行为的惩治力度。

② 党中央将食品安全工作提到前所未有高度。建立最严格的覆盖全过程的监管制度。即用最严谨的标准、最严格的监管、最严厉的处罚、最严肃的问责,保障老百姓"舌尖上的安全"。

③ 建立了统一权威的食品安全监管机构。

(2)《食品安全法(2018年修正版)》修订的主要内容 该法包括总则、食品安全风险监测和评估、食品安全标准、食品生产经营、食品检验、食品进出口、食品安全事故处置、监督管理、法律责任和附则,共有十章,从原来一百零四条增加五十条变成一百五十四条。这部新法被各界称为"史上最严的食品安全法",字数也由之前的1.5万字增加到了3万字。该法对保健食品、网络食品交易、食品添加剂等当前食品监管中存在的难点问题都有涉及,让损害消费者利益的商家承担连带责任,这些都是新法修订的最大亮点。

该法中对八个方面的制度构建进行了修改。主要是完善统一权威的食品安全监管机构;

明确建立最严格的全过程监管制度;进一步强调食品生产经营者的主体责任和监管部门的监管责任;更加突出预防为主、风险防范;实行食品安全社会共治,充分发挥媒体、广大消费者在食品安全治理中的作用;突出对保健食品、特殊医学用途配方食品、婴幼儿配方食品等特殊食品的监管完善;加强对高毒、剧毒农药的管理;加强对食用农产品的管理,建立最严格的法律责任制度。

(3) 关于食用农产品的法律条款 《食品安全法(2018年修正版)》第二条 供食用的源于农业的初级产品(以下称食用农产品)的质量安全管理,遵守《中华人民共和国农产品质量安全法》的规定。但是,食用农产品的市场销售、有关质量安全标准的制定、有关安全信息的公布和本法对农业投入品作出规定的,应当遵守本法的规定。

第三十五条 国家对食品生产经营实行许可制度。从事食品生产、食品销售、餐饮服务,应当依法取得许可。但是,销售食用农产品,不需要取得许可。

(释义:此条说明销售食用农产品,不需要取得许可,但是监管更加严格。)

第四十九条 食用农产品生产者应当按照食品安全标准和国家有关规定使用农药、肥料、兽药、饲料和饲料添加剂等农业投入品,严格执行农业投入品使用安全间隔期或者休药期的规定,不得使用国家明令禁止的农业投入品。禁止将剧毒、高毒农药用于蔬菜、瓜果、茶叶和中草药材等国家规定的农作物。

食用农产品的生产企业和农民专业合作经济组织应当建立农业投入品使用记录制度。

第六十五条 食用农产品销售者应当建立食用农产品进货查验记录制度,如实记录食用农产品的名称、数量、进货日期以及供货者名称、地址、联系方式等内容,并保存相关凭证。记录和凭证保存期限不得少于六个月。

第六十六条 进入市场销售的食用农产品在包装、保鲜、贮存、运输中使用保鲜剂、防腐剂等食品添加剂和包装材料等食品相关产品,应当符合食品安全国家标准。

(释义:这几条说明了如何依法经营的问题以及农产品进货查验记录制度的要求。)

第六十四条 食用农产品批发市场应当配备检验设备和检验人员或者委托符合本法规定的食品检验机构,对进入该批发市场销售的食用农产品进行抽样检验;发现不符合食品安全标准的,应当要求销售者立即停止销售,并向食品安全监督管理部门报告。

第八十八条 采用国家规定的快速检测方法对食用农产品进行抽查检测,被抽查人对检测结果有异议的,可以自收到检测结果时起四小时内申请复检。复检不得采用快速检测方法。

(释义:此条说明了检验制度的要求。)

第五十三条 食品经营者采购食品,应当查验供货者的许可证和食品出厂检验合格证或者其他合格证明(以下称合格证明文件)。

从事食品批发业务的经营企业应当建立食品销售记录制度,如实记录批发食品的名称、规格、数量、生产日期或者生产批号、保质期、销售日期以及购货者名称、地址、联系方式等内容,并保存相关凭证。记录和凭证保存期限应当符合本法第五十条第二款的规定。

(释义:此条说明销售制度的要求。)

第十五条 承担食品安全风险监测工作的技术机构应当根据食品安全风险监测计划和监测方案开展监测工作,保证监测数据真实、准确,并按照食品安全风险监测计划和监测方案的要求报送监测数据和分析结果。

食品安全风险监测工作人员有权进入相关食用农产品种植养殖、食品生产经营场所采集样品、收集相关数据。采集样品应当按照市场价格支付费用。

第二十条 省级以上人民政府卫生行政、农业行政部门应当及时相互通报食品、食用农产品安全风险监测信息。

国务院卫生行政、农业行政部门应当及时相互通报食品、食用农产品安全风险评估结果等信息。

（释义：上述两条说明风险监测制度的要求。）

第一百二十六条　食用农产品销售者违反本法第六十五条规定的，由县级以上人民政府食品安全监督管理部门依照第一款规定给予处罚。

第一百二十八条　违反本法规定，事故单位在发生食品安全事故后未进行处置、报告的，由有关主管部门按照各自职责分工责令改正，给予警告；隐匿、伪造、毁灭有关证据的，责令停产停业，没收违法所得，并处十万元以上五十万元以下罚款；造成严重后果的，吊销许可证。（违法措施）

3. 中华人民共和国农产品质量安全法

《农产品质量安全法》在2006年4月29日第十届全国人民代表大会常务委员会第二十一次会议通过，于2006年11月1日起实施。现行《农产品质量安全法》2006年颁布实施，共分为八章五十六条。2019年《中华人民共和国农产品质量安全法修订草案（征求意见稿）》拟增加至八章八十四条。其中修订四十四条，新增三十一条，保留原法九条。

《农产品质量安全法修订草案（征求意见稿）》明确建立农产品质量安全全程追溯制度，拟对高风险农产品实施强制性追溯。修订后内容包括：

（1）监管对象实现全覆盖　现行《农产品质量安全法》的违法责任中并无对个体农户和家庭农场等生产经营者的处罚规定。将个体农户、家庭农场等纳入法律调整范围，由原来只管企业和合作社，扩大到覆盖所有农产品生产经营主体。此外，针对《农产品质量安全法》适用范围不明确的问题，修订草案在第三条对监管范围进行了明确规定。

（2）坚持从严处罚　参照《食品安全法》的法律责任条款，提高罚款金额，增加行政拘留等处罚方式，强化与刑事司法衔接，提高违法成本。现行《农产品质量安全法》所设定的处罚额度大多为2000元以上20000元以下，且没有与违法所得挂钩，违法成本较低。修订草案按照"最严厉的处罚"要求，整体提高了各类违法行为的处罚额度。同时考虑到农产品生产经营主体的差异性，对规模以上主体和个体农户的处罚力度进行了一定的区分，设置不同的处罚幅度。另外与近年修订的有关法律法规所设置的处罚额度保持一致。对情节严重的违法犯罪行为，采取行政拘留、移送公安等处罚措施。

（3）建立农产品产地安全监测制度　农产品产地是农业生产的载体，是实施"从田间到餐桌"的全过程质量控制的重要环节。农产品产地的土壤、农用水容易受到农业投入品、工业排放等污染，一旦污染物进入农产品产地环境，就很难消除，会在土壤中富集，并随农作物根系进入植株，危害农产品质量安全，最终影响人体健康和生命安全。

为进一步加强农产品产地环境保护，从源头上保障农产品质量安全，将农产品产地安全监测制度上升为法律规定，并将产地安全与农产品质量安全的协同监测结果，作为特定农产品禁止生产区域划定的重要依据。

（4）建立农业投入品追溯制度　鼓励研发推广使用低毒低残留农药兽药，科学指导农业投入品减量使用技术。利用信息化手段，实施电子追溯码标识制度，形成功能完善、信息准确、实时在线的投入品查询和追溯管理系统，可以有效解决投入品"从哪里来，到哪里去"的问题，更好地对可能存在的违法行为进行精准打击，确保投入品和农产品的质量安全。

（5）删除无公害农产品标志的有关表述　随着我国农业农村经济转向高质量发展阶段，同时《食品安全法》对食品安全标准作出新的规定，继续开展无公害农产品认证已不符合新时期农产品质量安全工作新要求。因此，删除原法第三十二条中关于无公害农产品标志的有关表述。

（6）建立食用农产品合格证制度　食用农产品合格证是指食用农产品生产经营者对所生产经营食用农产品自行开具的质量安全合格标识。食用农产品合格证管理是在目前两段制监管体制下连接生产与销售的有效管理方式，2016年在河北、黑龙江、浙江、山东、湖南、陕西6省开展主要食用农产品合格证管理试点，取得了积极进展。但是从试点经验看，由于缺乏上位法依据，全面推进合格证制度存在一定的障碍。农业农村部提出，需要在法律层面明确食用农产品合格证的法律地位。

（7）高风险农产品实施强制性追溯　农产品追溯管理总体上仍处于起步阶段，各地追溯试点相对分散，追溯内容和要求各式各样，追溯信息不能共享，难以发挥出应有的作用。农产品品种丰富、流通量大，产加销链条长、环节多，现行分段管理模式下，各部门很难做到质量追溯无缝衔接。因此有必要与市场监管部门建立全程追溯协作机制。

（8）修改完善投诉举报和信用管理等制度　进一步完善了投诉举报制度，并将现行《农产品质量安全法》中有关检举、揭发和控告等用词统一改为投诉举报。同时增加了信用管理制度。修订草案要求县级以上人民政府农业农村、市场监督管理等部门应当加强农产品质量安全信用体系建设，建立农业投入品和农产品生产经营主体信用记录，实施农产品质量安全守信联合激励和失信联合惩戒，推进农产品质量安全信用信息的应用和管理。

（9）鼓励发展优质农产品　推行农产品分等分级，鼓励发展安全优质绿色农产品公共品牌。新增条款规定国家鼓励行业协会、企业等主体及地方农业农村等部门制定农产品品质标准，推行农产品分等分级。

三、与农产品、食品相关的法律

1. 中华人民共和国专利法

《中华人民共和国专利法》（简称《专利法》），1984年3月12日第六届全国人民代表大会常务委员会第四次会议通过，1985年4月11日实施。随着我国改革开放的深入和扩大，在2000年、2008年两次修改。第三次修正后于2009年10月1日起施行。《中华人民共和国专利法实施细则》于2009年12月30日国务院第九十五次常务会议通过，自2010年2月1日起施行。实施《专利法》，对于保护发明创造权利，鼓励发明创造和推广使用，促进科学技术的发展以适应社会主义建设的需要有重大意义。《专利法》共分为8章，76条。

2. 中华人民共和国商标法

《中华人民共和国商标法》（以下简称《商标法》），于1980年8月23日第五届全国人民代表大会常务委员会第二十四次会议通过，次年3月1日正式实施。2002年9月，《中华人民共和国商标法实施条例》开始施行，该条例于2014年进行修订。

《商标法》对于加强商标管理，保护商标专用权，促使生产者保证商品质量和维护商标信誉，保障消费者利益，促进社会主义商品经济的发展，有举足轻重的意义。《商标法》共8章，73条。

3. 中华人民共和国标准化法

《中华人民共和国标准化法》（以下简称《标准化法》），1988年12月29日第七届全国人民代表大会常务委员会第五次会议通过，1989年4月1日起施行。2017年11月4日第十二届全国人民代表大会常务委员会第三十次会议修订，2018年1月1日起施行。

《标准化法》对发展社会主义商品经济，促进技术进步，改进产品质量，提高社会经济效益，维护国家和人民的利益，使标准化工作适应社会主义现代化建设和发展对经济关系有十分重要的意义。《标准化法》共6章，45条。

4. 中华人民共和国动物防疫法

1997年7月3日第八届全国人民代表大会常务委员会第二十六次会议通过，2007年修订，2013年6月29日修正，2015年4月24日第十二届全国人民代表大会常务委员会第十四次会议修正。

新修订《动物防疫法》在动物疫病预防方面新增制度包括：

(1) 强制免疫制度 明确规定国家对严重危害养殖业生产和人体健康的动物疫病实施强制免疫，饲养动物的单位和个人应当履行动物疫病强制免疫义务，做好强制免疫工作。

(2) 健全疫情监测和预警制度 对动物疫情监测网络建设和动物疫情预警作出了明确规定，对动物疫病监测提出了具体要求。

(3) 建立动物疫病区域化管理制度 明确提出国家对动物疫病实行区域化管理，逐步建立无规定动物疫病区。

《动物防疫法》一是明确疫情报告主体。规定从事动物饲养、屠宰、诊疗等活动的单位和个人发现动物染疫、疑似染疫的，要立即向当地兽医主管部门、动物卫生监督机构或者兽医技术机构报告，任何单位和个人都不得瞒报、谎报、迟报，也不得阻碍他人报告。二是明确疫情认定程序。规定动物疫情由县级以上兽医主管部门认定，其中重大动物疫情要经过省级以上兽医主管部门认定，必要时由农业农村部认定。三是规范疫情公布制度。规定农业农村部应当及时向社会公布动物疫情，也可以根据需要授权省级兽医主管部门公布当地的动物疫情，其他任何单位和个人不得发布动物疫情。

5. 食品标签管理办法

(1) GB 7718—2011《食品安全国家标准 预包装食品标签通则》 适用于直接提供给消费者的预包装食品标签和非直接提供给消费者的预包装食品标签，不适用于为预包装食品在储藏运输过程中提供保护的食品储运包装标签、散装食品和现制现售食品的标识。该标准于2011年4月20日发布，2012年4月20日实施。届时新标准代替GB 7718—2004《预包装食品标签通则》。

新标准与GB 7718—2004相比，主要变化如下：修改了适用范围；修改了预包装食品和生产日期的定义，增加了规格的定义，取消了保存期的定义；修改了食品添加剂的标示方式；增加了规格的标示方式；修改了生产者、经销者的名称、地址和联系方式的标示方式；修改了强制标示内容的文字、符号、数字的高度不小于1.8mm时的包装物或包装容器的最大表面面积；增加了食品中可能含有致敏物质时的推荐标示要求；修改了附录A中最大表面面积的计算方法；增加了附录B和附录C。

(2) 标示内容 食品名称，配料表，净含量和规格，生产者和（或）经销者的名称、地址和联系方式，生产日期和保质期，贮存条件，食品生产许可证编号，产品标准代号及其他需要标示的内容。

(3) 相关术语 包括预包装食品、食品标签、配料、生产日期（制造日期）、保质期、规格等。

预包装食品：预先定量包装或者制作在包装材料和容器中的食品，包括预先定量包装以及预先定量制作在包装材料和容器中并且在一定量限范围内具有统一的质量或体积标识的食品。

食品标签：食品包装上的文字、图形、符号及一切说明物。

配料：在制造或加工食品时使用的，并存在（包括以改性的形式存在）于产品中的任何物质，包括食品添加剂。

生产日期（制造日期）：食品成为最终产品的日期，也包括包装或灌装日期，即将食品装入（灌入）包装物或容器中，形成最终销售单元的日期。

保质期：预包装食品在标签指明的贮存条件下，保持品质的期限。在此期限内，产品完全适于销售，并保持标签中不必说明或已经说明的特有品质。

规格：同一预包装内含有多件预包装食品时，对净含量和内含件数关系的表述。

第三节　中国农产品、食品安全标准体系

一、标准及标准化的概念

GB/T 20000.1—2014《标准化工作指南　第1部分：标准化和相关活动的通用术语》中对标准的定义如下。

1. 标准

标准：通过标准化活动，按照规定的程序经协商一致制定，为各种活动或其结果提供规则、指南或特性，供共同使用和重复使用的文件。

① 标准宜以科学、技术和经验的综合成果为基础。

② 规定的程序指制定标准的机构颁布的标准制定程序。

③ 诸如国际标准、区域标准、国家标准等，由于它们可以公开获得以及必要时通过修正或修订保持与最新技术水平同步，因此它们被视为构成了公认的技术规则。其他层次上通过的标准，诸如专业协（学）会标准、企业标准等，在地域上可影响几个地区。

2. 标准化

标准化：为了在既定范围内获得最佳秩序，促进共同效益，对现实问题或潜在问题确立共同使用和重复使用的条款以及编制、发布和应用文件的活动。

① 标准化活动确立的条款，可形成标准化文件，包括标准和其他标准化文件。

② 标准化的主要效益在于为了产品、过程或服务的预期目的改进它们的适用性，促进贸易、交流以及技术合作。

二、标准化的作用

标准化可以有一个或更多特定目的。这些目的可能包括但不限于品种控制、可用性、兼容性、互换性、健康、安全、环境保护、产品防护、相互理解、经济绩效、贸易。这些目的可能相互重叠。标准化至少有如下几方面的重要作用：

（1）现代化大生产的必要条件　随着生产的社会化程度越来越高，客观上要求必须在技术上使生产活动保持高度的统一和协调一致。这就必须通过制定和执行许许多多的技术标准、工作标准和管理标准，使各生产部门和企业内部各生产环节有机地联系起来，以保证生产有条不紊地进行。标准化可以规范社会的生产活动，规范市场行为，引领经济社会发展，推动建立最佳秩序，促进相关产品在技术上相互协调和配合。

（2）科学管理的基础　标准化有利于实现科学管理和提高管理效率。现代生产讲的是效率，效率的内涵是效益。

（3）调整产品结构和产业结构的需要　标准化可以使资源合理利用，可以简化生产技

术，可以实现互换组合，为调整产品结构和产业结构创造了条件。

（4）扩大市场的必要手段　由于生产的社会化程度越来越高，各个国家和地区的经济发展已经同全球经济紧密结成一体，标准和标准化不但为世界一体化的市场开辟了道路，也同样为进入这样的市场设置了门槛。

（5）促进科学技术转化成生产力的平台　标准化与科技进步有着十分密切的关系，两者相辅相成、互相促进。标准化是科技成果转化为生产力的重要"桥梁"，先进的科技成果可以通过标准化手段，转化为生产力，推动社会的进步。

（6）推动贸易发展的桥梁和纽带　标准化可以增强世界各国的相互沟通和理解，消除技术壁垒，促进国际间的经贸发展和科学、技术、文化交流与合作，能够在各个国家和各个地区之间起到联结作用。只有全球按照同一标准组织生产和贸易，市场行为才能够在更大的范围和更广阔的领域发挥应有的作用。

（7）提高质量和保护安全　标准化有利于稳定和提高产品、工程和服务的质量，促进企业走质量效益型发展道路，增强企业素质，提高企业竞争力；使产品严格地按标准进行生产，按标准进行检验、包装、运输和贮存，使产品质量得到保证。标准的水平标志着产品质量水平，没有高水平的标准，就没有高质量的产品。

三、食品安全标准的分级和分类

1. 根据适用范围分级

标准分级就是根据标准适用范围的不同，将其划分为若干不同的层次。对标准进行分级可以使标准更好地贯彻实施，也有利于加强对标准的管理和维护。

按《中华人民共和国标准化法》的规定，我国的标准分为四级：国家标准、行业标准、地方标准和企业标准。

（1）国家标准　国家标准由国务院标准化行政主管部门编制计划和组织草拟，并统一审批、编号和发布。我国国家标准代号，用"国标"两个汉字拼音的第一个字母"GB"表示。如：GB 7718—2004《预包装食品标签通则》就是2004年颁布、标准的顺序号为7718。

（2）行业标准　对没有国家标准而又需要在全国某个行业范围内统一的技术要求，可以制定行业标准。制定行业标准的项目由国务院有关行政主管部门确定。行业标准由国务院有关行政主管部门编制计划、组织草拟，统一审批、编号、发布，并报国务院标准化行政主管部门备案。行业标准是对国家标准的补充，行业标准在相应国家标准实施后，应自行废止。常用的如轻工行业标准代号为"QB"、国内贸易行业标准代号"SB"、农业行业标准代号"NY"等。

（3）地方标准　制定地方标准的项目，由省、自治区、直辖市人民政府标准化行政主管部门确定。地方标准由省、自治区、直辖市人民政府标准化行政主管部门编制计划，组织草拟，统一审批、编号、发布，并报国务院标准化行政主管部门备案。在相应的国家标准或行业标准实施后，地方标准应自行废止。地方标准的代号，由汉语拼音字母"DB"加上省、自治区、直辖市行政区划代码前两位数字。如：江苏省地方标准代号为"DB32"。

（4）企业标准　企业生产的产品在没有相应的国家标准、行业标准和地方标准时，应当制定企业标准，作为组织生产的依据。若已有相应的国家标准、行业标准和地方标准时，国家鼓励企业在不违反相应强制性标准的前提下，制定充分反映市场、用户和消费者要求的企业标准，企业标准由企业组织制定，并按省、自治区、直辖市人民政府的规定备案。企业标准代号用"Q"表示。

这四类标准主要是适用范围不同,不是标准技术水平高低的分级。

2. 根据法律的约束性分类

(1) **强制性标准** 强制性标准必须执行。

(2) **推荐性标准** 行业标准、地方标准是推荐性标准。国家鼓励采用推荐性标准。

如：GB 7718—2011《食品安全国家标准 预包装食品标签通则》、GB 2760—2014《食品安全国家标准 食品添加剂使用标准》、GB 2762—2017《食品安全国家标准 食品中污染物限量》都是强制性标准。

推荐性国家标准、行业标准、地方标准、团体标准、企业标准的技术要求不得低于强制性国家标准的相关技术要求。

3. 根据标准的性质分类

按标准的性质分为技术标准、管理标准和工作标准。

(1) **技术标准** 为标准化领域中需要协调统一的技术事项而制定的标准。食品工业及相关标准中涉及技术的部分标准、食品产品标准、食品添加剂标准、食品包装材料及容器标准、食品检验方法标准等，其内容都规定了技术事项或技术要点，均属于技术标准。

(2) **管理标准** 为标准化领域中需要协调统一的管理事项所制定的标准。主要包括管理、生产管理、经营管理、劳动管理和劳动组织管理标准等。如 ISO 9000 质量管理标准、食品企业卫生规范等都属于管理标准。

(3) **工作标准** 也叫工作质量标准，是对标准化领域中需要协调统一的工作事项制定的标准。工作标准主要是对具体岗位中人员和组织在生产经营管理活动中的职责、权限、考核方法所做的规定，是衡量工作质量的依据和准则。

4. 根据标准的内容分类

按照标准的内容可分为基础标准、产品标准、方法标准、管理标准、环境保护标准等。我国食品标准基本上就是按照内容进行分类并编辑出版的。

四、农业标准和标准化

1. 农业标准化的概念

农业标准化是指运用"统一、简化、协调、优选"的标准化原则，对农业生产的产前、产中、产后全过程，通过制定标准及实施标准和实施管理，促进先进的农业科技成果和经验迅速推广，确保农产品的质量和安全，促进农产品的流通，规范农产品市场秩序，指导生产，引导消费，从而取得良好的经济、社会和生态效益，以提高农业生产水平和竞争力为目的的一系列活动过程。

2. 农业标准化的特点

(1) **农业标准化的主要对象是生命体或者有机体** 这一特点表明，农业标准化不但是人的有目的的活动，而且必须遵从生命有机体自身的规律特点。

(2) **农业标准化具有明显的地区性** 地区性的特点是不同的生态表现。在农业中，特别是植物和有些动物，只能在特定生态环境中生长发育，才能表现优良的品质。所以，农业标准化必须是因地制宜的。

(3) **农业标准化是复杂的系统工程** 由于农业过程的复杂和农业的巨系统特性，注定其每一个时空距离上的多面性和网络化联系。基于生态系统上的这一工程必然是十分复杂的。

(4) **农业标准化的文字标准与实物标准同等主要** 农业标准化的标准，有文字和实物两种表达方式。其重要性是同一的，两者的相互结合是完善的。不分何者为先，或者哪个重要。

3. 农业标准主要对象和类别

农业标准可针对农产品和种子的品种、规格、质量、等级、安全、卫生要求；试验、检验、包装、储存、运输、使用方法；生产技术、管理技术、术语、符号、代号等制定。

农业标准主要是指围绕农林牧副渔各业，制定的以国家标准为基础，行业标准、地方标准和企业标准相配套的产前、产中、产后全过程系列标准的总和，还包括为农业服务的化工、水利、机械、环保和农村能源等方面的标准。农业标准有以下类别：

（1）农业基础标准 是指在一定范围内作为其他标准的基础并普遍使用的标准。主要是指在农业生产技术中所涉及的名词、术语、符号、定义、计量、包装、运输、贮存、科技档案管理及分析测试标准等。

（2）种子、种苗标准 主要包括农、林、果、蔬等的种子、种苗、种畜、种禽、鱼苗等品种种性和种子质量分级标准、生产技术操作规程、包装、运输、贮存、标志及检验方法等。

（3）产品标准 是指为保证产品的适用性，对产品必须达到的某些或全部要求制定的标准。主要包括农林牧渔等产品品种、产品规格、质量分级、试验方法、包装、运输、贮存、农机具标准、农资标准以及农业用分析测试仪器标准等。

（4）方法标准 是指以试验、检查、分析、抽样、统计、计算、测定、作业等各种方法为对象而制定的标准。包括选育、栽培、饲养等的技术操作规程、规范，试验设计，病虫害测报，农药使用，动植物检疫等。

（5）环境保护标准 是指为保护环境和有利于生态平衡，对大气、水质、土壤、噪声等的环境质量、污染源检测方法以及其他有关事项制定的标准。例如水质、水土保持、农药安全使用、绿化等方面的标准。

（6）卫生标准 是指为了保护人体和其他动物身体健康，对食品饲料及其他方面的卫生要求而制定的农产品卫生标准。主要包括农产品中的农药残留及其他重金属等有害物质残留允许量的标准。

（7）农业工程和工程构件标准 是指围绕农业基本建设中各类工程的勘察、规划、设计、施工、安装、验收，以及农业工程构件等方面需要协调统一的事项所制定的标准。如塑料大棚、种子库、沼气池、牧场、畜禽圈舍、鱼塘、人工气候室等。

（8）管理标准 是指对农业标准领域中需要协调统一的管理事项所制定的标准。如标准分级管理办法、农产品质量监督检验办法及各种审定办法等。

五、农产品、食品标准

食品安全国家标准大致可以分为4类：通用标准、产品标准、生产经营规范标准、检验方法与规程标准。

1. 农产品、食品安全标准制定的原则

根据《食品安全法》第三章 食品安全标准"第二十四条 制定食品安全标准，应当以保障公众身体健康为宗旨，做到科学合理、安全可靠。""第二十五条 食品安全标准是强制执行的标准。除食品安全标准外，不得制定其他食品强制性标准。"

根据《农产品质量安全法》，农产品质量安全标准特别是安全限量标准，具有很强的约束性和法制性。农产品质量安全标准的制定，有两个最基本的原则：一是要保障人体健康和

安全；二是要有利于产业发展和环境安全。

2. 农产品、食品安全标准制定的依据

为保证农产品质量安全标准的科学性和适应性，我国《农产品质量安全法》明确规定，制定农产品质量安全标准，应当充分考虑农产品质量安全风险评估结果，并广泛听取农产品生产者、销售者和消费者的意见。农业农村部为规范和推进标准的制（修）订，相继制定了《农业标准化管理办法》《农业标准审定规范》《食品中农药残留风险评估指南》等制度规范，对标准的规划、计划、立项、起草、征求意见、审查、批准、发布、出版、复审等环节工作做出了明确的规定和要求。同时依托行业科研院所建有农药残留、兽药残留、饲料等17个专业化的标准化技术委员会，依法组建国家农产品质量安全风险评估专家委员会，汇聚了农学、兽医学、毒理学、流行病学、微生物学、经济学等学科领域的知名专家。在国际标准化推进方面，更是积极参加国际食品法典委员会活动，不断强化国际标准制（修）订的参与度和话语权。

食品标准的制定是一项系统工程，根据产品性质、产地分布和加工工艺等情况确定标准适用范围。对需在全国范围内统一的技术要求，应当制定国家标准。对没有国家标准而又需要在全国食品行业范围内统一的技术要求，可以制定行业标准。对没有国家标准和行业标准而又需要在省、自治区、直辖市范围内统一的技术要求，可以制定地方标准。食品企业生产的产品没有国家标准、行业标准和地方标准的，应当制定企业标准，作为组织生产的依据。企业的产品标准须报当地政府标准化行政主管部门备案。

食品安全标准制定的依据：

(1) 法律依据　《食品安全法》《标准化法》等法律及有关法规是制定食品标准的法律依据。

(2) 科学技术依据　食品标准是科学技术研究和生产经验总结的产物。在标准制定过程中，应尊重科学，尊重客观规律，保证标准的真实性，应合理使用已有的科研成果，善于总结和发现与标准有关的各种技术问题，应充分利用现代科学技术条件，使标准具有一定的先进性。

(3) 有关国际组织的规定　WTO制定的《卫生与植物卫生措施协定（SPS）》《贸易技术壁垒协定（TBT）》是食品贸易中必须遵守的2项协定。SPS和TBT协定都明确指出，国际食品法典委员会（CAC）的法典标准可作为解决国际贸易争端，协调各国食品卫生标准的依据。因此，每一个WTO的成员国都必须履行WTO有关食品标准制定和实施的各项协议和规定。

3. 农产品、食品标准的制定和修订

标准的一般程序：

根据GB/T 16733—1997《国家标准制定程序的阶段划分及代码》，我国国家标准制定程序阶段划分为9个阶段，即预阶段、立项阶段、起草阶段、征求意见阶段、审查阶段、批准阶段、出版阶段、复审阶段、废止阶段。

根据《食品安全国家标准管理办法》，食品安全国家标准制（修）订工作一般包括规划、计划、立项、起草、审查、批准、发布以及修改与复审8个步骤。

4. 标准的贯彻实施

标准的实施可分为计划、准备、实施、检查、总结5个步骤。

(1) 计划　标准发布后，根据该项标准的性质和适用范围，有关部门、地区和企业，应拟定标准的实施计划或方案。从总体上分析影响标准贯彻实施的因素与相关条件，选择合适的贯彻方式和方法，选定贯彻标准的时机、人力安排及经费。

（2）准备 准备工作是标准实施的重要环节。实践证明，准备阶段的工作做得扎实细致，实施阶段就可以比较顺利地进行，即使发现问题，也能有准备地组织解决。准备工作大致有四个方面，即思想准备、组织准备、技术准备和物质准备。

（3）实施 实施就是要把标准规定的内容在生产、流通和使用环节中加以执行，有关人员应严格按标准要求进行设计，按符合标准要求的图纸和技术文件组织生产，按符合标准的试验方法对产品进行检验，以及按标准要求进行包装和标识等。

（4）检查 检查就是对图样、工艺规程、检验规程等文件进行检查，看其是否符合标准的要求，以及对这些文件实施的情况进行检查，也就是对各个环节中标准化要求进行认真检查，看其是否贯彻了有关标准。

（5）总结 总结包括技术上的总结、方法上的总结以及各种文件、资料的收集、整理、立卷、归档，还包括对下一步工作提出意见和建议。总结并不意味着标准贯彻的终止，只是完成一次贯彻标准的"PDCA 循环"（策划-实施-检查-处置循环），还应继续进行下次的"PDCA 循环"。

六、农产品、食品安全标准的主要内容

目前我国的食品安全标准体系是强制性标准与推荐性标准相结合，国家标准、行业标准、地方标准和企业标准相配套，基本满足了食品安全控制与管理的目标和要求。但也存在着一些问题，如标准总体水平偏低；部分标准之间不协调，存在交叉，甚至互相矛盾；重要标准短缺；部分标准的实施状况较差，甚至强制性标准也未得到很好的实施。应制定系统、科学、合理且可行的食品安全标准，以解决当前我国食品标准多头重复、相互矛盾，食品生产流通领域秩序混乱的状况。

针对这些情况国家制定了食品标准清理整合的时间表。截至 2018 年 7 月，现行标准清理工作基本结束，重建工作仍在进行。

《食品安全法》第二十六条规定，食品安全标准包括 8 个方面的内容，即：①食品、食品添加剂、食品相关产品中的致病性微生物、农药残留、兽药残留、重金属、污染物质以及其他危害人体健康物质的限量规定；②食品添加剂的品种、使用范围、用量；③专供婴幼儿和其他特定人群的主辅食品的营养成分要求；④对与卫生、营养等食品安全要求有关的标签、标识、说明书的要求；⑤食品生产经营过程的卫生要求；⑥与食品安全有关的质量要求；⑦与食品安全有关的食品检验方法与规程；⑧其他需要制定为食品安全标准的内容。

七、农产品、食品安全标准的结构

每一个食品标准内容不可能完全相同，但其总体结构要求基本相同。一般都由概述、正文部分（技术要素部分）和补充部分组成。概述部分包括封面与首页、目次、标准名称和前言等部分；正文部分包括范围、规范性引用文件、术语和定义、技术要求、试验方法、检验规则、标签与标志、包装、贮存、运输；补充部分包括附录和附加说明。现分别介绍产品标准、检验方法标准和操作规范标准的结构。

1. 产品标准的结构和内容

产品标准既有国家标准、行业标准、地方标准，也有企业标准。但无论哪级标准，标准的格式、内容编排、层次划分、编写的细则等都应符合 GB/T 1.1—2009《标准化工作导则　第 1 部分：标准的结构和编写》（GB/T 1.1—2020《标准化工作导则　第 1 部分：标

化文件的结构和起草规则》于 2020 年 10 月 1 日起实施)。食品产品标准内容较多,一般包括前言、范围、规范性引用文件、术语和定义、技术要求等。

(1) 前言 主要说明标准代替标准、对应其他标准情况(等同、等效)、与废止标准对比变化(标准名称改变、适用范围调整情况、取消和增加内容)。

(2) 正文部分 包括范围、规范性引用文件、术语和定义、技术要求。

技术要求:核心部分,包括原料要求、感官要求(要求、检验方法、项目)、理化指标(要求、检验方法、项目)、污染物限量、真菌毒素限量、微生物要求(项目、微生物限量、采样方案、检验方法)、食品添加剂和营养强化剂、其他。凡列入标准中的技术要求应该是决定产品质量和使用性能的主要指标,而这些指标又是可以被测定或验证的。

2. 检验方法标准的结构和内容

检验方法标准一般包括前言、范围、规范性引用文件、术语和定义、原理、试剂和材料、仪器和设备、分析步骤、分析结果计算、精密度、其他。

3. 操作规范标准的结构和内容

标准一般包括前言、范围、规范性引用文件、术语和定义、选址及厂区环境、厂房和车间、设备、卫生管理、原料和包装材料的要求、生产过程的食品安全控制、检验、产品的贮存和运输、产品追溯和召回、培训、管理机构和人员、记录和文件的管理等内容。

第四节　国际食品质量法规及标准

一、国际食品质量法规

国际食品法律法规是由国际政府组织或民间组织制定的,被广大国家所接受承认的法律制度。国际法律法规引入我国,对于保证我国食品质量,参与国际交流,提高国际市场竞争能力起到很大作用。国际食品法律法规包括国际食品法典、国际食品标准、国际有机食品认证标准等。

1. 食品法典委员会(CAC)与食品法典

国际食品法典委员会(Codex Alimentarius Commission,CAC)是由联合国粮农组织(FAO)和世界卫生组织(WHO)共同建立,以保障消费者的健康和确保食品贸易公平为宗旨的一个制定国际食品标准的政府间组织。自 1961 年第 11 届粮农组织大会和 1963 年第 16 届世界卫生大会分别通过了创建 CAC 的决议以来,已有 173 个成员国和 1 个成员国组织(欧盟)加入该组织,覆盖全球 99% 的人口。CAC 下设秘书处、执行委员会、6 个地区协调委员会、21 个专业委员会(包括 10 个综合主题委员会、11 个商品委员会)和 1 个政府间特别工作组。

(1) 建立和宗旨 所有国际食品法典标准都主要在其各下属委员会中讨论和制定,然后经 CAC 大会审议后通过。CAC 标准都是以科学为基础,并在获得所有成员国一致同意的基础上制定出来的。CAC 成员国参照和遵循这些标准,既可以避免重复性工作又可以节省大量人力和财力,而且有效地减少国际食品贸易摩擦,促进贸易的公平和公正。

(2) 范围和作用 食品法典以统一的形式提出并汇集了国际已采用的全部食品标准,包括所有向消费者销售的加工、半加工食品或食品原料的标准。有关食品卫生、食品添加剂、农药残留、污染物、标签及说明、采样与分析方法等方面的通用条款及准则也列在其中。另外,食品法典还包括了食品加工的卫生规范和其他推荐性措施等指导性条款。

食品法典已成为全球消费者、食品生产和加工者、各国食品管理机构和国际食品贸易重要的基本参照标准。法典对食品生产、加工者的观念以及消费者的意识产生了巨大影响，并对保护公众健康和维护公平食品贸易做出了不可估量的贡献。

食品法典对保护消费者健康的重要作用已在 1985 年联合国第 39/248 号决议中得到体现，食品法典指南采纳并加强了消费者保护政策的应用。该指南提醒各国政府应充分考虑所有消费者对食品安全的需要，并尽可能地支持和采纳食品法典的标准。

食品法典与国际食品贸易关系密切，针对已增长的全球市场，特别是作为保护消费者而普遍采用的统一食品标准，食品法典具有明显的优势。因此，实施卫生与植物卫生措施协定（SPS）和技术性贸易壁垒协定（TBT）时均鼓励采用协调一致的国际食品标准。作为乌拉圭回合多边贸易谈判的产物，SPS 协议引用了法典标准、指南及推荐技术标准，以此作为促进国际食品贸易的措施。因此，法典标准已成为在乌拉圭回合协议法律框架内衡量一个国家食品措施和法规是否一致的基准。

(3) 食品法典取得的成效

① 成为唯一的国际参考标准。早在 1961 年，在建立食品法典的初始阶段，食品法典委员会作为主管和发展食品法典的机构，在食品质量和安全方面已引起世界的重视。在过去的四十多年中，所有与消费者健康保护和公平食品贸易相关的食品情况，均受委员会的监督。联合国粮农组织和世界卫生组织更是坚持不懈地致力于发展食品法典委员会鼓励的食品相关科学技术的研究和讨论。正是因为做了这些工作，国际社会对食品安全和相关事宜的认知已提升到了一个空前的高度，同时在相关食品标准方面，食品法典也因此成为最重要的国际参考标准。

② 得到了国际和各国政府的认知。CAC 工作的最基本的准则已得到社会的广泛支持，那就是人们有权利要求他们所食用的食品是安全和高质量的。CAC 通过主办一些国际会议发挥了重要作用，而这些会议本身也影响着委员会的工作，这些会议包括联合国大会、联合国粮农组织、世界卫生组织关于食品标准、食品中化学物质残留和食品贸易会议，联合国粮农组织、世界卫生组织关于营养的国际大会和联合国粮农组织世界食品高峰会议。

③ 增强了对消费者的保护。

(4) 我国的 CAC 工作开展现状 1984 年中华人民共和国正式成为 CAC 成员国，并由农业部和卫生部联合成立中国食品法典协调小组，秘书处设在卫生部，负责中国食品法典国内协调；联络点设在农业部，负责与 CAC 相关的联络工作。1999 年 6 月新的 CAC 协调小组由农业部、卫生部、国家质量技术监督检验检疫总局等 10 家成员单位组成。

自中国加入 CAC 后，参与会议及其他相关的活动主要经历了三个阶段。第一阶段为加入 CAC 初期（1984~1988 年），主要是了解 CAC 组织情况，参加会议并研究 CAC 提出的有关问题，提交我国关于法典草案的审议意见；第二个阶段为一般性的参与（1989~1998 年），了解并参与标准的制定，召开了 HACCP、危险性等级分析和 GMP 等各类研讨会，并通过国内协调小组开展与 CAC 联系、协调的工作；第三个阶段为积极参与（1999 年至今）。最近几年，中国参与 CAC 工作的广度和深度都达到前所未有的程度，并于 2006 年 7 月在瑞士日内瓦举行的第 29 届 CAC 大会上我国申请作为农药残留委员会和食品添加剂委员会主席国获得批准，成为这两个委员会新任主席国。根据程序手册的规定，我国设立了农药残留委员会秘书处和食品添加剂委员会秘书处，农药残留委员会秘书处设在农业农村部农药检定所，食品添加剂委员会设在中国疾病预防控制中心营养与健康所。

2. 国际放射防护委员会（ICRP）

国际放射防护委员会（ICRP）在国际放射学会的领导下开展工作。该委员会由主席及

12人以下的委员会组成，委员会有国际执行委员会和各国代表团、国际放射学、放射防护学、物理学、生物学、遗传学、生物化学、生物物理学领域内的专家经选举产生。主席和委员在每一届国际放射学会议期间改选一次，至下一届会议时满任期，国际放射防护委员会的决议由投票的多数决定。

委员会可设置为执行任务所必需的专门委员会，不同时期所设的专门委员会不同。目前主要设以下专门委员会：辐射效应、内照射、外照射等。国际放射防护委员会的部分工作由临时设置的工作小组承担，委员会可以邀请其他专家为其服务。辐射防护的目的是，保护个人及其后代，以及全体人类；进行各种可能产生辐射照射的必要活动。为此，需制定一个适用于所有身体组织的剂量极限，防止有害的非随机效应，并限制随机效应的发生率，使之达到被认可接受的水平。次要目的是保证伴有辐射照射的各种实践都具有正当理由，且处于最低水平。

二、国际食品质量标准

1. 中国采用国际标准情况

我国《采用国际标准管理办法》中规定：采用国际标准是指将国际标准的内容经过分析研究和试验验证，等同或修改转化为我国标准（包括国家标准、行业标准、地方标准和企业标准），并按我国标准审批发布程序审批发布。采用国际标准的我国标准的制定、审批、编号、发布、出版、组织实施和监督，同我国其他标准一样，按我国有关法律、法规和规章规定执行。

（1）采用国际标准的程度 《采用国际标准管理办法》第十二条将我国标准采用国际标准的程度分为等同采用和修改采用。

等同采用，指与国际标准在技术内容和文本结构上相同，或者与国际标准在技术内容上相同，只存在少量编辑性修改。

修改采用，指与国际标准之间存在技术性差异，并清楚地标明这些差异以及解释其产生的原因，允许包含编辑性修改。修改采用不包括只保留国际标准中少量或者不重要的条款的情况。修改采用时，我国标准与国际标准在文本结构上应当对应，只有在不影响与国际标准的内容和文本结构进行比较的情况下才允许改变文本结构。

我国标准与国际标准的对应关系除等同、修改外，还包括非等效。非等效不属于采用国际标准，只表明我国标准与相应标准有对应关系。非等效指与相应国际标准在技术内容和文本结构上不同，它们之间的差异没有被清楚地标明。非等效还包括在我国标准中只保留了少量或不重要的国际标准条款的情况。

（2）采用程度的表示方法 我国标准采用国际标准的程度代号见表2-1。

表2-1 采用国际标准程度的3种表示方法

采用程度	字母代号
等同采用（identical）	idt
修改采用（modified）	mod
非等效（not equivalent）	neq

（3）采用国际标准的我国标准的编号表示方法 等同采用国际标准的我国标准采用双编号的表示方法，示例：GB×××××—××××/ISO×××××：××××。修改采用国际标准的我国标准，只使用我国标准编号。

2. 国际食品标准介绍

从事食品及相关产品标准化的国际组织主要有：国际标准化组织（ISO）、联合国粮农组织（FAO）、世界卫生组织（WHO）、食品法典委员会（CAC）、国际乳制品联合会（IDF）、国际葡萄酒局（IWO）等。但随着世界经济一体化的发展和食品法典委员会（CAC）卓有成效的工作，食品法典委员会（CAC）制定的法典标准已成为全球消费者、食品生产和加工者、各国食品管理机构和国际食品贸易唯一的和最重要的基本参照标准。下面将简要介绍食品法典委员会（CAC）和国际标准化组织（ISO）的有关食品标准情况。

(1) 食品法典标准 CAC共有13卷，包括237个食品产品标准、41个卫生或技术规范、185种评价的农药、2374个农药残留限量、25个污染物准则、1005种食品添加剂、54种兽药规定。

标准涉及一般要求、一般要求（食品卫生）、食品中的农药残留（一般描述）、食品中的农药残留（最大限量值）、食品中的兽药残留、特殊膳食食品（包括婴幼儿食品）、加工和速冻水果及蔬菜、新鲜水果和蔬菜果汁及相关产品谷物、豆类及其制品和植物蛋白油脂及相关产品、鱼和鱼制品、肉和肉制品（包括浓肉汤和清肉汤）、糖、可可制品、巧克力及其他制品、乳及乳制品、取样和分析方法。

各卷包括一般原则、一般标准、定义、法典、货物标准、分析方法和推荐性技术标准等内容，每卷所列内容都按一定顺序排列以便于参考。如第一卷第一部分一般要求内容如下：食品法典的一般要求；叙述食品法典的目的；地方法典在国际食品贸易中的作用；食品标签；食品添加剂（包括食品添加剂的一般标准）；食品的污染物（包括食品污染物和毒素的一般标准）；辐射食品；进出口食品检验和出证系统。

食品法典的各卷标准分别用英文、法文和西班牙文出版，各个标准均可在万维网上阅览。

(2) 国际标准化组织（ISO）食品标准 国际标准化组织的英语简称为ISO。其全称是International Organization for Standardization。ISO这一新组织于1947年2月23日正式成立，总部设在瑞士的日内瓦。ISO的组织机构包括全体大会、主要官员、成员团体、通信成员、捐助成员、政策发展委员会、理事会、ISO中央秘书处、特别咨询组、技术管理局、标样委员会、技术咨询组、技术委员会等。

ISO是专门从事国际标准化活动的国际组织。下设许多专门领域的技术委员会（TC），其中TC34为农产食品技术委员会，技术委员会根据各自专业领域的工作量又分别成立了一些分委员会（SC）和工作组（WG）。TC34主要制定农产食品各领域的产品分析方法标准。为了避免重复，凡ISO制定的产品分析标准都被CAC直接采用。

中华人民共和国在1978年9月1日以中国标准化协会的名义参加ISO，并在1982年9月当选并连任理事国（1983～1994年）。1985年和1989年，分别改由国家标准局和国家技术监督局参加。2001年起，在ISO代表中华人民共和国会籍的会员机构是国家标准化管理委员会。

与食品农产品行业相关的管理标准有：①ISO 9000族质量管理体系；②ISO 22000食品安全管理体系；③ISO 14000环境管理体系（此部分内容见第九单元）。

3. 国外食品标准介绍

(1) 欧洲标准（EN） 为了控制食品质量安全，欧盟建立了适应市场经济发展的国家技术标准体系。并达到了完善阶段，在完善的技术标准体系下，标准已深入到社会生活的各个层面，为法律法规提供技术支撑，成为市场准入、契约合同维护、贸易仲裁、合格评定、产品检验、质量体系认证等的基本依据。在当今全球化的市场中，欧洲标准（EN）已得到了世界的认同。因此，欧盟较完善的法律法规和标准体系使欧盟的食品安全管理取得了较好的效果。

欧盟委员会负责起草与制定与食品质量安全相应的法律法规，如有关食品化学污染和残留的 32002R221——委员会法规（EC）N0221/2002；还有食品安全卫生标准，如体现欧盟食品最高标准的《欧共体食品安全白皮书》；以及各项委员会指令，如关于农药残留立法相关的委员会指令 2002/63/EC 和 2000/24/EC。

欧洲食品标准（EN food standards）也形成了一定体系。

(2) 日本标准（JIS） 日本在 1984 年颁布了《食品卫生法》，由卫生部和地方政府 2 个系统负责执行。日本的《食品卫生法》并不涉及食品的一般质量问题。在食品卫生标准上，日本只包括清凉饮料、谷物制品以及肉制品等 30 种食物。对没有标准的食品，就按《食品卫生法》进行管理。凡是违反《食品卫生法》中的一般卫生要求，如腐败变质、被有毒有害物质污染、含有致病菌等的食品都要进行处理。对于任何不符合食品卫生标准的食品，政府按照《食品卫生法》规定给予不同处罚，如停止销售、销毁、罚款甚至追究刑事责任。

日本工业标准（Japanese Industrial Standards，JIS）是由日本工业标准调查会（JISC）组织制定和审议的，是日本国家级标准中较重要、较权威的标准之一。根据日本《工业标准化法》的规定，JIS 标准除对药品、农药、化学肥料、蚕丝、食品以及其他农林产品制定专门的标准或技术规格外，还涉及各个工业领域。其内容包括：产品标准（产品形状、尺寸、质量、性能等）、方法标准（试验、分析、检测与测量方法和操作标准等）、基础标准（术语、符号、单位、优先数等）。专业包括：建筑、机械、电气、冶金、运输、化工、采矿、纺织、造纸、医疗设备、陶瓷及日用品、信息技术等。

(3) 美国食品质量法规 美国实行立法、执法、司法三权分立的食品安全管理体系，由美国国会按照国家宪法的规定制定相关的食品安全法规。美国国会和各州议会作为立法机构，主要负责制定并颁布与食品安全相关的法令，并委托给美国政府机构的相关执法部门来强制性执行法令。执法部门包括美国农业部（USDA）、美国食品药品监督管理局（FDA）、美国环境保护局（EPA），他们遵循国会的授权为法令制定实施细则，并有权对现行法规进行修改和补充，以应对施行中新情况的出现，修改或补充的法规每年发布在美国《联邦法规汇编》上。美国司法部门则负责对强制执法部门进行监督以及对食品安全法规引发的争端给予公正的审判。

美国关于食品安全的法律法规非常繁多，既有综合性的，也有非常具体的。美国有关食品安全的主要法律包括：《联邦食品、药品和化妆品法》（FFDCA）、《联邦肉类检验法》（FMIA）、《禽肉制品检验法》（PPIA）、《蛋制品检验法》（EPIA）、食品质量保护法（FQPA）和《公共健康服务法》（PHSA）。

承担食品安全执法职能的主要是联邦政府部门。承担食品安全执法职能的联邦政府行政部门工作量最大，主要涉及以下部门：健康与人类服务部所属的食品药品监督管理局（FDA）、农业部所属的食品安全及检验局（FSIS）和动植物健康检验局（APHIS）以及环境保护局（EPA）。财政部所属的海关服务局也根据有关指南协助执法机构检验进口货物，有时对货物进行扣留。此外，还有很多联邦机构在其研究、教育、防护、监控、标准制定、应急反应等职能方面承担着与食品安全有关的使命。如健康与人类服务部所属的国家疾病控制和预防中心（CDC），农业部农业研究局（ARS），农业部洲际合作研究、教育与推广局（CSREES），农业部农业营销局（AMS），农业部经济研究局（ERS），农业部谷物检验、包装与贮仓管理局（GIPSA），农业部美国法典办公室（USCO）以及商务部所属的国家海洋渔业局（NMFS）。

美国联邦法典（CFR）是美国联邦政府的行政部门和机构在联邦登记上发布的永久性和完整的法规汇编，分50卷，与食品有关的主要是第7卷（农业）、第9卷（动物与动物产品）和第21卷（食品和药品）。这些法律法规涵盖了所有食品，为食品安全制定了非常具体的标准以及监管程序。

除了以上法律法规之外，美国缺陷食品召回制度也是相当完善的。食品召回制度，是指食品的生产商、进口商或者经销商在获悉其生产、进口或销售的食品存在可能危害消费者健康、安全的缺陷时，依法向政府部门报告，及时通知消费者，并从市场和消费者手中收回问题产品，予以更换、赔偿的积极有效的补救措施，以消除缺陷产品危害风险的制度。实施食品召回制度的目的就是及时收回缺陷食品，避免流入市场的缺陷食品对大众人身安全损害的发生或扩大，维护消费者的利益。

美国产品召回制度是在政府行政部门的主导下进行的。负责监管食品召回的是农业部食品安全及检验局（FSIS）与食品药品监督管理局（FDA）。FSIS主要负责监督肉、禽和蛋类产品质量和缺陷食品的召回，FDA主要负责FSIS管辖以外的食品，即肉、禽和蛋类制品以外食品的召回。美国食品召回的法律依据主要是：《联邦肉类检验法》（FMIA）、《禽肉制品检验法》（PPIA）、《联邦食品、药品和化妆品法》（FFDCA）以及《消费者产品安全法》（CPSA）。FSIS和FDA是在法律的授权下监管食品市场，召回缺陷食品。美国FSIS和FDA对缺陷食品可能引起的损害进行分级并以此作为依据确定食品召回的级别。

美国的食品召回有三级：第一级是最严重的，消费者食用了这类产品肯定危害身体健康甚至导致死亡；第二级是危害较轻的，消费者食用后可能不利于身体健康；第三级是一般不会有危害的，消费者食用后不会引起任何不利于健康的后果，比如贴错产品标签，产品标识有错误或未能充分反映产品内容等。随着这项制度的深入，食品召回有增加的趋势，但并不是说食品质量下降了，而是人们对食品质量有了更高的要求。

 单元思考

1. 我国农产品监管机构有哪些？监管范围如何？
2. 名词解释：标准、标准化。
3. 标准制定的依据是什么？
4. 产品标准、检验方法标准、管理类标准的标准框架有什么不同？
5. 如何制定标准？

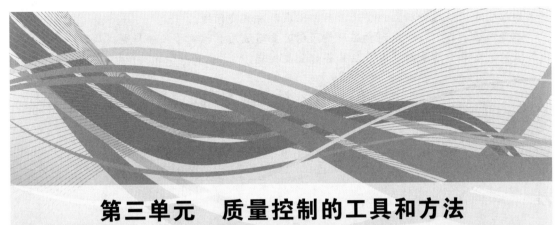

第三单元 质量控制的工具和方法

 知识与能力目标

1. 理解质量数据的性质和特征值。
2. 掌握7种传统质量管理工具的概念和作用。
3. 掌握质量波动的原因及控制方法。
4. 了解质量管理中近年来出现的新型管理方法。
5. 掌握正交试验设计并能用此解决实际问题。

 思政与职业素养目标

农产品质量控制的工具和方法包括质量数据的收集和分析、传统质量控制与新型质量控制的各种图表分析及正交试验设计等。实际工作中,只有掌握了这些工具和方法,才能依据科学的调查方法和分析方法,探究质量形成过程及质量失控的真正原因,利用科学的质量管理手段解决生产中的问题。改进产品质量,并提出确保质量的有效方案。

作为农产品质量控制人员,责任意识固然重要,科学的工作方法和发现问题、分析问题、解决问题的能力也是必须具备的。对于初学者而言,质量控制工具和方法涉及的学习领域较宽,相对枯燥且难度较大,必须深刻理解科学技术对于质量控制工作的重要性,端正学习态度,完备职业能力。

 案例引导

"××营养快线"霉变事件调查

西安市王先生买了两瓶"××营养快线",当孙先生打开饮料瓶盖时,竟然发现瓶口里长了许多绿色的絮状物,产品在保质期内,为什么会有霉变现象?

QC人员利用因果图等质量控制工具分析了霉变问题,通过5M1E分析,可能有以下原因:人——生产厂商故意晚打生产日期,实际生产日期很长,致使变质;机(设备)——引起变质的因素概率很小;法(工艺)——引起变质的因素概率很小;料——没有问题;环(环境)——气温高,产品迅速变质。

整改措施:加强加工食品链各环节中的信息沟通;加强原料及运输的管理;注意气温对

产品的影响等。经过分析监控整改活动,彻底解决霉变问题。

本案例告诉我们,当遇到食品质量问题时要通过质量控制手段分析查找原因,并给出解决方案。这是每个质量控制人员应具备的重要技能。

第一节 质量数据

全面质量管理基本观点:"一切用数据说话"。图 3-1 表示数据与质量控制的关系。

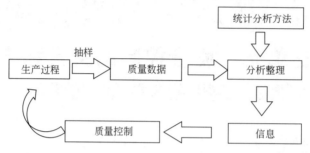

图 3-1 数据与质量控制的关系

一、质量数据的性质

1. 数据的概念

数据:反映事物性质的一种量度。

2. 数据的分类

依据数据性质可分为计量值数据、计数值数据。

(1) 计量值数据 指用测量工具可以连续测取的数据,即通常可以用测量工具具体测出小数点以下数值的数据。例如:质量、温度、时间、酸度、含量等。

(2) 计数值数据 计数值数据是不能连续取值的数据,只能以个数计算的数据。在有限区间内只能取有限数值。不可以用小数点以下数值表示数据。例如:某天生产产品的件数、合格品与不合格品数、质量检测的项目数、疵点数、故障次数等。计数值数据都是自然数。

计数值数据还可以分为计件值数据和计点值数据。

① 计件值数据 指计算产品的件数而得到的数值。计件值数据往往是在考核批质量状况时发生,所以大多数生产过程对计件值质量特性的考核指标为不合格品率 p 或不合格品数 np。

② 计点值数据 指计算缺陷数而得到的数值。如产品表面的缺陷数、单位时间内机器发生故障的次数等。

以百分数出现的数据由哪一类数据计算所得,就属于哪一类数据。如某企业质量管理人员占全体职工总数的百分数、产品的合格品率等属于计数值数据;计量值数据和计数值数据的性质不同,它们的分布也不同,所用的控制图和抽样方案也不同,所以必须正确区分;在质量管理工作中,常会遇到难以用定量数据表示的事件或因素,一般可以用优劣值法、顺序值法、评分法等,将其转化成数据。

二、数据的收集

1. 数据收集的目的

① 掌握和了解生产、工序现状;

② 分析问题，找出产生问题的原因；
③ 对工序进行分析，判断是否稳定，以便采取措施；
④ 为调整工序，使之达到规定的标准状态；
⑤ 对一批产品的品质进行评价及验收；
⑥ 为了工序分析和改进工作等。

2. 质量数据的收集方法

（1）全数检验　全数检验是对总体中的全部个体逐一观察、测量、计数、登记，从而获得对总体质量水平评价结论的方法。

（2）随机抽样检验　抽样检验是按照随机抽样的原则，从总体中抽取部分个体组成样本，根据样品检测的结果，推断总体质量水平的方法。

3. 抽样的具体方法

（1）简单随机抽样　简单随机抽样又称纯随机抽样、完全随机抽样，是对总体不进行任何加工，直接进行随机抽样，获取样本的方法。适用于总体差异不大，或对总体了解甚少的情况。

（2）分层抽样　分层抽样又称分类或分组抽样，是将总体按与研究目的有关的某一特性分为若干组，然后在每组内随机抽取样品组成样本的方法。

优点是对每组都有抽取，样品在总体中分布均匀，更具代表性。适用于总体比较复杂的情况。

（3）系统抽样　又叫作等距抽样法或机械抽样法，是依据一定的抽样距离，从总体中抽取样本。要从容量为 N 的总体中抽取容量为 n 的样本，可将总体分成均衡的若干部分，然后按照预先规定的规则，从每一部分抽取一个个体，得到所需要的样本的抽样方法。

（4）整群抽样　整群抽样是将总体按自然存在的状态分为若干群，并从中抽取样品群组成样本，然后在中选群内进行全数检验的方法。如对原材料质量进行检测，可按原包装的箱、盒为群随机抽取，对中选箱、盒做全数检验；每隔一定时间抽出一批产品进行全数检验等。

由于随机性表现在群间，样品集中，分布不均匀，代表性差，产生的抽样误差也大，同时在有周期性变动时，也应注意避免系统偏差。

（5）多级抽样　（1）~（4）抽样方法的共同特点是整个过程中只有一次随机抽样，因而统称为单阶段抽样。但是当总体很大时，很难一次抽样完成预定的目标。多级抽样是将各种单阶段抽样方法结合使用，通过多次随机抽样来实现的抽样方法。

4. 数据收集的注意事项

数据准确可靠十分重要，数据不可靠，会得出错误结论，导致采取错误措施。为取得可靠的数据，应注意以下事项：
① 明确搜集数据的目的与整理数据的方法；
② 正确抽样并且得到足够的数量；
③ 取得数据以后，收集的数据要整理、按目的分类；
④ 字迹清楚，让人能看懂；
⑤ 数据必须真实、准确、可靠，注明收集数据的条件；
⑥ 抽样与测定工作应该按标准化进行。

三、数据特征值

1. 总体与参数

（1）总体　又叫母体，是研究对象的全体。总体可以是有限的，也可以是无限的。例如有一批含有10000个产品的总体，它的数量已限制在10000个，是有限的总体。再如总体为某工序，既包括过去、现在，也包括将要生产出来的产品，这个连续的过程可以提供无限个数据，我们说它是无限的总体。

（2）**个体** 又叫样本单位或样品，是构成总体或样本的基本单位，也就是总体或样本中的每一个单位产品。它可以是一个，也可以由几个组成。

（3）**总体容量** 总体包含的个体数量"N"。

（4）**参数** 由总体计算的特征数叫参数，常用希腊字母表示，如用μ表示总体平均值，用σ表示总体标准差。

2. 样本与统计量

（1）**样本** 样本又叫子样，它是从总体中抽取出来的一个或多个供检验的单位产品。样本中所含的个体数目称为样本量或样本大小，常用n表示。

抽样：从总体中抽取部分个体作为样本的过程叫抽样。为了使样本的质量特性数据具有总体性的代表，通常采取随机抽样。

随机抽样：在每次抽样时，总体中所有个体都有同等机会被抽到的抽样方法。

（2）**统计量** 用样本计算的特征数叫统计量。以阿拉伯字母表示。如：样本平均值用$\overline{X}$表示；s表示样本标准差。

① 表示样本的中心位置的统计量。

样本平均值$\overline{X}$

$$\overline{X} = \left(\sum_{i=1}^{n} X\right)/n$$

样本中位数$\tilde{X}$指把收集到的统计数据按大小顺序重新排列，排在正中间的那个数。当样本量n为奇数时，正中间的数只有一个；当n为偶数时，正中位置有两个数，此时中位数为正中两个数的算术平均值。

② 表示样本数据分散程度的统计量。

样本极差R为一组数据中最大值与最小值之差。例如：25 10 10 20 55 30 35 40 23。

$$R = x_{\max} - x_{\min} = 55 - 10 = 45$$

标准方差s^2

$$s^2 = \frac{1}{n-1}\left[\sum_{i=1}^{n}(X_i - \overline{X})^2\right]$$

样本标准差s

$$s = \sqrt{\frac{1}{n-1}\left[\sum_{i=1}^{n}(X_i - \overline{X})^2\right]}$$

四、产品质量的波动

1. 正常波动

由随机因素，又称偶然因素（简称偶因），如机器的固有振动、液体灌装机的正常磨损等引起的质量波动。偶因是固有的，始终存在，对质量的影响较小，难以测量，消除它们成本大，技术上也难以达到。

2. 异常波动

由系统因素，又称异常因素（简称异因，在国际标准和我国国家标准中称为可查明因素），如配方错误、设备故障或过度磨损、违反操作规程等引起的质量波动。异因是非过程固有，有时存在，有时不存在，它们对质量波动影响大，易于判断其产生原因并除去。

产品质量具有变异性（质量波动），同时产品质量的变异具有规律性（分布）。产品质量的变异不是漫无边际的变异，而是在一定范围内符合一定规律的变异。表3-1为正常波动与异常波动的比较。

表3-1 正常波动与异常波动比较

	正常波动	异常波动
产生原因	偶然因素	系统因素
存在情况	大量存在	少量存在
作用大小	对质量特性值影响较小	如存在,可使产品质量发生显著变化
影响因素	很多,不易识别,难以确定	较少,容易识别
解决方法	提高科学技术水平	加强管理
质量管理工作	控制在最低限度	消除
过程状态	统计受控状态	统计失控状态

质量管理的一项重要工作内容就是通过搜集数据、整理数据，找出波动的规律，把正常波动控制在最低限度，消除系统性原因造成的异常波动。

第二节 质量控制的传统方法

质量控制的传统方法有调查表、排列图、因果图、散布图、分层法、直方图、控制图，通常称为质量管理的7种传统工具。这7种方法相互结合，灵活运用，可以解决质量管理中的大部分质量问题，有效地服务于控制和改进产品质量，称为质量控制（QC）七工具或品管七大手法。

一、调查表

1. 调查表的概念和作用

（1）调查表的概念 调查表又称为检查表、核对表、统计分析表，是用来检查有关项目的表格。调查表的形式多种多样，一般根据所调查的质量特性的要求不同而自行设计。一般是事先印制好的（当然也可临时制作），用来收集数据操作容易、简单明了。

（2）调查表的作用 收集、积累数据比较容易；数据使用、处理起来也比较方便；可对数据进行粗略的整理和分析。使用调查表可系统地收集资料、积累信息、确认事实，也就是确认有与没有或者该做的是否完成。

2. 调查表的种类

（1）工序分布调查表 又称质量分布调查表，是对计量值数据进行现场调查的有效工具。

它是根据以往的资料，将某一质量特性项目的数据分布范围分成若干区间而制成的表格，用以记录和统计每一质量特性数据落在某一区间的频数。从表格形式看，质量分布调查表与直方图的频数分布表相似。所不同的是，质量分布调查表的区间范围是根据以往资料，首先划分区间范围，然后制成表格，以供现场调查记录数据；而频数分布表则是首先收集数据，再适当划分区间，然后制成图表，以供分析现场质量分布状况所用。

案例：某检验员针对某品牌200g莲蓉月饼质量进行调查，抽样100件。并绘制了200g莲蓉月饼质量调查表，见表3-2。

表3-2　200g莲蓉月饼质量调查表

产品名称：200g莲蓉月饼。生产线：C。调查者：杨某（QC）。调查日期：20160808

质量/g	频数							小计
	5	10	15	20	25	30	35	
198～200								0
200～202	//							2
202～204	///							3
204～206	/////	//						7
206～208	/////	/////						10
208～210	/////	/////	/////	////				19
210～212	/////	/////	/////	/////	/////	//		27
212～214	/////	/////	/////	///				18
214～216	/////	///						8
216～218	/////							5
218～220	/							1
合计								100

（2）不合格项调查表　不合格项调查表主要用来调查生产现场不合格项目频数和不合格品率，以便后续用于排列图等分析研究。

案例：表3-3是某月饼企业某月的莲蓉月饼抽样检验外观不合格项目调查记录表。从外观不合格项目的频次可以看出，微生物和裂饼问题较为突出，需要对工序进行调整、对机器进行修理。

表3-3　莲蓉月饼外观不合格项目调查表

产品名称：莲蓉月饼。生产线：A。调查者：刘某（QC）。调查日期：20160808

批次	产品质量/g	箱	抽样数/块	不合格品数/块	不合格品率/%	外观不合格项目					
						微生物	裂饼	真空度	露馅	净重	杂质
1	200	100	40	1	2.5				1	1	
2	200	100	40	0	0						
3	200	100	40	2	5			2		1	
4	200	100	40	0	0						
...											
200	200	100	40	1	2.5		1			1	
合计		20000	8000	94	1.175	42	33	11	4	3	1

(3) 不合格位置调查表 或称缺陷位置调查表，就是先画出产品平面示意图，把图面划分成若干小区域，并规定不同外观质量缺陷的表示符号。调查时，按照产品的缺陷位置在平面图的相应小区域内打记号，最后统计记号，可以得出某一缺陷比较集中在哪一个部位上的规律，这就能为进一步调查或找出解决办法提供可靠的依据。

案例：QC 人员调查奶粉包装袋的印刷质量缺陷位置，结果见表 3-4。调查结果表明色斑最严重，而且集中在 B、E、F 和 G 区；裂纹其次，主要集中在 A、F 区；排在第三位的是套色错位，集中在 C、F 区。缺陷最严重的是 F 区。接下去就可以用因果图首先对色斑问题进行分析，找出原因，制定改进措施；然后依次对裂纹和套色错位进行分析。

表 3-4 奶粉包装袋的印刷质量缺陷位置调查表

产品名称：奶粉包装袋。工序：印刷。调查者：刘某（QC）。调查日期：20180308。检查数量：1000

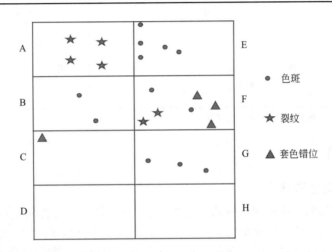

位置		A	B	C	D	E	F	G	H	合计
缺陷	色斑		6			66	4	8		84
	裂纹	28					8			36
	套色错位			6			26			32

(4) 矩阵调查表 矩阵调查表，又称不合格原因调查表，是一种多因素调查表，它要求把产生问题的对应因素分别排列成行和列，在其交叉点上标出调查到的各种缺陷和问题以及数量。

案例：某饮料厂 PET 瓶生产车间对两台注塑机生产的 PET 瓶制品的外观质量进行调查。表 3-5 为不合格产品原因调查表。

从表中可以看出：

① 从机器来看：1#机发生的外观质量缺陷较多。说明 1#注塑机维护保养较差，而且操作工 B 未按规定及时更换模具，机器需要进行维修。

② 从人来看，操作工 B 生产出的产品不合格最多。

③ 对环境原因进行分析表明，从 2 月 3 日两台注塑机所生产的产品的外观看质量缺陷都比较多，而且气孔缺陷尤为严重，经调查分析是当天的原材料湿度较大所致。

④ 不合格产品中以气孔最为常见。

表 3-5 PET瓶外观不合格产品原因调查表

设备	操作者	2月1日 上午	2月1日 下午	2月2日 上午	2月2日 下午	2月3日 上午	2月3日 下午	2月4日 上午	2月4日 下午	2月5日 上午	2月5日 下午
1#	A	○○●	○× ×□	○× ●	○○ ×□	○○○ ●×		○○ ××	○× □	○× △△	×● □
1#	B	○● ××	×× ● ○○	×× ●△	×	●× ●× ●×	●○ ○×	●●	○○ ×× △	○○ ●×	○×× ×○
2#	A	○×	□	○×	●	○○○ ○×	○○○ ○×	○△	●×	○	
2#	B	○□×	○● ×○△	○×○ ○△		○○○ ×	○○○ ×	○● ○□	○○ ×	△○	●○

注：○气孔；△裂纹；●疵点；×变形；□其他。

二、排列图

1. 排列图的概念和作用

（1）排列图的概念　排列图又叫帕累托图（巴雷特图）。它是将质量改进项目从最重要到次要进行排列而采用的一种简单的图示技术。此图是一个直角坐标图，它的左纵坐标为频数，即某质量问题出现次数，用绝对数表示；右纵坐标为频率，常用百分数来表示。

横坐标表示影响质量的各种因素，按频数的高低从左到右依次画出长柱排列图，然后将各因素频率逐项相加并用曲线表示。

（2）排列图的作用　排列图是为寻找主要问题或影响质量的主要原因所使用的图。排列图由一个横坐标、两个纵坐标、几个按高低顺序排列的矩形和一条累计百分比折线组成。

通过区分最重要的和其他次要的项目，就可以用最少的时间获得最大的改进。"找出主要原因"，频率在80%以内的为A类因素，即是亟待解决的质量问题。

2. 排列图的制作

（1）案例　××食品公司针对莲蓉月饼质量问题进行了调查，其抽查内容见表3-6莲蓉月饼外观不合格项目调查表。

（2）对调查表进行汇总

表 3-6 某食品公司莲蓉月饼外观不合格项目调查表

调查者：××。地点：××食品公司。日期：20160819

不合格类型	微生物	裂饼	真空度	露馅	净重	杂质	小计
不合格数	42	33	11	4	3	1	94

（3）制作排列图数据表　计算不合格比率，并按数量从大到小顺序将数据填入表中。

"其他"项的数据由许多数据很小的项目合并在一起，将其列在最后。见表 3-7。

表 3-7 莲蓉月饼排列图数据表

不合格类型	不合格数	累计不合格数	比率/%	累计比率/%
微生物	42	42	44.68	44.68
裂饼	33	75	35.11	79.79
真空度	11	86	11.70	91.49
露馅	4	90	4.26	95.74
净重	3	93	3.19	98.94
杂质	1	94	1.06	100.00
合计	94		100	

(4) 制作排列图

① 画两根纵轴和一根横轴，左边纵轴，标上件数（频数）的刻度，最大刻度为总件数（总频数）；右边纵轴，标上累计比率（频率）的刻度，最大刻度为 100%。左边总频数的刻度与右边总频率的刻度（100%）高度相等。横轴上将频数从大到小依次列出各项。

② 在横轴上按频数大小画出矩形，矩形高度代表各不合格项频数的大小。

③ 画累计比率曲线，用来表示各项目的累计百分比。

④ 在图上记入有关必要事项，如排列图名称、数据以及采集数据的时间、主题、数据合计数等。见图 3-2。

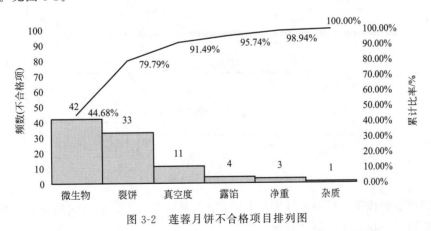

图 3-2 莲蓉月饼不合格项目排列图

3. 排列图制作要点

① 选择要进行质量分析的项目。

② 选择用于质量分析的度量单位。如出现的次数（频数）、成本、不合格品数。

③ 选择进行质量分析的时间范围。所选定的时间段应足够长，以使数据具有一定代表性。

④ 制作排列图。

4. 排列图的使用

① 按重要性顺序显示出每个质量改进项目对整个质量问题的作用。

为了抓住"关键的少数",在排列图上通常把累计比率分为 3 类:在 0~80% 的因素为 A 类因素,也即主要因素;在 80%~90% 的因素为 B 类因素,也即次要因素;在 90%~100% 的因素为 C 类因素,也即一般因素。从图 3-2 中可以看出,出现不合格品的主要原因是微生物和裂饼,只要解决了这两个问题,不合格率就可以降低 79.79%。

② 找到进行质量改进的机会。

③ 在解决质量问题时,将排列图和因果图结合起来特别有效。先用排列图抓"关键的少数",找出主要因素;再用因果图分析原因;制订对策,实施改进;最后用排列图验证改进的效果。

三、因果图

1. 因果图的概念和作用

(1) 因果图的概念 因果图是一种用于分析质量特性(结果)与可能影响质量特性的因素(原因)的一种工具,日本东京大学教授石川馨第一次提出了因果图,所以因果图又称石川图。

因果图将质量问题与原因之间的关系表示出来,是分析影响产品质量的诸因素之间关系的一种工具,在 QC 小组又被称为因果分析图、鱼刺图、鱼骨图、树枝图、石川图等,极易引起混乱。规范化名词为因果图,图 3-3 为因果图结构。

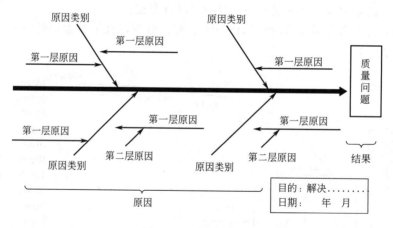

图 3-3 因果图结构

(2) 因果图的作用 可用于以下几个方面:分析因果关系,表达因果关系,通过识别症状来分析原因并寻找措施,促进问题解决。

因果图是以结果作为特性,以原因作为因素,在它们之间用箭头联系表示因果关系。是一种充分调动员工动脑筋、查原因,集思广益的好办法。当出现了某种质量问题,未搞清楚原因时,可针对问题发动大家寻找可能的原因,使每个人都畅所欲言,把所有可能的原因都列出来。因果图,可用在一般管理及工作改善的各种阶段,特别是树立意识的初期,易于使问题的原因明朗化,从而设计步骤解决问题。

2. 因果图的制作案例

在莲蓉月饼排列表制作案例中,微生物和裂饼是不合格的主要原因。图 3-4 可帮助我们利用因果图查找微生物产生的原因。

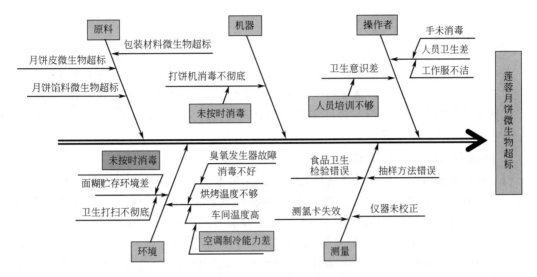

图 3-4 莲蓉月饼微生物超标因果图

3. 因果图制作要点

① 召集同该质量问题有关的人员参加会议。召集与此问题相关的，有经验的人员，人数最好 4~10 人。

② 挂一张大白纸，准备 2~3 支色笔（可以电脑完成）。

③ 确定需要分析的质量特性。例如产品质量、质量成本、产量、工作质量等问题。充分发扬民主，各抒己见，集思广益，就影响问题的原因发言，发言内容记入图上，中途不可批评或质问。时间大约 1 个小时，搜集 20~30 个原因则可结束。

④ 就所搜集的原因，找影响最大项。再由大家轮流发言，经磋商后，认为影响较大的画红色圈。

⑤ 绘制因果图。

a. 画一条带箭头的主干线，箭头指向右端，将质量问题写在图的右边，确定造成质量问题的原因类别。影响产品质量一般有人、机、料、法、测、环（5M1E）6 大因素，所以经常见到按 6 大因素分类的因果图。然后围绕各原因类别展开，按第一层原因、第二层原因、第三层原因及相互间因果的关系，用长短不等的箭头线画在图上，逐级分析展开到能采取措施为止。

b. 讨论分析主要原因，把主要的、关键的原因分别用粗线或其他颜色的线标记出来，或者加上方框进行现场验证。

c. 记录必要的有关事项，如参加讨论的人员、绘制日期、绘制者等。

d. 对主要原因制订对策表（5W1H），落实改进措施。

注："5W1H" 模式是指对选定的项目、工序或操作，都要从原因（何因 why）、对象（何事 what）、地点（何地 where）、时间（何时 when）、人员（何人 who）、方法（何法 how）六个方面提出问题进行思考。5W1H 就是对工作进行科学地分析，对某一工作在调查研究的基础上，就其工作内容（what）、责任者（who）、工作岗位（where）、工作时间（when）、怎样操作（how）以及为何这样做（why），进行书面描述，并按此描述进行操作，达到完成职务任务的目标。

5W1H 分析法为人们提供了科学的工作分析方法，常常被运用到制订计划草案上和对工作的分析与规划中，并能使我们工作有效地执行，从而提高效率。

因果分析图提供的是抓取重要原因的工具，所以参加的人员应包含对此项工作具有经验的人。

四、散布图

在质量管理过程中，经常需要对一些重要因素进行分析和控制。这些因素大多错综复杂地交织在一起，它们既相互联系又相互制约，既可能存在很强的相关性，也可能不存在相关性。如何对这些因素进行分析？通过作散布图，因素之间繁杂的数据就变成了坐标图上的点，其相关关系便一目了然。

1. 散布图的概念、种类和作用

（1）散布图的概念　影响产品质量的因素往往很多，有时我们只需要分析具体两个因素之间到底存在着什么关系。这时可将与这两种因素有关的数据列出来，并用一系列点标在直角坐标系上，制作成图形，以观察两种因素之间的关系，这种图就称为散布图。散布图也叫相关图，是研究 2 个变量之间关系的简单示意图。对它进行分析称为相关分析。在散布图中，成对的数据形成点子云，研究点子云的分布状态，便可推断成对数据之间的相关程度。

（2）散布图的种类　当 x 值增加，相应的 y 值也增加，就称 x 和 y 之间是正相关；当 x 值增加，相应的 y 值减少，则称 x 和 y 之间是负相关。图 3-5 是 6 种常见的散布图形状。

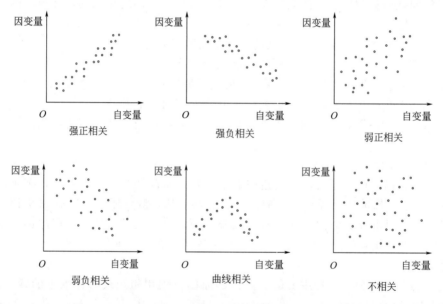

图 3-5　常见的散布图形状

（3）散布图的作用　可以用来发现和确认两组相关数据之间的关系，常用于分析研究质量特性之间或质量特性与影响因素两变量之间的相关关系。

在散布图中，成对的数据形成点子云，可从点子云的形态推断相关数据之间的关系。x 与 y 之间正相关意味着 x 值增加，y 值也增加；负相关意味着 x 值增加，y 值相应减少。

2. 散布图的制作案例

例如：某酒厂为了研究中间产品酒醅中的酸度和酒度 2 个变量之间存在的关系，对酒醅样品进行了化验分析，结果见表 3-8。现利用散布图对数据进行分析、研究和判断。将表中的各组数据一一描在坐标系中，结果见图 3-6。

表 3-8 酒醅中酸度和酒度分析数据表　　%

序号	酸度	酒度	序号	酸度	酒度	序号	酸度	酒度
1	0.5	6.3	11	1.2	5.3	21	0.5	6.6
2	0.9	5.8	12	0.8	5.9	22	1.2	4.7
3	1.2	4.8	13	1.2	4.7	23	0.6	6.5
4	1.0	4.6	14	1.6	3.8	24	1.3	4.3
5	0.9	5.4	15	1.5	3.4	25	1.0	5.3
6	0.7	5.8	16	1.4	3.8	26	1.5	4.4
7	1.4	3.8	17	0.9	5.0	27	0.7	6.6
8	0.8	5.7	18	0.7	6.3	28	1.3	4.6
9	0.7	6.0	19	0.6	6.4	29	1.0	4.8
10	0.9	6.1	20	0.5	6.4	30	1.2	4.1

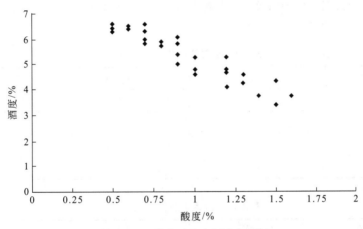

图 3-6　酒醅中酸度和酒度相关性

将图 3-6 与图 3-5 常见散布图进行比较，可以得出酒醅酸度与酒度呈弱负相关。需要注意的是散布图相关性规律一般局限于观测值数据的范围内。

3. 散布图的制作要点

① 从将要对其关系进行研究的两组相关的数据中收集对应的数据（x,y），最好有 30 对数据（说明：此处需要调查表）。

② 标出 x 轴和 y 轴。

③ 找出 x 和 y 的最大值和最小值并用这两个值标定横轴（x）和纵轴（y），两个轴大约等长度。

④ 描出成对（x,y）的数据点。当两组数据的数值重合时，可围绕数据点画出同心圆，也可在离第一个点最近处画上第二个点。

⑤ 图与典型散布图进行比较，得出相关性。

五、分层法

1. 分层法的概念和作用

(1) 分层法的概念　分层法又叫分类法、分组法。它是按照一定的标志，把搜集到的大量有关某一特定主题的统计数据加以归类、整理和汇总的一种方法。分层的目的在于把杂乱无章和错综复杂的数据和意见加以归类汇总，使之更能确切地反映客观事实。

（2）分层法的作用 分层的原则是使同一层次内的数据波动幅度尽可能小，而层与层之间的差别尽可能大，否则就起不到归类汇总的作用。一般来说，分层有以下几种：按操作者分层、按机器设备分层、按原料分层、按加工方法分层、按时间分层、按作业环境状况分层、按测量分层等。

2. 分层法应用案例

例如：某食品厂的糖水水果玻璃罐头旋盖经常漏气，造成产品发酵、变质，为解决这一质量问题，对该工序进行现场统计。

（1）收集数据 抽检100罐产品后发现：$n=100$，漏气数 $f=38$，漏气率 $p=f/n=38/100=38\%$。

（2）分析原因 可能原因：一是 A、B、C 3台封罐机的生产厂家不同；二是所使用的罐盖是由2个制造厂提供的。

在用分层法分析漏气原因时分为按封罐机生产厂家分层（表3-9）和按罐盖生产厂家分层（表3-10）两种情况。

表3-9 按封罐机生产厂家分层

封罐机生产厂家	漏气/罐	不漏气/罐	漏气率/%
A	12	26	32
B	6	18	25
C	20	18	53
合计	38	62	38

表3-10 按罐盖生产厂家分层

罐盖生产厂家	漏气/罐	不漏气/罐	漏气率/%
一厂	18	28	39
二厂	20	34	37
合计	38	62	38

分析一：由表3-9可知，为降低漏气率，应采用B厂的封罐机。由表3-10可知，为降低漏气率，应采用二厂的罐盖。

然而事实并非如此，当采用此方法后，漏气率反而高达43%（6/14≈0.43，见表3-11）。

分析二：这样的简单分层是有问题的。

根据表3-11，正确的方法应该是：当采用一厂生产的罐盖时，应采用B厂的封罐机；当采用二厂生产的罐盖时，应采用A厂的封罐机。这时它们的漏气率平均为0。

表3-11 多因素分层法

封罐机生产厂家	漏气情况	罐盖生产厂家		合计
		一厂	二厂	
A	漏气/罐	12	0	12
	不漏气/罐	4	22	26

续表

封罐机生产厂家	漏气情况	罐盖生产厂家		合计
		一厂	二厂	
B	漏气/罐	0	6	6
	不漏气/罐	10	8	18
C	漏气/罐	6	14	20
	不漏气/罐	14	4	18
小计	漏气/罐	18	20	38
	不漏气/罐	28	34	62
合计		46	54	100

因此运用分层法时，不宜简单地按单一因素分层，必须考虑各因素的综合影响效果。

3. 分层法要点

分层法就是把所收集的数据进行合理地分类，把性质相同、在同一生产条件下收集的数据归在一起，把划分的组叫作"层"，通过数据分层把错综复杂的影响质量的因素分析清楚。通常，我们将分层与其他质量管理的统计方法一起联用，即将性质相同、在同一生产条件下得到的数据归在一起，然后再分别用其他方法制成分层排列图、分层直方图、分层散布图等。

六、直方图

在质量管理中，如何预测并监控产品质量状况？如何对质量波动进行分析？直方图就是一目了然地把这些问题图表化处理的工具。它通过对收集到的貌似无序的数据进行处理，来反映产品质量的分布情况，判断和预测产品质量及不合格率。

1. 直方图的概念、作用与特点

（1）直方图的概念 直方图，又称柱状图、质量分布图，是一种几何形图表，它是根据从生产过程中收集来的质量数据分布情况，画成以组距为底边、以频数为高度的一系列连接起来的矩形图，如图 3-7 所示。

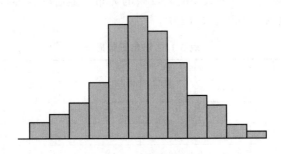

图 3-7 直方图的形状

（2）直方图的作用
① 显示数据的波动状态，判断一批已加工完毕的产品；
② 直观地传达有关过程情况的信息，例如验证工序的稳定性；
③ 为计算工序能力搜集有关数据；

④ 通过研究质量波动状况，就能掌握过程的状况，从而确定在什么地方集中力量进行质量改进工作。就是通过观察图的形状，判断生产过程是否稳定，预测生产过程的质量；

⑤ 观察数据真伪，用以制订规格界限。

频数分布直方图：在统计数据时，按照频数分布表，在平面直角坐标系中，横轴标为每个组的端点，纵轴表示频数，每个矩形的高代表对应的频数，称这样的统计图为频数分布直方图。

(3) 直方图的特点 能够显示各组频数分布的情况；易于显示各组之间频数的差别。

2. 直方图的绘制

① 集中和记录数据。数据的数量应在 100 个以上，在数量不多的情况下，至少也应在 50 个以上。

② 求出其最大值和最小值。

③ 将数据分成若干组，并做好记号。分组的数量在 6～20 之间较为适宜。

④ 计算组距的宽度。用最大值和最小值之差去除以组数，求出组距的宽度。

⑤ 计算各组的规格上下限。各组的界限位可以从第一组开始依次计算，第一组的下界为最小值减去最小测量单位的一半，第一组的上界为其下界值加上组距。第二组的下界限位为第一组的上界限值，第二组的下界限值加上组距，就是第二组的上界限位，依此类推。即整数的最小测量单位为 1，一半即为 1/2；一位小数的最小测量单位为 0.1，一半即为 0.1/2；两位小数的最小测量单位为 0.01。

⑥ 统计各组数据出现频数，作频数分布表。

⑦ 作直方图。以组距为底长，以频数为高，作各组的矩形图。

3. 直方图的制作案例

市场销售的带有包装（瓶、罐、袋、盒等）的产品所给出的标称质量，法律规定其实际质量只允许比标称质量多而不允许少；而为了降低成本，灌装量又不能超出标称质量太多。为保护消费者权益和生产者的利益，对溢出量（实际质量超出标称质量的差值）应有限制范围。

某植物油生产厂使用灌装机，灌装标称质量为 5000g 的瓶装色拉油，要求溢出量为 0～50g。现应用直方图对灌装过程进行分析。

(1) 采集数据 作直方图要求收集的数据的数量应在 100 个以上，在数量不多的情况下，至少也应在 50 个以上。数据太少时所反映的分布及随后的各种推算结果的误差会增大。

本例收集 100 个数据，列于表 3-12 中。

表 3-12 溢出量数据表

43	40	28	28	27	28	26	12	33	30
34	42	22	32	30	34	29	20	22	28
24	29	29	18	35	21	36	46	30	14
28	28	32	28	22	20	25	38	36	12
38	30	36	20	21	24	20	35	26	20
29	31	18	30	24	26	32	28	14	47
24	34	22	20	28	24	48	27	1	24
34	10	14	21	42	22	38	34	6	22
39	32	24	19	18	30	28	28	16	19
20	28	18	24	8	24	12	32	37	40

(2) 计算数据的极差 求出其最大值和最小值。数据的极差（R）是所收集数据中最大值与最小值之差（两极之差），反映了样本数据的分布范围，表示样本数据的离散程度。在直方图应用中，极差的计算用于确定分组范围。本例中，$R=48-1=47$。

(3) 确定组数 分成组的个数称为组数，每一个组的两个端点的差称为组距。先确定直方图的组数，然后以此组数去除极差，可得直方图每组的宽度，即组距（h）。组数的确定要适当，组数 k 的确定可参见表 3-13。

表 3-13 组数选用表

样本量/n	推荐组数/k
50～100	6～10
100～250	7～12
250 以上	10～20

(4) 计算组距的宽度 用最大值和最小值之差除以组数，求出组距的宽度。本例取 $k=10$，$h=R/k=47/10=4.7\approx 5$，组距一般取测量单位的整数倍，以便于分组。

(5) 计算各组的界限位 本例中第 1 组下界限为：最小值－最小测量单位/2=1-1/2=0.5。第 1 组上界限为第 1 组下界限加组距：0.5+5=5.5。第 2 组下界限与第 1 组上界限相同：5.5。第 2 组上界限为第 2 组下界限加组距：5.5+5=10.5。依此类推。

(6) 编制频数分布表 统计各组数据出现频数，作频数分布表。见表 3-14。

表 3-14 频数分布表

组号	组界	组中值	频数统计	频率
1	0.5～5.5	3	1	0.01
2	5.5～10.5	8	3	0.03
3	10.5～15.5	13	6	0.06
4	15.5～20.5	18	14	0.14
5	20.5～25.5	23	19	0.19
6	25.5～30.5	28	27	0.27
7	30.5～35.5	33	14	0.14
8	35.5～40.5	38	10	0.10
9	40.5～45.5	43	3	0.03
10	45.5～50.5	48	3	0.03
合计			100	1.00

(7) 作直方图

① 以组距为底长，以频数为高，作各组的矩形图。

作直方图时，建立平面直角坐标系。横坐标表示质量特性值，纵坐标表示频数。纵坐标以频数为刻度时称为频数直方图，以百分数为刻度时称为频率直方图。二者的形状、含义及划分方法相同。本例所作的为频数直方图。

② 以组距为底，各组的频数为高，分别画出所有各组的长方形，即构成直方图。在直方图上标出公差范围（T）、规格上限（T_U）、规格下限（T_L）、样本量（n）、样本平均值（$\overline{X}$）、样本标准差（s）和 $\overline{X}$ 的位置等（图 3-8）。

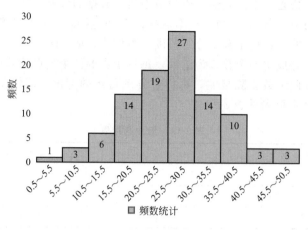

图 3-8 直方图

4. 直方图的分析

（1）用直方图来观察和分析生产过程质量状况 作直方图是为了研究产品质量的分布状况，据此判断生产过程是否处在正常状态。直方图为 QC 七大工具之一。因此在画出直方图后要进一步对它进行观察和分析。在正常生产条件下，如果所得到的直方图不是标准形状，或者虽是标准形状，但其分布范围不合理，就要分析其原因，采取相应措施。

通过直方图判断生产过程是否有异常。直方图有些参差不齐不必太注意，主要着眼于图形的整个形状。常见的直方图分布图形大体上有七种，见图 3-9。

① 标准型（对称型）。数据的平均值与最大值和最小值的中间值相同或接近，平均值附近的数据的频数最多，频数由中间值向两边缓慢下降，以平均值左右对称，说明过程处于统计控制状态（稳定状态）。

② 孤岛型。在直方图旁边有孤立的小岛出现，当这种情况出现时表明过程中有异常原因。如：原料发生变化、不熟练的新工人替人加班、测量有误等，都会造成孤岛型分布，应急时查明原因、采取措施。

③ 双峰型。当直方图中出现了两个峰，这是由于观测值来自两个总体、两个分布的数据混合在一起造成的。如：两种有一定差别的原料所生产的产品混合在一起，或者就是两种产品混在一起造成的。

④ 锯齿型。直方图出现参差不齐，但图形整体形状还是中间高、两边低，左右基本对称。出现这种情况不是生产上的原因，而是作频数分布表时分组过多，或测量方法有问题，或读错测量数据。此时应重新收集数据和整理数据。

⑤ 陡壁型。当产品质量较差时，为了使产品符合标准，需要进行全数检查，以剔除不合格品。当用剔除了不合格品的产品数据作频数直方图时容易产生这种陡壁型，这是一种非自然形态。

⑥ 平顶型。直方图没有突出的顶峰，呈平顶型。出现这种情况一般有三种原因：与双峰型类似，由于多个总体、多种分布混在一起；由于生产过程中某种缓慢的倾向在起作用，如工具磨损、操作者疲劳等；质量指标在某个区间均匀变化。

⑦ 偏峰型。偏峰型直方图是指图的顶峰有时偏向左侧、有时偏向右侧。

由于某种原因使下限受到限制时，容易发生偏左型。如：用标准值控制下限，摆差等形位公差，不纯成分接近于 0，疵点数接近于 0 或由于工作习惯都会造成偏左型。由于某种原

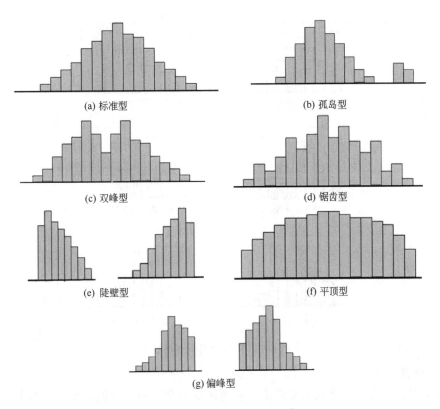

图 3-9 常见的直方图形态

因使上限受到限制时，容易发生偏右型。如：用标准尺控制上限，精度接近100%，合格率也接近100%或由于工作习惯都会造成偏右型。

(2) 直方图与公差限的比较 当直方图的形状呈正常型时，即工序在此时刻处于稳定状态时，还需要进一步将直方图同规格界限（即公差）进行比较，以分析判断工序满足公差要求的程度。这里规格的上限用 T_U 表示，T_L 为规格的下限，公差中心 $M=\dfrac{T_U+T_L}{2}$，样本的平均值为 $\overline{X}$，样本的标准差为 s。

下面将与规格界限比较的常见几种典型状态，及其分析、控制要点结合图形加以说明。运用直方图分析生产的质量状况。将直方图与公差范围相比较，看直方图是否都落在公差要求的范围之内，可以提高生产的质量状况。这种对比大体上存在六种情况，见图3-10。

① 理想型。图形对称分布，样本平均值 $\overline{X}$ 与公差中心 M 近似重合，分布在公差范围内且两边有一定余量，是理想状态。因此，可保持状态水平加以监督。

② 能力不足加偏心型。样本平均值 $\overline{X}$ 比公差中心 M 有较大偏移，这种情况下，稍有不慎就会出现不合格。因此要调整分布中心与公差中心近似重合。

③ 无富余型。样本平均值 $\overline{X}$ 与公差中心 M 近似重合，但两边与规格的上、下限紧紧相连，没有余地，表明过程能力已到极限，非常容易出现失控，造成不合格。因此，要立即采取措施，提高过程能力，减少标准偏差。

④ 能力富余型。样本平均值 $\overline{X}$ 与公差中心 M 近似一致，但两边与规格上、下限有很大距离，说明工序能力出现过剩，经济性差。因此，可考虑改变工艺，放宽加工精度或减少检

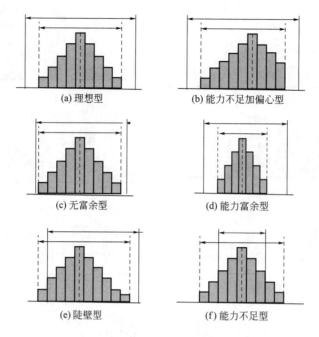

图 3-10 直方图与公差限的比较类型

验频次,以降低成本。

⑤ 陡壁型。直方图不满足公差要求,必须采取措施,使平均值接近规格的中间值。

⑥ 能力不足型。样本平均值 $\overline{X}$ 与公差中心 M 近似重合,但分布已超出上、下限。这时不合格已经出现。因此,要采取措施提高加工精度,减少标准偏差。

七、控制图

1. 控制图的概念与作用

(1) 控制图的概念 控制图又称管理图、管制图、休哈特控制图。SPC 即统计过程控制 (statistical process control),SPC 主要是指应用统计分析技术对生产过程进行实时监控,科学地区分出生产过程中产品质量的随机波动与异常波动,从而对生产过程的异常趋势提出预警,以便生产管理人员及时采取措施,消除异常,恢复过程的稳定,从而达到提高和控制质量的目的。

(2) 控制图的作用 控制图是统计质量控制的基本工具,是一种把代表过程当前状态的样本信息与根据过程固有变异建立的控制限进行比较的方法。其主要用途是提供一种手段,以评估生产运行或管理过程是否处于"统计控制状态"。

2. 常规控制图的分类

按被控制对象的数据性质不同,常规控制图可分为计量值控制图、计件值控制图和计点值控制图。每类又可分为若干种(表 3-15)。

均值-极差控制图是最常用、最基本的控制图。

控制对象:长度、质量、强度、纯度、时间、收率、生产量、水分含量、营养物质成分等计量值数据。

均值控制图主要用于观察正态分布的均值的变化;极差控制图用来观察正态分布的波动情况或变异度的变化。将二者联合运用,观察正态分布的变化。

表 3-15 常规控制图的分类

分布	控制图代号	控制图名称	分布	控制图代号	控制图名称
正态分布（计量值）	$\overline{X}$-R	均值-极差控制图	二项分布（计件值）	p	不合格品率控制图
	$\overline{X}$-s	均值-标准差控制图		np	不合格品数控制图
	Me-R	中位数-极差控制图	泊松分布（计点值）	u	单位不合格数控制图
	X-R_s	单值-移动极差控制图		c	不合格数控制图

3. 常规控制图的应用案例

例如：某酱油生产厂，采用灌装机灌装，每桶标称质量为1000g，要求溢出量为0~50g。采用均值-极差控制图对生产过程进行质量控制。控制对象为溢出量，单位为g。

（1）预备数据的取得　随机抽取 k 组（一般为20~25组），大小为 n（一般为4~6，常取5）。理论上讲，预备数据的组数应大于20组，在实际应用中最好取25组数据。当个别组数据属于可查明原因的异常时，经剔除后所余数据依然大于20组时，仍可利用这些数据做分析用控制图。若剔除异常数据后不足20组，则须在排除异因后重新收集25组数据。

取样分组的原则是尽量使样本组内的变异小（由正常波动造成），样本组间的变异大（由异常波动造成），这样控制图才能有效发挥作用。因此，取样时组内样本必须连续抽取，而样本组间则间隔一定时间。

应制订一个收集数据的计划，将其作为收集、记录及描图的依据。

在适当的时间内收集足够的数据，这样子组才能反映潜在的变化，这些变化原因可能是换班、操作人员更换、材料批次不同等。对正在生产的产品进行监测的子组频率可以是每班两次，或一小时一次。

按工艺文件规定，本例每间隔30min在灌装生产线连续抽取 $n=5$ 的样本量计量溢出量。共抽取25组样本，将溢出量数据记入数据表。案例中，调查了25组，每组5个值。见表3-16。

表 3-16 溢出量控制图数据表

组号	测定值					$\overline{X}$	R
	X_1	X_2	X_3	X_4	X_5		
1	24	21	21	32	23	24.2	11
2	23	1	32	2	32	18	31
3	23	32	31	32	23	28.2	9
4	21	15	32	32	2	20.4	30
5	34	49	9	23	32	29.4	40
6	42	22	0	23	21	21.6	42
7	12	39	32	21	34	27.6	27
8	21	39	34	54	53	40.2	33
9	1	20	54	9	12	19.2	53
10	34	12	21	0	23	18	34
11	3	23	54	32	23	27	51

续表

组号	测定值					$\overline{X}$	R
	X_1	X_2	X_3	X_4	X_5		
12	43	34	21	2	21	24.2	41
13	21	32	12	54	11	26	43
14	34	21	45	21	32	30.6	24
15	43	34	23	21	3	24.8	40
16	12	32	12	23	23	20.4	20
17	13	3	41	21	23	20.2	38
18	34	0	34	34	3	21	34
19	12	32	33	43	22	28.4	31
20	23	32	29	32	12	25.6	20
21	21	21	21	12	2	15.4	19
22	21	43	11	1	12	17.6	42
23	34	21	23	12	3	18.6	31
24	21	54	32	21	12	28	42
25	32	21	11	12	12	17.6	21
合计						592.2	807

(2) 计算每组平均值和极差　见表 3-16，得到的每组平均值和极差加列于调查值后面。

(3) 计算统计量　计算 25 组数据的平均值之和和极差平均值之和，然后计算总平均值（$\overline{\overline{X}}$）和极差平均值（$\overline{R}$）。经计算：

$$\overline{\overline{X}} = \frac{\sum_{i=1}^{k} \overline{X}_i}{k} = \frac{\sum_{i=1}^{25} \overline{X}_i}{25} = 23.69$$

$$\overline{R} = \frac{\sum_{i=1}^{k} R_i}{k} = \frac{\sum_{i=1}^{25} R_i}{25} = 32.28$$

(4) 计算控制界限、作控制图、打点并判断

① 先计算 R 图的控制界限。计算公式见表 3-17。

$$U_{CL} = D_4 \overline{R}；CL = \overline{R}；L_{CL} = D_3 \overline{R}$$

式中，D_4、D_3 为随着样本容量 n 而变化的系数，可从控制图系数选用表中选取；CL 为中心线；U_{CL} 为上控制界限；L_{CL} 为下控制界限。

由表 3-17、表 3-18 可知，当 $n=5$ 时，$U_{CL}=D_4\overline{R}=2.114 \times 32.28=68.24$；$CL=\overline{R}=32.28$；$L_{CL}=D_3\overline{R}=0 \times 32.28=0$。根据以上的参数，可作 R 控制图。

对照常规控制图的判异准则，可判断 R 图处于稳态。因此，可以接着建立平均值控制图。

表 3-17 常规控制图控制限公式

项目	控制图名称及符号	控制限公式
计算值	均值-极差图 $\overline{X}\text{-}R$ 图	$\overline{X}$ 图：$U_{CL_{\overline{X}}}=\overline{\overline{X}}+A_2\overline{R}$；$CL_{\overline{X}}=\overline{\overline{X}}$；$L_{CL_{\overline{X}}}=\overline{\overline{X}}-A_2\overline{R}$ R 图：$U_{CL_R}=D_4\overline{R}$；$CL_R=\overline{R}$；$L_{CL_R}=D_3\overline{R}$
计算值	均值-标准差图 $\overline{X}\text{-}s$ 图	$\overline{X}$ 图：$U_{CL_{\overline{X}}}=\overline{\overline{X}}+A_3\overline{s}$；$CL_{\overline{X}}=\overline{\overline{X}}$；$L_{CL_{\overline{X}}}=\overline{\overline{X}}-A_3\overline{s}$ s 图：$U_{CL_s}=B_4\overline{s}$；$CL_s=\overline{s}$；$L_{CL_s}=B_3\overline{s}$
计算值	单值-移动极差图 $X\text{-}R_s$ 图	X 图：$U_{CL_X}=\overline{X}+2.66\overline{R}_s$；$CL_X=\mu_X=\overline{X}$；$L_{CL_X}=\overline{X}-2.66\overline{R}_s$ R_s 图：$U_{CL_{R_s}}=3.27\overline{R}_s$；$CL_{R_s}=\overline{R}_s$；$L_{CL_{R_s}}=0$
计数值	不合格品率图 p 图	$U_{CL_p}=\overline{p}+3\sqrt{\dfrac{\overline{p}(1-\overline{p})}{n_i}}$；$CL_p=\overline{p}$；$L_{CL_p}=\overline{p}-3\sqrt{\dfrac{\overline{p}(1-\overline{p})}{n_i}}$
计数值	不合格品数图 np 图	$U_{CL_{np}}=n\overline{p}+3\sqrt{n\overline{p}(1-\overline{p})}$；$CL_{np}=n\overline{p}$；$L_{CL_{np}}=n\overline{p}-3\sqrt{n\overline{p}(1-\overline{p})}$

表 3-18 计量控制图控制限的因子（GB/T 17989.2—2020）

子组大小 n	控制限因子											中心线因子	
	$\overline{X}$			s 图				R 图				使用 s	使用 R
	A	A_2	A_3	B_3	B_4	B_5	B_6	D_1	D_2	D_3	D_4	C_4	d_2
2	2.121	1.880	2.659	—	3.267	—	2.606	—	3.686	—	3.267	0.7979	1.128
3	1.732	1.023	1.954	—	2.568	—	2.276	—	4.358	—	2.575	0.8862	1.693
4	1.500	0.729	1.628	—	2.266	—	2.088	—	4.698	—	2.282	0.9213	2.059
5	1.342	0.577	1.427	—	2.089	—	1.964	—	4.918	—	2.114	0.9400	2.326
6	1.225	0.483	1.287	0.030	1.970	0.029	1.874	—	5.079	—	2.004	0.9515	2.534
7	1.134	0.419	1.182	0.118	1.882	0.113	1.806	0.205	5.204	0.076	1.924	0.9594	2.704
8	1.061	0.373	1.099	0.185	1.815	0.179	1.751	0.388	5.307	0.136	1.864	0.9650	2.847
9	1.000	0.337	1.032	0.239	1.761	0.232	1.707	0.547	5.394	0.184	1.816	0.9693	2.970
10	0.949	0.308	0.975	0.284	1.716	0.276	1.669	0.686	5.469	0.223	1.777	0.9727	3.078

② 计算 $\overline{X}$ 图的控制界限。

$$U_{CL}=\overline{\overline{X}}+A_2\overline{R}；\quad CL=\overline{\overline{X}}；\quad L_{CL}=\overline{\overline{X}}-A_2\overline{R}$$

式中，A_2 为随着样本容量 n 而变化的系数，可由控制图系数选用表中选取。

由表 3-17、表 3-18 可知，当 $n=5$ 时，$U_{CL}=\overline{\overline{X}}+A_2\overline{R}=23.69+0.577\times32.28=42.32$；$CL=\overline{\overline{X}}=23.69$；$L_{CL}=\overline{\overline{X}}-A_2\overline{R}=23.69-0.577\times32.28=5.06$。

以这些参数作平均值控制图，并将表 3-16 中的数据在图上打点，结果见图 3-11。

对照常规控制图的判异准则，可判均值控制图无异常。

4. 控制图的判断准则

控制图对过程异常的判断以小概率事件原理为理论依据，其判异准则有两类：一是点子出界就判异，二是界内点子排列不随机就判异。常规控制图有 8 种判异准则，见图 3-12。

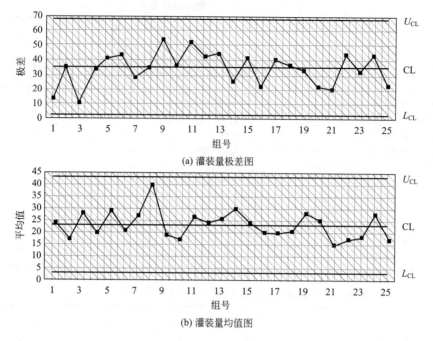

图 3-11 均值极差控制图

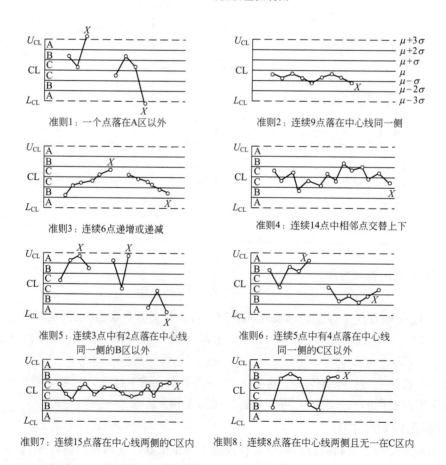

图 3-12 常规控制图 8 种判异准则图例

第三节　食品质量控制的新方法

一、关联图法

影响质量的因素之间存在着大量的因果关系，这些因果关系有的是纵向关系，有的是横向关系。纵向关系可以使用因果图来分析，但因果分析法对横向因果关系的分析不够充分，这时需要关联图。关联图法是根据事物之间横向因果逻辑关系找出主要问题的最合适的方法。

1. 关联图

关联图，又称关系图，是用来分析事物之间"原因与结果""目的与手段"等复杂关系的一种图表，它能够帮助人们从事物之间的逻辑关系中，寻找出解决问题的办法。

关联图（图 3-13）由圆圈（或方框）和箭头组成，其中圆圈中是文字说明部分，箭头由原因指向结果，由手段指向目的。文字说明力求简短、内容确切易于理解，重点项目及要解决的问题要用双线圆圈或双线方框表示。

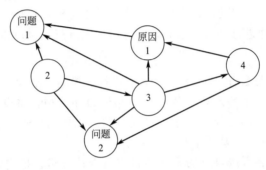

图 3-13　关联图

2. 关联图的绘制要求

① 提出认为与问题有关的所有因素；
② 用灵活的语言简明概要地表达；
③ 把因素之间的因果关系用箭头符号做出逻辑上的连接；
④ 抓住全貌；
⑤ 找出重点。

关联图先把存在的问题和因素转化为短文或语言，再用圆圈或方框将它们圈起来，然后再用箭头符号表示其因果关系，借此进行决策、解决问题。

3. 关联图的用途

① 推行全面质量管理（TQC）工作，解决从何处入手、怎样深入的问题；
② 制订和实施质量保证的方针、目标；
③ 研究解决如何提高产品质量和减少不良品的措施；
④ 促进质量管理小组活动的深入开展；
⑤ 从大量的质量问题中，找出主要问题和重点项目；
⑥ 研究满足用户的质量、交货期、价格及减少索赔的要求和措施；
⑦ 研究解决如何用工作质量来保证产品质量问题。

4. 关联图制作步骤

① 确定要分析的"问题"。"问题"宜用简洁的"主语＋谓语"的短语表示，一般用粗线方框圈起。一个粗方框只圈一个"问题"，多个问题则应用多个方框圈起来。"问题"识别规则是"箭头只进不出"。

② 召开会议。与会者应用"头脑风暴法"就分析的"问题"充分发表意见，找"因素"（手段）。

③ 边记录，边绘制，反复修改关联图。

④ 用箭头表示原因与结果（目的与手段）的关系；箭头指向是：原因→结果。

⑤ 原因要深入细致地分析，直至找出末端原因。末端原因应是可以直接采取对策的原因，其识别标志是：箭头只出不进。

二、KJ 法

1. KJ 法的概念

KJ 法又称 A 型图解法、亲和图法（affinity diagram）。KJ 法是将未知的问题、未曾接触过的领域的问题的相关事实、意见或设想之类的语言文字资料收集起来，并利用其内在的相互关系作成归类合并图，以便从复杂的现象中整理出思路，抓住实质，找出解决问题的途径的一种方法。在对卡片进行综合整理时，既可由个人进行，也可以集体讨论。

2. KJ 法的绘制

① 准备。主持人和与会者 4~7 人。准备好黑板、粉笔、卡片、大张白纸、文具。

② 头脑风暴法会议。主持人请与会者提出 30~50 条设想，将设想依次写到黑板上。

③ 制作卡片。主持人同与会者商量，将提出的设想概括 2~3 行的短句，写到卡片上。每人写一套。这些卡片称为"基础卡片"。

④ 分成小组。让与会者按自己的思路各自进行卡片分组，把内容在某点上相同的卡片归在一起，并加一个适当的标题，用绿色笔写在一张卡片上，称为"小组标题卡"。不能归类的卡片，每张自成一组。

⑤ 并成中组。将每个人所写的小组标题卡和自成一组的卡片都放在一起。经与会者共同讨论，将内容相似的小组卡片归在一起，再给一个适当标题，用黄色笔写在一张卡片上，称为"中组标题卡"。不能归类的自成一组。

⑥ 归成大组。经讨论再把中组标题卡和自成一组的卡片中内容相似的归纳成大组，加一个适当的标题，用红色笔写在一张卡片上，称为"大组标题卡"。

⑦ 编排卡片。将所有分门别类的卡片，以其隶属关系，按适当的空间位置贴到事先准备好的大纸上，并用线条把彼此有联系的连起来。如编排后发现没有联系，可以重新分组和排列，直到找到联系。

⑧ 确定方案。将卡片分类后，就能分别地暗示出解决问题的方案或显示出最佳设想。经会上讨论或会后专家评判确定方案或最佳设想。

3. KJ 法的用途

① 迅速掌握未知领域的实际情况，找出解决问题的途径。

② 对于难以理出头绪的事情进行归纳整理，提出明确的方针。

③ 通过管理者和员工一起讨论和研究，有效地贯彻和落实企业的方针政策。

④ 成员间互相启发，相互了解，促进了为了共同目的的有效合作。

4. KJ 法制作步骤

① 确定对象（或用途）。KJ 法适用于解决那种非解决不可，且又允许用一定时间去解决的问题。对于要求迅速解决、"急于求成"的问题，不宜用 KJ 法。

② 收集语言、文字资料。收集时，要尊重事实，找出原始思想。

收集资料的方法有三种：

a. 直接观察法，即到现场去看、听、摸，吸取感性认识，从中得到某种启发，立即记下来。

b. 面谈阅览法，即通过与有关人谈话、开会、访问，查阅文献、集体 BS 法（brain storming "头脑风暴"法）来收集资料。

c. 个人思考法（个人 BS 法），即通过个人自我回忆，总结经验来获得资料。通常，应根据不同的使用目的对以上收集资料的方法进行适当选择。

③ 把所有收集到的资料，包括"思想火花"，都写成卡片。

④ 整理卡片。对于这些杂乱无章的卡片，不是按照已有的理论和分类方法来整理，而是把自己感到相似的归并在一起，逐步整理出新的思路来。

⑤ 把同类的卡片集中起来，并写出分类卡片。

⑥ 根据不同的目的，选用上述资料片段，整理出思路，写出文章来。

三、系统图法

1. 系统图

系统图，是指通过系统寻找达到目的所需手段的一种方法，它的具体做法是将把要达到目的所需要的手段逐级深入，见图 3-14。

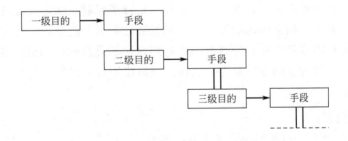

图 3-14　系统图

系统图法可以系统地掌握问题，寻找到实现目标的最佳手段，广泛应用于质量管理中，如质量管理因果图的分析、质量保证体系的建立、各种质量管理措施的开展等。

企业目标的实现通常是多途径的，如何从多种途径中选出一条达到目标的最佳路径呢？系统图法就是系统地分析、探求达到目的的最理想的方法。

系统图由方块和箭头构成，形状似树枝，又叫树枝系统图、家谱图、组织图。

2. 系统图法的主要用途

① 在开发新产品过程中，将满足用户要求的设计质量进行系统的展开；

② 在质量目标管理中，将目标层层分解和系统地展开，使之落实到各个单位；

③ 在建立质量保证体系中，可将各部门的质量职能展开，进一步开展质量保证活动；

④ 在处理量、本、利之间的关系及制订相应措施时，可用系统图法分析并找出重点措施；

⑤ 在减少不良品方面，有利于找出主要原因，采取有效措施。

3. 系统图法的绘制程序

① 确定目标。具体地提出研究对象所要达到的最终目标，用数据和简练的语言记在卡片上，同时写明"达到此目标的理由"，关于实现目标的条件和注意事项也要简要地注明，并根据更高一级的目标来判定该目标是否可行。

② 提出手段和措施。要召开"诸葛亮会议"，集思广益，提出实现目的的各种手段。

③ 评价手段和措施，决定取舍。对找出的手段、措施是否得当进行评价，并进行取舍选择，决定下一步应保留和淘汰的东西。评价中可用一些符号来表示评价的结果。

④ 绘制系统图。绘制系统图是最重要的一环。具体做法是：首先把程序"1"中确定的目标置于图纸左端的中间，然后把为了达到的目标与必要的手段和措施之间的关系联系起来。在联系的过程中要仔细考虑各因素之间的逻辑关系，一般要提出如下几个问题反问一下，为了达到确定的目标首先应采用什么手段呢？如果把这种手段和措施作为"目的"，那么为了达此"目的"还需进一步采用怎样的手段呢？实施这些手段或其中一部分，是否真正达到高一级的"目的"？

⑤ 制订实施计划。根据对象制订实施计划，这时要使系统图中最低级的手段进一步具体化、精练化，并决定其实施内容、日程和承担的任务等事项。

四、矩阵图法

1. 矩阵图法的概念

矩阵图法是利用数学上矩阵的形式表示因素间的相互关系，从中探索问题所在并得出解决问题的设想。它是进行多元思考，分析问题的方法。矩阵图法就是从多维问题的事件中，找出成对的因素，排列成矩阵图，然后根据矩阵图来分析问题，确定关键点的方法，它是一种通过多因素综合思考，探索问题的好方法。在复杂的质量问题中，往往存在许多成对的质量因素，将这些成对因素找出来，分别排列成行和列，其交点就是其相互关联的程度，在此基础上再找出存在的问题及问题的形态，从而找到解决问题的思路。

2. 制作步骤

① 列出质量因素；

② 把成对因素排列成行和列，表示其对应关系；

③ 选择合适的矩阵图类型；

④ 在成对因素交点处表示其关系程度，一般凭经验进行定性判断，可分为三种：关系密切、关系较密切、关系一般（或可能有关系），并用不同符号表示；

⑤ 根据关系程度确定必须控制的重点因素；

⑥ 针对重点因素作对策表。

3. 类型和用途

矩阵图分为 L 型矩阵图、T 型矩阵图、Y 型矩阵图、X 型矩阵图、C 型矩阵图、P 型矩阵图。用途：

① 把系列产品的硬件功能和软件功能相对应，并要从中找出研制新产品或改进老产品的切入点；

② 明确应保证的产品质量特性及其与管理机构或保证部门的关系，使质量保证体制更

可靠；

③ 明确产品的质量特性与试验测定项目、试验测定仪器之间的关系，力求强化质量评价体制或使之提高效率；

④ 当生产工序中存在多种不良现象，且它们具有若干个共同的原因时，理清这些不良现象及其产生原因的相互关系，进而把这些不良现象一举消除；

⑤ 在进行多变量分析时研究从何处入手以及以什么方式收集数据。

五、矩阵数据分析法

1. 矩阵数据分析法的概念

矩阵图上各元素间的关系如果能用数据定量化表示，就能更准确地整理和分析结果。这种可以用数据表示的矩阵图法，叫作矩阵数据分析法。在 QC 新七种工具中，数据矩阵分析法是唯一一种利用数据分析问题的方法，但其结果仍要以图形表示。矩阵数据分析法，与矩阵图法类似。它区别于矩阵图法的是：不是在矩阵图上填符号，而是填数据，形成一个分析数据的矩阵。

2. 矩阵数据分析法的用途

① 可以利用亲和图把这些因素归纳成几个主要的方面。然后，进行成对对比，再汇总统计，定量给每个方面进行重要性排队。

② 过程决策图执行时确定哪个决策可以采用。

③ 有助于质量功能展开。矩阵数据分析法是将各个因素之间进行相互对比，确定重要程度；而质量功能展开可以利用这个方法的结果，用来确定具体产品或者某个特性的重要程度。

六、过程决策程序图法

1. 过程决策程序图法的概念

过程决策程序图（process decision program chart，PDPC）法是在制订计划阶段或进行系统设计时，事先预测可能发生的障碍（不理想事态或结果），从而设计出一系列对策措施以最大的可能引向最终目标（达到理想结果）。该法可用于防止重大事故的发生，因此也称之为重大事故预测图法。

2. 过程决策图法的优点

① 能从整体上掌握系统的动态并依此判断全局；

② 具有动态管理的特点；

③ 具有可追踪性；

④ 能预测那些通常很少发生的重大事故，并在设计阶段预先考虑应对事故的措施。

3. 过程决策图法分类

PDPC 法可分为两种：一种是顺向思维法，一种是逆向思维法。

顺向思维法是定好一个理想的目标，然后按顺序考虑实现目标的手段和方法。这个目标可以是任何的东西，比如大的工程、一项具体的革新、一个技术改造方案等。为了能够稳步达到目标，需要设想多条路线见图3-15。

逆向思维法：当 Z 为理想状态（或非理想状态）时，从 Z 出发，逆向而上，从大量的观点中展开构思，使其和初始状态 A_0 连接起来，详细研究其过程做出决策，这就是逆向思

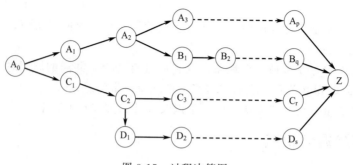

图 3-15　过程决策图

维法。见图 3-16。

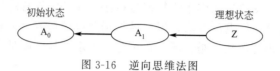

图 3-16　逆向思维法图

4. 过程决策图法的运用

① 制订目标管理中间的实施计划，确定怎样在实施过程中解决各种困难和问题；
② 制订科研项目的实施计划；
③ 对整个系统的重大事故进行预测；
④ 制订工序控制的一些措施；
⑤ 帮助选择处理纠纷的各种方案。

第四节　科学试验方法

一、试验设计方法论述

试验设计是数理统计学的一个重要分支。大多数的数理统计方法主要用于分析已经得到的数据，而试验设计却是用于决定数据收集的方法。试验设计方法主要讨论如何合理地安排试验以及试验所得的数据如何分析等。

1. 试验设计的定义

试验设计（experiment design），一种用于安排试验和分析试验数据的数理统计方法；试验设计主要对试验进行合理安排，以较小的试验规模（试验次数）、较短的试验周期和较低的试验成本，获得理想的试验结果以及得出科学的结论。

2. 试验设计的作用

① 提高产量；
② 减少质量的波动，提高产品质量水平；
③ 大大缩短新产品试验周期；
④ 降低成本；
⑤ 通过试验设计延长产品寿命。

在工农业生产和科学研究中，经常需要做试验，以求达到预期的目的。例如在工农业生产中希望通过试验达到高质、优产、低消耗，特别是新产品试验，未知的东西很多，要通过试验来摸索工艺条件或配方。如何做试验，其中大有学问。试验设计得好，会事半功倍，反之会事倍功半，甚至劳而无功。

想要最有效地进行科学试验，必须用科学方法来设计。所谓试验的统计设计，就是设计试验的过程，使得收集的数据适于用统计方法分析，从而得出有效的和客观的结论。如果想利用数据作出有意义的结论，用统计方法做试验设计是必要的。当涉及受试验误差影响的数据时，只有统计方法才是客观的分析方法。这样一来，任一试验问题都存在两个方面：试验的设计和数据的统计分析。这两者是紧密相连的，因为分析方法直接依赖于所用的设计。

常见的试验设计方法，是正交试验设计法，它是研究与处理多因素试验的一种科学方法。它利用一种规格化的表格——正交表，挑选试验条件，安排试验计划和进行试验，并通过较少次数的试验，找出较好的生产条件，即最优或较优的试验方案。

3. 试验设计的目的

① 要为原料选择最合理的配方（原料及其含量）；
② 要为生产过程选择最合理的工艺参数；
③ 要解决那些存在已久的"顽固"品质问题；
④ 要提高现有产品的产量和质量；
⑤ 要为新的或现有的生产设备或检测设备选择最合理的参数；
⑥ 要缩短新产品的开发周期等。

4. 试验设计的基本原理

试验设计的三个基本原理是重复、随机化和区组化。重复，意思是基本试验的重复进行；随机化，是指试验材料的分配和各个试验的进行次序，都是随机确定的；区组化是用来提高试验精确度的一种方法。一个区组就是试验材料的一个部分，相比于试验材料全体，它们本身的性质应该更为类似。

5. 试验设计的步骤

（1）第一步　确定目标　利用控制图、因果分析、失效分析、能力分析等工具，或者是直接实际工作经验，得出一些关键的问题点，它反映了某个指标或参数不能满足我们的需求，运用简单的方法无法解决，需要运用试验设计解决，首先要明确试验的目的，同时确定试验的指标和接受的规格，这些是检验试验成功的度量指标。

（2）第二步　剖析流程　试验设计的展开必须建立在对流程深层剖析的基础之上。产品质量的好坏、参数是否便宜、特性的欠缺等都有原因，一般就存在于产生问题的流程当中。

（3）第三步　筛选因素　试验的目的是确认哪个因素的影响是显著的。可以应用一些历史数据，或者可靠的经验理论分析，筛选因素得出结果，使得我们掌握影响指标的主要因素。

（4）第四步　快速接近　通过筛选试验找到关键的因素，同时筛选试验还包含一些很重要的信息，如主要因素对指标的影响趋势，根据筛选试验所确定的主要因素的影响趋势来确定一些水平，进行试验。

（5）第五步　析因试验　析因试验主要选择各因素构造的几何体的顶点以及中心点来完成，这样的试验构造，可以帮助我们确定各因素对于指标的影响，检测各因素之间是否存在交互作用，或者那些交互作用是否存在高阶效应或者有哪些高阶效应，试验的最终是通过方差分析来检定这些效应是否显著。

（6）第六步　回归试验　考虑到试验效果需要进一步安排一些试验来最终确定因素的最佳影响水平，是对析因试验的试验点的补充，目的是最终优化指标。

(7) 第七步 稳健设计 选择出一些抗干扰的因素来缓解干扰因素的影响,这就是稳健设计的意图和途径。

二、正交试验

案例:某食品厂想提高某产品水果去皮工艺中的去皮效果,对工艺中三个主要因素各按三个水平进行试验(表3-19)。试验的目的是提高合格产品的产量,寻求最适宜的操作条件。

表3-19 因素水平

水平	温度(T)/℃	压力(p)/Pa	加碱量(m)/kg
1	80	5.0	2.0
2	100	6.0	2.5
3	120	7.0	3.0

对此实例该如何进行试验方案的设计呢?很容易想到的是全面搭配法方案(图3-17):

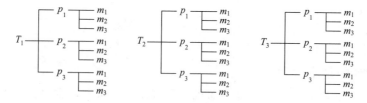

图3-17 全面搭配法方案

此方案数据点分布的均匀性极好,因素和水平的搭配十分全面,唯一的缺点是试验次数多达 $3^3=27$ 次(指数3代表3个因素,底数3代表每个因素有3个水平)。因素、水平数愈多,则试验次数就愈多。例如,做一个6因素3水平的试验,就需 $3^6=729$ 次试验,显然难以做到。

1. 单因素试验

单因素试验中只有一个因素改变而其他因素固定。

从图3-17可看出,采用全面搭配法方案,需做27次试验。那么采用简单比较法方案又如何呢?先固定 T_1 和 p_1,只改变 m,观察因素 m 不同水平的影响,做了如图3-18(a)所示的三次试验,发现 $m=m_2$ 时的试验效果最好(效果好的用方框圈起),合格产品的产量最高,因此认为在后面的试验中因素 m 应取 m_2 水平。

固定 T_1 和 m_2,改变 p 的三次试验如图3-18(b)所示,发现 $p=p_3$ 时的试验效果最好,因此认为因素 p 应取 p_3 水平。

固定 p_3 和 m_2,改变 T 的三次试验如图3-18(c)所示,发现因素 T 宜取 T_2 水平。

因此可以引出结论:为提高合格产品的产量,最适宜的操作条件为 $T_2 p_3 m_2$。与全面搭配法方案相比,简单比较法方案的优点是试验的次数少,只需做9次试验。

简单比较法方案的试验结果是不可靠的。因为:

① 在改变 m 值(或 p 值,或 T 值)的三次试验中,说 m_2(或 p_3 或 T_2)水平最好是有条件的。在 $T\neq T_1$,$p\neq p_1$ 时,m_2 水平不是最好的可能性是有的。

② 在改变 m 的三次试验中,固定 $T=T_2$,$p=p_3$ 应该说也是可以的,是随意的,故在此方案中数据点的分布的均匀性是毫无保障的。

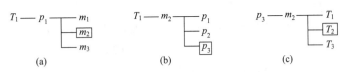

图 3-18 单因素试验

③ 用这种方法比较条件好坏时,只是对单个的试验数据进行数值上的简单比较,不能排除必然存在的试验数据误差的干扰。

2. 正交试验设计

正交试验设计是研究多因素多水平的又一种设计方法,它是根据正交性从全面试验中挑选出部分有代表性的点进行试验,这些有代表性的点具备了"均匀分散,齐整可比"的特点。正交试验法是一种合理安排、科学分析多因素试验的有效的数学方法。它是在实践经验与理论知识的基础上,借助一种规格化的"正交表"(图3-19),从众多的试验条件中确定若干代表性较强的试验条件,科学地安排试验,然后再对试验结果进行综合比较、统计分析,探求各因素水平的最佳组合,从而求得最优或较优试验方案的一种数学方法。

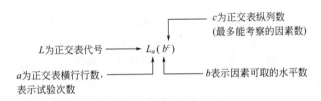

图 3-19 正交表示意图

(1) 正交表 例如 $L_9(3^4)$,它表示需做 9 次试验,最多可观察 4 个因素,每个因素均为 3 水平。一个正交表中也可以各列的水平数不相等,我们称它为混合型正交表,如 $L_8(4\times2^4)$,表示此表的 5 列中,有 1 列为 4 水平,4 列为 2 水平。

(2) 常见的正交表 2 水平的有 $L_4(2^3)$、$L_8(2^7)$、$L_{12}(2^{11})$、$L_{16}(2^{15})$ 等;3 水平的有 $L_9(3^4)$、$L_{27}(3^{13})$ 等;4 水平的有 $L_{15}(4^5)$;5 水平的有 $L_{25}(5^6)$。

$L_8(2^7)$ 正交试验如表 3-20:

表 3-20 正交表图例

试验号	列号						
	1	2	3	4	5	6	7
1	1	1	1	1	1	1	1
2	1	1	1	2	2	2	2
3	1	2	2	1	1	2	2
4	1	2	2	2	2	1	1
5	2	1	2	1	2	1	2
6	2	1	2	2	1	2	1
7	2	2	1	1	2	2	1
8	2	2	1	2	1	1	2

（3）正交表的性质

① 每一列中，不同的数字出现的次数相等。例如在 2 水平正交表中，任何一列都有数码"1"与"2"，且任何一列中它们出现的次数是相等的；如在 3 水平正交表中，任何一列都有"1""2""3"，且在任一列的出现数均相等。

② 任意两列中数字的排列方式齐全而且均衡。例如在 2 水平正交表中，任何两列（同一横行内）有序对子共有 4 种：(1, 1)、(1, 2)、(2, 1)、(2, 2)。每种对数出现次数相等。在 3 水平情况下，任何两列（同一横行内）有序对共有 9 种，(1,1)、(1,2)、(1,3)、(2,1)、(2,2)、(2,3)、(3,1)、(3,2)、(3,3)，且每对出现数也均相等。

以上两点充分地体现了正交表的两大优越性，即"均匀分散性、整齐可比性"。通俗地说，每个因素的每个水平与另一个因素各水平各碰一次，这就是正交性。

③ 可伸可缩，效用明确。正交表 $L_a(b^c)$ 中 c 代表最多可考察的因素数。

$L_9(3^4)$ 最多可安排 4 个因素，但根据试验的实际需要，可安排少于 4 个的因素数，也可考察因素间的交互作用，但考察的因素和因素间的互作数不能大于 4。

（4）正交表作用

① 安排合理，经济高效。对于多因素试验，若为全面考察因素与指标间的关系，从而采用排列组合法时，则对 4 个因素、3 个水平需做 $3^4=81$ 次试验。

而采用正交表 $L_9(3^4)$ 仅需做 9 次试验，大大减少了试验次数。

② 分清主次，找出关键。通过正交试验，能从众多的影响因素中，分清主次，找出影响试验结果的关键因素。

③ 简单易懂，便于推广。在日本，有"不懂正交试验只能算是半个工程师"的说法。

④ 掌握规律，有效控制。正交试验有助于理清因素与指标间的因果关系，从而掌握内在规律，对质量指标进行有效控制。

⑤ 指明方向，效果明显。正交试验是一种方法论的科学，它不需要投资，但又能从试验设计结果的分析中，进行预测、估计，为试验指明方向，因而其经济效果十分显著。

（5）正交试验设计条件

① 试验指标　指试验研究过程的因变量，常为试验结果特征的量（如得率、纯度等）。案例中的试验指标为合格产品的产量。

② 因素　指试验研究过程的自变量，常常是使试验指标按某种规律发生变化的那些原因。如案例中的温度、压力、碱的用量。

③ 水平　指试验中因素所处的具体状态或情况，又称为等级。如案例中的温度有 3 个水平。温度用 T 表示，下标 1、2、3 表示因素的不同水平，分别记为 T_1、T_2、T_3。

因素通常用大写字母表示，水平通常用阿拉伯数字表示。如因素 A 取三个水平可分别表示为 A_1、A_2、A_3。$T_1(80)$、$T_2(100)$、$T_3(120)$ 为因素 A 的三个水平。

常用的试验设计方法有：正交试验设计法、均匀试验设计法、单纯形优化法、双水平单纯形优化法、回归正交设计法、序贯试验法等。可供选择的试验方法很多，各种试验设计方法都有其一定的特点。所面对的任务与要解决的问题不同。

3. 正交试验设计的应用

正交试验过程为设计试验方案、进行试验、记录和分析处理试验结果三个阶段。试验步骤包括以下 8 个方面：

① 明确试验目的和试验指标；

② 确定试验因子，合理选择因子水平；

③ 正确选择正交表，设计试验方案；
④ 按照试验设计方案进行试验和记录数据；
⑤ 进行极差计算；
⑥ 确定主次要因子；
⑦ 在正交表中选出最优组合；
⑧ 确定最优组合。

下面以从柑橘果皮中提取果胶的研究，来说明正交试验设计的步骤。

(1) 明确试验目的，确定试验指标 在此试验中，试验目的是寻找从柑橘皮中提取果胶的最佳条件，试验指标以综合指标评分为依据，分值越高，说明提取效果越好。

(2) 挑因素、选水平，制订因素水平表 主要根据依试验目的查找的有关资料、试验人员的实践经验和试验的具体条件，确定相关因素。

一般试验中，因素以不超过 4 个为好。因素挑好后，就要根据资料和实际情况选水平。一般水平数选 2~4 个为宜。每个因素的水平可以相等，也可以不等。水平间间隔可以相等，也可以不等。重要的因素或者特别希望详细了解的因素，水平数可多一些，其余可少一些。

在因素水平表中每一因素的水平次序排列，也可随机确定。但一旦确定，在整个试验过程中，就不能任意更动。

提取果胶的主要方法有酸提取法、离子交换法、微生物法等几种。本研究采用酸提取法。其工艺流程如下：果实→热烫去皮→灭酶→漂洗→加酸调整 pH→在一定温度下萃取→过滤→冷却→沉淀→洗涤→烘干→粉碎→包装→成品。

有关果胶提取资料的研究表明：在酸提取法中，pH、温度、时间和酸种类是影响提胶效果的主要因素，见表 3-21。

表 3-21 果胶提取因素水平表

A	B	C	D
pH	温度/℃	时间/min	酸种类
2.0	60	30	亚硫酸
2.5	70	50	盐酸
3.0	80	70	酒石酸
3.5	90	90	硫酸

(3) 选取合适的正交表 提取果胶的试验，是一个 4 个因素 4 个水平的相同水平的试验，而且不考虑因素间的交互作用，因此选用 $L_{16}(4^5)$ 正交表（表 3-22）。

表 3-22 $L_{16}(4^5)$ 正交表

试验号	因素				
	pH	温度/℃	时间/min	酸种类	空列
1	1	2	3	3	2
2	3	4	1	2	2
3	2	4	3	4	3
4	4	2	2	1	3
5	1	3	1	4	4

续表

试验号	因素				
	pH	温度/℃	时间/min	酸种类	空列
6	3	1	3	1	4
7	2	1	1	3	1
8	4	3	3	2	1
9	1	1	4	2	3
10	3	3	2	3	3
11	2	3	4	1	2
12	4	1	2	4	2
13	1	4	2	1	1
14	3	2	4	4	1
15	2	2	2	2	4
16	4	4	4	3	4

(4) 作表头设计 指将试验方案中的各因素科学地安排到正交表的各列，从而形成试验方案（表3-23）。

表3-23 果胶提取正交试验设计方案

试验号	因素				
	pH	温度/℃	时间/min	酸种类	空列
1	1(2.0)	2(70)	3(70)	3(酒石酸)	2
2	3(3.0)	4(90)	1(30)	2(盐酸)	2
3	2(2.5)	4(90)	3(70)	4(硫酸)	3
4	4(3.5)	2(70)	1(30)	1(亚硫酸)	3
5	1(2.0)	3(80)	1(30)	4(硫酸)	4
6	3(3.0)	1(60)	3(70)	1(亚硫酸)	4
7	2(2.5)	1(60)	1(30)	3(酒石酸)	1
8	4(3.5)	3(80)	3(70)	2(盐酸)	1
9	1(2.0)	1(60)	4(90)	2(盐酸)	3
10	3(3.0)	3(80)	2(50)	3(酒石酸)	3
11	2(2.5)	3(80)	4(90)	1(亚硫酸)	2
12	4(3.5)	1(60)	2(50)	4(硫酸)	2
13	1(2.0)	4(90)	2(50)	1(亚硫酸)	1
14	3(3.0)	2(70)	4(90)	4(硫酸)	1
15	2(2.5)	2(70)	2(50)	2(盐酸)	4
16	4(3.5)	4(90)	4(90)	3(酒石酸)	4

通过表头设计可以得到试验方案表。一般采用不研究交互作用的表头设计。这种表头设计非常简单，各因素确定的哪一列任意选定。同一试验，即使采用同一张正交表，也可以有不同的表头设计方案，但这并不影响最终的结果分析。

为了便于对试验结果进行方差分析，在进行表头设计时，应尽量留出空列，并设置2~3次重复试验。

(5) 进行试验，收集试验数据 对于试验方案表的实施，既可以按表中试验号顺序来做，也可将试验号按随机排列的顺序来做。但不能将各个试验号中处理组合的内容随意更改。在试验过程中，要加强管理，试验结束后，及时收集有关试验指标数据，并进行分析。

4. 正交试验分析

(1) 直观分析法 直观分析法通过研究每一因素的平均极差来分析问题。所谓极差就是平均效果中最大值和最小值的差。有了极差，就可以找到影响指标的主要因素，并可以帮助我们找到最佳因素水平组合。直观分析法是对各试验结果进行直接比较，并由试验结果求出各因素每个水平试验结果的综合值与平均值，再求出每个因素的极差，由极差确定因素主次，由平均值确定最佳工艺水平组合。

优点：方法简单明了，便于推广，对于寻求较好条件的可能位置以及决定下批试验的水平具有重要作用。

缺点：直观分析法不能估计试验过程中以及试验结果中必然存在的误差的大小，因而不能区分某因素各水平所对应的试验结果间的差异究竟是真正由因素水平不同所引起的，还是由试验误差所引起的，因此不能知道分析的精度。同时，对于多水平的试验，当要考虑交互作用时，由于3水平以上的因素的交互作用要占两列以上。因此，直观分析法主要用于正交试验中既没有空列，又不设置重复试验的结果分析。

直接比较，找出试验的好结果。对试验结果进行直接比较，找出在正交试验中指标最好的因素水平的组合。如果在实际生产中时间比较紧，可将找出的好结果暂时用于生产中。

例：在果胶提取试验中，综合指标最好的是第3号试验，其因素组合是 $A_2B_4C_3D_4$，即pH为2.5，温度为90℃，时间为70min，酸种类为硫酸，见表3-24。

表3-24 果胶提取正交试验的结果

试验号	因素				综合指标
	pH	温度/℃	时间/min	酸种类	
1	1(2.0)	2(70)	3(70)	3(酒石酸)	190.45
2	3(3.0)	4(90)	1(30)	2(盐酸)	82.75
3	2(2.5)	4(90)	3(70)	4(硫酸)	195.95
4	4(3.5)	2(70)	1(30)	1(亚硫酸)	110.50
5	1(2.0)	3(80)	1(30)	4(硫酸)	131.50
6	3(3.0)	1(60)	3(70)	1(亚硫酸)	140.80
7	2(2.5)	1(60)	1(30)	3(酒石酸)	76.90
8	4(3.5)	3(80)	3(70)	2(盐酸)	87.25
9	1(2.0)	1(60)	4(90)	2(盐酸)	163.95
10	3(3.0)	3(80)	2(50)	3(酒石酸)	185.40
11	2(2.5)	3(80)	4(90)	1(亚硫酸)	54.85

续表

试验号	因素				综合指标
	pH	温度/℃	时间/min	酸种类	
12	4(3.5)	1(60)	2(50)	4(硫酸)	41.35
13	1(2.0)	4(90)	2(50)	1(亚硫酸)	141.65
14	3(3.0)	2(70)	4(90)	4(硫酸)	52.05
15	2(2.5)	2(70)	2(50)	2(盐酸)	130.20
16	4(3.5)	4(90)	4(90)	3(酒石酸)	167.15

(2) 极差分析法

① 分别计算各因素各水平的指标之和。某因素某水平的指标之和，等于该因素水平相对应指标值相加。各因素、各水平的指标之和应相等。依次可检查计算是否正确。

例：A因素的各水平的指标之和。

$K_1 = 190.45 + 131.50 + 163.95 + 141.65 = 627.55$

$K_2 = 195.95 + 76.90 + 54.85 + 130.20 = 457.90$

$K_3 = 82.75 + 140.80 + 185.40 + 52.05 = 461.00$

$K_4 = 110.50 + 87.25 + 41.35 + 167.15 = 406.25$

② 分别计算各因素各水平的平均指标。某因素某水平的指标平均值，等于该列该水平的指标之和除以该水平出现的次数。各因素各水平的指标的平均值的和应相等。依次可检查计算是否正确。

例：A因素的各水平的平均指标。

$$\overline{K}_1 = \frac{K_1}{4} = 156.89; \quad \overline{K}_2 = \frac{K_2}{4} = 114.48;$$

$$\overline{K}_3 = \frac{K_3}{4} = 115.25; \quad \overline{K}_4 = \frac{K_4}{4} = 101.56$$

对于水平数相同的试验，也可以不计算各因素各水平的指标之和的平均值，而用指标之和直接进行下步极差的计算。对于有拟水平因素的试验，要注意有拟水平的这一列的计算。

③ 计算各因素的极差。某因素的极差R，等于该因素各水平指标的平均值中，最大的数减去最小的数（表3-25）。

表3-25 果胶提取正交试验的直观分析结果

试验号	因素				综合指标
	pH	温度/℃	时间/min	酸种类	
1	1(2.0)	2(70)	3(70)	3(酒石酸)	190.45
2	3(3.0)	4(90)	1(30)	2(盐酸)	82.75
3	2(2.5)	4(90)	3(70)	4(硫酸)	195.95
4	4(3.5)	2(70)	1(30)	1(亚硫酸)	110.50
5	1(2.0)	3(80)	1(30)	4(硫酸)	131.50
6	3(3.0)	1(60)	3(70)	1(亚硫酸)	140.80
7	2(2.5)	1(60)	1(30)	3(酒石酸)	76.90
8	4(3.5)	3(80)	3(70)	2(盐酸)	87.25

续表

试验号	因素				综合指标
	pH	温度/℃	时间/min	酸种类	
9	1(2.0)	1(60)	4(90)	2(盐酸)	163.95
10	3(3.0)	3(80)	2(50)	3(酒石酸)	185.40
11	2(2.5)	3(80)	4(90)	1(亚硫酸)	54.85
12	4(3.5)	1(60)	2(50)	4(硫酸)	41.35
13	1(2.0)	4(90)	2(50)	1(亚硫酸)	141.65
14	3(3.0)	2(70)	4(90)	4(硫酸)	52.05
15	2(2.5)	2(70)	2(50)	2(盐酸)	130.20
16	4(3.5)	4(90)	4(90)	3(酒石酸)	167.15
指标之和	K_1	627.55	423.00	401.65	447.80
	K_2	457.90	483.20	498.60	464.15
	K_3	461.00	459.00	614.45	619.90
	K_4	406.25	587.50	438.00	420.85
平均值	K_1	156.89	105.75	100.41	111.95
	K_2	114.48	120.80	124.65	116.04
	K_3	115.25	114.75	153.61	154.98
	K_4	101.56	146.88	109.50	105.21
极差 R		55.33	41.13	53.20	49.77
较好水平		A_1	B_4	C_3	D_3
因素主次顺序		1	4	2	3

例：A 因素 $R=156.89-101.56=55.33$。

④ 画出因素与指标间的关系示意图。对于水平数在 3 个或 3 个以上的因素，应该画出因素与指标之间的关系示意图，见图 3-20，以便直观地观察试验结果随每一因素取不同水平变化的趋势。

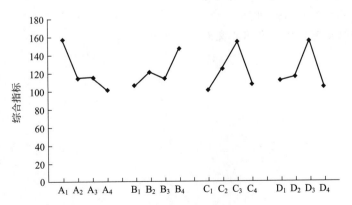

图 3-20　pH、温度、时间和酸与果胶提取综合指标的关系

作图时，各因素的水平从小到大依次排列。

⑤ 做出试验结论。通过上述的分析和图示，可以得出因素对试验指标影响的主次顺序，

并选出最优的处理组合。

⑥ 找出主要因素。在等水平正交试验中,极差 R 值的大小直接表示该因素的水平变化对试验指标的影响大小。

R 值越大,因素对试验指标影响也越大,因素也就越重要(因素水平差别也越大,需要挑选最佳水平)。反之,R 值越小,因素对试验指标影响也越小,因素也越不重要。从图 3-20 也可看出,凡坐标点上升或下降幅度大的就是主要因素。

根据极差 R 值的大小,找出影响果胶提取综合指标的因素主次顺序依次为:A(pH)＞C(时间)＞D(酸种类)＞B(温度)。

对于不同水平的正交试验,不能由 R 值的大小直接确定因素的主次,须用调整极差的值的大小来确定因素的主次。

(3) 选出最优处理组合　各因素、各水平的指标之和最大者,即是要选的最好水平。

从表 3-25 中可以看出,pH 以 2.0、温度为 90℃、时间为 70min、酸以酒石酸为最好,即最优处理组合是 $A_1B_4C_3D_3$。而实际试验以第 3 号试验的综合指标为最好,其处理组合为 $A_2B_4C_3D_4$。

正交试验是部分实施的试验设计,所以分析选出的最优处理组合常常不一定与实际试验结果最好的处理组合相符合。这也是正交试验的先进之处,即有可能通过试验结果的分析找出更好的处理组合。

(4) 验证试验或进一步优选　因分析出的可能最佳的处理组合一般未经试验,故为最后确认能否作为投产的工艺条件,还需将分析选出的可能最优处理组合与实际试验的结果最好的处理组合进行验证试验。

对于大多数项目,当分析所得的好条件不在正交表已做的范围内时,其指标值将会超过实际试验的好条件。也有少数试验,分析所得的好条件比不上实际试验的好条件。因而分析出的好条件还只是一种可能好的水平组合。

单元思考

1. 质量管理常用的七种工具有哪些?
2. 如何利用排列图和因果图解决问题?
3. 调查表有几种? 如何使用?
4. 正交表的性质有哪些? 常用正交表有哪几种?

第四单元 初级农产品安全及质量控制

 知识与能力目标

1. 食品原料中的天然毒素及控制措施。
2. 食品原料中生物性污染类型、生物性污染特点、生物性污染防治、生物性污染对食品安全性的影响。
3. 食品中的农药化肥污染、有害金属和非金属的污染、有机无机物的污染。
4. 良好农业规范（GAP）知识及控制措施。

 思政与职业素养目标

初级农产品的质量安全是食品安全的源头，良好农业规范（GAP）是从源头控制初级农产品的各类污染，强化预防控制措施，以确保农产品质量安全和推动农业可持续发展的重要手段和依据。

深入学习领会"绿水青山就是金山银山"的理念，强化环保意识。

 案例引导

罗非鱼的孔雀石绿污染

2006年10月某日，公司接到当地出入境检验检疫局的通知，报检号为××××的罗非鱼片中孔雀石绿超标，检测结果为 $63.2\mu g/kg$，远远高于 $1.0\mu g/kg$ 的检测限值。

经过调查分析，本案例涉及的产品为冷冻罗非鱼片，其工艺流程为：

原料验收→暂养→放鱼→放血/清洗→消毒→开片→去皮→磨皮→修整→鱼骨检查→分规格→清洗→发色→臭氧消毒→泡盐水→排盘→单冻→称重→镀冰衣→内包装→金属探测→入库冷藏→检测→合格出货。

（1）从工艺来分析　孔雀石绿的污染有可能在下列情况下出现：①养殖过程中加入孔雀石绿；②运输过程中加入孔雀石绿；③暂养时加入孔雀石绿；④加工过程中被意外污染。

（2）在初步分析的情况下展开调查　①扩大送样，该报检批的产品涉及四个生产批号（A、B、C、D），每个生产批次随机抽取了三个样品送检，并申请加急检验；②调查相关记录，了解原料的来源，到养殖场了解养殖过程的情况；③要求采购部联系装运的车辆，了解运输过程的情况；④调查生产部门暂养、生产现场化学药品的使用情况；⑤调查当日的员工卫生检查记录。

（3）调查情况　①经查相关的记录，并到现场询问养殖人员，用于该报检批的罗非鱼来自两个养殖场的四个养殖塘，用的饲料和药物与以前相同。为慎重起见，对使用同一饲料和药物养殖的另一存塘的罗非鱼及水质进行了抽样送检。②检查生产过程的相关记录：暂养时并未加入任何其他的消毒剂，体表检查时未发现鱼身有外伤的情况；这四个生产批次所用的化学品（次氯酸钠、漂白粉、清洁剂）与之前的一致，清洗程序均是按要求操作；员工的卫生检查记录显示，在去皮车间有一员工手部溃烂，但在进车间之前就已被卫生监督员要求回家养伤。

（4）调查结果　综合调查分析，得出初步结论：养殖时非法使用孔雀石绿。

（5）整改措施　对养殖人员、负责原料和运输的人员、与公司有合作关系的车辆司机，进行了一次关于药残的危害、污染途径及其预防措施的培训，该批产品进行销毁处理。

本案例告诉我们，规范大环境的管理，是解决药物残留问题的根本，这需要国家、政府、企业和广大消费者共同努力，因此在初级农产品生产中大力推进良好农业规范（GAP）是非常必要的。

第一节　初级农产品的污染来源与预防控制措施

农产品的危害及要素通常是按照污染物的性质进行分类的，可分为生物性危害、化学性危害和物理性及放射性危害。目前国际上认为食品危害人体健康的位于前五的问题依次是：由微生物引起的食物中毒、食物营养问题（如营养缺乏、营养过剩）、环境污染、天然有毒物质、食品添加剂。其中微生物引起的食物中毒、环境污染、天然有毒物质是初级农产品的关键危害。

一、生物性危害

一般来说，食品中的生物性危害包括微生物、寄生虫和昆虫等的污染。

1. 微生物危害

微生物普遍存在于人类生活环境中，食品在生产、加工、运输及储存过程中，无论是动植物原材料，还是半成品或成品，都有可能被种类多样的微生物污染。这些微生物有的会导致食品腐败变质，使其不能食用；有的则会导致食物中毒和疾病的发生。

在食品生物性危害中，微生物污染所占比重最大，危害也较大，主要有细菌（致病性细菌）、霉菌和霉菌毒素及病毒。

（1）致病性细菌　致病性细菌包括人畜共患的炭疽杆菌、鼻疽杆菌、结核菌、布氏杆菌和猪丹毒杆菌等。在初级农产品生产过程中，食品原料在采集、加工之前表面往往被水中、土壤中的细菌污染，尤其在原料破损之处会聚集大量的细菌，使用未达卫生标准的水对原料进行预处理时，也会引起细菌污染，因此要加强对畜、禽的宰前检疫和宰后的兽医卫生检验，农产品要进行低温储藏并尽可能缩短存储时间。

（2）霉菌和霉菌毒素　霉菌和霉菌毒素也是农产品污染的重要因素。自然界霉菌分布很广，有些霉菌对人体是有益的，如发酵业、酿造、抗生素等的生产都需要霉菌，部分霉菌自身是无毒的，但它们污染食品后会导致其腐败变质。有些霉菌能产生毒素，人畜因误食霉菌毒素而中毒。霉菌毒素是霉菌的有毒次生代谢产物，多数霉菌毒素有致癌作用，具有耐高温、无抗原性等特点。常见霉菌毒素污染食品的途径及其对人体的危害见表4-1。

表 4-1 霉菌毒素污染食品的途径及其对人体的危害

霉菌毒素	污染食品及途径	对人体危害
黄曲霉毒素	玉米、花生和棉籽	致癌
镰刀菌毒素	赤霉病麦粒	食物中毒
杂色曲霉毒素	玉米	肝毒性、致癌
赭曲霉毒素	玉米、花生	肝肾
展青霉素	水果、果脯制品	皮肤过敏
黄绿霉毒素	黄变米	神经毒素
橘青霉素	粮谷类	神经毒素、肾毒性
红青霉素	粮谷类	肝毒性

利用合理耕作、灌溉及适时收获来降低霉菌的污染和毒素的产生；通过减少谷物、饲料在田野时、收割前后、储运和加工过程中霉菌的污染和毒素的产生。

(3) 病毒　传染给人类的病毒主要包括甲型肝炎、诺沃克病毒、轮状病毒、戊型肝炎、病毒性肠炎、脊髓灰质炎、疯牛病、口蹄疫病毒、猪水痘病毒、猪瘟疫病毒等。近年来，新发病毒疾病层出不穷，如疯牛病毒病、亨德拉病毒病、尼帕病毒病、梅那哥病毒病，以及几次重大的人感染的病毒性疾病。分别是1997年人感染高致病性禽流感病毒性疾病、2003年的SARS（严重急性呼吸综合征，即非典）、2020年爆发的2019新型冠状病毒（2019-nCoV）肺炎，严重威胁到了人类的健康与生命安全。

普通病毒的预防方法包括病畜病禽的粪便、胃肠内容物、污物和污水经消毒后再运出或排出；畜禽停留过的场地和车间进行消毒处理等。但是SARS、2019-nCoV都是来自野生动物，所以应尽量避免接触畜禽、野生动物及其排泄物和分泌物；严禁食用野生动物；不要食用已经患病的动物及其制品；生产者处理生鲜制品时，器具要生熟分开并及时清洗，避免交叉污染。

2. 寄生虫危害

寄生虫污染也不容忽视。寄生虫及其虫卵直接污染食品或通过病人、病畜的粪便污染水体或土壤后，再污染食品，人摄入后发生食源性寄生虫病。畜禽、水产品是许多寄生虫的中间宿主，人类食用了含有寄生虫的畜禽和水产品后，就会感染寄生虫。

污染食品的寄生虫种类很多，有囊虫、旋毛虫、肝片形吸虫、姜片虫、弓形体、华支睾吸虫、横川后殖吸虫、异形吸虫、蛔虫等，均可通过食品进入人体。

常见污染食品的寄生虫及其危害见表4-2。

表 4-2 食品的寄生虫及其危害

寄生虫名称	宿主	对人体危害
囊虫	猪、牛	皮下及肌肉囊尾蚴病、脑囊尾蚴病、眼囊尾蚴病
旋毛虫	猪、野猪	初期：恶心、呕吐、腹痛。中期：急性血管炎和肌肉炎、实质性器官如心、肝、肺、肾等功能损害。末期：败血症或并发症导致死亡
蛔虫	蔬菜、水果、水生植物	腹部疼痛、哮喘、荨麻疹、胆管蛔虫症
姜片虫	菱角、荸荠、茭白等水生植物	腹痛、呕吐、腹泻、贫血、腹水和水肿

续表

寄生虫名称	宿主	对人体危害
弓形体	猪、牛、羊、鸡、鸭等	发热、肌肉疼痛、皮疹、淋巴结肿大、心肌心包炎、肝炎、肾炎等
阿米巴原虫	猪	腹泻、肝大、肝区疼痛、肠外阿米巴病

在初级农产品中对寄生虫的预防主要是切断传播途径。

二、化学性危害

食品的化学性污染是指食品中含有的（或人为添加的）对人体健康产生急性或慢性危害的化学物质。食品的化学性污染主要包括工业"三废"中有害金属污染，食物中农药、兽药、渔药残留，滥用食品添加剂和违法使用有毒化学物质，动植物中天然有毒物质，食品加工不当产生的有毒化学物质，以及包装材料和容器中的有毒化学物质等。

1. 有毒重金属

有毒重金属包括汞、镉、砷、铅、铬。主要是工业化的发展导致有毒重金属污染环境。工业废气、废渣、废水排放到人类生活环境中，污染水体、土壤、大气，有害成分被植物吸收而残留在植物中，聚集在动物的体内，通过食物链与生物富集作用，最终影响人类的健康。

由于有毒重金属对人类的伤害极大，为了保障人体健康，世界各国均对重金属在食品中的限量作出了严格规定。我国现行的有毒金属限量的标准是GB 2762—2017《食品安全国家标准 食品中污染物限量》，明确了汞、镉、砷、铅、铬等在畜产品、粮食、蔬菜、水果等食品中的最高限量。

作物能够吸收到体内的重金属，是溶解在土壤水溶液和部分吸附在土壤黏粒表面上的重金属离子，即活性部分。这部分活性态重金属在土壤中的浓度，受控于土壤性质，即土壤的酸碱性和土壤的质地都会对重金属的活性产生影响。如在酸性土壤中，重金属的活性就会增强，作物吸收率也会提高。土壤重金属超标问题，科学防范很重要。

2. 农药、兽药、渔药和饲料添加剂残留

（1）**农药** 农药按性质可分为化学性农药和生物性农药，按用途可分为杀虫剂、杀菌剂、除草剂、落叶剂和植物生长调节剂等，按照化学组成及结构可分为有机氯、有机磷、有机氟、有机氮、有机硫、有机砷、有机汞、氨基甲酸酯类等。

农药长期大量被使用，可通过喷洒在作物表面直接污染食用作物；植物根部吸收洒落到土壤中的农药，将其转移到组织内部和果实中；扩散到空气中的农药随雨雪降落，污染水源及土壤；水生生物通过食物链的富集作用等多种途径，对食品造成污染，最终进入人体，见图4-1。

有些农药虽然已经停止生产和禁止使用，但由于其化学性质稳定，不易降解，在食物链、环境和人体中可长期残留，目前在许多食品中仍有较高的检出量，例如有机氯和有机汞农药。为了控制农药在食物中的残留，保障人类健康，世界各国均制定了严格的农药残留标准。如我国的GB 23200.93—2016《食品安全国家标准 食品中有机磷农药残留量的测定 气相色谱-质谱法》。

（2）**兽药、渔药和饲料添加剂** 使用兽药、渔药的目的是预防和治疗畜禽、水产品的疾病；使用饲料添加剂则是为了促进动物、水产品的生长繁殖，以及提高饲料的利用率。这些兽药、渔药和饲料添加剂在提高畜牧业、水产品产量的同时，也给食品带了兽药、渔药残留

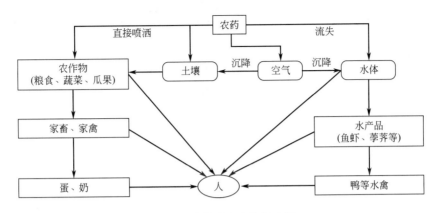

图 4-1　农药进入人体的途径

污染问题。造成兽药及渔药残留的情况包括：随意加大药物用量或者把治疗药物当成添加剂使用；不按规定执行应有的休药期；滥用药物或用药方法错误；使用违禁或淘汰药物，例如盐酸克仑特罗（瘦肉精）、类固醇激素（己烯雌酚）等。

长期食用含药物残留的动物性食品及水产品，这些药物在体内逐渐蓄积，对人体产生毒性作用，诱导病原菌产生耐药性、过敏反应，以及致癌、畸变和基因突变等。为了控制兽药、渔药及饲料添加剂的使用，降低其在食物中的残留，保障人类健康，世界各国都制定了饲料添加剂使用标准、兽药添加剂检测标准、兽药最高限量标准等相关标准。

3. 食品中有机、无机物的污染

有机和无机污染物的种类更加复杂，污染途径也多种多样。它们的主要来源有：食品的加工过程；工业"三废"等排放的环境污染物；食品容器包装材料污染等。多环芳烃类是一类数量多、种类复杂、分布广、与人的关系密切及对人的健康威胁较大的化学致癌物质。多环芳烃主要由各种有机物如煤、柴油、汽油、原油及香烟不完全燃烧而来。苯并芘是多环芳烃类化合物污染食品的一种主要的致癌性污染物。各类蔬菜、水果类、粮食类、海产类、植物油及酒类中都能检出苯并芘。

4. 动植物中天然有毒物质

人们对微生物、化学物质引起的食品安全问题有了不同程度的了解，但较少有消费者关注动物本身所具有的天然毒素。动植物天然有毒物质是指有些动植物中存在的某种对人体有害的非营养性天然物质，或因储存方法不当在一定条件下产生的某种有毒成分。动植物中含有天然有毒物质的种类较多，结构复杂，有些物质化学成分还不清楚。这些天然有毒物质引起的食物中毒屡有发生，给人们带了极大的健康危害和经济损失。据统计，在引起食物中毒的各类原因中，有毒动植物引起的食物中毒事件发生数量虽然排第二，但是由此造成的死亡人数占总死亡人数的比例最高，占到总死亡人数的一半以上。

在食品中存在的动植物天然毒素，植物性毒素有生物碱、酚类及其衍生物、毒蛋白、酶类、非蛋白类神经毒素、硝酸盐和亚硝酸盐、草酸和草酸盐等；水产类中的动物性毒素有河鲀毒素、肉毒鱼类毒素、组胺、蛤类毒素、螺类毒素、海兔毒素、海参毒素、贝类毒素等；其他还有毒蘑菇和麦角毒素、西加毒素（来源于热带水体中有毒藻类）、组胺（源自产组胺菌的海产品）、蟾蜍毒素等，见表 4-3。

5. 包装材料和容器的污染

食品包装的主要目的是保护食品质量和卫生，不损失原始成分和营养，方便运输，提高

表 4-3 食品中常见天然毒素及存在食品

类别	天然毒素	常见食品
植物	苷类（氰苷、皂苷）	氰苷：木薯、苦杏仁、桃仁、李子仁、枇杷仁、杨梅仁、亚麻仁等；皂苷：豆角、芸豆、四季豆、扁豆等
	生物碱	发芽的马铃薯（龙葵素）、黄花菜（秋水仙碱）
	酚类及其衍生物	粗制生棉籽油
	毒蛋白和肽	生大豆或生豆浆（胰蛋白抑制剂），蓖麻子（蓖麻毒素），毒蘑菇（毒肽）
动物	河鲀毒素	河鲀
	蛤类毒素	牡蛎、扇贝、螺类、蛤类
	组胺	青皮红肉的鱼类，如秋刀鱼、沙丁鱼、金枪鱼等

货架期和商品价值。随着化学工业与食品工业的发展，新的包装材料越来越多，包装材料直接和食物接触，很多材料成分可迁移至食品中，造成食品的化学性污染。

目前我国允许使用的食品容器、包装材料最容易出问题的是塑料和橡胶两种。塑料制品中的有害物质包括聚乙烯和聚丙烯、聚苯乙烯、聚氯乙烯、聚碳酸酯塑料、三聚氰胺甲醛塑料、聚对苯二甲酸乙二醇酯塑料、不饱和聚酯树脂；橡胶制品中毒性物质主要来源于单体和添加剂两方面，橡胶单体因橡胶种类不同而异，大多数由二烯类单体聚合而成，橡胶主要的添加剂有硫化促进剂、防老剂和填充剂。

三、物理性及放射性危害

1. 物理性危害

物理性危害通常指农产品生产加工过程中混入食品的杂质超过规定的含量引起的食品质量安全问题。农产品在产、储、运、销过程中，由于存在管理漏洞，使食品受到杂物污染。可能存在的途径包括：生产时的污染；粮食收割时常有不同种类的草籽混入；动物在宰杀时受到血污、毛发及粪便对畜肉的污染；加工过程中设备的陈旧或故障会引起加工管道中金属或碎屑对食品的污染；农产品存储过程中，会受到苍蝇，昆虫和鼠类，鸟的毛发、粪便对食品的污染；运输过程中会遭到运输车辆、装运工具、不清洁的铺垫物和遮盖物的污染。

2. 放射性危害

食品的放射性危害指食品由于吸附、吸收外来的放射性核素而产生的食品安全问题。食品的放射性危害包括天然的放射性污染和辐照食品污染两大类。

天然的放射性污染指环境中的放射性物质对食品的污染，主要通过三种途径向食品转移，一是通过向水生生物体内转移，二是向植物组织内转移，三是向动物体内转移，最终通过食物转移到人体内部。

辐照食品加工技术是利用射线辐照食品的方法以达到抑制发芽、灭菌、杀虫、调节成熟度、保持食品新鲜度和延长食品货架期的一项物理储存技术。在规范的操作下，辐照食品的安全是有保障的，不存在毒理学上的危害。但是，剂量过大的放射线照射食品，会造成食品有害成分和微生物发生性变，有可能对食品产生危害，包括产生新的有害物质、造成营养成分破坏及生成致癌物质三方面。

针对以上危害和污染，我们要通过管理手段和规范斩断食品污染源。比如：要针对每种化学污染物污染途径、特性、毒性等对食品污染物有选择地进行定期检测管理；为了防止通过化肥、农药带入到土壤中过量的有害物质，必须经常进行环境污染物含量的检测管理，加强环保，推广科学施肥技术，提高肥料的利用率，制订各种农药使用和作物收获、食用的合理安全间隔期；提高农业标准化意识，培养全新的理念；建立以产品认证为重点，产品认证（以无公害农产品、绿色食品和有机食品为主要类别）与体系认证（GAP 和 HACCP 为基本类型）相结合的认证体系。下面我们先来学习良好农业规范（GAP）知识。

第二节　良好农业规范（GAP）

一、GAP 介绍

随着人口剧增、人类不断追求高产量等因素的影响，在农产品的种植、养殖过程中大量使用了化肥、农药、兽药，以及不注重环境保护等，致使农产品中农、兽药残留超标的现象不断增加，土壤的肥力大幅度下降，种植养殖环境不断恶化，生态遭到破坏。因此，人类在积极思考，如何既能保护人类赖以生存的环境，又能满足人类基本的生存需求，于是，可持续发展的概念产生了。

1991 年联合国粮农组织（FAO）在"农业与环境"部长级会议上发表了《登博斯宣言》，提出了"可持续农业与农村发展"概念，得到了成员国的积极响应。"可持续发展"成为农业发展的必然要求。而随着 20 世纪 90 年代中后期政府、企业、经销商、消费者对食品农产品安全的持续关注，对日益恶化的农产品生产环境的忧虑，促进了人类思考如何在农产品生产中应用先进生产技术、注重环境保护和可持续生产、保护人和动物福利的生产方式，因此，出现了良好农业规范。

1. GAP 的概念

（1）GAP 概念　GAP 是 good agricultural practices 的缩写，中文意思是"良好农业规范"。是欧、美、澳大利亚等发达地区在农业生产领域广泛采取的一项标准化的生产管理体系，它区别于有机农业禁止使用农业化学品，而主张在生产中合理使用农业化学用品，达到规范生产过程和产后加工过程，提高农产品质量的目的。

（2）GAP 释义　根据联合国粮农组织的定义，"良好农业规范"，广义而言，是应用现有的知识来处理农场生产过程和生产后的环境、经济和社会可持续性的问题，从而获得安全而健康的食物和非食用农产品。狭义而言，"良好农业规范"是针对初级农产品生产，包括作物种植和动物养殖的管理控制模式。它通过实施种植、养殖、采收、清洗、包装、储藏和运输过程中的有害物质和有害微生物危害控制，保障农产品质量安全。

良好农业规范（GAP）作为一种适用方法和体系，通过经济的、环境的和社会的可持续发展措施，来保障食品安全和食品质量。它是以危害预防、良好卫生规范、可持续发展农业和持续改良农场体系为基础，避免在农产品生产过程中受到外来物质的严重污染和危害。

2. GAP 的作用

有利于提升农业生产标准化水平，提高农产品的内在品质和安全水平，增强消费者的消费信心。

在中国加入世界贸易组织之后，GAP 认证成为农产品进出口的一个重要条件，通过 GAP 认证的产品将在国内外市场上具有更强的竞争力。

有利于增强生产者的安全和环保意识，有利于保护劳动者的身体健康。

有利于保护生态环境和增加自然界的生物多样性，有利于自然界的生态平衡和农业的可持续性发展。

通过GAP认证可以提升产品的附加值，增加认证企业和生产者的收入。

3. 国际良好农业规范应用

良好农业规范（GAP）起源于20世纪90年代中后期，是最早由美国在棉花生产中采用的标准化管理技术。欧盟一些国家积极引用，后成为欧洲农产品认证体系的一部分。其中比较有影响力的是由欧洲零售商协会（Euro-Retailer Produce Working Group，EUREP）发起的EUREP GAP。我国台湾地区在这方面起步较早，已经形成"吉园圃（GAP）"蔬果认证，简称TGAP。

现在美国、加拿大、法国、澳大利亚、马来西亚、新西兰、巴西、乌拉圭、拉脱维亚、立陶宛和波兰等国家均制定了本国良好农业规范标准或法规。

(1) 美国良好农业规范　2013年，美国食品药品监督管理局（FDA）发表了《新鲜农产品种植、收获、储存控制规范》，这是一个强制性的良好农业规范。进入美国的产品需要经过FDA认可的第三方机构提供验证证明才可以进入美国市场。其良好农业规范（GAP）认证具有非强制性、易操作性、效益性这几个特征。政府鼓励从业者认证但是不采取强制的态度。易操作性是指GAP实施过程全部由农场生产者进行，易于管理和控制；美国的市场机制比较完善，即使政府对开展GAP认证的农场主没有补贴，小规模的农场主也可以低成本进行GAP认证，认证后可带来好的效益。

(2) 欧盟良好农业规范　最初欧盟良好农业规范认证包括蔬菜、水果和花卉等，随着规范的不断完善，现已涵盖了农、牧、渔等多种产业。欧洲超市联盟制定了EUREP GAP标准、适用于食品储藏包装企业的BRC标准和生产过程质量控制的QC标准。

2002年以来，随着欧盟良好农业规范不断发展，其成员也日益增多，逐渐从发达国家扩展至发展中国家。2007年，欧盟良好农业规范技术委员会将欧盟良好农业规范更名为全球良好农业规范（Global GAP）。目前，欧洲良好农业规范认证包括总则、控制点及遵循标准、检查清单3个部分，其中总则是关于认证程序和检查员的要求，控制点要求具有可追溯性、符合野生动物保护政策，检查清单是将控制点以问题形式列出来等。其特点是贯彻可持续发展理念，注重农业资源保护和高效利用、保障食品安全。

(3) 日本良好农业规范　日本于2005年首次提出了良好农业规范。日本良好农业规范协会分别针对果蔬和谷物制定了统一的标准。标准由三个部分组成，包括通用的良好农业规范一般准则、管理要求和符合性标准、良好农业规范认证检查表。2016年新版日本良好农业规范于9月实施。新版规范包括基础和追加两部分。基础部分增加了"作为日本规范的良好农业规范必要的事项"。追加部分增加了比全球食品安全倡议（GFSI）更丰富的内容，如确认劳动者雇佣条件规范、如何更好地应对食品安全相关风险等内容。

日本良好农业规范（GAP）认证具有严格监督、团体认证、政策扶持等特征。严格监督表现在经过认证的GAP组织必须有GAP指导员对其农场的生产经营状况进行评价，并且每年都要接收定期培训，认证团体还要经过认证机构审查员的严格审查。由于日本也是小农户经营，政府鼓励团体认证，将小农户组织起来，例如通过"公司-农户"的形式进行团体认证，可以节省GAP认证的成本，推动本国GAP的应用和发展。进行GAP认证的组织会得到政策扶持。如认证过程中产生的费用，政府会给予50%的补贴，因此越来越多组织愿意进行GAP认证，从而推动了经济的发展。

(4) 东盟国家良好农业规范　2006年以前，东盟成员国已经开始制定并启用了东盟良好农业规范（ASEAN GAP）标准。其认证标准主要分为食品安全、环境管理、工人健康安全和福利、产品质量4个模块，其中核心是食品安全，基础内容是风险评估。良好农业规范的基础内容是围绕可能危害展开的，包括品种选择、基地选择、生产加工过程中可能出现的农药危害、个人卫生等危害。通过危害风险评估，使危害程度降到最低并找到根源，从源头治理，进行标准化生产。2013年，东盟成立了东盟良好农业规范认证与发展委员会，将成员国良好农业规范认证与国际标准进行了接轨。

东盟良好农业规范认证核心是食品安全，特点是以危害的评估和预防为基础，针对农产品生产过程中的每一环节进行检测，确保"从农田到餐桌"整个过程的安全性；建立可追溯体系，即通过GAP认证的生产商，必须建立农产品生产档案，并对每一生产过程严格记录入档；直接采用全球良好农业规范认证，即按照全球良好农业规范进行认证，GAP认证涵盖了全球良好农业规范认证标准的条目，并且所包含的控制点都需严格审核检查。

（5）东盟发展中国家良好农业规范认证 东盟大部分国家都是农业国，并且农业大部分也都是以小农生产为主。2006年以前，东盟成员国已经开始根据本国发展情况制定并实施了本国的良好农业规范。同年东盟制定并启用了东盟良好农业规范标准。其认证标准主要分为食品安全、环境管理、工人健康安全和福利、产品质量4个模块，其核心是食品安全，基础内容是风险评估。良好农业规范的基础内容是围绕可能带来的危害展开的，包括种植养殖的品种选择、基地选择、生产加工过程等可能出现的农药危害、个人卫生问题，针对这些危害进行风险评估，使危害程度降到最低并找到根源，从源头治理，进行标准化生产。

2013年，东盟良好农业规范（ASEANGAP）专家工作小组第四次会议讨论了东盟良好农业规范合作的战略计划，同时着力推进各国与东盟良好农业规范接轨的进程，成立东盟良好农业规范认证与发展委员会，管理与国际良好农业规范认证接轨等事宜。

东盟良好农业规范认证具有以下特征：第一，核心是食品安全。以危害的评估和预防为基础，针对农产品生产过程中的每一环节进行检测，确保"从农田到餐桌"整个过程的安全性。第二，形成了一套可追溯体系。对于通过GAP认证的生产商，必须建立农产品生产档案，并对每一生产过程严格记录入档，如对农作物的品种选择、化肥使用量、使用日期等要详细记录，以防后期出现问题查阅。第三，直接采用全球良好农业规范认证。GAP认证是按照全球良好农业规范认证进行的，即GAP认证涵盖了全球良好农业规范认证标准的条目，并且所包含的控制点最终都需严格审核检查。

4. 中国良好农业规范实施

（1）中国良好农业规范发展过程 2003年4月，中国国家认证认可监督管理委员会（简称国家认监委）首次提出从食品链源头建立"良好农业规范"体系；

2004年，由国家认监委组织质检、农业、认证认可行业专家，开展制定良好农业规范国家系列标准的研究工作；

2005年农业部提出六项措施推进农产品质量监管，探索启动良好农业规范（GAP）的试点工作；

2005年11月国家标准化管理委员会召开良好农业规范系列标准审定会，并通过专家审定；

2006年1月24日，国家认监委发布《良好农业规范认证实施规则（试行）》，2006年5月1日正式发布，并在16省区开展了试点工作。

（2）中国良好农业规范认证特征 第一，区域分布明显。受地区资源、气候等因素的影响，GAP认证表现出明显的东部地区好于西部地区，并且对于品牌农业也存在这一现象。第二，创新性。中国GAP标准的建立既借鉴了全球良好农业规范的全面性，又结合中国农业生产的特点进行了创新，不但提高了在中国的适应性，而且为消除贸易壁垒奠定了一定的基础。第三，形成了以企业为主、合作组织为辅的认证格局。GAP 认证的主体涵盖了各行各业，但企业是各行业中认证主体的主力军，合作组织则是认证主体的重要组成部分，二者共同推动 GAP 的发展。

二、GAP 的基本原理

在美国食品药品监督管理局（FDA）和美国农业部（USDA）联合发布的《关于降低新鲜水果与蔬菜微生物危害的企业指南》中，首次提出良好农业规范（GAP）的概念。GAP 主要针对未加工或最简单加工（生的）出售给消费者或加工企业的大多数果蔬的种植、采收、清洗、摆放、包装和运输过程中常见的微生物的危害控制，其关注的是新鲜果蔬的生产和包装，但不限于农场，包含从农场到餐桌的整个食品链的所有步骤。其 GAP 的建立是在某些基本原理和实践的基础上，减少新鲜果蔬从田地到销售全过程的生物危害。同样适用于果蔬以外的农产品。原理如下：

① 对新鲜农产品的微生物污染，其预防措施优于污染发生后采取的纠偏措施（即防范优于纠偏）；

② 为降低新鲜农产品的微生物危害，种植者、包装者或运输者应在他们各自控制范围内采用良好农业规范；

③ 新鲜农产品在沿着农场到餐桌食品链中的任何一点，都有可能受到生物污染，主要的生物污染源是人类活动或动物粪便；

④ 无论任何时候与农产品接触的水，都应确保其来源和质量，减少来自水的微生物污染；

⑤ 生产中使用的农家肥应认真处理以降低对新鲜农产品的潜在污染；

⑥ 在生产、采收、包装和运输中，确保工人的个人卫生和操作卫生在降低微生物潜在污染方面起着极为重要的作用；

⑦ 良好农业操作规范的建立应遵守所有法律法规，或相应的操作标准；

⑧ 各层农业（农场、包装设备、配送中心和运输操作）的责任，对于一个成功的食品安全计划是很重要的，必须配备有资格的人员和有效的监控，以确保计划的所有要素运转正常，并有助于通过销售渠道溯源到前面的生产者。

三、GAP 的具体内容

联合国粮农组织对 GAP 的定义是：用于农场生产和产品加工过程的一套行为准则。目的是在获得安全、健康的食品及非食品农产品的同时，考虑经济、社会及环境的可持续发展。

GAP 可以广泛应用到不同生产规模的农业体系中。GAP 可以通过可持续发展农业手段实施，如害虫综合防治、肥料综合管理及保护性农业。

1. GAP 原则

GAP 遵守 4 个原则：

① 经济、有效地生产充足的（食品防御安全）、安全的（食品安全）和营养的食品（食品质量）；

② 维持并增强天然资源的利用；

③ 保持有活力的农业企业和对可持续发展作出贡献；

④ 符合文化和社会需要。

2. GAP 的主要内容

GAP 的主要内容概括起来包括以下八个方面。

① 水的要求：无论任何情况下，接触新鲜果蔬的水的质量好坏直接关系到是否会有潜在的微生物污染。

② 肥料的要求：正确处理农家肥可以获得安全有效的肥料。未经处理、不正确处理或再污染农家肥，可能携带影响公共健康的病原菌，并导致农产品污染。

③ 工人健康和卫生的要求：感染的员工增加了对新鲜产品污染的风险。

④ 田间的卫生要求：新鲜产品会在收获前或收获的时候被接触到的土壤、肥料、水、工人和设备污染。

⑤ 卫生设施要求：田间的卫生设施状况直接关系到产品是否会被污染。

⑥ 包装设备要求：保持包装设施的状态良好有助于减少微生物的污染。

⑦ 运输的要求：正确的运输方式有助于减少微生物的污染。

⑧ 追溯性的要求：确定产品的来源是良好农业的重要补充和管理要求。

3. 中国良好农业规范（ChinaGAP）关注点

ChinaGAP 有四个关注点。

① 食品安全：以食品安全标准为基础，起源于 HACCP 基本原理的应用。

② 农业可持续发展和环境保护：为将农业生产给环境带来的负面影响降到最低而设计的。

③ 职业健康、安全和福利：旨在农业范围内建立国际水平的职业健康和安全标准，以及社会相关方面的责任和意识，然而它不能取代对组织社会责任的进一步审核。

④ 动物福利：旨在农牧业范围内建立国际水平的动物福利标准。明确安全、质量、环保、社会责任四个方面的基本要求。

四、实施 GAP 认证的意义

① 发展现代农业；
② 从源头确保农产品质量安全；
③ 推动农业可持续发展；
④ 建立公共卫生安全体系的有力补充；
⑤ 提高产品出口的竞争力。

第三节　中国良好农业规范（ChinaGAP）体系

为建立我国 GAP 认证和标准体系，国家认监委自 2004 年起组织有关方面的专家已制订并由国家标准委发布了 27 项 GAP 国家标准，内容涵盖种植、畜禽养殖、水产养殖。国家认监委还发布了《良好农业规范认证实施规则》，建立了我国统一的 GAP 认证体系。

一、ChinaGAP 标准颁布情况

2004 年，国家认监委组织质量技术监督、出入境检验检疫、认证认可以及农业等方面的专家开展了中国良好农业规范标准的研究，并组织制定中国良好农业规范国家标准。2005 年 12 月国家质检总局、国家标准委联合发布了首批 11 个良好农业规范标准并于 2006 年 5

月1日起实施。该标准的实施，促进了我国农产品安全质量水平的总体提高。

2007年，鉴于良好农业规范在提高农产品安全质量上的成效，2007年国家认监委又组织制定了包括茶叶，水产养殖，水产池塘养殖，水产工厂化养殖，水产网箱养殖，水产围栏养殖，水产滩涂、吊养、底播养殖，罗非鱼池塘养殖，鳗鲡池塘养殖，对虾池塘养殖，鲆鲽工厂化养殖，大黄鱼网箱养殖，中华绒螯蟹围栏养殖13个良好农业规范国家标准，并于2008年2月发布，2008年4月1日实施。

2008年，国家认监委又对部分良好农业规范标准进行修订，并于2008年10月1日起实施。

2010年6月发布了花卉和观赏植物良好农业规范国家标准，并于2011年1月1日起实施。

2013年又增加2个标准；2013年修订了GB/T 20014.2、GB/T 20014.10和GB/T 20014.12共10个标准，现今ChinaGAP共有27个标准。

截至2016年统计为止，我国已经发布并实施了27个良好农业规范国家标准，涵盖了我国大宗农产品的种植养殖和生产加工。具体情况见表4-4。

表4-4 良好农业规范标准颁布和修订

发布时间	2005年	2008年	2010年	2013年
制定	GB/T 20014.1～GB/T 20014.11(11个)	GB/T 20014.12～GB/T 20014.24(13个)	GB/T 20014.25(1个)	GB/T 20014.26、GB/T 20014.27(2个)
修改		GB/T 20014.2～GB/T 20014.10(9个)		GB/T 20014.2～GB/T 20014.10(9个)
新增加	GB/T 20014.11	GB/T 20014.13	GB/T 20014.1	GB/T 20014.2

二、现行ChinaGAP系列标准

现在中国良好农业规范标准包括如下27个：GB/T 20014.1～GB/T 20014.27。

中国良好农业规范认证内容根据认证标准分3层：第一，农场基础标准。它是一个通用标准，标准中提出了适用于所有作物、水产品养殖等的控制点和符合性规范。第二，种类标准。它是作物、畜禽、水产养殖3大类产品生产必须遵守的基础要求。第三，产品模块标准。它是涵盖种植类、畜禽养殖类和水产养殖类具体产品的认证要求。在近10年中，GAP认证范围不断扩大，GAP认证数量也在快速增长，在2011年认证总量达到最高峰，直至2013年，各认证机构累计发放证书接近4000张。由此可见，良好农业规范在中国得到了快速发展。

产品模块标准分为三类。

（1）**作物类** 包括大田作物、水果和蔬菜、茶叶、花卉和观赏植物、烟叶、蜜蜂。

（2）**畜禽类** 牛羊、奶牛、猪、家禽、畜禽公路运输。

（3）**水产养殖类** 又分为水产工厂化养殖基础，水产网箱养殖基础，水产围栏养殖基础，以及水产滩涂、吊养、底播养殖基础，包括罗非鱼、鳗鲡、对虾、鲆鲽、大黄鱼、中华绒螯蟹等水产品养殖。

实施认证时，应将农场基础标准、种类标准与产品模块标准结合使用。例如，对生猪的认证应当依据农场基础、畜禽类、生猪模块三个标准进行检查/审核，见图4-2。

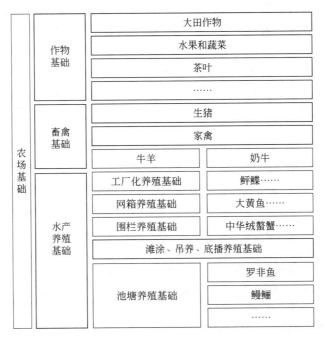

图 4-2 良好农业规范标准

第四节 中国良好农业规范（ChinaGAP）标准结构及释义

一、ChinaGAP 相关术语

在 GB/T 20014.1—2005《良好农业规范 第 1 部分：术语》中对综合术语、质量、土壤条件、作物、投入品、管理、产品、畜禽 8 个方面的术语进行了定义。

食品安全（food safety）：食品在按照预期用途进行制备或食用时确保不会对消费者造成伤害。

风险（risk）：暴露于特定危害时，对健康产生不良影响的概率（如生病）与影响的严重程度（死亡、住院、缺勤等）之间构成的函数。

注：包括对农作物、畜禽的损伤或对人体健康、财产或环境的损害。

风险分析（risk analysis）：系统地运用现有的信息确定危险（源）和估计风险的过程。

监管链（chain of custody）：确保数据、记录或样品的实体安全的连续的追踪途径，也是一个保存和证实按时间先后排列的证据记录过程。

关键控制点（critical control point）：能够施加控制，并且该控制是防止、消除食品安全危害或将其降低到可接受水平所必需的某一步骤。

关键限值（critical limits）：区分可接收和不可接收的判定值。

偏离（deviation）：没有满足关键限值的要求。

关键缺陷（critical defect）：可能导致危害发生的关键控制点的偏离。

验证（verification）：通过提供的客观证据，对规定要求是否得到满足的评定。

验证审核（verification audit）：注册之后对质量和食品安全管理体系进行的常规非通知的审核，以确保质量和食品安全管理体系得到适当的保持。

农作物（product）：一般指在大田栽培下收获供人类食用或作工业原料用的作物。

作物轮作（product rotation）：在同一块土地上轮流耕种不同作物的做法。

化学肥料（chemical fertilizer）：简称化肥，又称无机肥，是标明养分呈无机盐形式的肥料，由提取、物理和（或）化学工业方法制成。

植保产品（plant protection products）：用于预防、消灭或者控制危害农业、林业的病、虫、草和其他有害生物，以及有目地调节植物、昆虫生长、产品防腐或者保鲜的化学合成或者来源于生物、其他天然物质的一种物质或者几种物质的混合物及其制剂。

危害（hazard）：对健康有潜在不良影响的生物、化学或物理的因素或存在状况。

综合作物管理（integrated crop management）：满足长期可持续发展要求的耕作体系。其是根据环境条件，适应当地土壤、天气和经济条件，有力地管理产品的完整农田战略。可长期保持农田的自然状态。综合作物管理并非严格定义的产品生产形式，而是明智地利用和适应最新研究、技术、建议和经验的动态体系。

综合农田管理（integrated farm management）：通过产品轮作、中耕、选择适宜产品种类和谨慎使用输入材料等组合措施，旨在平衡生产与经济和环境的耕作方法。

有害生物综合防治（integrated pest control）：通过合理采用农业、物理、生物技术、化学等综合措施，将有害生物控制在经济危害水平以下，降低植保产品的最低使用量。

有害生物综合管理（integrated pest management）：谨慎考虑所有可用虫害控制技术及其随后适宜措施的组合，旨在防止虫害种群发展，控制杀虫剂和其他干预手段维持在适宜成本水平，并降低或将对人类健康和环境造成危害的风险减少到最小。

注：综合虫害管理强调以最少的手段干预农业生态体系，并鼓励引入天然和（或）非化学虫害控制机制而确保健康产品的生长。

产品追踪（product tracking）：产品在供应链的不同机构中传递时，其特定部分可被跟踪的能力。

产品追溯（product tracing）：根据供应链前端的记录，来确定供应链中特定个体或产品批次来源的能力。追溯产品的目的包括产品召回和顾客投诉调查等。

可追溯性（traceability）：通过记录证明来追溯产品的历史、使用和所在位置的能力（即材料和成分的来源、产品的加工历史、产品交货后的销售和安排等）。

动物防疫（animal epidemic prevention）：动物疫病的预防、控制、扑灭和动物、产品的检疫。

动物疫病（animal epidemic disease）：动物的传染病和寄生虫病。

促生长剂（performance promoters）：以促生长为目的，对畜禽长期低剂量使用的药物。

休药期（withdrawal period）：动物从停止给药到许可屠宰或它们的产品（乳、肉、蛋）许可上市的间隔时间。

动物福利（animal welfare）：对待农场动物要在饲养、运输过程中给予良好的照顾，避免动物遭受惊吓、痛苦或伤害，宰杀时要用人道方式进行。

人道屠宰（humanism slaughter）：采取快速的、与其他动物隔离的方式进行屠宰。

注：人道屠宰是依据对动物的深入研究而发展起来的。人们注意到，动物也有恐惧感和对死亡的畏惧感，在目睹同类被宰杀时，恐惧感格外强烈。

二、ChinaGAP标准结构与解读

1. 标准结构

（1）前言 介绍GB/T 20014的系列标准以及标准修订、增补的情况；标准主要起草单

位、主要起草人、替代标准的历次版本。

(2) 引言 包括要求和标准内容条款的控制点两个部分。

① 要求。包括食品安全危害管理，农业可持续发展的环境保护要求，员工的职业健康、安全和福利要求，动物福利的要求。

② 标准内容条款的控制点划分为3个等级，遵循如下原则：基于危害分析与关键控制点（HACCP）和与食品安全直接相关的动物福利的所有食品安全要求；基于1级控制点要求的环境保护、员工福利、动物福利的基本要求；基于1级和2级控制点要求的环境保护、员工福利、动物福利的持续改善措施要求。

(3) 正文部分 包括范围、规范性引用文件、术语、要求等几个部分。其中要求是重要的内容。

2. 标准解读

下面以 GB/T 20014.2—2013《良好农业规范 第2部分：农场基础控制点与符合性规范》部分内容为范例解释标准的内容（由于篇幅所限，仅解读4.1、4.2、4.3的内容）。

4.1 记录的保存、内部检查/审核

序号	控制点	符合性要求	等级
4.1.1	外部检查期间，农业生产经营者应能够提供所有要求的且至少保存2年的记录。某些特殊控制点规定需保存更长时间的记录除外	农业生产经营者在第一次检查后的文件记录至少保存2年，法律法规和某些特殊控制点要求保存更长时间的记录除外。全部适用（对于畜禽养殖，记录保存3年）	1级
4.1.2	农业生产经营者或农业生产经营者组织应每年对照良好农业规范标准进行至少一次内部检查/审核	有书面记录证明，农业生产经营者或农业生产经营者组织每年对照良好农业规范标准，至少进行一次内部检查/审核。应对执行情况进行记录	1级
4.1.3	内部检查或农业生产经营者组织的内部审核中发现的不符合项应采取有效的整改措施	有记录证明农场针对发现的不符合项已制定并实施了有效的整改措施。全部适用	1级

【标准解读】

记录是有效农场管理系统中的重要组成部分，是为了证实农场达到标准要求所提供的符合性证据，同时也有助于识别问题产生的原因和采取针对性的纠正措施。有些控制点如植保产品和肥料的使用记录尤为重要。

记录的最低保存周期：所有要求提供的记录必须至少保存2年，并且是最近两年的记录。如果有法律法规要求，保存时间可以延长（如财务记录等）。某些控制点对记录的保存时间有特殊要求，如畜禽和生猪养殖中的控制点的相关记录则需要保存3年以上。

农场不可能保留两年中使用的所有文件和记录，但任何对审核结果判定产生影响的记录必须保留，如果没有这些记录则意味着审核员只能依照口头描述进行判断，并不十分准确，需进一步确认。减少记录的一个有效方法是提供管理计划、月报、汇总文件等作为证据。这些文件可以被接受并作为必需的信息。

无需提供申请GAP认证之前的记录。

农场内审可分季节完成，但是一年内必须完成一次内审检查，并根据提供的ChinaGAP

检查表细化成农场的内审检查表。

如果不符合项是由客观原因造成的且目前尚无法进行有效整改时,农场要提供其努力整改的证据,如制订的整改方案或与有关部门的协商记录等。

【建议记录】

① 完成本标准检查表内所有项目的书面材料和内审记录;

② 不符合项描述及整改措施的记录,包括哪些方面不符合标准条款,随后的纠正措施如何,由谁负责进行纠正,何时完成纠正等内容。所有完整的记录都应有签名并标记好日期。

4.2 场所历史和管理

4.2.1 场所历史

序号	控制点	符合性要求	等级
4.2.1.1	应在每个生产环节或其他区域/场所建立记录系统,有畜禽饲养和(或)水产养殖和(或)其他农事活动永久性的记录。这些记录应按照顺序和日期进行保存并更新	现有记录应记载所有良好农业规范产品生产区域的历史。对于作物:申请方初次检查前有至少3个月的完整记录,记录包括与良好农业规范文件要求相关的检查作物覆盖的所有区域的农事活动;对于畜禽饲养和水产养殖的记录包括了至少一个生长周期。全部适用	1级
4.2.1.2	应在每块田地、果园、温室、院子、小块场地、畜舍或生产中使用的其他区域建立了一套参照系统并在农场规划或地图上注明	在每块土地、温室、小块场地、畜舍和围栏或其他农场等设有可见的实物标识,并根据参照系统在农场的规划图或地图上进行标识	2级

【标准解读】

农事活动的相关记录要按时间顺序进行保存和更新。采用最新的记录手段最佳,如有条件的话,可以用电脑记录代替手写记录,以方便查询。

【建议记录】

① 农事活动的记录;

② 畜禽养殖和作物种植等农事活动的记录;

③ 农场的参照系统;

④ 土地和建设物生产历史的记录。

4.2.2 场所管理

序号	控制点	符合性要求	等级
4.2.2.1	初次检查时,所有注册场所都应进行风险评估;后续检查时,当场所更换新址(包括租用土地)或现有场所的风险发生了变化时,应再次进行风险评估。评估时应考虑新场所的食品安全、员工健康、环境和动物健康,确保适合农业生产	初次检查时应对所有待认证的场所进行风险评估;在选用新址引进新的农作物、畜禽或水产养殖项目时以及原评估风险发生改变时,均应进行书面的风险评估。风险评估应重新考虑任何新的食品安全的风险。风险评估应考虑场所的历史(作物种植史/储存史)并考虑邻近原料、农作物和环境的影响(参见附录A、附录B)	1级

续表

序号	控制点	符合性要求	等级
4.2.2.2	应制定农场管理计划以最大限度地降低已知风险	针对上述 4.2.2.1 所确定的风险制定相应对策,形成农场管理计划并实施。应记录分析结果并用于拟选地点的适宜性判定。该计划应包括以下方面内容:动植物生活环境质量、土壤板结、土壤侵蚀、适用时包括温室气体的排放、腐殖质平衡、氮磷平衡、化学植保产品的浓度	2级

【标准解读】

根据对农场的水质检测报告和土壤检测报告,或其他信息确认已知的风险内容,如水质污染、重金属污染等。

适宜性判断:对已知的风险进行分析、评估和记录。种植者需要评价要种植的作物是否确实可以耕作,是否存在提高杀虫剂剂量和化肥使用量的风险,是否会对地下水造成污染等,这些风险必须经过确认。同时确认通过有效的管理能否最大限度地降低这些风险,并对降低后的风险是否影响农业项目的引进做出判定。

要贯彻预防为主、综合防治的方针,在做好疫病监测、动物检疫和生物防治的基础上科学合理用药,最大限度地减少兽药的使用。如尽量选择地势较高、排水良好、无污染、易于组织防疫的地方建盖畜舍,同时改善饲养管理条件,消除病原,从而最大限度地减少兽药的使用。

如果企业通过了环保部门对其进行的评估,且能够按照国家法律法规要求制定有效的环保方案,该方案可以用作符合性证据。

【建议记录】

① 农场土壤和水质的检测报告;
② 已知风险的评估和分析记录;
③ 作物轮作计划;
④ 减少兽药使用的措施;
⑤ 环保部门的评估报告或记录;
⑥ 符合本控制点要求的管理计划。

【参考法规】

①《中华人民共和国水污染防治法》;
②《家畜家禽防疫条例实施细则》;
③《兽药管理条例》。

4.3 员工健康、安全和福利

4.3.1 员工健康和安全

序号	控制点	符合性要求	等级
4.3.1.1	农场应有工作环境健康安全以及卫生状况的书面风险评估	书面的风险评估可以是通用的,但应适合农场的具体情况。风险评估每年应复审。且在组织发生变化时(如购入了新机械设备、建造了新的建筑、采用了新的植保产品、改变了种植方式等)进行更新。存在的风险如活动的机械部件、断电、电力设备、过度的噪声、灰尘、振动、极端气候、梯子、燃料存储等。全部适用	2级

序号	控制点	符合性要求	等级
4.3.1.2	农场应有一套书面的健康、安全和卫生方针及操作规程,包括了4.3.1.1中风险评估的内容	健康、安全和卫生方针至少包括了4.3.1.1中风险评估确定的关键点,可以包括事故和紧急情况规程、卫生规程等,用于处理工作环境中已确定的风险。规程每年需要评估,当风险评估发生变化时此方针应进行重新评估和更新	2级

【标准解读】

对该书面风险评估的格式没有特别要求,但一定要覆盖所有可能对人体健康造成危害的物质和因素及相应的保护措施。风险评估应符合4.3.1.1中所列所有内容的要求。

健康、安全和卫生方针符合所有4.3.1.1中所列内容的要求。此外,农场认为还有其他需要考虑的因素时,可在健康安全方针中增加有关内容。考核时要求员工对该农场的健康安全方针进行阐述,来验证员工对该方针的理解和执行程度。

所有员工能够懂得和清楚农场所提供和展示的安全健康用语。少数民族地区的员工,他们或许有自己的语言和文字,农场管理者一定要考虑这种情况。考核时,可通过与员工的交谈来获得相关的信息。

公告栏一定要注明此标准控制点要求的内容,农场认为还有其他需要考虑的因素时,可在公告栏中增加有关内容。考核时,可考虑对公告栏中的信息真实性进行确认。

【建议记录】

① 书面的健康安全方针;
② 书面的风险评估报告;
③ 证明员工户籍的资料。

4.3.2 员工培训

序号	控制点	符合性要求	等级
4.3.2.1	应保存培训活动和参加人员的记录	保存了培训活动的记录,包括内容、授课人、日期和参加人员的记录,应有参加人员签到表	2级
4.3.2.2	所有操作和(或)管理兽药、化学品、消毒剂、植保产品、生物杀灭剂和其他危险品的员工,以及操作4.3.1.1风险评估中定义的危险或复杂设备的员工都应持有资格证书和(或)其他详细的资质材料	仔细审查从事上述任务的员工相关的培训证书和培训记录,以及胜任此类工作的证明。全部适用	1级
4.3.2.3	农场的所有员工应接受过与4.3.1.1风险评估相关的健康与安全的培训和指导	明确了员工的职责和任务,并且在检查和面谈过程中证实其相应能力。当检查时无员工在场,提供培训的证明	2级
4.3.2.4	农场生产时,应有一定数量的(至少有一个)接受过急救方面培训的人员在场	当农场进行生产时,至少有一个在过去5年内接受过急救培训的人员在场。遵守适用的急救培训规程。农场生产包括在所有适用模块进行的一切活动	2级

续表

序号	控制点	符合性要求	等级
4.3.2.5	农场应有书面的卫生规程	卫生规程张贴在明显处,使用清晰的标识(图片)或员工通俗易懂的语言,规程内容包括: ——手的卫生要求; ——皮肤伤口的包扎; ——设有吸烟、饮食和喝水的特定限制区域; ——传染疾病的报告制度,出现疾病的症状(如呕吐、腹泻和黄疸增多)的人员应保证其不接触产品生产接触面; ——防护服使用	2级
4.3.2.6	农场的所有员工应接受过4.3.2.5卫生规程相关的基础的卫生培训	卫生培训课程包括书面答题和口头回答,授课人要有资质,所有新员工应参加培训并通过培训签到表证明,培训内容应包括4.3.2.5中的规程。包括农业生产经营者和管理者在内的所有员工每年都应参加卫生规程培训并有签到表证明	2级
4.3.2.7	农场应执行卫生规程	感官评估,从事卫生规程中确定任务的员工应证明其具备了相应能力。全部适用	1级
4.3.2.8	所有的分包商和来访者都应知道个人安全和卫生方面的要求	有证据表明,与来访者和分包商就公司要求来访者的个人健康、安全和卫生规程作了正式的交流(在明显的地方张贴相关规程,以便所有的来访者和分包商都能看见)	2级

【标准解读】

农场应制订培训制度、计划和程序。并在明确员工岗位职责和分工的基地上,进行相应的培训,例如决定使用植保产品或肥料的人员必须经过相关的专业培训,包括识别病虫害的能力。

根据管理者和人员的分工,对其工作方式和工作内容对消费者、操作工、环境、畜禽或农作物的直接和间接影响进行评价,从而确定相关的、适宜的培训和指导方向。

必须对操作和管理危险品的员工进行安全知识和管理能力方面的严格考核。未经正规安全培训,没有取得任职和上岗资格的,不得从事相关的工作。特殊作业人员(如高压容器操作工、电焊工、高空作业人员等)必须持证上岗。

所有员工应熟知农场的卫生标准内容并签字确认。

【建议记录】

① 培训制度、培训计划和程序;
② 有关畜禽养殖的培训记录;
③ 有关农作物种植的培训记录;
④ 卫生标准的培训记录;
⑤ 对本标准的培训记录;
⑥ 员工资格证书或证明资料。

【参考法规】

①《中华人民共和国安全生产法》；

②《中华人民共和国劳动法》。

4.3.3 危害和急救

序号	控制点	符合性要求	等级
4.3.3.1	应有事故和紧急情况的处理规程，张贴于明显位置，与农场活动相关的所有人员都应该知道	应有永久性的事故处理规程，清晰地张贴在附近可见的地点，规程使用通俗的语言和(或)图表，适用时规程应明确以下情况，如： ——与农场相关的地图或地址； ——联系人； ——最近的通信地点(电话，无线电)； ——及时更新的相关部门的电话号码(警察、急救、医院、消防、附近的健康急救点或可靠的运输、供水、供电)； ——如何联系当地医院和其他医疗机构、急救服务(并应能表述以下信息：事故发生地、事故发生描述、受伤人数、受伤情况、求救人)； ——灭火器的位置； ——存在的紧急情况； ——断水、断电、断气紧急情况的处理； ——事故和危险情况如何报告	2级
4.3.3.2	危险处应有明显的警示牌	有固定、清楚的危险警示牌以显示潜在的危害，如废弃的深沟、燃料桶、车间、植保产品和肥料存放设施的门上或附近以及其他化学储存设施和化学品处理过的作物，有警示标记。全部适用	2级
4.3.3.3	适当时，应能对员工健康有危害的物质提供安全建议	确保采取适当的行动，确保可以获得有关信息(如网站、电话号码、数据表等)	2级
4.3.3.4	应在所有固定场所和工作区附近配有急救箱	根据国家法规和建议，在所有适当的地点设有急救箱，且箱内物品确保完整可以随时正常使用，并适于邻近工作区使用	2级

【标准解读】

按照4.3.3.1要求完成。应有永久性的事故处理规程，清晰地张贴在附近可见的地点，注明与农场相关的地图或地址、联系人、通信地点（电话、无线电）、灭火器的位置等。应在所有可能的地点（特别是员工生活和工作的固定场所）放置急救箱。

根据农场的安全健康方针，有针对性地选择急救箱内的必备物品，如防水创可贴、酒精棉片、弹性绷带、医用胶带、烧伤敷料、三角巾、安全别针、乳胶止血带、医用剪刀、医用镊子、一次性乳胶手套等，但急救手册和急救物品说明书则是必备的。急救箱内的物品要定期检查，确保可以随时正常使用。

在可能对员工健康产生危害的工作场所设置警示标识。例如在使用有毒化学品作业场所的显著位置，根据需要设置"当心中毒"或"当心有毒气体"的警示标识，"戴防毒面具""注意通风"等指令标识等；在产生粉尘的作业场所设置"注意防尘"警告标识和"戴防尘口罩"指令标识；在产生噪声的作业场所，设置"噪声有害"警告标识和"戴护耳器"指令标识；等等。

【建议记录】

① 急救箱放置地点的记录；
② 急救箱内物品的清单。

【参考法规】

①《中华人民共和国安全生产法》；
②《中华人民共和国职业病防治法》；
③《中华人民共和国劳动法》；
④ GBZ 158—2003《工作场所职业病危害警示标识》。

第五节 中国良好农业规范（ChinaGAP）认证

一、ChinaGAP 认证依据及标准

1. ChinaGAP 认证相关法律

(1)《良好农业规范认证实施规则》

(2) 其他法律依据 包括《中华人民共和国产品质量法》《中华人民共和国标准化法》《中华人民共和国计量法》《农产品质量安全法》等。

(3) 行政法规和行政法规性文件 包括《中华人民共和国认证认可条例》《中华人民共和国标准化法实施条例》《中华人民共和国计量法实施细则》《中华人民共和国土地管理法实施条例》《中华人民共和国农药管理条例》等。

(4) 部门规章 包括《认证及认证培训、咨询人员管理办法》《认证证书和认证标志管理办法》等。

2. 卫生标准及相关产品标准

GB/T 20014 良好农业规范系列国家标准，还包括 GB 2762—2017《食品安全国家标准 食品中污染物限量》、GB 2763—2019《食品安全国家标准 食品中农药最大残留限量》，以及其他相关产品卫生标准、相关产品标准。

二、ChinaGAP 标准要求和产品认证范围

良好农业规范标准分为农场基础标准、种类标准（作物类、畜禽类和水产类等）和产品模块标准（大田作物、果蔬、茶叶、肉牛、肉羊、生猪、奶牛、家禽、罗非鱼、大黄鱼等）三类。在实施认证时，应将农场基础标准、种类标准与产品模块标准结合使用，见表 4-5。例如，对生猪的认证应当依据农场基础、畜禽类、生猪模块三个标准进行检查和审核。

三、ChinaGAP 认证级别及认证要求

1. ChinaGAP 认证级别

认证级别分为两级，分别是一级和二级，见图 4-3。ChinaGAP A$^+$ 级等同于 EUREP GAP。认证以过程检查为基础，包括现场检查、质量保证体系的检查（适用于农场业主联合组

表 4-5　良好农业规范产品适用标准

类别	模块	具体产品	基础、模块标准	产品模块标准
作物类	大田模块	水果类、蔬菜类、香辛料类	GB/T 20014.1—2005 GB/T 20014.2—2013 GB/T 20014.3—2013	GB/T 20014.4—2013
	果蔬模块	稻、小麦、玉米、花生、斯佩尔特小麦、大麦、燕麦等		GB/T 20014.5—2013
	茶叶模块	茶叶		GB/T 20014.12—2013
	花卉和观赏植物	各种花卉		GB/T 20014.25—2013
	烟叶	烟叶等		GB/T 20014.26—2013
畜禽类	牛羊模块	繁育、产奶或肉用的牛；繁育或肉用的羊	GB/T 20014.1—2005 GB/T 20014.2—2013 GB/T 20014.6—2013	GB/T 20014.7—2013
	奶牛模块	犊牛、奶牛		GB/T 20014.8—2013
	生猪模块	繁育或肉用生猪		GB/T 20014.9—2013
	家禽模块	圈养、散养或放养的家禽		GB/T 20014.10—2013 GB/T 20014.11—2005
水产类	池塘养殖模块	罗非鱼、鳗鲡、对虾、鲈鱼、锯缘青蟹、中华鳖、青鱼、草鱼、鲢鱼、鳙鱼、鲤鱼、鲫鱼、鳊鱼	GB/T 20014.1—2005 GB/T 20014.2—2013 GB/T 20014.13—2013	GB/T 20014.14—2013 GB/T 20014.19—2008 GB/T 20014.20—2008 GB/T 20014.21—2008
	工厂化养殖模块	鲆鲽		GB/T 20014.15—2013 GB/T 20014.22—2008
	网箱养殖模块	大黄鱼		GB/T 20014.16—2013 GB/T 20014.23—2008
	围栏养殖模块	中华绒螯蟹		GB/T 20014.17—2013 GB/T 20014.24—2008
	滩涂、底播、吊养养殖模块	贝类、棘皮动物和藻类等滩涂、吊养、底播养殖水产品		GB/T 20014.18—2013
蜜蜂	蜜蜂模块	蜜蜂及副产品	GB/T 20014.1—2005 GB/T 20014.2—2013	GB/T 20014.27—2013

一级认证标志

二级认证标志

图 4-3　良好农业规范认证标志

织）和必要时对产品检测和场所管理情况进行风险评估。

2. ChinaGAP 认证要求

（1）一级认证要求

① 应符合适用良好农业规范相关技术规范中所有适用一级控制点的要求。

② 应至少符合所有适用良好农业规范相关技术规范中适用的二级控制点总数 95％ 的

要求。

③ 不设定三级控制点的最低符合百分比。

④ 二级控制点允许不符合百分比计算公式。

（二级控制点总数－不适用的二级控制点总数）×5％＝允许不符合的二级控制点总数

注：允许不符合的二级控制点最终的总数是计算的实际数值取整。

（2）二级认证要求

① 应至少符合所有适用良好农业规范相关技术规范中适用的一级控制点总数95％的要求。

注：可能导致消费者、员工、动植物安全和环境严重危害的控制点必须符合要求。

② 一级控制点允许不符合百分比计算公式。

（一级控制点总数－不适用的一级控制点总数）×5％＝允许不符合的一级控制点总数

③ 不设定二级控制点、三级控制点的最低符合百分比。

（3）符合性判定要求

① 不论申请一级还是二级认证，所有适用的控制点（包括一级、二级和三级控制点）都必须审核、检查，并应在检查表的备注栏中对所有不符合进行描述。

② 在审核、检查中应收集对每个控制点的审核和检查证据。一级控制点的审核和检查证据应在检查表的备注栏中记录，以便追溯。

③ 良好农业规范相关技术规范中被标记为"全部适用"的控制点，除非特别指出，都必须经过审核和检查。只有经国家认监委特许可免除该条款的审核和检查，这些例外由国家认监委发布。

3. ChinaGAP认证控制点级别划分原则

控制点划分为3个等级。

一级：直接影响食品安全的控制点。

二级：间接或潜在影响食品安全的控制点。

三级：改善工人福利、动物福利和环境保护的控制点。

比如：GB/T 20014.2—2013《农场基础控制点与符合性规范》中一共有56个控制点，其中一级9个，二级26个，三级21个。再如GB/T 20014.3—2013《作物基础控制点与符合性规范》中，一共有124个控制点，其中一级41个，二级71个，三级12个。

四、ChinaGAP认证方式及要求

申请人可以是农业生产经营者和农业生产经营者组织。申请人可按照下列两种认证方式之一申请认证。

1. 农业生产经营者认证

包括内部检查、外部检查、不通知监督检查。

（1）内部检查

① 应进行完整的基于良好农业规范相关技术规范要求的内部检查，在外部检查时必须将内部检查记录提供给外部检查员进行审核。

② 每年至少进行一次内部检查。

（2）外部检查 认证机构对已获证的农业生产经营者及其所有适用模块的生产场所，按所有适用控制点的要求每年至少实施一次通知检查。

（3）不通知监督检查

① 认证机构每年应至少对其认证的农业生产经营者按不低于10％的比例实施不通知检

查。当认证机构发证的数量少于 10 家时，不通知检查数量不得少于 1 家。

② 不通知检查可仅对良好农业规范相关技术规范适用的一级和二级控制点进行检查，发现不符合的处理方式和通知检查的处理方式一致。

③ 不通知检查可以在检查前 48 小时内向农业生产经营者提供检查计划，农业生产经营者无正当理由不得拒绝检查。第一次不接受检查将收到书面告诫，第二次不接受检查将导致证书的完全暂停。

2. 农业生产经营者组织认证

包括内部质量管理体系审核、内部检查、质量管理体系外部通知审核、质量管理体系外部不通知审核、外部检查。

(1) 内部质量管理体系审核 农业生产经营者组织应每年按照农业生产经营者组织质量管理体系的要求，进行内部质量管理体系审核。此部分审核与 ISO 9000 质量管理体系内部审核一致。

(2) 内部检查

① 农业生产经营者组织每年应对每个成员及其生产场所至少实施一次内部检查，内部检查由农业生产经营者组织的内部检查员实施，或转包给外部检查员实施，但此时不同于认证时的外部检查员检查，不做认证决定，且此外部检查员不应是外部检查认证机构的人员。

② 每年的内部检查应按照良好农业规范相关技术规范所有适用控制点的要求进行。

(3) 质量管理体系外部通知审核 认证机构每年应对申请人的质量管理体系进行一次通知审核，质量管理体系审核中发现的不符合可以通过纠正措施计划进行关闭，纠正时限应依据不符合严重程度来确定，但最长不可超过 28 天。

(4) 质量管理体系外部不通知审核

① 认证机构每年至少对其认证的农业生产经营者组织按不低于 10% 的比例增加实施一次不通知审核。当发证机构发证的数量少于 10 家时，不通知审核数量不得少于 1 家。

② 不通知审核仅审核组织的质量管理体系部分，任何质量管理体系的不符合将导致对整个组织的制裁。

③ 不通知审核可以在检查前 48 小时内向获证农业生产经营者组织提供审核计划，获证农业生产经营者组织无正当理由不得拒绝审核。第一次不接受审核将收到书面告诫，第二次不接受审核将导致证书的完全暂停。

(5) 外部检查

① 每年应对所有获证的农业生产经营者组织组织实施一次通知的外部检查和一次不通知的外部检查。检查采取对农业生产经营者组织内成员随机抽样的方式进行。

② 初次认证、良好农业规范相关技术规范更新或获证的农业生产经营者组织更换认证机构时，抽样数不能少于农业生产经营者组织成员数量的平方根。

③ 获证农业生产经营者组织每年进行的不通知检查抽样数量，可以是初次认证抽样数量的 50%。如果检查没有发现不符合，下一次通知检查时抽样数量可以减为成员数平方根的 50%。如果在不通知检查中出现不符合，则在下一次通知检查时抽样数量按照初次检查要求对待。

每年的外部检查应按照良好农业规范相关技术规范所有适用控制点的要求进行。

五、申请 ChinaGAP 认证的农场须具备的基本条件

① 符合标准要求的硬件、软件条件；

② 已按标准要求建立统一的操作规范，并有效实施；
③ 有至少三个月按操作规范运行的记录。

六、ChinaGAP 认证程序

1. 认证流程图（图 4-4）

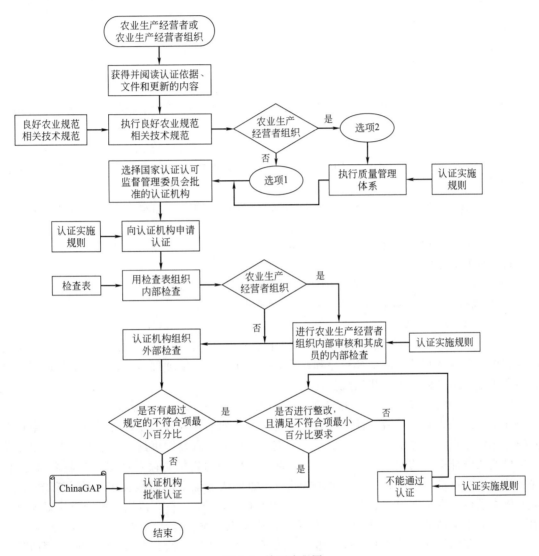

图 4-4 认证流程图

2. 认证过程

（1）申请

① 申请文件应包括以下内容：申请人的名称、联系人的姓名、最新的地址（地址和邮编）、其他身份证明（营业执照等）、联络方式（电话传真及电子邮件地址）、产品名称、当年的生产面积（作物类）及产品的数量（畜禽、水产类）、申请的和不准备申请的作物名称（作物类）、一次收获还是多次收获（作物类）、申请选项（1 或 2）、申请级别（一级或二级）、申请认证的标准名称和版本、原认证注册号（如有）、认证机构要求提交的信息。

除此以外，还包括以下内容。

对果蔬产品：如果不进行产品处理，则声明不包含产品处理（对每种认证的产品）；如果是在农场范围外进行产品处理，提供产品处理者的认证注册号码（适用时）；如果产品需进行处理，生产者应说明是否同时处理来自其他获证生产者的产品（这种情况下在 GB/T 20014 中关于农产品处理的所有适用的二级控制点都必须按照一级控制点来检查）。

对茶叶、水产品：如产品由监管链中指定的加工者加工，生产者应立即将其注册号码通知认证机构并及时更新（适用时）。

对畜禽、水产产品：当生产者获悉运输方的注册号码或注册号码变更时，应立即通知认证机构并更新（适用时）。

产品可能的消费国家或地区的声明。

产品符合产品消费国家或地区的相关法律法规要求的声明和产品消费国家或地区适用的法律法规清单［包括申请认证产品适用的农药最大残留量（MRL）法规］。

② 合同。申请人向认证机构申请认证后，应与认证机构签署认证合同。

③ 注册号。申请人与认证机构签署合同后，认证机构应授予申请人一个认证申请的注册号码。

注册号编码规则：ChinaGAP＋空格＋认证机构名称的字母缩写＋空格＋申请人的流水号码。

注：只有在取得注册号后才能开始检查或审核。

(2) 检查和审核程序

① 农业生产经营者认证和农业生产经营者组织认证有区别。

② 现场确认。必须检查农场及其模块的生产场所。

③ 检查和审核时间安排。

a. 作物类认证。包括初次认证检查、复评等过程。认证机构应当根据认证产品模块的风险程度，制订适宜的产品抽样程序和检验方案，实施相应的抽样检验，以验证认证产品符合消费国家或地区的相关法律法规要求。

b. 畜禽类和水产类认证。初次认证检查和复评时，畜禽或水产品必须在养殖状态。复评应在上一次检查 6 个月后、证书有效期之前完成。如果在规定的复评时间内，没有畜禽在养殖状态供检查，认证机构可将生猪、家禽模块认证证书有效期再延长 3 个月，牛、羊以及奶牛模块认证证书有效期延长 6 个月（认证证书有效期的延长必须在证书有效期之前提出，并被认证机构批准，否则认证证书将被撤销）。如果认证证书同时覆盖了生猪、家禽和牛、羊、奶牛模块，则复评应按照在生猪、家禽的复评时间要求进行，以满足不同模块复评时间的要求。对于畜禽 24 个月内检查时间的确定，应考虑冬季、夏季和室内、室外的因素。

(3) 认证的批准　认证的批准是指签发认证证书。认证机构和申请人的认证合同期限最长为 3 年，到期后可续签或延长 3 年。

(4) 批准范围　批准范围应指明认证的产品范围、场所范围和生产范围。

 单元思考

1. 初级农产品中危害来源有哪些？
2. 良好农业规范的具体内容是什么？
3. 如何进行中国良好农业规范认证？

第五单元　安全农产品生产与认证

　知识与能力目标

1. 无公害农产品相关标准及生产控制知识。
2. 绿色食品相关标准及生产控制知识。
3. 有机食品相关标准及生产控制知识。
4. 农产品地理标志产品相关标准及生产控制知识。
5. 食品质量安全市场准入制度。

　思政与职业素养目标

无公害农产品、绿色食品、有机农产品和农产品地理标志统称"三品一标"。无公害农产品、绿色食品、有机农产品是政府主导的安全优质农产品公共品牌，是当前和今后一个时期农产品生产、消费的主导产品。农产品地理标志产品是标示农产品来源于特定地域，产品品质和相关特征主要取决于自然生态环境和历史人文因素，并以地域名称冠名的特有农产品标志。

食品市场准入制度也称食品质量安全市场准入制度，是指为保证食品的质量安全，具备规定条件的生产者才允许进行生产经营活动，具备规定条件的食品才允许生产销售的监管制度。

食品、农产品质量控制人员应坚守职业责任，诚实守信；严格坚持"三品一标"生产控制环节和产品认证标准，严格执行食品市场准入制度，坚决打击假冒伪劣产品的生产和流通；积极为企业打造农产品地理标志产品提供支持，帮助企业树立品牌，引导和促进企业从质量上求效益、从信誉上求发展。

　案例引导

绿色食品标志滥用案

工商执法人员发现一家超市销售的海苔，其外包装标注的"绿色食品"及标志图案存在疑点。执法人员随后查明，这家企业生产的海苔产品未经注册商标所有人许可使用"绿色食品"标志，属于商标侵权。工商机关依法责令其立即改正商标侵权行为，对超市中销售剩余的 46 袋某品牌海苔予以没收，罚款 5000 元。

"绿色食品"标志包括图形、中英文及图形文字组合，是农业农村部中国绿色食品发展中心在国家知识产权局商标局注册的证明商标，其商标专用权受《中华人民共和国商标法》保护。未经准许，不得擅自印制、使用"绿色食品"标志，或销售假冒"绿色食品"。

本案例说明，绿色食品标志和编号缺一不可。若缺少编号只可能有两种情况，一是没有申报，二是正在申报中，但无疑都是违规。同一个品牌下不同产品使用一个绿色食品编号，也是违规。这说明该企业有产品没有获得认证，正在冒用绿色食品标志。

第一节 "三品一标"认证农产品介绍

一、"三品一标"农产品简介

1. "三品一标"农产品定义

无公害农产品、绿色食品、有机农产品和农产品地理标志统称"三品一标"。"三品一标"是政府主导的安全优质农产品公共品牌，是当前和今后一个时期农产品生产消费的主导产品。农产品地理标志指标示农产品来源于特定地域，产品品质和相关特征主要取决于自然生态环境和历史人文因素，并以地域名称冠名的特有农产品标志。

2. "三品一标"农产品的标志

"三品一标"农产品的标志见图 5-1。

图 5-1 "三品一标"农产品的标志

3. "三品一标"农产品起源和发展

无公害农产品发展始于 21 世纪初，是在适应加入世界贸易组织和保障公众食品安全的大背景下推出的，农业部为此在全国启动实施了"无公害食品行动计划"；绿色食品产生于 20 世纪 90 年代初期，是在发展高产优质高效农业大背景下推动起来的；而有机食品又是国际有机农业宣传和辐射带动的结果。农产品地理标志则是借鉴欧洲发达国家的经验，为推进地域特色优势农产品产业的发展而提出的重要措施。农业部门推动农产品地理标志登记保护的主要目的是挖掘、培育和发展独具地域特色的传统优势农产品品牌，保护各地独特的产地环境，提升独特的农产品品质，增强特色农产品市场竞争力，促进农业区域经济发展。

4. "十二五"期间我国"三品一标"工作成效

（1）数量规模稳步增长 "十二五"期间，我国"三品一标"总数达到 10.7 万个，比"十一五"末提高 37.7%，产品产量、生产面积、获证主体数量等均有大幅度增长。

（2）质量安全稳定可靠 "三品一标"监测合格率连续多年保持在 98% 以上，2015 年超过99%。

(3) 品牌影响力明显提升 据调查,消费者对"三品一标"的综合认知度已超过80%,无公害农产品和地理标志农产品的价格平均增长5%~30%,绿色食品年销售额达4383亿元,年出口额达到24.9亿美元。

(4) 制度规范日益健全 农业部颁布了《绿色食品标志管理办法》,制定"三品一标"技术标准255项,农业部农产品质量安全中心、中国绿色食品发展中心制定制度规范数十项,各省也制定了具体的实施细则,工作制度化、规范化水平不断提高。

(5) 体系队伍不断壮大 部省地县"三品一标"工作体系基本建立,共培训检(核)查员4.2万人次,企业内检员16.4万人次。

二、"十三五"期间我国"三品一标"重点工作

"十三五"期间"三品一标"工作总体思路是,深入贯彻绿色发展理念,坚持以引领农业标准化、规模化、品牌化和绿色化生产为核心,以政府引导和市场驱动为动力,以"促发展、严监管、创品牌"为主线,不断做大总量、做强品牌、做严监管、做优服务,大力助推农业提质增效和农民持续增收,为提升我国农产品质量安全水平、加快现代农业建设提供有力支撑。重点抓好以下5项工作。

(1) 做大做强"三品一标"品牌 随着全面建成小康社会的不断深入,公众对安全优质农产品的消费需求越来越大。要始终坚持把发展放到第一位,既要增加数量,扩大市场占有率,又要更加注重质量,提高效益。

① 要明确发展定位。无公害农产品,要面上铺开、大力发展,使之成为市场准入的基本条件;绿色食品,要精品定位、稳步发展,努力实现优质优价;有机农产品,要因地制宜、健康发展,结合高端消费需求进行拓宽;农产品地理标志,要挖掘特色、深度发展,壮大地域品牌,传承好农耕文化。

② 要继续扩大总量。将好的产品、好的企业、好的资源尽可能集中整合,引导其树立诚信意识和品牌观念,推动落实主体责任,严格依据规范进行标准化生产,确保"产出来"的源头安全。

③ 要积极争取支持和补贴。抓住国家重农兴农、加大农业投入的契机,积极推动地方政府出台农产品质量安全奖补政策,为"三品一标"争取政策、资金和项目支持,带动生产经营主体重质量、保安全的积极性。

(2) "三品一标"继续坚持"严"字当头 严把审查准入关,坚持用标准说话,树立风险意识和底线意识,强化制度安排及落地,防范出现系统性风险隐患;要建立退出机制,对不合格产品要坚决出局;要严查假冒伪劣,不能鱼龙混杂。

(3) 加大品牌宣传 要加大宣传力度,把"三品一标"的理念、标准、要求及实际实施情况更直观地宣传出去;要加强品牌培育;要做好市场推广衔接;全力推动追溯,制订追溯管理的指导意见和管理办法,实现从生产到市场全程可追溯。

(4) 做好示范带动 农业农村部农产品质量安全监管局将"三品一标"列为安全县创建的重要指标。"三品一标"工作自身也要通过示范样板、绿色园区、原料基地县等形式进行推广;要用好信息化手段,加强申报、用标、监管、市场等方面的信息化管理。

(5) 加强体系队伍建设,加强管理

① 依法管理。积极完善各项规章制度和标准规范,特别是在发证审核和查处核销上要有明确、具体的规定并严格执行。

② 科学管理。发挥专家和技术机构的"外脑"和"智库"优势,多为"三品一标"发

展建言献策。

③ 绩效管理。建立激励约束机制，用好补贴手段，充分调动工作积极性。

第二节　无公害农产品生产及认证

一、无公害农产品简介

1. 无公害农产品

无公害农产品指产地环境符合无公害农产品的生态环境质量，生产过程必须符合规定的农产品质量标准和规范，有毒有害物质残留量控制在安全质量允许范围内，安全质量指标符合无公害农产品（食品）标准的农、牧、渔产品（食用类，不包括深加工的食品），经专门机构认证，许可使用无公害农产品标志的产品。

广义的无公害农产品包括有机农产品、自然食品、生态食品、绿色食品、无污染食品等。这类产品生产过程中允许限量、限品种、限时间地使用人工合成的安全的化学农药、兽药、肥料、饲料添加剂等，它符合国家食品卫生标准，但比绿色食品标准要宽。无公害农产品是保证人们对食品质量安全最基本的需要，是最基本的市场准入条件，普通食品都应达到这一要求。

无公害农产品的质量要求低于绿色食品和有机食品。

2. 无公害食品行动计划

（1）实施背景　为适应我国农业发展新阶段的要求，全面提高农产品质量安全水平，进一步增强农产品国际竞争力，维护消费者合法权益，保护农业生态环境，促进农业可持续发展和农民收入增加。根据中共中央、国务院关于加强农产品质量安全工作、加快实施"无公害食品行动计划"的要求和全国"菜篮子"工作会议精神，农业部决定，在北京、天津、上海和深圳四城市试点的基础上，从2002年开始，在全国范围内全面推进"无公害食品行动计划"。

（2）实施目标　通过建立健全农产品质量安全体系，对农产品质量安全实施从"农田到餐桌"全过程监控，有效改善和提高我国农产品质量安全水平，基本实现食用农产品无公害生产，保障消费安全，质量安全指标达到发达国家或地区的中等水平。有条件的地方和企业，应积极发展绿色食品和有机食品。

（3）工作重点　通过加强生产监管，推行市场准入及质量跟踪制度，健全农产品质量安全标准、检验检测、认证体系，强化执法监督、技术推广和市场信息工作，建立起一套既符合中国国情又与国际接轨的农产品质量安全管理制度。突出抓好"菜篮子"产品和出口农产品的质量安全。工作重点是进一步集中力量，下大力气解决好植物产品农药残留超标、动物源性产品兽药残留和药物滥用三个重大问题。

3. 无公害农产品推进措施

（1）加强生产监管　包括强化生产基地建设、净化产地环境、严格农业投入品管理、推行标准化生产、提高生产经营组织化程度。

（2）推行市场准入制　包括建立监测制度、推广速测技术、创建专销网点、实施标志管理、推行追溯和承诺制度。

（3）完善保障体系　包括加强法制建设、健全标准体系、完善检验检测体系、加快认证体系建设、加强技术研究与推广、建立信息服务网络、加大宣传培训力度、增加投入。

二、无公害农产品的技术保障

无公害农产品的技术保障主要体现在以下几方面：

1. 无公害农产品生产环境控制

无公害农产品开发基地应建立在生态农业建设区域之中，其基地在土壤、大气、水上必须符合无公害农产品产地环境标准，其中土壤主要是重金属指标，大气主要是硫化物、氮化物和氟化物等指标，水质主要是重金属、硝态氮、全盐量、氯化物等指标。无公害农产品产地环境评价是选择无公害农产品基地的标尺，只有通过其环境评价，才具有生产无公害农产品的条件和资格，这是前提条件。

2. 无公害农产品生产过程控制

无公害农产品的农业生产过程控制主要是农用化学物质使用限量的控制及替代过程。重点生产环节是病虫害防治和肥料施用。病虫害防治要以不用或少用化学农药为原则，强调以预防为主，以生物防治为主。肥料施用强调以有机肥为主，以底肥为主，按土壤养分库动态平衡需求调节肥量和用肥品种。在生产过程中制定相应的无公害生产操作规范，建立相应的文档、备案待查。

3. 无公害农产品质量控制

无公害农产品最终体现为产品的无公害化。其产品可以是初级产品，也可以是加工产品，其收获、加工、包装、贮藏、运输等后续过程均应制定相应的技术规范和执行标准。产品是否无公害要通过检测来确定。无公害农产品在营养品质上应是优质，营养品质检测可以依据相应检测机构的结果，而环境品质、卫生品质检测要在指定机构进行。

三、无公害农产品法规依据

无公害农产品法规依据包括相关法律和部门规章。

（1）相关法律　《无公害农产品管理办法》是无公害农产品认证的直接依据。但也要执行《中华人民共和国农业法》《中华人民共和国农产品质量安全法》《中华人民共和国食品安全法》《中华人民共和国认证认可条例》《中华人民共和国消费者权益保护法》《中华人民共和国商标法》等。

（2）部门规章　包括《国务院关于加强食品等产品安全监督管理的特别规定》《关于发展无公害农产品绿色食品有机农产品的意见》《无公害农产品质量安全风险预警管理规范》《无公害农产品标志管理办法》《农产品包装和标识管理办法》等。

四、无公害农产品认证的相关机构

1. 无公害农产品的认证机构

（1）农业农村部农产品质量安全中心（农业农村部优质农产品开发服务中心）　无公害农产品认证的办理机构为农业农村部农产品质量安全中心。分成以下三个中心：

① 农业农村部农产品质量安全中心种植业产品认证分中心；
② 农业农村部农产品质量安全中心畜牧业产品认证分中心；
③ 农业农村部农产品质量安全中心渔业产品认证分中心。

（2）无公害农产品省级工作机构（各省）

（3）无公害农产品定点检测机构（各省）

2. 无公害农产品的运作模式

根据《无公害农产品管理办法》(2002 年 4 月 29 日农业部、质检总局令第 12 号公布，2007 年 11 月 8 日农业部令第 6 号修订)，无公害农产品认证分为产地认定和产品认证，产地认定由省级农业行政主管部门组织实施，产品认证由农业部农产品质量安全中心组织实施，获得无公害农产品产地认定证书的产品方可申请产品认证。无公害农产品认证是政府行为，认证不收费。

五、无公害食品、农产品标准

无公害食品标准是无公害农产品认证的技术依据和基础，是判定无公害农产品的尺度。农业部组织制定了一系列标准，包括产品标准、产地环境标准、投入品使用标准、生产管理技术规程标准、认证管理技术规范类标准、加工技术规程等。标准系列号为 NY 5000。贯穿了"从农田到餐桌"全过程所有关键控制环节。

无公害食品标准中的产品标准基本覆盖了包括种植业产品、畜牧业产品和渔业产品在内 90% 的农产品及其初加工产品，为无公害农产品认证和监督检查提供了技术保障。

六、无公害农产品标志和认证证书

1. 无公害农产品标志

中华人民共和国农业部、国家认证认可监督管理委员会 2002 年 11 月 25 日联合公告发布（第 231 号公告）《无公害农产品标志管理办法》规定无公害农产品标志基本图案（图 5-2）。

图 5-2 无公害农产品标志

全国统一无公害农产品标志标准颜色由绿色和橙色组成。标志图案主要由麦穗、对钩和无公害农产品字样组成，麦穗代表农产品，对钩表示合格，橙色寓意成熟和丰收，绿色象征环保和安全。无公害农产品标志是加施于获得无公害农产品认证的产品或产品包装上的证明性标记。印制在包装、标签、广告、说明书上的无公害农产品标志图案，不能作为无公害农产品标志使用。

2. 无公害农产品认证范围

无公害农产品认证的产品申请范围，严格限定在《实施无公害农产品认证的产品目录》内。不在范围内的产品，一律不予受理。

(1) 种植业产品 (412 种) 粮食类 (47)、油料类 (4)、糖料类 (2)、蔬菜类 (159)、食用菌类 (44)、果品类 (104)、茶叶类 (9)、其他类 (52)。

(2) 畜牧业产品 (41 种) 畜类 (12)、禽类 (16)、鲜禽蛋 (6)、蜂产品 (4)、生鲜乳 (3)。

(3) 渔业产品 (114 种) 淡水鱼 (52)、淡水虾 (3)、淡水蟹 (1)、淡水贝 (3)、海水鱼 (24)、海水贝 (11)、海水虾 (6)、海水蟹 (3)、藻类 (6)、海参 (1)、海蜇 (1)、蛙类

(1)、龟鳖类（2）。

3. 无公害农产品认证证书

根据《无公害农产品管理办法》，无公害农产品认证分为产地认定和产品认证（图5-3）。产地认定由省级农业行政主管部门组织实施；产品认证由农业农村部农产品质量安全中心组织实施；获得无公害农产品产地认定证书的产品方可申请产品认证。

图 5-3　无公害农产品认证证书

4. 无公害农产品认证形式

（1）产地认定　省级农业行政主管部门根据本办法的规定负责组织实施本辖区内无公害农产品产地的认定工作。

（2）产品认证　无公害农产品的认证机构，由国家认监委审批，并获得国家认监委授权的认可机构的资格认可后，方可从事无公害农产品认证活动。

（3）认证种类分类　包括首次认证、扩项认证、整体认证和复查换证。

七、无公害农产品认证程序

1. 认证范围

（1）产品种类　须在《实施无公害农产品认证的产品目录》（农业部　国家认证认可监督管理委员会公告　第2034号）公布的567个食用农产品目录内。

（2）主体资质　应当是具备国家相关法律法规规定的资质条件，具有组织管理无公害农产品生产和承担责任追溯能力的农产品生产企业、农民专业合作经济组织。

（3）产地规模　产地应集中连片，规模符合 NY/T 5343—2006《无公害食品　产地认定规范》要求，或者各省（区、市）制定的产地规模准入标准。

2. 申报材料

（1）无公害农产品首次认证申请材料

①《无公害农产品产地认定与产品认证申请与审查报告》；

② 国家法律法规规定申请者必须具备的资质证明文件复印件（动物防疫合格证、商标注册证、食品卫生许可证、屠宰许可证）；

③《无公害农产品内检员证书》复印件；

④ 无公害农产品生产质量控制措施（内容包括组织管理、投入品管理、卫生防疫、产

品检测、产地保护等）；

⑤ 最近生产周期农业投入品（农药、兽药、渔药等）使用记录复印件；

⑥《产地环境检验报告》及《产地环境现状评价报告》或《产地环境调查报告》（省级工作机构出具）；

⑦《产品检验报告》；

⑧《无公害农产品认证现场检查报告》原件（负责现场检查的工作机构出具）；

⑨ 无公害农产品认证信息登录表（电子版）；

⑩ 其他要求提交的有关材料。

（2）无公害农产品扩项认证申请材料　扩项认证是指申请主体在已经进行过产地认定和产品认证基础上增加产品种类（同一产地）的认证情形。申请人除了需要提交《无公害农产品产地认定与产品认证申请和审查报告（2014版）》外还需提交⑤⑦⑧⑨和《无公害农产品产地认定证书》复印件及已获得的《无公害农产品证书》复印件。

（3）复查换证　复查换证是指证书3年有效期满前按照相关规定和要求提出复查换证申请，经确认合格准予换发新的无公害农产品产地或产品证书。复查换证申报材料除了提交《无公害农产品产地认定与产品认证申请和审查报告（2014版）》外，还需提交⑧⑨。产品检验按各省要求执行。

3. 申报流程（图5-4）

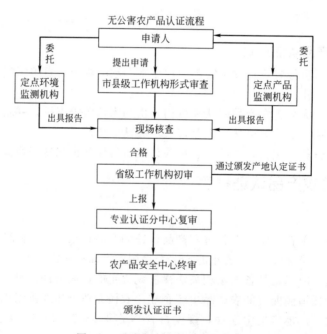

图5-4　无公害农产品申报流程图

4. 申报具体要求

① 申请人向县级无公害农产品工作机构（农业部门）提交已装订好的申报材料一式4份。

② 县级工作机构自收到申报材料之日起10个工作日内，负责完成对申请人申报材料的形式和内容审查。

审查要求：申报材料是否按本指南的申报材料目录所列的材料完整提交，并按要求装订；申报材料的填写内容是否符合本指南的要求，不符合要求的，退给申请人整改，并说明整改内容。符合要求的，在《认证报告》上签署推荐意见，连同申报材料报送3份到地级工作机构审查。同时县级工作机构应自留1份材料存档。

③ 地级工作机构自收到申报材料和《认证报告》之日起15个工作日内，对全套申报材料进行符合性审查。

组织市、县两级有资质的检查员按照《无公害农产品认证现场检查工作程序》进行现场检查，并按要求填写《现场检查报告》。

符合要求的，在《认证报告》上签署审查意见，并将申报材料和《认证报告》报送2份到省级工作机构，同时地级工作机构应自留1份材料存档。

④ 省级工作机构收到申报材料和《认证报告》后，负责对认证申请进行初审。

符合要求的，在《认证报告》上签署审查意见并将申报材料1份和《认证报告》报送农产品质量安全中心种植业分中心复审。

⑤ 分中心自收到申报材料和《认证报告》之日起20个工作日内完成整个认证申请的复审。审查合格，报送农业农村部农产品质量安全中心。

⑥ 农业农村部农产品质量安全中心自收到分中心上报的材料之日起20个工作日内完成整个认证申请的终审。终审通过的，颁发无公害农产品证书，并在中国农产品质量安全网上进行公告。

第三节　绿色食品生产及认证

一、绿色食品相关知识

1. 绿色食品的发展过程

20世纪下半叶以来，地球上发生了一些影响深远的变化，人类不合理的社会经济活动加剧了人与自然的矛盾，包括我国在内许多国家的农业生产中，片面依靠化学肥料和农药以及各种添加剂等化学物质来增加农副产品产量的情况普遍存在，不仅造成土壤中的有机物质减少，农产品的品种和品质退化，而且这些化学物质在土壤、江河湖泊中残留，造成有毒、有害物质的大量积累，并逐步进入农作物、牲畜和水生动物体内，然后延伸到食品加工和销售环节，对食品卫生安全造成危害，最终损害人体的健康，甚至影响到子孙后代的延续和发展。到了80年代末，人们开始反思，于是资源保护、环境保护和防止食品污染等问题成为国际社会共同感知、高度关切的问题，走可持续发展的道路成为共识。

1990年，农业部开始策划和开展推行绿色食品的活动。在进行这项活动之初，农业部的有关方面即根据其所创立的绿色食品概念设计了绿色食品标志，并积极向国家工商行政管理局商标局申请商标注册。

1991年，国家工商行政管理局商标局经过认真的调查研究，决定在遵循《商标法》现有框架的前提下，建议国家农业部门设立有关发展绿色食品的具有相应检测和监控能力的事业机构，建立和完备绿色食品的管理规章和办法，即可核准其在食品商品类别上注册绿色食品标志。

1993年，我国《商标法》予以修改，增加了关于证明商标的规定。中国绿色食品发展中心按照修改后《商标法》的有关规定，进一步规范和完善了绿色食品标志的商标注册和管理。

2. 绿色食品的概念与标志

(1) 绿色食品概念 绿色食品是指遵循可持续发展原则，按照特定生产方式生产，经专门机构认定，许可使用绿色食品标志的无污染的安全、优质、营养类食品。

绿色食品的"绿色"一词，体现了其所标志的商品从农副产品的种植、养殖到食品加工，直至投放市场的全过程实行环境保护和拒绝污染的理念，而并非描述食品的实际颜色。

(2) 绿色食品标志 绿色食品标志是由中国绿色食品发展中心在国家知识产权局商标局注册的质量证明商标，受国家《商标法》的保护。绿色食品证明商标的注册范围涵盖了《商标注册用商品和服务国际分类》的九大类别的产品。食品生产企业在其产品包装上使用绿色食品标志必须经中国绿色食品发展中心批准，否则属于商标侵权行为，将受到工商行政管理部门的依法查处，甚至被诉诸人民法院。

绿色食品标志有四种形式，包括图形、中文"绿色食品"、英文"Green Food"以及中英文与图形组合等。图形由三部分组成，即上方是广阔田野上初升的太阳，中心是蓓蕾，下方是植物伸展的叶片。整个图形表达明媚阳光下的和谐生机，提醒人们保护环境，创造人与自然的和谐关系，见图5-5。

(a) 绿底白标志为
A 级绿色食品

(b) 白底绿标志为
AA 级绿色食品

图 5-5 绿色食品图形标志

(3) 绿色食品标志适用范围 可以申请使用绿色食品标志的一类是食品，比如粮油、水产、果品、饮料、茶叶、畜禽蛋奶产品等。包括：

① 按国家商标类别划分的第5、29、30、31、32、33类中的大多数产品均可申请认证；
② 以"食"或"健"字登记的新开发产品可以申请认证；
③ 经国家卫生健康委员会公告既是药品也是食品的产品可以申请认证；
④ 暂不受理油炸方便面、叶菜类酱菜（盐渍品）、火腿肠及作用机理不甚清楚的产品（如减肥茶）的申请；
⑤ 绿色食品拒绝转基因技术。由转基因原料生产（饲养）加工的任何产品均不受理。

另一类是生产资料，主要是指在生产绿色食品过程中的物质投入品，比如农药、肥料、兽药、水产养殖用药、食品添加剂等。

具备一定生产规模、生产设施条件及技术保证措施的食品生产企业和生产区域还可以申报绿色食品基地。

(4) 绿色食品标志使用权期限 绿色食品认证有效期为三年，三年期满后可申请续展，通过认证审核后方可继续使用绿色食品标志。在有效期内，对抽检不合格及违章用标产品取消其标志使用权，并给予公告。

(5) 绿色食品标志使用人权利 在获证产品及其包装、标签、说明书上使用绿色食品标志；在获证产品的广告宣传、展览展销等市场营销活动中使用绿色食品标志；在农产品生产基地建设、农业标准化生产、产业化经营、农产品市场营销等方面优先享受相关扶持政策。

(6) 绿色食品标志使用人承担义务 严格执行绿色食品标准，保证绿色食品产地环境和产品质量稳定可靠；遵守标志使用合同及相关规定，规范使用绿色食品标志；积极配合县级以上人民政府农业行政主管部门的监督检查及其所属绿色食品工作机构的跟踪检查。

(7) 绿色食品查询与编号使用说明 产品外包装上同时具备"绿色食品标志图形""绿色食品"和"企业信息码"（每个编号只对应一个产品）；查验是否具有绿色食品标志许可使用证书；通过绿色食品网站查询该产品是否在已通过绿色食品的产品名录内。

企业信息码的编码形式为GF××××××××××××。GF是绿色食品英文"Green Food"首字母的缩写组合，后面为十二位阿拉伯数字，其中一到六位为地区代码（按行政区划编制到县级），七到八位为企业获证年份，九到十二位为当年获证企业序号。

例如：山东高绿水产有限公司盐渍海带产品于2015年7月29日被中国绿色食品发展中心批准使用A级绿色食品标志。标志编号为GF370281（山东胶州）151212。

3. 绿色食品所具备的条件

① 产品或产品原料产地必须符合绿色食品生态环境质量标准；
② 农作物种植、畜禽饲养、水产养殖及食品加工必须符合绿色食品生产操作规程；
③ 产品必须符合绿色食品标准；
④ 产品的包装、贮运必须符合绿色食品包装贮运标准。

二、绿色食品标准

1. 绿色食品标准体系

(1) 绿色食品标准 应用科学技术原理，结合绿色食品生产实践，借鉴国内外相关标准所制定的，在绿色食品生产中必须遵守，在绿色食品质量认证时必须依据的技术性文件。

(2) 绿色食品标准的属性 绿色食品标准是推荐性农业行业标准。

2. 绿色食品标准体系框架

截止到2018年8月，绿色食品标准体系中现行有效标准125项，包括绿色食品产地环境质量标准、生产技术标准、产品标准和包装贮藏运输标准四部分，贯穿绿色食品生产全过程。

(1) 绿色食品产地环境标准 根据农业生态的特点和绿色食品生产对生态环境的要求，充分依据现有国家环保标准，对控制项目进行优选。分别对空气、农田灌溉水、养殖用水和土壤质量等基本环境条件做出了严格规定。

(2) 绿色食品生产技术标准 根据国内外相关法律法规、标准，结合我国现实生产水平和绿色食品的安全优质理念，分别制定了生产资料基本使用准则和生产认证管理通则，包括肥料使用准则、农药使用准则、兽药使用准则、食品添加剂使用准则等和畜禽饲养防疫准则、海洋捕捞水产品养殖规范等。同时根据上述基本准则，制定了具体种植、养殖和加工对象的生产技术规程。

(3) 绿色食品产品标准 根据国内外相关产品标准要求，坚持安全与优质并重，先进性与实用性相结合的原则，针对具体产品制定相应的品质和安全性项目和指标要求，是绿色食品产品认证检验和年度抽检的重要依据。

(4) 绿色食品包装贮藏运输标准 为确保绿色食品在生产后期的包装和运输过程中不受外界污染而制定了一系列标准，主要包括NY/T 658—2015《绿色食品 包装通用准则》和

NY/T 1056—2006《绿色食品 贮藏运输准则》两项标准。绿色食品的标准包括产地环境质量标准、生产操作规程、产品标准、包装标准、储藏和运输标准及其他相关标准，是一个完整的质量控制标准体系，见图5-6。

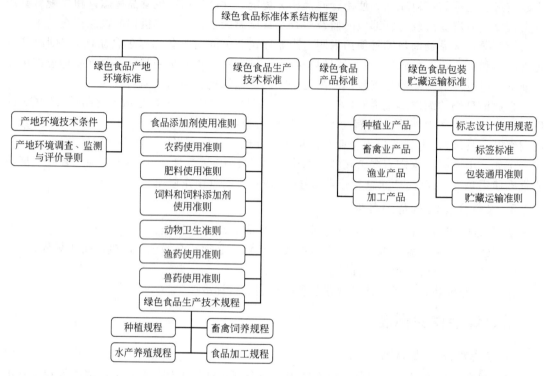

图5-6 绿色食品标准框架

3. 绿色食品产品标准

根据现行绿色食品标准目录，可以看到绿色食品按产品级别分，包括初级产品、初加工产品、深加工产品；按产品类别分，包括农林产品及其加工品、畜禽类、水产类、饮品类和其他产品。共126个类别。但是从一个标准对应的产品种类来看，总共产品数量超过1000种。以NY/T 655—2012《绿色食品 茄果类蔬菜》对应的产品为例（表5-1）。

表5-1 茄果类蔬菜品种

标准名称	学名	俗名
NY/T 655—2012《绿色食品 茄果类蔬菜》	番茄	西红柿、洋柿子、番柿、柿子、火柿子
	樱桃番茄	洋小柿子、小西红柿
	茄	古名伽、落苏、酪酥、昆仑瓜、小菰、紫膨亨
	辣椒	番椒、海椒、秦椒、辣茄、辣子
	甜椒	青椒、菜椒
	酸浆	红姑娘、灯笼草、洛神珠、洋姑娘、酸浆番茄
	香瓜茄	南美香瓜梨、人参果、香艳茄
	树番茄	木番茄、木立番茄
	少花龙葵	天茄子、老鸦酸浆草、光果龙葵、乌子菜、乌茄子
	其他新鲜或冷藏的茄果类蔬菜	

4. 绿色食品标准具体要求

绿色食品标准分为两个技术等级，即 AA 级绿色食品标准和 A 级绿色食品标准。

AA 级绿色食品标准要求：生产地的环境质量符合《绿色食品产地环境质量标准》，生产过程中不使用化学合成的农药、肥料、食品添加剂、饲料添加剂、兽药及有害于环境和人体健康的生产资料，而是通过使用有机肥、种植绿肥、作物轮作、生物或物理方法等技术，培肥土壤、控制病虫草害、保护或提高产品品质，从而保证产品质量符合绿色食品产品标准要求。

A 级绿色食品标准要求：生产地的环境质量符合《绿色食品产地环境质量标准》，生产过程中严格按绿色食品生产资料使用准则和生产操作规程要求，限量使用限定的化学合成生产资料，并积极采用生物学技术和物理方法，保证产品质量符合绿色食品产品标准要求。

三、绿色食品认证程序

绿色食品认证程序见图 5-7。

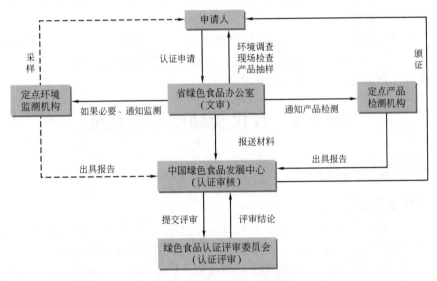

图 5-7　绿色食品认证程序

① 申请认证企业向市、县（市、区）绿色食品办公室（以下简称绿办），或向省绿色食品办公室索取，或从中国绿色食品发展中心网站下载《绿色食品申请表》。

② 市、县（市、区）绿办指导企业做好申请认证的前期准备工作，并对申请认证企业进行现场考察和指导，明确申请认证程序及材料编制要求，并写出考察报告报省绿办。省绿办酌情派人员参加。

③ 企业按照要求准备申请材料，根据《绿色食品现场检查项目及评估报告》自查、草填，并整改，完善申请认证材料；市、县（市、区）绿办对材料审核，并签署意见后报省绿办。

④ 省绿办收到市、县（市、区）的考察报告、审核表及企业申请材料后，审核定稿。企业完成 5 套申请认证材料（企业自留 1 套复印件，报市、县绿办各 1 套复印件，省绿办 1 套复印件，中国绿色食品发展中心 1 套原件）和文字材料软盘，报省绿办。

⑤ 省绿办收到申请材料后，登记、编号，在 5 个工作日内完成审核，下发《文审意见

通知单》同时抄送中心认证处，说明需补报的材料，明确现场检查和环境质量现状调查计划。企业在 10 个工作日内提交补充材料。

⑥ 现场检查计划经企业确认后，省绿办派 2 名或 2 名以上检查员在 5 个工作日内完成现场检查和环境质量现状调查，并在完成后 5 个工作日内向省绿办提交《绿色食品现场检查项目及评估报告》《绿色食品环境质量现状调查报告》。

⑦ 检查员在现场检查过程中同时进行产品抽检和环境监测安排，产品检测报告、环境质量监测和评价报告由产品检测和环境监测单位直接寄送中国绿色食品发展中心同时抄送省绿办。对能提供由定点监测机构出具的一年内有效的产品检测报告的企业，免做产品认证检测；对能提供有效环境质量证明的申请单位，可免做或部分免做环境监测。

⑧ 省绿办将企业申请认证材料（含《绿色食品标志使用申请书》《企业及生产情况调查表》及有关材料）、《绿色食品现场检查项目及评估报告》、《绿色食品环境质量现状调查报告》、《省绿办绿色食品认证情况表》报送中心认证处；申请认证企业将《申请绿色食品认证基本情况调查表》报送中心认证处。

⑨ 中心对申请认证材料做出"合格""材料不完整或需补充说明""有疑问，需现场检查""不合格"的审核结论，书面通知申请人，同时抄送省绿办。省绿办根据中心要求指导企业对申请认证材料进行补充。

⑩ 对认证终审结论为"认证合格"的申请企业，中心书面通知申请认证企业在 60 个工作日内与中心签订《绿色食品标志商标使用许可合同》，同时抄送省绿办。

⑪ 申请认证企业领取绿色食品证书。

第四节　有机食品生产及认证

一、有机食品的概念

1. 有机食品的定义

有机食品也叫生态或生物食品等。有机食品是国际上对无污染天然食品统一的说法。有机食品通常来自有机农业生产体系，根据国际有机农业生产要求和相应的标准生产加工的。

除有机食品外，国际上还把一些派生的产品如有机化妆品、纺织品、林产品或有机食品生产而提供的生产资料，包括生物农药、有机肥料等，经认证后统称有机产品。有机食品是有机产品的一类，有机产品还包括棉、麻、竹、服装、化妆品、饲料（有机标准包括动物饲料）等"非食品"。我国有机食品主要包括粮食、蔬菜、水果、畜禽产品（包括乳蛋肉及相关加工制品）、水产品及调料等。

2. 有机食品相关概念

（1）**有机农业（organic farming）**　指在动植物生产过程中不使用化学合成的农药、化肥、饲料调节剂、饲料添加剂等物质，以及基因工程生物及其产物，而是遵循自然规律和生态学原理，采取一系列可持续发展的农业技术，协调种植业和养殖业的平衡，维持农业生态系统持续稳定的一种农业生产方式。

（2）**传统农业（traditional agriculture）**　指沿用长期积累的农业生产经验，主要以人、畜力进行耕作，以农业、人工措施或传统农药进行病虫草害防治为主要技术特征的农业生产模式。

（3）**有机食品（organic food）**　指来自有机农业生产体系，根据有机农业生产的规范生产加工，并经独立的认证机构认证的农产品及其加工产品等。

（4）**有机产品**（organic product） 指按照本技术规范的要求生产并获得认证的有机食品和其他各类产品，如有机纺织品、皮革、化妆品、林产品、家具以及生物农药、肥料等有机农业生产资料。

在我国，无公害农产品一般是指无公害食品，在国外称无污染食品，无论是无公害农产品或是无公害食品均是国内术语。

有机食品等同于"生态食品""有机农产品""天然食品"或"自然食品"，是纯天然、无污染、安全营养的食品。有机食品比国内通行的绿色食品的环保标准要高。

3. 有机农业的历史

20世纪70年代以来，现代常规农业在给人类带来高的劳动生产率和丰富的物质产品的同时，也因大量使用化肥、农药等农用化学品，使环境和食品受到不同程度的污染，自然生态系统遭到破坏，土地生产能力持续下降。为探索农业发展的新途径，各种形式的替代农业的概念和措施，如有机农业、生物农业、生态农业、持久农业、再生农业及综合农业等应运而生。虽然名称不同，但其目的都是为了保护生态环境，合理利用资源，实现农业生态系统的持久发展，有机农业是其中的一个代表。

有机农业的起源要追溯到1909年，当时美国农业部土地管理局局长到中国考察中国农业数千年兴盛不衰的经验，并于1911年写成了《四千年的农民》一书。书中指出：中国传统农业长盛不衰的秘密在于中国农民的勤劳、智慧和节俭，善于利用时间和空间提高土地的利用率，并把人畜粪便和一切废弃物、塘泥等还田培养地力。该书对英国植物病理学家Albert Howard影响很大。Howard于20世纪30年代初提出了有机农业的思想。有机农业的思想经历了近半个世纪的漫长实践，直到20世纪80年代，一些发达国家的政府才开始重视有机农业，并鼓励农民从常规农业生产向有机农业生产转换，有机农业的概念开始被广泛地接受。有机农业从产生到快速发展与现代农业对环境和人类的影响分不开。

"有机"不是化学上的概念，而是指采取一种有机的耕作和加工方式。有机食品是指按照这种方式生产和加工的，产品符合国际或国家有机食品要求和标准，并通过国家有机食品认证机构认证的一切农副产品及其加工品，包括粮食、蔬菜、水果、奶制品、禽畜产品、蜂蜜、水产品、调料等。

4. 有机食品应具备的条件

① 原料必须来自已建立的有机农业生产体系，或采用有机方式采集的野生天然产品。

② 有机食品在生产和加工过程中必须严格遵循有机食品生产、采集、加工、包装、贮藏、运输标准，禁止使用化学合成的农药、化肥、激素、抗生素、食品添加剂等，禁止使用基因工程技术及该技术的产物及其衍生物。

③ 有机食品生产和加工过程中必须建立严格的质量管理体系、生产过程控制体系和追踪体系，因此一般需要有转换期，这个转换过程一般需要2~3年，才能够被批准为有机食品；有完整的生产和销售记录档案。

④ 有机食品必须通过合法的有机食品认证机构的认证。有机食品是国际上公认的，源于自然，高营养、高品质的环保型安全食品，它位于食品安全金字塔的顶端，有机食品的生产要比其他食品难很多，它需要建立全新的生产、质量和管理体系，采用天然的替代技术。

二、中国有机食品现状

1. 我国有机农业的发展历程

第一，启动阶段（1993年及以前）。启动阶段也就是指农业部开始进行有机农业基础建设的阶段，通常指 1978~1993 年。为了改变"三高型"的传统粗放型农业发展模式，顺应国际有机农业发展的大趋势，中国逐步开始了有机农业的理论建设与发展规划。20 世纪 80 年代初开始引进了生态农业。1989 年南京科学研究所农村生态研究室的成立，标志着中国从此有了第一个有机农业联盟（IFOAM）。1990 年，随着浙江省和安徽省的 2 个茶园和 2 个加工厂项目的实施，中国第一次有了国际认证的有机农业生产企业。同年，"中国绿色食品发展中心（CGFDC）"被农业部批准成立。这一系列的事件表明中国进入了有机农业启动阶段。

第二，初步发展阶段（1994~1996 年）。1994~1996 年，有机食品有了长足的发展。这一阶段的特点是有机农业向全社会加速扩展。这一阶段，居民日常消费结构的变化也反映了有机农产品的产品结构和产业结构的变化。1994 年，经国家环境保护局批准，国家环境保护局有机食品发展中心（Organic Food Development and Certification Center，OFDCC）正式成立，标志着我国真正开始发展有机食品，当时有机食品认证监管由国家环保总局的有机食品认可委员会负责。

第三，规范发展阶段（1997 年至今）。进入 21 世纪后，国务院机构改革"三定"方案，根据规定国家环保总局原先开展的有机食品认证认可管理工作交由国家认监委管理，从此有机食品发展进入规范化管理阶段，这一阶段发展的特点是向社会化、市场化和国际化全面推广。2002 年 10 月，中国绿色食品发展中心出资组建的"中绿华夏有机食品认证中心（China Organic Food Certification Center，COFCC）"，成为认监委成立后批准的第一家专门从事有机食品认证的专门机构。2019 年，国家颁布了《有机产品认证管理办法》、GB/T 19630—2019《有机产品生产、加工、标识与管理体系要求》。

2. 我国有机农产品发展成果

（1）种类多范围广，认证机构发展迅速　1990 年，我国首次出现第一例通过有机认证的产品，至今已有 30 年的发展历程，有机食品的认证工作及其产业均已得到长足发展。根据 2019 年修订的《有机产品认证目录》，我国有机和有机转换产品已有蔬菜、水果、肉及肉制品等 46 大类 1136 种，已经形成一定规模。

（2）增长速度快　当前，人们对食品的消费也提出了更高的要求，越来越关注食品品质与安全，有机食品以其优良品质及食用安全性受到人们喜爱。一方面，传统农业在农产品种植过程中过量使用化学制品导致口感风味变差，失去天然产品的特性，这已无法满足现代人饮食需求，因此有机食品产业有了广阔的发展市场。另一方面，我国传统农作物种植中的一些方法和有机食品生产标准大同小异，再加上我国自然环境优越、农业资源丰富、国家政策扶持等特点，发展有机食品比发达国家更具优势。截止到 2018 年，中国有机产品生产面积已达 200 多万公顷，总产值超 1300 亿元，国内销售额为 380 亿元。

但我们也应清醒地认识到，我国有机产品生产面积占农业生产总面积的比重还很低，不到 0.5%；人均消费有机产品的金额也很低，不到世界平均水平的一半。

三、中国有机产品标志

中国有机产品标志的主要图案由三部分组成，即外围的圆形、中间的种子图形及其周围的环形线条，见图 5-8。

标志外围的圆形形似地球，象征和谐、安全，圆形中的"中国有机产品"字样为中英文结合方式。既表示中国有机产品与世界同行，也有利于国内外消费者识别。

标志中间类似于种子的图形代表生命萌发之际的勃勃生机，象征了有机产品是从种子开

图 5-8　中国有机产品标志

始的全过程认证，同时昭示出有机产品就如同刚刚萌发的种子，正在中国大地上茁壮成长。

种子图形周围圆润自如的线条象征环形道路，与种子图形合并构成汉字"中"，体现出有机产品植根中国，有机之路越走越宽广。同时，处于平面的环形又是英文字母"C"的变体，种子形状也是"O"的变形，意为"China Organic"。

绿色代表环保、健康，表示有机产品给人类的生态环境带来完美与协调。橘红色代表旺盛的生命力，表示有机产品对可持续发展的作用。

四、中国有机食品法规及标准

1. 法规

有机产品除了遵守《中华人民共和国农业法》《中华人民共和国食品安全法》《中华人民共和国农产品质量安全法》等相关法规以外，还要遵守有机产品特殊的法规。包括：《中华人民共和国认证认可条例》（国务院令第 390 号）、《有机产品认证管理办法》《有机产品认证实施规则》。

2. 标准

GB/T 19630—2019《有机产品　生产、加工、标识与管理体系要求》。

五、有机食品认证分类

根据 2019 年 11 月 6 日国家市场监管总局修订公布的《有机产品认证目录》，现有的有机农产品认证种类见表 5-2 和表 5-3。

表 5-2　有机农产品认证种类类别

类别	小类	分类依据	依据标准	实施规则
生产	植物类和食用菌类（含野生采集）	有机产品认证目录	GB/T 19630—2019 有机产品 生产、加工、标识与管理体系要求	有机产品认证实施规则（2019）
	畜禽类			
	水产类			
加工	加工产品			

表 5-3　有机农产品认证种类

产品大类	产品类别	产品范围及序号	产品种类
一、生产	植物类和食用菌类（含野生采集）	谷物 1~4	小麦、玉米、稻谷其他谷物
		蔬菜 5~18	薯芋类、豆类蔬菜、瓜类蔬菜、白菜类蔬菜、绿叶蔬菜、新鲜根茎类蔬菜、新鲜甘蓝类蔬菜、新鲜芥菜类蔬菜、新鲜茄果类蔬菜、葱蒜类蔬菜、多年生蔬菜、水生类蔬菜、芽苗类蔬菜、蕨类蔬菜

续表

产品大类	产品类别	产品范围及序号	产品种类
一、生产	植物类和食用菌类（含野生采集）	食用菌和园艺作物 19、20	食用菌、花卉
		水果 21～25	仁果类和核果类水果、葡萄、柑橘类、香蕉等亚热带水果、其他水果
		坚果、含油果、香料（调香的植物）和饮料作物 26～30	坚果、含油果、调香的作物、茶叶、其他饮料作物
		豆类、油料和薯类 31～33	豆类、油料、薯类
		香辛料作物 34	香辛料作物
		棉、麻和糖 35～37	棉花、麻类、糖料作物
		草及割草 38	青饲料植物
		其他纺织用的植物 39	其他纺织用的植物
		野生采集 40	野生采集
		中药材 41	中草药
	畜禽类	牲畜 42～47	牛、马、猪、羊、骆驼、其他牲畜
		家禽 48～51	鸡、鸭、鹅、其他家禽
		其他畜牧业 52、53	兔、其他未列明畜牧业
	水产类	水产（含捕捞）54～60	海水鱼、淡水鱼、虾类、蟹类、无脊椎动物、两栖和爬行类动物、藻类
二、加工	加工品	粮食加工品 61～64	小麦粉、大米、挂面、其他粮食加工品
		肉及肉制品 65～69	鲜（冻）肉、热加工熟肉制品、发酵肉制品、预制调理肉制品、腌腊肉制品
		食用油、油脂及其制品 70～72	食用植物油、食用动物油脂、植物油加工副产品
		调味品 73～76	酱油、食醋、酱类、调味料
		乳制品 77～79	液体乳、乳粉、其他乳制品
		饮料 80～84	茶(类)饮料、果蔬汁类及其饮料、蛋白饮料、固体饮料、其他饮料
		方便食品 85～87	方便面、其他方便食品、调味面制品
		饼干 88	饼干
		罐头 89～91	畜禽水产罐头、果蔬罐头、其他罐头
		速冻食品 92～94	速冻面米食品、速冻调制食品、速冻其他食品
		薯类和膨化食品 95、96	膨化食品、薯类食品
		糖果制品 97	巧克力及巧克力制品
		茶叶及相关制品 98～101	茶叶、茶制品、调味茶、代用茶
		酒类 102～107	白酒、葡萄酒及果酒、啤酒、黄酒、其他酒、食用酒精
		蔬菜制品 108～110	酱腌菜、蔬菜干制品、食用菌制品
		水果制品 111	水果制品
		炒货食品及坚果制品 112	炒货食品及坚果制品
		蛋制品 113	蛋制品

续表

产品大类	产品类别	产品范围及序号	产品种类
二、加工	加工品	可可及焙烤咖啡产品 114、115	可可制品、焙炒咖啡
		食糖 116	糖
		水产制品 117、118	非即食水产品(部分见速冻水产品)、即食水产品
		淀粉及淀粉制品 119	淀粉及淀粉制品
		糕点 120、122	热加工糕点、冷加工糕点、食品馅料
		豆制品 123、124	豆制品
		婴幼儿配方食品 125	婴幼儿配方乳品
		特殊膳食食品 126、127	婴幼儿谷类辅助食品、婴幼儿罐装辅助食品
		其他食品 128	其他食品
		饲料 129~132	饲料
		中药材加工制品 133	植物类中药材加工制品
		天然纤维及其制成品 134、135	天然纤维、纺织制成品

六、有机产品认证

1. 认证依据

GB/T 19630《有机产品 生产、加工、标识与管理体系要求》。

2. 认证机构受理认证申请的条件

① 认证委托人及其相关方应取得相关法律法规规定的行政许可（适用时），其生产、加工或经营的产品应符合相关法律法规、标准及规范的要求，并应拥有产品的所有权。

② 认证委托人建立并实施了有机产品生产、加工和经营管理体系，并有效运行三个月以上。

③ 申请认证的产品应在认监委公布的《有机产品认证目录》内。枸杞产品还应符合附件 6 的要求。

④ 认证委托人及其相关方在五年内未因以下情形被撤销有机产品认证证书提供虚假信息；使用禁用物质；超范围使用有机认证标志；出现产品质量安全重大事故。

⑤ 认证委托人及其相关方一年内未因除④所列情形之外其他情形被认证机构撤销有机产品认证证书。

⑥ 认证委托人未列入国家信用信息严重失信主体相关名录。

3. 认证委托人应提交文件和资料

① 认证委托人的合法经营资质文件的复印件。

② 认证委托人及其有机生产、加工、经营的基本情况：

a. 认证委托人名称、地址、联系方式；不是直接从事有机产品生产、加工的认证委托人，应同时提交与直接从事有机产品的生产、加工者签订的书面合同的复印件及具体从事有机产品生产、加工者的名称、地址、联系方式。

b. 生产单元/加工/经营场所概况。

  c. 申请认证的产品名称、品种、生产规模包括面积、产量、数量、加工量等；同一生产单元内非申请认证产品和非有机方式生产的产品的基本信息。

  d. 过去三年间的生产历史情况说明材料，如植物生产的病虫草害防治、投入品使用及收获等农事活动描述；野生采集情况的描述；畜禽养殖、水产养殖的饲养方法、疾病防治、投入品使用、动物运输和屠宰等情况的描述。

  e. 申请和获得其他认证的情况。

  ③ 产地（基地）区域范围描述，包括地理位置坐标、地块分布、缓冲带及产地周围临近地块的使用情况；加工场所周边环境描述、厂区平面图、工艺流程图等。

  ④ 管理手册和操作规程。

  ⑤ 本年度有机产品生产、加工、经营计划，上一年度有机产品销售量与销售额（适用时）等。

  ⑥ 承诺守法诚信，接受认证机构、认证监管等行政执法部门的监督和检查，保证提供材料真实、执行有机产品标准和有机产品认证实施规则相关要求的声明。

  ⑦ 有机转换计划（适用时）。

  ⑧ 其他。

4. 申请材料的审查

  对符合要求的认证委托人，认证机构应根据有机产品认证依据、程序等要求，在10个工作日内对提交的申请文件和资料进行审查并作出是否受理的决定，保存审查记录。审查要求如下：

  ① 认证要求规定明确，并形成文件和得到理解；

  ② 认证机构和认证委托人之间在理解上的差异得到解决；

  ③ 对于申请的认证范围，认证委托人的工作场所和任何特殊要求，认证机构均有能力开展认证服务。

  申请材料齐全、符合要求的，予以受理认证申请；对不予受理的，应书面通知认证委托人，并说明理由。认证机构可采取必要措施帮助认证委托人及直接进行有机产品生产、加工、经营者进行技术标准培训，使其正确理解和执行标准要求。

5. 现场检查

  检查过程至少应包括以下内容：

  ① 对生产、加工过程、产品和场所的检查，如生产单元有非有机生产、加工或经营时，也应关注其对有机生产、加工或经营的可能影响及控制措施。

  ② 对生产、加工、经营管理人员，内部检查员，操作者进行访谈。

  ③ 对GB/T 19630所规定的管理体系文件与记录进行审核。

  ④ 对认证产品的产量与销售量进行衡算。

  ⑤ 对产品追溯体系、认证标识和销售证的使用管理进行验证。

  ⑥ 对内部检查和持续改进进行评估。

  ⑦ 对产地和生产加工环境质量状况进行确认，评估对有机生产、加工的潜在污染风险。

  ⑧ 采集必要的样品。

  ⑨ 对上一年度提出的不符合项采取的纠正和纠正措施进行验证（适用时）。

  检查组在结束检查前，应对检查情况进行总结，向受检查方和认证委托人确认检查发现的不符合项。

  现场检查包括样品检测、对产地环境质量状况的检查、对有机转换的检查、对投入品的检查。

6. 认证决定

① 认证机构应在现场检查、产地环境质量和产品检测结果综合评估的基础上作出认证决定，同时考虑产品生产、加工、经营特点，认证委托人及其相关方管理体系的有效性，当地农兽药使用、环境保护、区域性社会或认证委托人质量诚信状况等情况。

② 对符合以下要求的认证委托人，认证机构应颁发认证证书。

a. 生产、加工或经营活动、管理体系及其他检查证据符合本规则和认证标准的要求。

b. 生产、加工或经营活动、管理体系及其他检查证据虽不完全符合本规则和认证依据标准的要求，但认证委托人已经在规定的期限内完成了不符合项纠正和/或纠正措施，并通过认证机构验证。

③ 认证委托人的生产、加工或经营活动存在提供虚假信息的、不诚信的、未建立管理体系或建立的管理体系未有效实施的，列入国家信用信息严重失信主体相关名录的，生产、加工或经营过程使用了禁用物质或者受到禁用物质污染的等，认证机构不应批准认证。

7. 认证后管理

认证机构应每年对获证组织至少安排一次获证后的现场检查。认证机构应根据获证产品种类和风险，生产企业管理体系的有效性，当地质量安全、诚信水平总体情况等，科学确定现场检查频次及项目。同一认证的品种在证书有效期内如有多个生产季的，则至少需要安排一次获证后的现场检查。

认证机构应在风险评估的基础上每年至少对5%的获证组织实施一次不通知检查。实施不通知检查时，应在现场检查前48小时内通知获证组织。

认证机构应及时了解和掌握获证组织变更信息，对获证组织实施有效跟踪，以保证其持续符合认证的要求。

8. 再认证

获证组织应至少在认证证书有效期结束前3个月向认证机构提出再认证申请。

获证组织的有机产品管理体系和生产、加工过程未发生变更时，认证机构可适当简化申请评审和文件评审程序。认证机构应在认证证书有效期内进行再认证检查。对超过3个月仍不能再认证的生产单元，应按初次认证实施。

9. 认证证书、认证标志的管理

（1）有机产品认证证书　见图5-9。

（2）有机产品认证证书编号规则　有机产品认证采用统一的认证证书编号规则。认证机构在食品农产品系统中录入认证证书、检查组、检查报告、现场检查照片等方面相关信息后，经格式校验合格后，由系统自动赋予认证证书编号，认证机构不得自行编号。

示例：

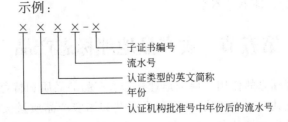

――――――――――――――――――― 证书编号：******************

有机产品认证证书

认证委托人(证书持有人)名称：**********************
地址：********************************
生产(加工/经营)企业名称：********************************
地址：********************************
有机产品认证的类别：生产/加工/经营(生产类注明植物生产、野生采集、食用菌栽培、畜禽养殖、水产养殖具体类别)
认证依据：――――――――GB/T 19630《有机产品生产、加工、标识与管理体系要求》――――――
认证范围：

序号	基地(加工厂/经营场所)名称	基地(加工厂/经营场所)地址	基地面积	产品名称	产品描述	生产规模	产量

(可设附件描述，附件与本证书同等效力)

注：1.经营是指不改变产品包装的有机产品储存、运输和/或贸易活动。
2.产品名称是指对应产品在《有机产品认证目录》中的名称；产品描述是指产品的商品名(含商标信息)。
3.生产规模适用于养殖，指养殖动物的数量。

以上产品及其生产（加工/经营）过程符合有机产品认证实施规则的要求，特发此证。

初次发证日期：―――年―月―日
本次发证日期：―――年―月―日
证书有效期：―――年―月―日 至 ―――年―月―日
负责人(签字)：――――――――――――― (认证机构印章)
认证机构名称：
认证机构地址：
联系电话：
(认证机构标识)――――――――――――― (认可标志)

图 5-9　有机产品认证证书

① 认证机构批准号中年份后的流水号：认证机构批准号的编号格式为"CNCA-R/RF-年份-流水号"，其中 R 表示内资认证机构，RF 表示外资认证机构，年份为 4 位阿拉伯数字，流水号是内资、外资分别流水编号。

内资认证机构认证证书编号为该机构批准号的 3 位阿拉伯数字批准流水号；外资认证机构认证证书编号为：F＋该机构批准号的 2 位阿拉伯数字批准流水号。

② 认证类型的英文简称：有机产品认证英文简称为 OP。
③ 年份：采用年份的最后 2 位数字，例如 2019 年为 19。
④ 流水号：为某认证机构在某个年份该认证类型的流水号，5 位阿拉伯数字。
⑤ 子证书编号：如果某张证书有子证书，那么在母证书号后加"-"和子证书顺序的阿拉伯数字。
⑥ 其他：再认证时，证书号不变。

第五节　农产品地理标志产品

为规范农产品地理标志的使用，保证地理标志农产品的品质和特色，提升农产品市场竞争力，依据《中华人民共和国农业法》《中华人民共和国农产品质量安全法》相关规定，农业部制定《农产品地理标志管理办法》，自 2008 年 2 月 1 日起施行。

一、农产品地理标志产品简介

1. 农产品地理标志的含义

农产品地理标志是指标示产品来源于特定地域，产品品质和相关特征主要取决于自然生态环境和历史人文因素，并以地域名称冠名的特有农产品标志。

2. 农产品地理标志使用范围

农产品地理标志中所称的农产品指来源于农业的初级产品，即在农业活动中获得的植物、动物、微生物及其产品。

3. 农产品地理标志的产品分类

可以分为两大类：一类是来自本地区的种植、养殖产品，如章丘大葱、阳澄湖螃蟹等。另一类是原材料全部来自本地区或部分来自其他地区，并在本地区按照特定工艺生产和加工的产品，如金华火腿、龙口粉丝等。

4. 农产品地理标志的品种

农产品地理标志的产品涉及农产品、食品、中药材、手工艺品、工业品等多种产品。从已注册的地理标志来看，多以农副产品居多，水果、大米、蔬菜、家禽、花卉、酒类等。

二、农产品地理标志公共标识和名称

1. 农产品地理标志公共标识

农产品地理标志公共标识图案（图5-10）由中华人民共和国农业部中英文字样、农产品地理标志中英文字样、麦穗、地球、日、月等元素构成。公共标识的核心元素为麦穗、地球、日月相互辉映，体现了农业、自然、国际化的内涵。标识的颜色由绿色和橙色组成，绿色象征农业和环保，橙色寓意丰收和成熟。

图 5-10　农产品地理标志公共标识图案

2. 农产品地理标志产品名称

农产品地理标志名称由地理区域名称和农产品通用名称组合构成。农产品地理标志产品名称属于历史沿袭和传承名称，尊重历史称谓和俗称，申请登记时不应人为加以调整或臆造。"地理区域名称"可以是行政区划名称（如"修水宁红茶"的修水是指九江市修水县）和自然区域名称（如"铁山杨梅"的铁山是指上饶市上饶县的铁山），也可以是特定地理位置指向性名称（如"洪门鸡蛋"中的洪门是指抚州市南城县风景名胜洪门水库周边的区域）；"农产品通用名称"可以是约定俗成的产品名称（如土豆、洋芋），也可以是动植物分类学中的农产品通用名称（如马铃薯），但要尊重当地传统称谓。

三、农产品地理标志产品的作用

(1) 地理标志保护制度是提升农业运行水平的有效机制和途径 为提高农业产业运行效益，我国在推进农业产业化方面做了大量工作，也特别注意市场的引导作用。原产地域产品在其历史过程中已经积淀了许多东西，保护原产地地理标志，也正是保护这些有价值的内涵。对地理标志产品的生产经营，已不必为其市场认知做基础性的大量投入。

(2) 地理标志具有商业标识的功能，但比普通商标包容更多的内涵 地理标志不仅能够表明该产品产自特定的地域，还能够表明该产品经由特别的工艺生产，并经历特别的质量控制而具有特殊的品质及特色。

(3) 地理标志保护是民族经济文化遗产保护的制度，也是观光农业富有内涵的素材 我国实行地理标志保护的原产地域农产品，基本都是国家认定和广大消费者心目中的名、特、优产品，并且不少关联民族、民俗及饮食文化，开发空间广阔、底蕴深厚，是我国旅游业的新型资源。

(4) 对地理标志的保护，有利于保护自然资源和人文资源 地理标志产品的生产者主要是农民，保护地理标志就是保护农民的利益，有利于促进农民增收。山东省章丘市人民政府调查，"章丘大葱"作为地理标志获准注册后的两年间，产品单价增加2~5倍，产区10个乡镇农民收入增长了3倍，大葱面积已由不足10万亩扩大到15万亩。有利于促进农业产业化、规模化发展，还有助于形成我国农产品在国际市场上的竞争力，保持竞争优势。

四、农产品地理标志登记

1. 农产品地理标志登记条件

(1) 称谓由地理区域名称和农产品通用名称构成 作为一种标示商品地理来源的标志，地理标志最基本也是最常见的构成要素或者成分就是地名。例如，"库尔勒"（香梨）、"涪陵"（榨菜）、"章丘"（大葱）、"黄岩"（蜜橘）、"漳州"（芦柑）、"兰州"（百合）、"六安"（瓜片）、"信阳"（毛尖）、"洞庭山"（碧螺春）等。地理标志可以是标示商品或者服务特定地理来源的地理区域的名称或指称，也可以是因长期一致的使用而形成的标示特定地理区域的其他文字、短语。

(2) 产品有独特的品质特性 以地理标志标示的商品往往在品质、信誉或者其他特征方面具有与众不同的特点，例如，据《中国茶叶大辞典》记载，"西湖龙井"的特点是：色泽翠绿，扁平光滑，形似"碗钉"，汤色碧绿、明亮，清香，滋味甘醇。"黄山毛峰"的特点是：形似雀舌，匀齐壮实，色如象牙，鱼叶朵黄，清香高长，汤色清澈，滋味鲜浓、醇厚、甘甜，叶底嫩黄，肥壮成朵。

(3) 产品品质和特色主要取决于独特的自然生态环境和人文历史因素 自然因素主要包括水质、土壤、地势、气候等，同样的品种离开了特定的地理气候环境，其品质特征往往迥然不同，例如大米、瓜果。有些商品的品质特征则是自然因素和人文因素双重作用的结果，例如茶叶等。

(4) 产品有限定的生产区域范围和特定的生产方式

(5) 产地环境、产品质量符合国家强制性技术规范要求

2. 农产品地理标志管理

农业农村部负责全国农产品地理标志的登记工作，农业农村部农产品质量安全中心负责农产品地理标志登记的审查和专家评审工作。省级人民政府农业行政主管部门负责本行政区域内农产品地理标志登记申请的受理和初审工作。农业农村部设立的农产品地理标志登记专家评审委员会,负责专家评审。

3. 农产品地理标志产品类型

申请登记产品应当是源于农业的初级产品,并属《农产品地理标志登记保护目录》所涵盖的产品。没有纳入登记保护目录的,不予受理。

五、农产品地理标志产品法律依据

1. 农产品地理标志产品法规

农产品地理标志产品法规包括《农产品地理标志管理办法》等一系列文件。有《农产品地理标志登记程序》《农产品地理标志使用规范》《农产品地理标志登记申请书》《农产品地理标志产品名称审查规范》等。

2. 农产品地理标志产品标准

（1）**国家标准** 如：GB/T 19460—2008《地理标志产品 黄山毛峰茶》、GB/T 19508—2007《地理标志产品 西凤酒》等。

（2）**地方标准** 如：DB37/T 1220—2009《地理标志产品 黄河口大闸蟹》、DB44/T 930—2011《地理标志产品 三华李》等。

六、农产品地理标志产品认证

1. 农产品地理标志产品申报和登记

（1）**农产品地理标志登记流程**（图5-11）

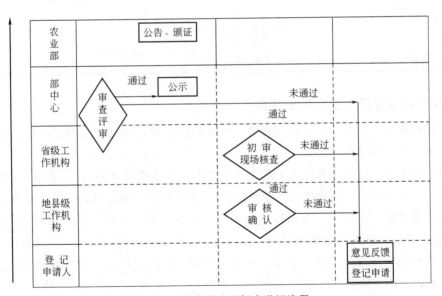

图5-11 农产品地理标志登记流程

（2）**农产品地理标志登记申报** 申请需做好以下工作：确定申报产品、择优确定申请人、划定地域、制好标准、做好品质鉴定、提供文化佐证材料。

申报条件：必须是农产品；符合命名规则；与常规产品相比较,产品品质有独特性；产品品质和特色要与当地的自然条件独特性和人文历史相关联；有明确的生产区域范围；符合基本安全要求。

登记申请人条件：具有监管能力；具有指导服务能力；具有民事责任能力；需要地方政府授权；登记主体应该是公正、中立的组织。

授权机构的权限：县域范围内的县级人民政府授权，出确认文件。

跨县域的：同在一个地区的，由市级人民政府授权，出确认文件；不在同一个地区的，直接由省级人民政府授权，出确认文件；省管县的，直接由省级人民政府授权，出确认文件。

登记申请需要提交的材料见表5-4。

表5-4 农产品地理标志申报材料

序号	材料名称	申报依据
1	登记申请书	《农产品地理标志登记申请书》
2	申请人资质证明	《农产品地理标志登记申请人资格确认评定规范》
3	产品典型特征特性描述和相应产品品质鉴定报告	《农产品地理标志产品品质鉴定规范》
4	产地环境条件、生产技术规范和产品质量安全技术规范	《农产品地理标志质量控制技术规范(编写指南)》
5	地域范围确定性文件和生产地域分布图	《农产品地理标志登记产品生产地域分布图绘制规范》
6	产品实物样品或者样品图片	彩图
7	其他必要的说明性或者证明性材料	成因文件、人文历史资料

注意：申请人资质证明不要忘记提交社团法人或事业法人证书

2. 农产品地理标志登记审查评审

(1) 评审原则 原则一：材料不齐全、明显不规范的，不进行受理。原则二：完整性、真实性、规范性、有效性。

评审原则重点：产品命名；两个批文（申请人、地域确认文件）；人文历史；环境特性和品质特性；鉴定报告（鉴评报告、检测报告）；审查报告（登记报告、现场核查报告）。

(2) 现场核查 由省级工作机构组织实施；核查依据是《农产品地理标志现场核查规范》；设定检查组，检查组由组长负责，由3~5人组成，审核2~4天，现场核查程序见图5-12。审核结论有通过、基本通过、不通过三种。通过后出具《农产品地理标志现场核查报告》时，部中心要确认检查。

(3) 现场核查报告 包括：申请人资质及基本情况、产地环境条件、地域划分范围及分布情况、生产技术规程和产品质量控制技术规范的建立与实施情况、生产过程档案记录情况、其他需要说明的情况。表5-5为现场核查结论表。

(4) 登记审查报告 包括三个部分：地县级工作机构审核确认意见（表5-6）、省级工作机构的初审意见（表5-7）、农业农村部农产品质量安全中心审查意见（表5-8）。

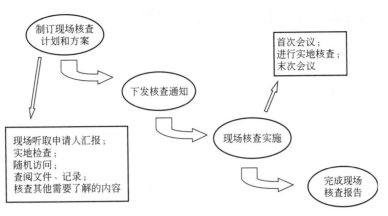

图 5-12　农产品地理标志现场核查程序

表 5-5　现场核查结论表

现场核查结论	□ 通过 □ 基本通过,限期整改和报送整改结果 □ 不通过,限期整改并届时派员对整改结果进行确认
现场核查组组长签字： 成员签字： 年　月　日	
申请人代表签字： 年　月　日	
不合格项目确认意见	申请人代表签字： 年　月　日
整改结果备注	

表 5-6　地县级工作机构审核确认意见

县级工作机构审核确认意见	负责人(签字)： (加盖县级工作机构印章) 年　月　日
地级工作机构审核确认意见	负责人(签字)： (加盖地级工作机构印章) 年　月　日

表 5-7 省级工作机构的初审意见

申报材料初审意见	核查员（签字）： 年　月　日
现场核查意见	现场核查小组组长（签字）： 年　月　日
省级工作机构综合评定意见	省级工作机构负责人（签字）： （加盖省级工作机构印章） 年　月　日

表 5-8 农业农村部农产品质量安全中心审查意见

全套材料形式审查意见	地理标志处负责人（签字）： 年　月　日
专家评审意见	专家评审组组长（签字）： 年　月　日
评审委员会对专家评审意见的确认情况	主任委员（签字）： 年　月　日
公示及报审意见	中心主任（签字）： （加盖部中心印章） 年　月　日
登记发证情况	

（5）公示和公告 表 5-9 为农产品地理标志公示内容。

表 5-9 农产品地理标志公示内容

类别	部门	时限要求	内容	媒体	备注
公示	部中心	10 日	产品名称、申请人、地域范围、技术规范	《农民日报》、中国农业信息网、中国农产品质量安全网	有无异议，有异议，需在公示 30 日内提出，确认后，由评委复审
公告	农业农村部		产品名称、申请人、地域范围、技术规范	中国农业信息网	

3. 农业地理标志登记公共标识使用

(1) 颁布机构

颁证机关	证书名称	证书期限
农业农村部	中华人民共和国农产品地理标志登记证书	长期有效

(2) 标志使用的若干规定 标志类型：自行印刷型、加贴防伪型。标志使用人应具备的条件：产品产自登记确定的地域范围；具备生产经营资质；按质量控制技术规范生产经营；具有市场开发经营能力。申请流程：标志使用人申请→登记证书持有人审查→签署协议。农产品地理标志使用申请书见图5-13。

标志使用申请书

(登记证书持有人名称)：
　　本企业（人）生产的＿＿＿＿产品来源于＿＿＿农产品地理标志划定的地域范围内，产品符合＿＿＿＿农产品地理标志产品质量控制技术规范要求，现申请使用农产品地理标志公共标识和产品专用名称，并承诺在标志使用过程中自觉遵守《农产品地理标志使用规范》和《农产品地理标志公共标识设计使用规范手册》各项规定，请审定。
　　附件：1. 生产经营者资质证明；
　　　　　2. 生产经营计划和相应质量控制措施；
　　　　　3. 规范使用农产品地理标志书面承诺；
　　　　　4. 其他必要的证明文件。

　　　　　　　　　　申请人（签字或盖章）
　　　　　　　　　　　　　年 月 日

图5-13 农产品地理标志使用申请书

(3) 加贴标志的防伪技术 特种油墨：采用荧光防伪油墨印制，紫外光照射下显色，激光激发下呈现绿色亮点。覆盖型数码：通过复杂计算生成的17位防伪码查询数码，消费者可通过短信、电话、网络三种方式查询真伪。

(4) 数码防伪查询方式 图5-14为农产品地理标志登记证书和可追溯防伪加贴型标志及农业部公告，加贴标识规格及尺寸见表5-10。

表5-10 加贴标识规格及尺寸

标志规格	1号	2号	3号	4号
圆形纸质防伪标志/mm	15	20	30	60
方形纸质防伪标志/mm	12×16	16×22	24×33	45×60

变更：出现《农产品地理标志管理办法》第十三条第二款所列情形之一的，登记证书持有人应当向省级农业行政主管部门提出变更申请。经省级农业行政主管部门审查同意后，报农业农村部农产品质量安全中心。

图 5-14 农产品地理标志可追溯防伪加贴型标志和登记证书及农业部公告

变更申请内容符合规定要求的,由农业农村部农产品质量安全中心按照本程序第十条和第十一条的规定进行公示和处理。

同意变更的,重新核发《中华人民共和国农产品地理标志登记证书》并公告,原登记证书予以收回、注销。

县级以上地方农业行政主管部门及其农产品地理标志工作机构发现地理标志农产品或登记证书持有人不符合《农产品地理标志管理办法》第七条、第八条规定的,应当及时上报农业农村部注销并公告。

从事农产品地理标志登记现场核查的人员,应当经农业农村部农产品质量安全中心考核合格。

第六节 食品安全市场准入制度

一、食品安全市场准入制度历史

2004 年 1 月 1 日起,我国首先在大米、食用植物油、小麦粉、酱油和醋五类食品行业中实行食品质量安全市场准入制度。

根据国家质量监督检验检疫总局《关于使用企业食品生产许可证标志有关事项的公告》（总局2010年第34号公告），企业食品生产许可证标志（图5-15）以"企业食品生产许可"的拼音"Qiyeshipin Shengchanxuke"的缩写"QS"表示，并标注"生产许可"中文字样。与原有的英文缩写QS（quality safety质量安全），表达意思有所不同。

图5-15 食品生产许可证标志

2010年4月21日，国家质量监督检验检疫总局修改《中华人民共和国工业产品生产许可证管理条例实施办法》，修订对QS的定义：QS企业产品生产许可，即工业产品生产许可。依据《中华人民共和国工业产品生产许可证管理条例实施办法》，纳入《国家实行生产许可证制度的工业产品目录》的产品，生产企业必须依照规定程序取得《工业产品生产许可证》方可从事产品生产，任何企业未取得生产许可证不得生产列入目录的产品。任何单位和个人不得销售或者在经营活动中使用未取得生产许可证的列入目录的产品。

食品质量安全市场准入制度包括3项具体的制度。

一是对食品生产企业实施生产许可证制度。

二是对企业生产的食品实施强制检验制度。

三是对实施生产许可证制度的产品实行市场准入标志制度。

1. 食品生产许可证SC

（1）SC含义 2018年10月1日起，食品生产许可证QS标志"退役"，10月1日SC新标志起用。"服役"15年的食品生产许可证——"QS"标志将停止使用，取而代之的是新的生产许可证——"SC"标志。《食品安全法（2015年修订本）》开始施行后，其配套规章《食品生产许可管理办法》也同步实施。《食品生产许可管理办法》实施后，新获证食品生产者应当在食品包装或者标签上标注新的"SC"标志食品生产许可证编号，不再标"QS"标志。

（2）SC标志释义 新的食品生产许可证"SC"标志（图5-16）编号是由字母SC加上14位阿拉伯数字组成。"SC"是"生产"的汉语拼音字母缩写，后跟14个阿拉伯数字，从左至右依次为：3位食品类别编码、2位省（自治区、直辖市）代码、2位市（地）代码、2位县（区）代码、4位生产许可顺序码、1位校验码。其中，最前面3位的第1位，代表食品、食品添加剂生产许可识别码，数字"1"代表食品，数字"2"代表食品添加剂，第2、3位数字代表具体类别。如"01"代表粮食加工品，"02"代表食用油、油脂及其制品，"03"代表调味品……"27"代表保健食品，"28"代表特殊医学用途配方食品，"29"代表婴幼儿配方食品，"30"代表特殊膳食食品。

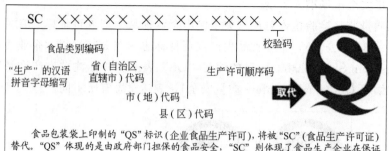

图 5-16 食品生产许可证"SC"标志

2. 食品生产许可分类目录

2020 年 2 月颁布的食品生产许可分类目录包括以下 32 类：

01 粮食加工品
02 食用油、油脂及其制品
03 调味品
04 肉制品
05 乳制品
06 饮料
07 方便食品
08 饼干
09 罐头
10 冷冻饮品
11 速冻食品
12 薯类和膨化食品
13 糖果制品
14 茶叶及相关制品
15 酒类
16 蔬菜制品
17 水果制品
18 炒货食品及坚果制品
19 蛋制品
20 可可及焙烤咖啡产品
21 食糖
22 水产制品
23 淀粉及淀粉制品
24 糕点
25 豆制品
26 蜂产品
27 保健食品
28 特殊医学用途配方食品
29 婴幼儿配方食品
30 特殊膳食食品
31 其他食品
32 食品添加剂

二、申请食品生产许可证（SC 认证）条件

(1) 生产场所　必须符合国家生产企业的卫生标准和各个产品的审查细则以及通则；

(2) 必备的生产设备　必须做到工艺合理、设备齐全（对照审查细则）；

(3) 必需的检验设备　必须建立企业自己的实验制度，并具备实验条件，同时必须有相应的检验设备（对照审查细则）和试剂。

三、食品生产许可证（SC 认证）办理程序

1. 办理资料

① 食品生产许可证申请书；
② 有效期内的工商营业执照复印件；
③ 企业负责人身份证复印件；

④ 企业授权委托书及被委托人身份证复印件（企业负责人委托他人办理生产许可申请的）；

⑤ 食品生产加工场所及周围环境平面图、生产加工各功能区间布局平面图、食品生产工艺流程图和设备布局图；

⑥ 食品生产设备、设施清单；

⑦ 保证食品安全的规章制度文本（进货查验记录、生产过程控制、出厂检验记录、食品安全自查、从业人员健康管理、不安全食品召回、食品安全事故处置等制度）；

⑧ 产品执行的食品安全标准；

⑨ 申请免于现场核查的食品生产延续换证或者变更的企业还需提交《申请人生产条件未发生变化的声明》（延续版或变更版）；

⑩ 相关法律法规规定及审查细则要求提供的其他证明材料（新设食品生产企业还需提供企业项目投资备案证明以及列入建设项目环境影响评价分类管理目录内的环评证明材料）。

申请食品生产许可所提交的材料，应当真实、合法、有效。申请人应在食品生产许可申请书等材料上签字确认并加盖公章。

2. 办理时限

受理时限：5 个工作日。法定时限：20 个工作日。

四、食品生产许可证（SC 认证）申报过程

1. 申请阶段：15 个工作日

从事食品生产加工的企业（含个体经营者），应按规定程序获取生产许可证。新建和新转产的食品企业，应当及时向质量技术监督部门申请食品生产许可证。省级、市（地）级质量技监部门在接到企业申请材料后，在 15 个工作日内组成审查组，完成对申请书和资料等文件的审查。企业材料符合要求后，发给《食品生产许可证受理通知书》。

企业申报材料不符合要求的，企业从接到质量技术监督部门的通知起，在 20 个工作日内补正，逾期未补正的，视为撤回申请。

2. 审查阶段：40 个工作日

企业的书面材料合格后，按照食品生产许可证审查规则，在 40 个工作日内，企业要接受审查组对企业必备条件和出厂检验能力的现场审查。现场审查合格的企业，由审查组现场抽检样品。

审查依据及内容：以国家市场监督管理总局发布的食品生产许可审查细则为依据，对生产场所环境、工艺流程、设备布局、设备状态、仓储场所条件以及管理规程、人员配置等进行审查。

单元思考

1. "三品一标"的含义是什么？
2. 名词解释：无公害农产品、绿色食品、有机食品、农产品地理标志。
3. 食品市场准入制度的具体内容有哪些？
4. 列出食品质量安全市场准入制度 SC 认证程序的内容。

第六单元 食品安全控制体系 HACCP

 知识与能力目标

1. HACCP 实施的前提——良好操作规范（GMP）。
2. HACCP 实施的前提——卫生标准操作程序（SSOP）。
3. HACCP 的基本原理和 HACCP 体系的构建。

 思政与职业素养目标

HACCP 是对食品安全危害进行鉴别、评价和控制的至关重要的一种体系。在食品的生产过程中，通过对主要的食品危害，如微生物、化学和物理污染的控制，降低食品生产过程中的危害。传统的食品安全控制流程一般建立在"集中"视察、最终产品的测试等方面，而不是采取预防的方式，因此存在一定的局限性。在 HACCP 管理体系原则指导下，食品安全被融入到设计的过程中，而不是传统意义上的最终产品检测。因而，HACCP 体系是一种能起到预防作用的体系，并且能更经济、更完备地保障食品的安全。HACCP 是建立在良好操作规范（GMP）和卫生标准操作程序（SSOP）基础之上的，并与之构成了一个完备的食品安全体系。

食品安全控制人员应深刻理解 HACCP、GMP 和 SSOP，企业的生产和管理必须严格执行 HACCP、GMP 和 SSOP 标准和程序，在生产经营环节杜绝质量问题，确保食品安全，明确规范、守则才是企业生存和发展之道。

 案例引导

餐饮服务 HACCP 建立的效果

食品安全问题一直是人们外出就餐的首要顾虑。近几年行业内不断曝出的各大餐厅的负面新闻，大多都是关于食品安全问题的，而这其中，老鼠、苍蝇、蟑螂的表现尤为"突出"。某门店被曝后厨出现了老鼠，一下子被推到了舆论的风口浪尖。

经过建立良好的 HACCP 管理系统可防虫防鼠，效果就会改变。其核心是预防和消灭。

"防"就是防止它们进入。看门、窗、下水道、天花板等一切可能的通道是否设置了防止他们进入的设施设备？如果设置了，这些设施设备又是否有效？是否会定期进行维护保养？

地沟网：下水道的出入口加铁丝网，网眼直径不能大于1cm，防止下水道中的老鼠穿行于管道中。

防鼠门：可在餐厅门的下半截钉上30～50cm高的铁皮，防止老鼠啃坏门板，或加一道高度为60cm的铁门，将老鼠拒之门外，最好能做到整栋房屋防鼠。

缩小缝隙：将门与地面、门与门、窗与窗台的缝隙进行修理，使缝隙不大于0.6cm，以防小家鼠蹿入。

硬化地面：及时将破损的、没有硬化的地面进行修补，或将路面硬化，防止老鼠盗洞做巢。

灭鼠就是把进来的鼠虫消灭掉。餐厅不太适合化学灭鼠。因为老鼠药有毒，会有污染食品的风险，也不适合生物学灭鼠。所以一般都是采用物理灭鼠法。

老鼠需要水、食物以及隐蔽的栖息条件，这样才能生存和繁殖。所以首先需要做好餐厅卫生和餐厅周边环境的卫生清洁工作，尽量减少死角，确保物件摆放整齐，避免将食物暴露在外面存放。其次，要科学合理地放置捕鼠器，并定期请有资质的第三方消杀公司来灭虫灭鼠并做好记录。

第一节　HACCP、GMP、SSOP 介绍

一、HACCP 的发展与现况

1. HACCP 定义

英文是 hazard analysis critical control point。中文译为"危害分析及关键控制点"。国家标准 GB/T 15091—1994《食品工业基本术语》对其规定的定义是：生产（加工）安全食品的一种控制手段；对原料、关键生产工序及影响产品安全的人为因素进行分析；确定加工过程中的关键环节；建立、完善监控程序和监控标准，采取规范的纠正措施。它是食品安全的控制体系。

2. HACCP 的起源及发展历史

（1）**20世纪60年代**　HACCP 是由美国太空总署，陆军 Natick 实验室和美国 Pillsbury 公司共同开发的，最初是为了制造百分之百安全的太空食品。20 世纪 60 年代初期，Pillsbury 公司在为美国太空项目提供食品期间，率先应用 HACCP 概念。Pillsbury 公司认为他们现有的质量控制技术，并不能提供充分的安全措施来防止食品生产中的污染。确保安全的唯一方法是研发一个预防性体系，防止生产过程中危害的发生。从此，Pillsbury 公司的体系作为食品安全控制最新的方法被全世界认可。但它不是零风险体系，其设计目的是为了尽量减小食品安全危害。

（2）**20世纪70年代**　HACCP 概念于 1971 年在美国国家食品保护会议上首次被提出，1973 年美国食品药品监督管理局（FDA）首次将 HACCP 食品加工控制概念应用于罐头食品加工中，以防止腊肠毒菌感染。

（3）**20世纪80年代**　1985 年，美国国家科学院（National Academy of Sciences，NAS）建议与食品相关的各政府机构在稽查工作上应使用较具科学根据的 HACCP 方法，并鉴于 HACCP 实施于罐头食品的成功经验，建议所有执法机构均采用 HACCP 方法，对食

品加工业应于强制执行。1986 年，美国国会要求美国海洋渔业服务处（National Marine Fisheries Service，NMFS）研订一套以 HACCP 为基础的水产品强制稽查制度。

（4）20 世纪 90 年代 由于 NMFS 在水产品上执行 HACCP 的成效显著，且在各方面渐成熟下，FDA 决定对国内及进口水产品从业者强制要求实施 HACCP，于是在 1994 年 1 月公布了强制水产品 HACCP 的实施草案，并且公布一年后才会正式实施，同时 FDA 也考虑将 HACCP 的应用扩展到其他食品上（禽畜产品例外）。1995 年 12 月，FDA 根据 HACCP 的基本原则提出了水产品法规，FDA 所提出的水产品法规确保了鱼和鱼制品的安全加工和进口。这些法规强调水产品加工过程中的某些关键性工作，要由受过 HACCP 培训的人来完成，该人负责制订和修改 HACCP 计划，并审查各项记录。

目前美国 FDA、农业部、世界卫生组织（WHO）、联合国微生物规格委员会和美国国家科学院（NAS）皆极力推荐 HACCP，认为它是最有效的食品危害控制方法。美国水产品的 HACCP 原则已被不少国家采纳，其中包括加拿大、冰岛、日本、泰国等。

实施 HACCP 体系的领域包括：饮用牛乳、奶油、发酵乳、冰激凌等乳制品，豆腐，鱼肉火腿，炸肉，蛋制品，沙拉类，脱水菜，调味品，蛋黄酱，盒饭，冻虾，罐头，糕点类，清凉饮料，机械分割肉，盐干肉，冻蔬菜，蜂蜜，高酸食品等。

3. HACCP 系统在中国的应用

第一阶段：探索与实践阶段（1990～1996 年）；

第二阶段：部分产品实施阶段（1997～2000 年）；

第三阶段：统一监管，全面实施阶段（2001 年至今）。

二、HACCP 控制体系的特点

① HACCP 是预防性的食品安全保证体系，但它不是一个孤立的体系，必须建立在良好操作规范（GMP）和卫生标准操作程序（SSOP）的基础上。

② 每个 HACCP 计划都反映了某种食品加工方法的专一特性，其重点在于预防，从工艺设计上防止危害进入食品。

③ HACCP 不是零风险体系，但可使食品生产最大限度趋近于"零缺陷"。可尽量降低食品安全危害的风险。

④ 食品安全的责任首先归于食品生产商及食品销售商。

⑤ HACCP 强调加工过程，需要工厂与政府交流沟通。政府检验员通过确定危害是否正确地得到控制来验证工厂 HACCP 实施情况。

⑥ 克服传统食品安全控制方法（现场检查和成品检测）的缺陷，将力量集中于 HACCP 计划制订和执行时使食品安全的控制更加有效。

⑦ HACCP 是把精力用于食品生产加工过程中最易发生安全危害的环节上。

⑧ HACCP 概念可应用到食品质量的其他方面，控制各种食品缺陷。

三、HACCP 体系与其他质量控制模式的区别

1. HACCP 体系与常规质量控制模式的区别

常规质量控制模式运行对于食品安全控制表现为：监测生产设施运行与人员操作的情况，对成品进行抽样检验，包括理化、微生物、感官等指标。常规质量控制模式的不足表现在：

① 常用抽样规则本身存在误判风险，而且食品涉及单个易变质生物体，样本个体不均

匀性十分突出，误判风险难以预料。

② 以数理统计为基础的抽样检验控制模式，必须做大量成品检验，费用高、周期长。

③ 检验技术水平虽然很高，但可靠性仍是相对的。

④ 消费者希望得到的是无污染的自然状态的食品，检测结果虽然符合标准规定的危害物质的限量，但仍不能消除消费者对食品安全的疑虑。

2. HACCP 体系与 ISO 9000 的关系

ISO 9000 是："由 ISO/TC176 技术委员会制定的所有国际标准"。它是由一些既有区别又相互联系在一起的系列标准组成的立体的网络，形成了一个包括实施指南、标准要求和审核监督等多方面在内的完整体系。

ISO 9000 与 HACCP 都是一种预防性的质量保证体系。ISO 9000 适用于各种产业，而 HACCP 只应用于食品行业，强调保证食品的安全、卫生。

二者共同之处在于：均需要全体员工参与；两者均结构严谨，重点明确；目的均是使消费者（用户）信任。

二者不同点在于：HACCP 是食品安全控制系统，ISO 9000 适用于所有工业整体控制体系；ISO 9000 是企业质量保证体系，而 HACCP 源于企业内部质量安全体系。

二者的主要区别见表 6-1。

表 6-1　ISO 9000 与 HACCP 的区别

项目	ISO 9000	HACCP
适用范围	适用于各行各业	应用于食品行业
目标	强调质量能满足顾客要求	强调质量能满足顾客要求，强调食品卫生，避免消费者受到危害
标准	企业可在 ISO 9001～9003 三种模式中依自身条件选择其一，再逐步提高作业标准	企业可依据市场所在国政府的法规或规范
标准内容	标准内容涵盖面广，涉及设计、开发、生产、安装和服务	内容较窄，以食品生产过程的控制为主
监控对象	无特殊监控对象	有特殊监控对象，如病原菌
实施	自愿性	由自愿逐步过渡到强制

四、HACCP 与 GMP、SSOP 的关系

GMP 和 SSOP 是制定和实施 HACCP 计划的基础和前提条件。如果企业没有达到 GMP 法规的要求，没有制定有效的 SSOP 或者制定了有效的 SSOP 但没有有效实施，那么就不可能有效实施 HACCP 计划。

1. SSOP 和 HACCP 的关系

SSOP 具体列出了卫生控制的各项目标，包括了食品加工过程中的卫生、工厂环境的卫生和为达到 GMP 的要求所采取的行动。SSOP 的正确制定和有效执行，对控制危害是非常有价值的。如果 SSOP 实施了对加工环境和加工过程中各种污染或危害的有效控制，那么按产品工艺流程进行危害分析而实施的关键控制点（CCP）的控制就能集中到对工艺过程中的

食品危害的控制方面。

2. SSOP 和 GMP 的关系

良好的食品生产规范是为保障食品安全和质量而制定的贯穿食品生产全过程的一系列技术要求、措施和方法。我国的 GMP 是系列国家标准，比如后面要重点介绍的 GB 14881—2013《食品安全国家标准 食品生产通用卫生规范》的内容。

食品企业必须首先遵守 GMP 的规定，然后建立并有效地实施 SSOP。SSOP 就是依据 GMP 的要求而制定的卫生管理作业文件，相当于 ISO 9000 管理体系中有关清洗、消毒、卫生控制等方面的作业指导书。GMP 通常与 SSOP 的程序和工作指导书是密切关联的，GMP 为它们明确了总的规范和要求。GMP 和 SSOP 相互依赖，SSOP 一般包括 8 个方面，但不仅限于 8 个方面，还要遵守相应 GMP 的规定。

3. GMP 和 HACCP 的关系

GMP 和 HACCP 系统都是为保证食品安全和卫生而制定的一系列措施和规定。GMP 是适用于所有相同类型产品的食品生产企业的原则，而 HACCP 则依据食品生产厂及其生产过程不同而不同。GMP 体现了食品企业卫生质量管理的普遍原则，而 HACCP 则是针对每一个企业生产过程的特殊原则。

GMP 的内容是全面的，它对食品生产过程中的各个环节各个方面都制订出具体的要求，是一个全面质量保证系统。HACCP 则突出对重点环节的控制，以点带面来保证整个食品加工过程中食品的安全。形象地说，GMP 如同一张预防各种食品危害发生的网，而 HACCP 则是其中的纲。

从 GMP 和 HACCP 各自的特点来看，GMP 是对食品企业生产条件、生产工艺、生产行为和卫生管理提出的规范性要求，而 HACCP 则是动态的食品卫生管理方法；GMP 要求是硬性的、固定的，而 HACCP 是灵活的、可调的。

GMP 和 HACCP 在食品企业卫生管理中所起的作用是相辅相成的。通过 HACCP 系统，可以找出 GMP 要求中的关键项目，通过运行 HACCP 系统，可以控制这些关键项目达到标准要求。掌握 HACCP 的原理和方法还可以使监督人员、企业管理人员具备敏锐的判断力和危害评估能力，有助于 GMP 的制定和实施。

4. GMP、SSOP 和 HACCP 的关系

GMP 构成了 SSOP 的立法基础，GMP 规定了食品生产的卫生要求，食品生产企业必须根据 GMP 要求制订并执行相关控制计划，这些计划是 HACCP 体系建立和执行的前提。计划包括：SSOP、人员培训计划、工厂维修保养计划、产品回收计划、产品的识别代码计划。

SSOP 具体列出了卫生控制的各项指标，包括食品加工过程及环境卫生和为达到 GMP 要求所采取的行动。HACCP 体系建立在以 GMP 为基础的 SSOP 上，SSOP 可以减少 HACCP 计划中的关键控制点（CCP）数量。事实上危害是通过 SSOP 和 HACCP 共同予以控制的。

GMP、SSOP 是制定和实施 HACCP 计划的前提和基础，也就是说，如企业达不到 GMP 法规的要求或没有制定有效的、具有可操作性的 SSOP 或有效地实施 SSOP，则实施 HACCP 计划将成为一句空话。由此可看出 GMP 是食品安全控制体系的基础，SSOP 计划是 GMP 中有关卫生方面要求的卫生控制程序，HACCP 计划则是控制食品安全的关键程序。

接下来我们分别讲解 GMP、SSOP、HACCP 的详细内容。

第二节 食品良好操作规范（GMP）

一、GMP 概述

1. GMP 定义

GMP 是英文 good manufacturing practices 的缩写，中文的意思是"良好操作规范"。是一种在生产过程中针对产品质量与卫生安全实施的自主性管理制度。它是一套适用于制药、食品等行业的强制性标准，要求企业从原料、人员、设施设备、生产过程、包装运输、质量控制等方面按国家有关法规达到卫生质量要求，形成一套可操作的作业规范帮助企业改善卫生环境，及时发现生产过程中存在的问题，加以改善。简要地说，GMP 要求食品生产企业应具备良好的生产设备，合理的生产过程，完善的质量管理和严格的检测系统，确保最终产品的质量（包括食品安全卫生）符合法规要求。

GMP 所规定的内容，是食品加工企业必须达到的最基本的条件。

2. GMP 的产生和发展

食品 GMP 诞生于美国，因为深受消费大众及食品企业的欢迎，于是日本、英国、新加坡和很多工业先进国家也都引用食品 GMP。目前除美国已立法强制实施食品 GMP 以外，其他如日本、加拿大、新加坡、德国、澳大利亚等均采取鼓励方式推动企业自动自发实施。

GMP 要求食品生产企业（公司）具备合理的生产过程，良好的生产设备、先进科学的生产规程、完善的质量控制以及严格的操作程序和成品质量管理体系，并通过对其生产过程的正确控制，以达到食品营养与安全的全面提升。其特点为：

① 生产加工的每个操作环节都布局科学合理；
② 生产加工的硬件设施装备先进科学；
③ 连续化、自动化、密闭化的操作流程；
④ 包装、贮存、配送的优质安保运行系统；
⑤ 完备的卫生、营养、质量等生产环节控制系统；
⑥ 健全的卫生、营养、质量"三级检测网"。

3. GMP 目标要素

GMP 的目标要素包括将人为的差错控制在最低的限度，防止对食品的污染，保证高质量产品的质量管理体系。

（1）将人为的差错控制在最低的限度 质量管理部门从生产管理部门独立出来，建立相互监督检查制度，指定各部门责任者，制订规范的实施细则和作业程序，各生产工序严格复核，如称量、材料贮存领用等。在装备方面，各工作间要保持宽敞，消除妨碍生产的障碍；不同品种操作必须有一定的间距，严格分开。

（2）防止对食品的污染 操作室清扫和设备洗净的标准及实施；对生产人员进行严格的卫生教育；操作人员定期进行身体检查，以防止生产人员带有病菌、病毒而污染食品；限制非生产人员进入工作间等。在装备方面：操作室专用化；直接接触食品的机械设备、工具、容器，应选用跟食物不发生反应的材质制造；防止机械润滑油对食品的污染等。

（3）保证高质量产品的质量管理体系 质量管理部门独立行使质量管理职责；机械设备、工具、量具定期维修校正；检查生产工序各阶段的质量，包括工程检查；有计划的合理的质量控制，包括质量管理实施计划、试验方案、技术改造、质量攻关要适应生产计划要求；在适当条件下保存出厂后的产品质量检查留下的样品；收集消费者对食品投诉的信息，随时完善生产管理和质量管理等。

在装备方面，应合理配备操作室和机械设备，采用先进的设备及合理的工艺布局；为保证质量管理的实施，配备必要的试验、检验设备和工具等。

4. 我国的食品 GMP 的发展

1984 年，参照联合国粮农组织（FAO）和世界卫生组织（WHO）食品法典委员会的《食品卫生通则》，结合我国国情制定了 GB 14881—1994《食品企业通用卫生规范》，作为我国食品企业必须执行的国家标准发布。在 1988～1998 年间，卫生部制定了 19 个食品加工企业卫生规范，简称"卫生规范"。形成了我国食品 GMP 体系。这些规范包括罐头、白酒、啤酒、酱油、食醋、食用植物油等。卫生规范制定的目的主要是针对当时我国大多数食品企业卫生条件和卫生管理比较落后的现状，重点规定厂房、设备、设施的卫生要求和企业的自身卫生管理等内容，借以促进我国食品企业卫生状况的改善。

鉴于制定我国食品企业 GMP 的时机已经成熟，1998 年卫生部发布了 GB 17405—1998《保健食品良好生产规范》和 GB 17404—1998《膨化食品良好生产规范》，这是我国首批颁布的食品 GMP 标准，标志着我国食品企业管理开始向高层次发展。我国根据国际食品贸易的要求，1998 年由国家商检局首先制定了类似 GMP 的卫生法规《出口食品厂、库最低卫生要求》，于 1996 年 11 月发布。在此基础上，又陆续发布了出口畜禽肉等 9 个专业卫生规范。1999 年又颁布了《水产品加工质量管理规范》。2002 年 5 月对《出口食品厂、库卫生要求》进行了修订，发布了《出口食品生产企业卫生要求》。

2009 年《食品安全法》颁布前，卫生部以食品卫生国家标准的形式发布了近 20 项"卫生规范"和"良好生产规范"。有关行业主管部门制定和发布了各类"良好生产规范""技术操作规范"等 400 余项生产经营过程标准。2013 年，根据《食品安全法》和国务院工作部署，开展食品安全国家标准整合工作。截止到 2018 年，国家颁布了以 GB 14881—2013《食品安全国家标准 食品生产通用卫生规范》为基础、40 余项涵盖与人们日常饮食中密切相关的乳制品、畜禽屠宰加工、饮料、发酵酒及其配制酒、谷物加工、糖果巧克力、膨化食品、食品辐照加工、包装饮用水、肉和肉制品、水产制品、蛋与蛋制品等主要食品类别的生产经营规范类食品安全标准体系。

5. 实施 GMP 的目的和意义

（1）**推行食品 GMP 的目的** 提高食品的品质与卫生安全；保障消费者与生产者的权益；强化食品生产者的自主管理体制；促进食品工业的健康发展。

（2）**推行食品 GMP 的意义**

① 为食品生产提供一套必须遵循的组合标准。

② 为食品监管部门、食品卫生监督员提供监督检查的依据。

③ 为建立国际食品标准提供基础，有利于食品进入国际市场。

④ 促进食品企业质量管理的科学化和规范化。使食品生产经营人员认识食品生产的特殊性，由此产生积极的工作态度，激发对食品质量高度负责的精神，消除生产上的不良习惯。

⑤ 有助于食品生产企业采用新技术、新设备，从而保证食品质量。

二、中国 GMP 标准的框架

GB 14881—2013《食品安全国家标准 食品生产通用卫生规范》内容包括：范围，术语和定义，选址及厂区环境，厂房和车间，设施与设备，卫生管理，食品原料、食品添加剂和食品相关产品，生产过程的食品安全控制，检验，食品的贮存和运输，产品召回管理，培训，管理制度和人员，记录和文件管理。

现将 GB 14881—2013《食品安全国家标准 食品生产通用卫生规范》、GB 8950—2016《食品安全国家标准 罐头食品生产卫生规范》、GB 8953—2018《食品安全国家标准 酱油生产卫生规范》进行对照来了解中国 GMP 标准的框架结构，这样有助于掌握良好操作规范（GMP）的内容。表 6-2 为食品生产通用卫生规范结构。

表 6-2 食品生产通用卫生规范结构

序号	GB 14881—2013 标准框架			标准	
				GB 8950—2016	GB 8953—2018
1	前言范围				
2	术语和定义			多于 GB 14881—2013	同 GB 14881—2013
3	选址及厂区环境	选址		同 GB 14881—2013	同 GB 14881—2013
		厂区环境		同 GB 14881—2013	同 GB 14881—2013
4	厂房和车间	设计和布局		同 GB 14881—2013	多于 GB 14881—2013
		建筑内部结构与材料	内部结构	同 GB 14881—2013	一般要求
			顶棚	同 GB 14881—2013	制曲室
			墙壁	同 GB 14881—2013	发酵场所
			门窗	同 GB 14881—2013	顶棚
			地面	同 GB 14881—2013	墙壁
					门窗
					地面
5	设施与设备	设施	供水设施	一般要求同 GB 14881—2013	供水设施
			排水设施	基本要求	排水设施
			清洁消毒设施	供水设施	清洁消毒设施
			废弃物存放设施	通风和温控装置	废弃物存放设施
			个人卫生设施	杀菌设备	个人卫生设施
			通风设施		通风设施
			照明设施		照明设施
			仓储设施		仓储设施
			温控设施		温控设施
		设备	生产设备		一般要求、材质、设计
			监控设备		同 GB 14881—2013
			设备的保养和维修		同 GB 14881—2013
6	卫生管理	卫生管理制度		同 GB 14881—2013	同 GB 14881—2013
		厂房及设施卫生管理		同 GB 14881—2013	多于 GB 14881—2013
		食品加工人员健康管理与卫生要求	食品加工人员健康管理	同 GB 14881—2013	多于 GB 14881—2013
			食品加工人员卫生要求		多于 GB 14881—2013
			来访者		同 GB 14881—2013
		虫害控制		同 GB 14881—2013	同 GB 14881—2013
		废弃物处理		同 GB 14881—2013	多于 GB 14881—2013
		工作服管理		同 GB 14881—2013	同 GB 14881—2013

续表

序号	GB 14881—2013 标准框架			标准	
				GB 8950—2016	GB 8953—2018
7	食品原料、食品添加剂和食品相关产品	一般要求		多于 GB 14881—2013	同 GB 14881—2013
		食品原料			同 GB 14881—2013
		食品添加剂			同 GB 14881—2013
		食品相关产品			同 GB 14881—2013
		其他			同 GB 14881—2013
8	生产过程的食品安全控制	产品污染风险控制		多于 GB 14881—2013	多于 GB 14881—2013
		生物污染的控制	清洁和消毒		一般要求、菌种选用与培养、种曲、制曲发酵、淋油、调配、灌装
			食品加工过程的微生物监控		
		化学污染的控制			同 GB 14881—2013
		物理污染的控制			同 GB 14881—2013
		包装			同 GB 14881—2013
9	检验			同 GB 14881—2013	同 GB 14881—2013
10	食品的贮存和运输			同 GB 14881—2013	同 GB 14881—2013
11	产品召回管理			同 GB 14881—2013	同 GB 14881—2013
12	培训			多于 GB 14881—2013	同 GB 14881—2013
13	管理制度和人员			同 GB 14881—2013	同 GB 14881—2013
14	记录和文件管理	记录管理		同 GB 14881—2013	同 GB 14881—2013
		文件的管理制度		同 GB 14881—2013	同 GB 14881—2013
		电子计算机信息系统		同 GB 14881—2013	同 GB 14881—2013

三、中国 GMP 内容

食品企业实施 GMP 有利于食品质量控制，有利于企业的长远发展。企业要建立 GMP，就需要了解 GMP 的内容。根据 GB 14881—2013《食品安全国家标准　食品生产通用卫生规范》进行分析，内容如下：

1. 选址及厂区环境

（1）要求　食品工厂的选址及厂区环境与食品安全密切相关。适宜的厂区周边环境可以避免外界污染因素对食品生产过程的不利影响。在选址时需要充分考虑来自外部环境的有毒有害因素对食品生产活动的影响，如工业废水、废气、农业投入品、粉尘、放射性物质、虫害等。如果工厂周围有无法避免的类似影响食品安全的因素，应从硬件、软件方面考虑采取有效措施加以控制。

厂区环境包括厂区周边环境和厂区内部环境，工厂应从基础设施（含厂区布局规划、厂房设施、路面、绿化、排水等）的设计建造到其建成后的维护、清洁等，实施有效管理，确保厂区环境符合生产要求，厂房设施能有效防止外部环境的影响。合适的外部环境可以有效规避食品生产加工过程中的交叉污染，降低食品安全管理和产品质量管理的难度与成本。总之，食品工厂的选址必须遵守国家法律、法规，符合国家和地方的产业、区域发展规划，综合考虑水质、地质、人文等因素，注意环境保护和生态平衡。

（2）常见问题

① 厂区原料库外堆放杂物未清理；车间内地面、货架等多处脏污有积灰。

② 车间封闭门未封闭，存在人流物流交叉污染风险。

③ 厂区内有未经防护的沙堆、较大面积渍水。

④ 厂区内绿化与生产车间未保持适当距离，有蚊蝇出现。

⑤ 明渠未加防护，仓库存在渗水情况。

⑥ 生产车间入口处有炊事设备。未配备温湿度计、去湿装置，检验室放置茶几、茶具等生活设施，用作其他用途。

2. 厂房和车间的设计布局

（1）要求 良好的厂房和车间设计布局有利于使人员、物料流动有序，设备分布位置合理，降低交叉污染发生风险。食品企业应从原材料入厂至成品出厂，从人流、物流、气流等因素综合考虑，统筹厂房和车间的设计布局，兼顾工艺、经济、安全等原则，满足食品卫生操作要求，预防和降低产品受污染的风险。

（2）常见问题

① 人流和成品出口有交叉污染；空压机存放在洗手更衣室；相互易造成交叉污染区域无有效隔离措施；叉车进料带来污染隐患。

② 人员、原料进入车间存在交叉污染；生产车间风淋两侧门未配备互锁装置；原料拆包间未做有效缓冲和密闭，拆包环节卫生防护措施不当；预处理间紫外灯开关设置不合理；更衣设施安装顺序不到位。

③ 外包装间、内包装间无分隔；拆包间与内包装车间物料门损坏，无法密闭，部分物料口未设置防蝇帘；更衣室、配料室与成型车间直接相通，无隔断；内包间出货口无遮挡；车间物流口防护装置不规范。

3. 厂房和车间的建筑内部结构与材料

（1）要求 建筑内部结构应易于维护、清洁或消毒。应采用适当的耐用材料建造。顶棚和墙壁应使用无毒、无味、与生产需求相适应、易于观察清洁状况的材料建造；若直接在屋顶内层喷涂涂料作为顶棚，应使用无毒、无味、防霉、不易脱落、易于清洁的涂料；并且应易于清洁、消毒，在结构上不利于冷凝水垂直滴下，防止害虫和霉菌滋生。门窗应闭合严密。门的表面应平滑、防吸附、不渗透，并易于清洁、消毒。应使用不透水、坚固、不变形的材料制成。地面应平坦防滑、无裂缝，并易于清洁、消毒，并有适当的措施防止积水。

（2）常见问题

① 包装车间窗台闭合不严密，存在积水、积尘。

② 车间顶棚等部位墙皮脱落。上方存在大量冷凝水，有污染风险；顶棚和照明灯脱落。

③ 墙面破损；使用非防水的墙纸，有脱皮和霉变现象；墙壁出现明显污垢、霉斑。

④ 窗台闭合不严密，存在积水、积尘；车间门损坏，门窗未安装防害虫侵入的纱网。

⑤ 纱窗破损；生产车间缺少必要的通风设施，可开启的窗户未安装防害虫侵入的纱网，车间内积尘藏污不洁净。

⑥ 地面积水，生产车间内部分地面不整洁，原料冻库外部分地面积水；车间地面不平

整，存在积水现象，顶棚存在污渍；墙壁与地面墙角有裂缝。

4. 设施与设备

(1) 要求 企业设施与设备是否充足和适宜，不仅对确保企业正常生产运作、提高生产效率起到关键作用，同时也直接或间接地影响产品的安全性和质量的稳定性。正确选择设施与设备所用的材质以及合理配置安装设施与设备，有利于创造维护食品卫生与安全的生产环境，降低生产环境、设备及产品受直接污染或交叉污染的风险，预防和控制食品安全事故。设施与设备涉及生产过程控制的各直接或间接的环节，其中，设施包括供、排水设施，清洁、消毒设施，废弃物存放设施，个人卫生设施，通风设施，照明设施，仓储设施，温控设施等；设备包括生产设备、监控设备，以及设备的保养和维修等。

(2) 常见问题

① 供水设施 生产用水检验项目不齐全；水管路系统无明确标识，不能区分。

② 排水设施 排水口排水不畅；车间排水槽表面粗糙，车间内空气冷却器冷凝水排水不畅；排水沟不平整，有积水现象，空调排水管道垂落，空调冷凝水不能有效排出；地漏无封盖；贯穿于配料间、原辅料仓库、生产车间的排水沟未封闭；车间排水沟设施害虫防护措施不足；鞋靴消毒池内的消毒水、洗手水排在通往车间的排水沟内；二次洗手更衣设备无洗手消毒液；车间紫外线杀菌装置安装不规范；清洁用具存放在生产车间内不合适；电动卷帘门，未设置有效的防护措施；灌装车间有不该放置的吸尘器；缺存放废弃物的设施。

③ 个人卫生设施 车间更衣室缺少必要的更衣设施，个别洗手设施不能正常使用；生产场所入口更衣室内混放私人物品；无更衣设施；工作服与个人物品未分别存放；柜内放有不该放的杀虫气雾剂；更衣室中和车间入口处的鞋靴消毒池尺寸太小；鞋靴消毒池未有效覆盖进入配料间行走区域，布局欠合理；无换鞋设施。

车间内设有卫生间，车间与卫生间相通；洗手水龙头为触摸式；干手、消毒设施不能正常使用；消毒液过期；洗手设施部分损坏，无干手、消毒设备；洗手设施（水龙头）、干手设备（烘手器）未设在清洁作业区入口处；紫外灯位置安装在门口墙壁，消毒区域受限。

更衣室人员消毒设施设置不合理，自动烘干机在车间入口的相反方向，现场未见手部消毒池；洗手、消毒设施不能满足正常使用；水槽上方无感应水龙头，水槽内消毒剂浓度无法保证，造成杀菌不彻底。

④ 通风设施 通风设施不够；生产车间缺少必要的通风设施，可开启的窗户未安装防害虫侵入的纱网。更衣间的排气口未装防止害虫侵入的网罩等设施；通风设备未正常运行，无法提供空气洁净度报告；未安装除尘设施。

⑤ 照明设施 照明灯损坏，未及时更换；车间照明设施数量不足，暴露食品或原料上方的照明设施缺少防护措施。

⑥ 仓储设施 原料和成品堆放在车间外的走廊，半露天存放，缺防护设施；原料仓库门口未设置防鼠板；产品留样存放于冷库外通道处且未进行标识；原辅料、加工副产品未按规定分区、分类存放，未与墙壁、地面保持适当距离；部分库房入口防鼠板较少或无防鼠设施；成品储存区、包装材料储存区、样品留存区、不合格样品区同一场所，未有明确的区域分离标识；部分原料储存条件有温、湿度要求，但未设置温、湿度控制设施；仓库各功能区未明确标识；库存原辅料标签未进行名称、规格、保质期、贮存条件等信息标识；原料库房、半成品库房、内包材库房、外包材库房对清洁程度、温湿度控制等要求不同，企业现场为同一区域分区存放，且室内温度偏高；企业虽然分设了成品库和半成品库，但是成品与半

成品在成品库房和半成品库房内均有混放现象，且码放不整齐，标识不明确；消毒剂存放混乱，未设置洗涤剂、消毒剂专门存放区域。

⑦ 生产包装车间　缺温、湿度监测及记录；留样间内未配备温、湿度计；温、湿度未监控；无温、湿度监测设施。

⑧ 材质　凳子、柜子和工作台为易腐易霉材质；存放有半成品的不锈钢桶盖不易于清洗；内包装机生锈，表面漆脱落；设备上有铁锈，未见相应纠偏措施；厂区内温、湿度计读数不准确，未经检定；缺少生产设备、设施的维护保养记录；设备不能正常运行。

5. 卫生管理

(1) 要求　卫生管理是食品生产企业食品安全管理的核心内容。卫生管理从原料采购到出厂管理，贯穿于整个生产过程。卫生管理涵盖管理制度、厂房与设施、人员健康与卫生、虫害控制、废弃物、工作服等方面。以虫害控制为例，食品生产企业常见的害虫一般包括老鼠、苍蝇、蟑螂等，其活体、尸体、碎片、排泄物及携带的微生物会引起食品污染，导致食源性疾病传播，因此食品企业应建立相应的虫害控制措施和管理制度。

(2) 常见问题

① 卫生管理制度　缺少食品生产卫生管理制度以及相应的考核标准；无关键控制环节的监控制度；未能针对生产环境、设备设施建立卫生监控制度及记录；生产车间内生产工具未做标识并离地存放；工作人员未按照作业指导书进行规范操作，存在污染风险。

② 厂房及设施卫生管理　温度显示器损坏、顶面墙面装饰材料存在脱落情况；墙面发黑，包装车间地面不平整；车间集聚有灰尘和蜘蛛网，下水道未清理导致变质发臭；内包装车间洗手设施损坏；部分纱窗破损；墙体、天花板有霉迹和脱落现象；生产车间顶棚与墙壁连接处局部有破损，闭合不严密；车间更衣室有蜘蛛网，内包材消毒柜有蟑螂粪便，更衣室内及洗手池旁排水管未有效封闭。

设备表面污垢较厚，无维护保养记录；部分直接接触食品及原料的设备和容器（塑料量杯、产品中转箱）未及时清洁消毒；非生产期间，生产区设备积累残留加工原料、粉尘，未进行清洁处理；车间内杂物、废弃物堆放杂乱，设备有积尘；生产设备及容器有较多灰尘及残余原料，设备缺乏有效维护保养。

③ 食品加工人员健康管理与卫生要求　部分从业人员缺少健康证；相关人员健康证明过期，未能及时取得；生产工人工衣工帽未配备完整；生产车间工作人员未穿戴工作衣帽；个别食品加工人员佩戴手表、耳环进行作业。

④ 虫害控制　墙壁和紫外线灯管上附有蜘蛛网，车间有苍蝇；库房没有防蝇、防鼠、防虫设施；排水沟缺铁丝网，未完全封闭，现场有小虫；生产车间挡鼠板和地面、墙壁空隙过大，下水道地漏孔洞过大；缺少定期检查防鼠、防蝇、防虫害装置使用情况的检查记录；生产车间地面发现蚂蚁和死蟑螂；原料库房设备检修口密封不严；车间防蝇防虫设施损坏（纱窗破损）；生产车间生产时敞开窗户，且窗户无纱窗，无法达到防虫要求；原料库无挡鼠板，有害虫，加工车间排气口网罩破损。

无虫害控制平面图，未标明捕鼠器、粘鼠板、灭蝇灯、室外诱饵投放点、生化信息素捕杀装置等放置的位置；无定期除虫灭害的工作记录。

⑤ 废弃物处理　缺少废弃物处理处置数量、处置人、处置方式等信息，与企业制定的操作规程不一致；生产车间地面灰尘较多，厂区内堆放杂物；污物处理池设置不合理。

⑥ 工作服管理　缺少工作帽、工作短上衣、工作鞋和工作裤；更衣室内工作服靠墙挂放，未见工作服清洗保洁制度和要求；清洁区工作服裸露放置在更衣柜内。

6. 食品原料、食品添加剂和食品相关产品

（1）要求 有效管理食品原料、食品添加剂和食品相关产品等物料的采购和使用，确保物料合格是保证最终食品产品安全的先决条件。食品生产者应根据国家法规标准的要求采购原料，根据企业自身的监控重点采取适当措施保证物料合格。可现场查验物料供应企业是否具有生产合格物料的能力，包括硬件条件和管理；应查验供货者的许可证和物料合格证明文件，如产品生产许可证、动物检疫合格证明、进口卫生证书等，并对物料进行验收审核。在贮存物料时，应依照物料的特性分类存放，对有温度、湿度等要求的物料，应配置必要的设备设施。物料的贮存仓库应由专人管理，并制订有效的防潮、防害虫、清洁卫生等管理措施，及时清理过期或变质的物料，超过保质期的物料不得用于生产。不得将任何危害人体健康的非食用物质添加到食品中。此外，在食品的生产过程中使用的食品添加剂和食品相关产品应符合 GB 2760—2011《食品安全国家标准　食品添加剂使用标准》、GB 9685—2016《食品安全国家标准　食品接触材料及制品用添加剂使用标准》等食品安全国家标准。

流通经营单位（超市、批发零售市场等）批量或长期采购时，应当查验并留存加盖有公章的营业执照和食品经营许可证等复印件；少量或者临时采购时，应确认其资质并留存盖有供货方公章（或签字）的每笔购物凭证或每笔送货单。

农贸市场采购，应当索取并留存市场管理部门或经营户出具的加盖公章（或签字）的购物凭证；从个体工商户采购的，应当查验并留存供应者盖章（或签字）的许可证、营业执照或复印件、购物凭证和每笔供应清单。

超市采购畜禽肉类的，应留有盖有供货方公章（或签字）的每笔购物凭证或每笔送货单；从批发零售市场、农贸市场等采购畜禽肉类的，应索取并留存动物产品检疫合格证明及盖有供货方公章（或签字）的每笔购物凭证或每笔送货单。从屠宰企业直接采购的，应当索取并留存供货方盖章（或签字）的许可证、营业执照复印件和动物产品检疫合格证明。

（2）常见问题

① 食品原料　缺少某原料进货查验记录，缺少检验报告等合格证明文件；市场采购原料未索要供货者的证明文件；原辅料、包装材料进货查验不到位，供应商许可证已过期；原料进货查验验收证明信息不全，检验报告中缺少重金属等检验项目；某些原料生产日期与抽样日期不符，产品标签与产品实质不相符；未划定指定区域存放不合格品。

② 食品添加剂　无食品添加剂供货者的许可证和产品合格证明文件；设备表面污垢较厚，无维护保养记录；部分直接接触食品及原料的设备和容器（塑料量杯、产品中转箱）未及时清洁消毒；非生产期间，生产区设备积累残留加工原料、粉尘，未进行清洁处理；车间内杂物、废弃物堆放杂乱，设备有积尘；生产设备及容器有较多灰尘及残余原料，设备缺乏有效维护保养。

③ 食品相关产品　塑料编织袋无生产厂家的生产许可证；无原料进货验收标准；未查验大包装产品包装用塑料袋生产商的许可证；缺少包装材料供货者的许可证、产品合格证明文件及相关检验报告；采购包装袋缺少生产企业的检验合格报告；部分供应商许可证已过期。

仓库有粉尘沉积；生产设备上有积灰；仓库堆放大量杂物；不合格产品未在指定区域存放并及时处理；未建立产品处理记录。

7. 生产过程的食品安全控制

（1）要求 生产过程中的食品安全控制措施是保障食品安全的重中之重。企业应高度重视生产加工、产品贮存和运输等食品生产过程中的潜在危害控制，根据企业的实际情况制订

并实施生物性、化学性、物理性污染的控制措施,确保这些措施切实可行和有效,并做好相应的记录。企业宜根据工艺流程进行危害因素调查和分析,确定生产过程中的食品安全关键控制环节(如:杀菌环节、配料环节、异物检测探测环节等),并通过科学依据或行业经验,制订有效的控制措施。

在降低微生物污染风险方面,通过清洁和消毒能使生产环境中的微生物始终保持在受控状态,降低微生物污染的风险。应根据原料、产品和工艺的特点,选择有效的清洁和消毒方式,例如考虑原料是否容易腐败变质,是否需要清洗或解冻处理,产品的类型、加工方式、包装形式及贮藏方式,加工流程和方法等;同时,通过监控措施,验证所采取的清洁、消毒方法是否行之有效。在控制化学污染方面,应对可能污染食品的原料带入、加工过程中使用、污染或产生的化学物质等因素进行分析,如重金属、农兽药残留、持续性有机污染物、卫生清洁用化学品和实验室化学试剂等,并针对产品加工过程的特点制订化学污染控制计划和控制程序,如清洁消毒剂等由专人管理,定点放置,清晰标识,做好领用记录等;在控制物理污染方面,应注重异物管理,如玻璃、金属、砂石、毛发、木屑、塑料等,并建立防止异物污染的管理制度,制订控制计划和程序,如工作服穿着、灯具防护、门窗管理、虫害控制等。

微生物是食品污染、腐败变质的重要原因。企业应依据食品安全法规和标准,结合生产实际情况确定微生物监控指标限值、监控时点和监控频次。企业在通过清洁、消毒措施做好食品加工过程微生物控制的同时,还应当通过对微生物监控的方式验证和确认所采取的清洁、消毒措施能够达到有效控制微生物的目的。

微生物监控包括环境微生物监控和加工过程中的监控。监控指标主要以指示微生物(如菌落总数、大肠菌群、霉菌酵母菌或其他指示菌)为主,配合必要的致病菌。监控对象包括食品接触表面、与食品或食品接触表面邻近的接触表面、加工区域内的环境空气、加工中的原料和半成品,以及产品、半成品经过工艺杀菌后微生物容易繁殖的区域。

通常采样方案中包含一个已界定的最低采样量,若有证据表明产品被污染的风险增加,应针对可能导致污染的环节,细查清洁、消毒措施执行情况,并适当增加采样点数量、采样频次和采样量。环境监控接触表面通常以涂抹取样为主,空气监控主要为沉降采样,检测方法应基于监控指标进行选择,参照相关项目的标准检测方法进行检测。

监控结果应依据企业积累的监控指标限值评判环境微生物是否处于可控状态,环境微生物监控限值可基于微生物控制的效果以及对产品食品安全性的影响来确定。当卫生指示菌监控结果出现波动时,应当评估清洁、消毒措施是否失效,同时应增加监控的频次。如检测出致病菌时,应对致病菌进行溯源,找出致病菌出现的环节和部位,并采取有效的清洁、消毒措施,预防和杜绝类似情形发生,确保环境卫生和产品安全。

食品加工过程中微生物监控计划的卫生指示菌指标与食品产品安全标准的关系。

卫生指示菌一般包括菌落总数、大肠菌群、霉菌、酵母等。企业通过科学设置卫生指示菌指标和限量的方式,并在食品生产过程中采取适宜的清洁、消毒等控制措施,使生产过程始终在卫生的环境条件下进行,从而达到终产品卫生和安全的控制目标。

实行过程控制是生产安全食品的必然方式,是食品安全管理较好的国家普遍采用的管理方法,并得到国际食品法典委员会的大力倡导。如果不对整个生产过程的卫生状况进行有效控制,仅仅在最后工序简单地增加一道食品本不需要的消毒杀菌环节,虽然可以满足产品标准中对卫生指示菌的要求,但却可能带来难以预料的潜在食品安全风险。

为加强食品安全过程管理,目前我国各类食品产品标准中设置的卫生指示性微生物指标,如菌落总数、大肠菌群、霉菌、酵母等,将逐步调整到各类生产规范类标准中,便于企业实行过程控制，引导企业利用卫生指示菌监控食品加工过程、贮存过程中的卫生状况，以及验证清洁、消毒等卫生控制措施是否有效，促使企业切实承担起保障食品安全的主体责任。食品生产企业可以结合产品类型和加工工艺，在不同的工艺环节，合理设置适合产品特点的指示菌指标要求并实施监控。当发现某监控点的指示菌水平异常时，即提示该食品生产过程相应环节的卫生管理措施可能达不到预期的效果，应当及时查验并提出纠正措施，以保证食品生产过程污染可控。

（2）**常见问题** 产品污染风险控制。工艺改进后，工艺文件未能及时更新，关键控制点设置有缺陷；缺少某些环节的关键控制点控制情况记录；未采用危害分析与关键控制点体系（HACCP）对生产过程进行食品安全控制。

农药未专人专柜管理，农药储存记录不规范；企业未建立产品配方管理制度、列明配方中使用的食品添加剂、食品营养强化剂、新食品原料的使用依据和规定使用量；所使用的食品添加剂、食品营养强化剂、新食品原料不符合相应食品添加剂和食品工业用加工助剂的使用制度；内包装间无消毒剂，存在交叉污染风险；车间内使用的消毒剂无标识且缺少相应的使用记录；食品添加剂无领用出库记录。

8. 检验

（1）**要求** 检验是验证食品生产过程管理措施有效性、确保食品安全的重要手段。通过检验，企业可及时了解食品生产安全控制措施上存在的问题，及时排查原因，并采取改进措施。企业对各类样品可以自行进行检验，也可以委托具备相应资质的食品检验机构进行检验。企业开展自行检验应配备相应的检验设备、试剂、标准样品等，建立实验室管理制度，明确各检验项目的检验方法。检验人员应具备开展相应检验项目的资质，按规定的检验方法开展检验工作。为确保检验结果科学、准确，检验仪器设备精度必须符合要求。企业委托外部食品检验机构进行检验时，应选择获得相关资质的食品检验机构。企业应妥善保存检验记录，以备查询。

（2）**常见问题**

① 缺少出厂检验报告或检验记录；缺少委托检验、型式检验等相关报告；实验室缺乏检验流程图且未见检验迹象。

② 无分析天平、检验设备的检定或校准证书；化验员操作不熟练，化验室存在已过期检验试剂；检测方法标准未及时更新；设备安置不当，不能保证称量数据的准确性；检验人员检验能力与所检项目不匹配；出厂检验报告及原始记录不全；未按照最新的产品检验标准执行。

③ 缺少留存样品且无记录留样情况；检验原始记录不完整、检验报告项目不符合出厂检验项目要求；无专用留样室（或留样柜），无留样记录；留样间空间与生产能力不相适应；留样方式为非预包装形式（最终销售形式）；检验频次不够。

9. 食品的贮存和运输

（1）**要求** 贮存不当易使食品腐败变质，丧失原有的营养物质，降低或失去应有的食用价值。科学合理的贮存环境和运输条件是避免食品污染和腐败变质、保障食品性质稳定的重要手段。企业应根据食品的特点、卫生和安全需要选择适宜的贮存和运输条件。贮存、运输食品的容器和设备应当安全无害，避免食品污染的风险。

（2）**常见问题** 原料库的贮存条件没有达到要求；原料库不通风；无仓储制度；无异常处理文件；仓库部分区域卫生条件较差，原料桶表面灰尘沉积；原料随意存放；无有效防止阳光直射措施。

10. 产品召回管理

(1) 要求 食品召回可以消除缺陷食品造成危害的风险，保障消费者的身体健康和生命安全，体现了食品生产经营者是保障食品安全第一责任人的管理要求。食品生产者发现其生产的食品不符合食品安全标准或会对人身健康造成危害时，应立即停止生产，召回已经上市销售的食品；及时通知相关生产经营者停止生产经营，通知消费者停止消费，记录召回和通知的情况，如食品召回的批次、数量、通知的方式、范围等；及时对不安全食品采取补救、无害化处理、销毁等措施。为保证食品召回制度的实施，食品生产者应建立完善的记录和管理制度，准确记录并保存生产环节中的原辅料采购、生产加工、贮存、运输、销售等信息，保存消费者投诉、食源性疾病、食品污染事故记录，以及食品危害纠纷信息等档案。

(2) 常见问题 未建立相关召回程序及报告制度；召回记录资料不全，缺少流通环节召回情况及记录等；未记录企业不合格批次召回处置信息；产品召回记录批次未能与生产产品批号相对应。

11. 培训

(1) 要求 食品安全的关键在于生产过程控制，而过程控制的关键在人。企业是食品安全的第一责任人，可采用先进的食品安全管理体系和科学的分析方法有效预防或解决生产过程中的食品安全问题，但这些都需要由相应的人员去操作和实施。所以对食品生产管理者和生产操作者等从业人员的培训是企业确保食品安全最基本的保障措施。企业应按照工作岗位的需要对食品加工及管理人员进行有针对性的食品安全培训，培训的内容包括：现行的法规标准，食品加工过程中卫生控制的原理和技术要求，个人卫生习惯和企业卫生管理制度。

(2) 常见问题

① 缺少从业人员食品安全知识培训记录或无培训。

② 缺少食品安全管理人员培训制度。

③ 无专业技术人员以及负责人在食品安全和食品卫生知识方面培训的考核记录；从业人员培训记录不完整，且无具体内容或其他佐证记录；培训记录内容不具体，只写《食品安全法》相关内容。

④ 有从业人员的培训制度和培训计划，但无培训记录；培训计划缺少考核记录和试卷等材料。

⑤ 无食品安全标准更新培训记录。

⑥ 未审核和修订培训计划。

12. 管理制度和人员

(1) 要求 完备的管理制度是生产安全食品的重要保障。企业的食品安全管理制度涵盖从原料采购到食品加工、包装、贮存、运输等全过程，具体包括食品安全管理制度，设备保养和维修制度，卫生管理制度，从业人员健康管理制度，食品原料、食品添加剂和食品相关产品的采购、验收、运输和贮存管理制度，进货查验记录制度，食品原料仓库管理制度，防止化学污染的管理制度，防止异物污染的管理制度，食品出厂检验记录制度，食品召回制度，培训制度，记录和文件管理制度等。

(2) 常见问题

① 无食品安全管理员的任命书及检验人员资质证明。

② 文件不及时修订；管理制度未明确不合格品的判定依据和处理方法。

③ 无预防和纠正措施文件。

13. 记录和文件管理

(1) 要求 记录和文件管理是企业质量管理的基本组成部分，涉及食品生产管理的各个方面，与生产、质量、贮存和运输等相关的所有活动都应在文件系统中明确规定。所有活动的计划和执行都必须通过文件和记录证明。良好的文件和记录是质量管理系统的基本要素。文件内容应清晰、易懂，并有助于追溯。当食品出现问题时，通过查找相关记录，可以有针对性地实施召回。

(2) 常见问题

① 缺少各种控制记录：无原材料入库、贮存、出库、领用记录；不按规定记录生产工序情况；原辅料领用出库记录的数量与进货验收记录不符（出库数量大于进货数量）；出厂销售没有记录产品的规格、生产日期（或生产批号）、销售日期等基本信息。

② 有记录但记录混乱：进货查验记录不全、混乱，保存期限少于 2 年；外包装袋仅标注一个编码，现场无法通过该编码查验相应原料追溯来源信息；成品入库台账信息不完整，如缺少产品名称；原辅料、半成品不合格品管理记录中未明确不合格情况及半成品的数量和具体处置措施；不合格原料退货和处理记录不规范。

③ 《成品出入库台账》《产品销售台账》中没有记录产品的规格信息；缺少某月生产投料记录，包括投料种类、生产日期或批号、使用数量等；缺少某月生产过程中关键控制点的具体控制参数；规格、数量、批号等内容记录不完整。

④ 未对相关理化指标进行过程监测；出厂检验记录不够完整；缺少食品生产环境温、湿度记录；未建立和保存生产加工过程关键控制点的控制情况记录；出厂检验报告中未记录规格、生产日期或生产批号信息；检验指标无检验过程相关记录。

⑤ 缺少购货者联系方式；产品出厂销售没有记录产品的规格、生产日期（或生产批号）、销售日期等基本信息；企业出厂检验报告产品批号均与成品入库记录批号不一致；销售台账的记录不全或无记录；无销售台账，只能提供发货数量的分类账。

⑥ 缺少召回后续整改方案；召回的不合格品储存记录不完整，缺少规格；不安全食品的召回相关记录不齐全；相关食品安全防范措施记录不完整；缺少不合格产品的召回报告，或召回报告无召回数量及处置情况。

⑦ 查验记录缺少审核人员签名；原料进货查验检验报告项目记录不全；出厂检验原始记录不规范，缺检验复核人员的签字。

⑧ 无客户投诉处理机制，缺乏处理客户投诉的相关记录；作业指导书与生产记录中记录内容不一致；无计算机进行记录和文件管理。

第三节 卫生标准操作程序（SSOP）

一、SSOP 概述

1. SSOP 定义

卫生标准操作程序（sanitation standard operation procedure，SSOP）是食品加工企业为了达到 GMP 所规定的要求，确保在加工过程中消除不良的人为因素，使其所加工的食品符合卫生要求而制定的指导食品生产加工过程中如何实施清洗、消毒和保持卫生的指导性文件。SSOP 是食品生产和加工企业建立和实施食品安全管理体系的重要的前提条件。

2. SSOP 的一般要求

① 加工企业必须建立和实施 SSOP，以强调加工前、加工中和加工后的卫生状况和卫生行为；

② SSOP 应该描述生产加工者如何保证某个关键的卫生条件；

③ SSOP 应该描述加工企业的操作如何受到监控来保证达到 GMP 规定的条件和要求；

④ 每个加工企业必须保持 SSOP 记录，至少应记录与加工厂相关的关键卫生条件和操作受到监控和纠偏的结果；

⑤ 执法部门或第三方认证机构应鼓励和督促企业建立书面的 SSOP 计划。

3. 美国 FDA 推荐的 SSOP

① 与食品或食品接触表面接触的水或生产用冰的安全；

② 与食品接触的表面（包括器具、手套和工作服）的状况和清洁；

③ 防止不卫生的物品与食品、食品包装材料和其他与食品接触的表面，以及未加工原料对已加工产品的交叉污染；

④ 洗手设施、手消毒设施和卫生间设施的维护；

⑤ 防止食品、食品包装材料和与食品接触的表面混入润滑油、燃料、杀虫剂、清洁剂、消毒剂、冷凝水及其他化学、物理和生物污染物；

⑥ 正确标识、存放和使用有毒化合物；

⑦ 员工健康状况的控制，避免对食品、食品包装材料和与食品接触的表面造成微生物污染；

⑧ 害虫的灭除。

4. SSOP 与 HACCP 的关系

危害是通过 SSOP 和 HACCP 的关键控制点（CCP）共同予以控制的。SSOP 具体列出了卫生控制的各项目标，包括了食品加工过程中的卫生、工厂环境的卫生和为达到 GMP 的要求所采取的行动。SSOP 的正确制定和有效执行，对控制危害是非常有价值的。如果 SSOP 实施了对加工环境和加工过程中各种污染或危害的有效控制，那么按产品工艺流程进行危害分析而实施的关键控制点（CCP）的控制就能集中到对工艺过程中的食品危害的控制方面。按 FDA 的说法，就是"确定哪些危害是由加工者的卫生监控计划来控制的——将它们从 HACCP 计划中划出去，只余下少数需要在 HACCP 计划中加以控制的显著危害"。因此，HACCP 计划中 CCP 的确定受到 SSOP 有效实施的影响，或 HACCP 体系建立在以 GMP 为基础的 SSOP 上。SSOP 可以减少 HACCP 计划中的 CCP 数量。把某一危害归类到 SSOP 控制而不列入 HACCP 计划内控制，丝毫不意味着对其控制的重要性有所降低或表明未作为优先控制加以考虑。

当工厂实施了 SSOP 后，HACCP 就能更为有效，因为 HACCP 体系就能集中到与食品或其生产过程中相关的危害控制上，而不是在生产卫生环境上，HACCP 计划更加体现特定食品危害控制属性。反之，也可以把卫生控制作为 HACCP 计划的一部分，但在这种情况下，各项卫生控制必须具有 CCP 的所有特性，如确定关键限值、建立监控、纠正措施、记录保持和验证程序。

SSOP 最重要的是具有八个卫生方面（不限于这八个方面）的内容，加工者根据这八个主要卫生控制方面加以实施，以消除与卫生有关的危害。实施过程中还必须有检查、监控，如果实施不力还要进行纠正和记录。这些卫生方面适用于所有种类的食品零售、批发、仓库和生产操作。

二、SSOP 的具体内容

1. 水（冰、汽）的安全

(1) 水的要求　美国现行的良好操作规范（GMP）规定：食品加工厂加工过程的供水必须充足且来自适当的水源，接触食品或食品接触面的水必须安全并保证其卫生质量。在通常情况下，"水的卫生质量"已被解释为符合国家饮用水标准的水。

(2) 水的用途　任何食品加工操作的安全问题首先是水的安全。因为在食品加工中，水具有广泛的用途，主要用于：

①某些食品的组成成分；②传送或运输食品；③清洗食品；④设施、工器具、容器和设备的清洗消毒；⑤制冰及产品镀冰衣；⑥饮用。所有这些都要求使用安全的水，不能造成食品的污染。

一个完整的 SSOP 计划必须首先考虑与食品、食品接触面有关的水以及制冰的水的来源与处理，同时也应考虑饮用水的供水系统与非饮用水的供水系统和污水排放系统有无交叉相连关系。即：①与食品、食品接触面有关的水的安全供应；②制冰的水的安全供应；③饮用水与非饮用水和污水排放系统没有交叉相连关系，目的是保证加工用水无污染；④须无有害的生物（病毒、细菌、寄生虫）；⑤须无化学性危害（农药、工业污染、重金属等有害化学物质）。

(3) 水中可能的危害　水中可能的危害包括有害的生物（病毒、细菌、寄生虫）、化学性危害（农药、工业污染、重金属等有害化学物质）、物理性危害［浮尘、胶体、可见物理污染物（沙、石、泥土等）］。水中经常发现大肠杆菌群，大肠杆菌的存在表明水受到了污染。饮用水或接触食品的水必须进行大肠杆菌群处理。饮用水中这些细菌的存在通常是水处理或输水管道存在问题。在水中能引起问题的主要病毒（如甲型肝炎病毒）与粪便污染有关。氯处理一般能使这些病毒失活。

(4) 水的安全控制

① 水源。食品加工厂的水源一般由自供水、城市供水和海水构成。自供水由自备水井供水，城市供水又称公共供水，是由自来水厂供应的饮用水。

自来水在化学和微生物含量方面保持高的水质标准，经过净化或处理，使用前又经过了检验，一般不会有安全、卫生方面的问题。

城市供水必须对总接口加以控制，特别当自供水和城市供水两种供水系统并存时更要对总接口进行控制，防止交叉污染的发生。城市供水是最常用的水源，但这种水源较为昂贵。

相比较，自备水井供水费用较低，但却比城市供水更易受污染。由于井水和自来水相比含有大量的可溶性矿物质、不溶性固体、有机物质、可溶性气体及微生物，因此使用井水前都要进行水处理。

井水的微生物污染来源包括：

a. 污水可通过洪水或由于井与污水池、粪池或灌溉田距离太近而进入井水中造成污染；

b. 井的保护性装置或内涂层破裂或密封不当会引起污染；

c. 一些水产品加工设施多设置在海滨地区，而这些地方常发生洪水或大雨，可使表层水进入井中产生污染；

d. 保护不当，地表残渣也会进入井中造成污染；

e. 地下水本身由于没有充分的过滤和渗透除去杂质而导致污染。

井水的化学性污染来源：

a. 油罐、车辆的泄漏造成的污染；
b. 农田、家庭花园、高尔夫球场中农药、除草剂等农业化学品的使用造成污染；
c. 工业废弃物造成的污染。

根据上述微生物和化学性污染的来源分析，我们必须对水井的安全、卫生要求作出相应规定。美国弗吉尼亚州卫生主管部门建议井口应离地 0.6~0.9m，地面与保护性装置应有坡度以免地表水进入。根据土质和水运动的比率，离污水源和垃圾至少 61m 远。井的保护装置应是焊接或螺纹状的以防地表水进入，而且，为避免地表水的污染，应有至少 0.6m 高的混凝土阻挡物。还应设置一个带有筛网或过滤装置的通风口以防在井中形成真空造成污染。不能在低于表面不到 3m 处汲水。

② 水的贮存和处理。水的贮存方式有：水塔、蓄水池、储水罐等。水的处理方式有：加氯处理（自动加氯系统）、臭氧处理、紫外线消毒等。

一般水的处理是在水的贮存过程中进行的，最直接、经济和有效的方法是采用加氯处理的水处理方式。管网末梢出水口游离氯含量控制在 0.05~0.3mg/L（根据 GB 5749—2006《生活饮用水卫生标准》要求）。

除了对水进行处理外，还必须对水塔、蓄水池、储水罐等水的贮存环境进行定期清洗消毒，清洗消毒的方法和频率必须在 SSOP 计划中作出规定，清洗消毒的记录给予保存。

③ 防止饮用水与污水的交叉污染。为防止饮用水和非饮用水、污水的交叉污染，食品加工企业必须对公司的供水系统和排水系统有非常清晰的认识，并能提供出供水和排水网络图，证明不同系统的管道没有交叉互联，交叉污染的可能性不存在。另外在供水网络图中还应标上各出水口编号，以便对生产用水的安全、卫生检测监控制订计划。采取适当措施防止虹吸和回流现象的发生。

当管道中饮用水与非饮用水（特别是污水或其他液体）混合时，会产生交叉连接。交叉连接可以使水源与污水直接连接，也可以是污水源吸入或进入饮用水源的间接连接。间接连接的例子包括：位置低于化粪池或洗手槽浸入水中的出水口、插入清洗池中的水管（如塑料软管）。

水输送系统中因压力不同而产生回流，致使污染物进入饮用水管道。当饮用水管道中的压力低于空气压力（负压）时，可导致"回吸"将污染物吸入饮用水管道或形成"虹吸管回流"。管道的尺寸、水流速率和水的高度等方面的不同，会产生这些问题。

通常设计良好并维护好的空气隔断是防止回流问题的最佳方式。管道安装指南推荐空气隔断应为有效的开放饮用水出口直径的两倍，隔断至少应有 2.5cm。当无法使用空气隔断时，真空排气阀可用来使空气压力进入水管系统以减少真空，避免任何液体进入饮用水中。真空排气阀有两种类型：压力型和非压力型。合格的管道工应懂得根据水管、龙头的构造和水的使用进行正确选择和安装。检测和正确的检查或安装是周期性卫生控制记录的一部分。

注意食品环境中水污染的另外的潜在因素：水的软化或去离子设备。当水有异味时，应首先怀疑是此项导致的。尽管在这种状况下，大肠菌群的检测呈阴性，但此时菌落总数会非常的高。事实上，由于含有大量的细菌，甚至水会混浊（发黑）。虽然这些在去离子环境中生长的微生物无致病性，但它们的存在是不受欢迎的。应尽力防止其生长，经常回流清洗树脂层，定期更换树脂层是控制污染的最有效方法。

工厂在日常卫生管理中必须采取的措施有：无保护装置的水管不能直接放在清洗、解冻、漂洗槽；水管管道不留死水区；供水管道阀门不得埋于污水中，以及深井总管出水口或储水罐等出口安装止回阀，这些都是防止工厂内水污染的有效措施。

④ 废水排放。为使加工车间保持清洁，废水排放必须做到畅通。有效措施为：

a. 地面。为便于排水和防止周围的水反流入车间，车间整个地面的水平线在设计和建造时应该比厂区的地面水平线略高，并在建造时使地面有1%～1.5%的斜坡度。

b. 加工用水、台案或清洗消毒池的水不能直接流到地面，以防止地面的污水飞溅，污染产品及工器具。

c. 地沟。排水沟应该用表面光滑、不渗水的材料铺砌，施工时不得出现凹凸不平和裂缝，并形成3%的倾斜度。排水沟的深度要根据生产过程的排水量来确定，以水不会从沟中溢出为原则，水沟的沟底应砌成圆形，曲率半径不小于3cm。排水沟应该加上可以开启的防护盖，以便日常清洁。排水的地漏要有防止固形物进入的措施，畜禽加工厂的浸烫打毛间应采用明沟，以便于清除羽毛和污水。如果是暗沟应该加算子，算子的材料应易于清洗、不生锈。

d. 排水流向。从清洁区到非清洁区。

e. 排水与外界接口。要有金属网罩防鼠、防蚊蝇和昆虫；地漏或排水沟的出口应使用U形或P形、S形等有存水弯的水封，防异味。

f. 污水处理。污水排放前应做必要的处理，排放应符合国家环保部门的要求。

(5) 水的监测

① 水质标准。按GB 5749—2006检测全部指标。微生物指标要求细菌总数<100CFU[1]/mL；大肠菌群（MPN[2]/100mL 或 CFU/100mL）不得检出。游离氯要求在0.05～0.3mg/L。

欧盟水的标准：按欧盟指令80/778/EEC共计62项。包括微生物指标：细菌总数小于10个/mL；大肠菌群MPN小于1个/100mL；粪大肠菌群MPN小于1个/100mL；粪链球菌MPN小于1个/100mL；致病菌不得检出。

② 日常监测的内容。余氯、pH、微生物。

③ 检测频率。企业每月至少进行一次微生物监测；企业每天对水的pH和余氯进行监测；当地主管部门对水的全项目的监测报告每年1～2次；定期对饮用水管道和非饮用水管道及污水管道的硬管道之间的可能出现问题的交叉连接进行检查。

(6) 冰、汽的安全

① 冰的安全。制冰用水必须符合饮用水标准。制冰设备卫生、无毒、不生锈；储存、运输和存放的容器卫生、无毒、不生锈；要进行微生物监测。

② 汽的安全。用于与食品直接接触或与食品接触表面相接触的水蒸气不应对食品的安全性和适宜性构成威胁；蒸汽的生产、处理和存贮要加以保护，以防污染；蒸汽不与产品及产品接触面接触的情况可以例外，但应有因管道泄漏等造成污染的控制措施。

(7) 记录

① 供、排水网络图（含出水口编号）。

② 官方水质检测报告。

③ 化验室水质检测报告。

④ 制冰记录或冰的检测报告。

⑤ 水处理记录（如有自备水源）。

⑥ 清洗消毒记录（如有储水设施）。

---

[1] CFU：表示菌落形成单位。

[2] MPN：表示最可能数。

2. 食品接触表面的结构、状况和清洁

美国 GMP 法规中将"食品接触面"定义为:"接触人类食品的那些表面,以及在正常加工过程中会将水滴溅在食品或与食品接触的表面上的那些表面。"

(1) 食品接触面的种类　根据潜在的食品污染的可能来源途径,我们通常把食品接触面分成直接与食品接触的表面和间接与食品接触的表面。

① 直接接触的表面包括加工设备、工器具、操作台案、传送带、贮冰池、内包装物料、加工人员的手或手套、工作服(包括围裙)等。

② 间接接触的表面包括未经清洗消毒的冷库、车间和卫生间的门把手,操作设备的按钮,车间内的电灯开关等。

③ 为保持食品接触面的清洁卫生,必须对食品接触面的设计、制作工艺和用材(材料)事先进行考虑,并有计划地进行清洁、消毒。

(2) 食品接触面的结构　结构设计和安装应无粗糙焊缝、破裂、凹陷,要求表面光滑(包括缝、角和边在内);无不良的关节连接、已腐蚀部件、暴露的螺丝或螺帽或其他可以藏匿水或污物的地方,真正做到表里如一。便于卫生操作,拆洗、维护、保养符合卫生要求,以及能及时充分地进行清洁和消毒。

(3) 食品接触面的材料

① 食品接触面的材料应是符合食品安全卫生要求的"安全"的材料。"安全"的材料指:无毒害化学物渗出;不吸水(不积水或干燥);抗腐蚀;不与清洁剂和消毒剂产生化学反应。

② 通常应避免(可能某些国家禁止)作为食品接触面材料的有:竹木制品(考虑到微生物问题);黑铁或铸铁(考虑到腐蚀问题);黄铜(考虑到不耐腐蚀和产生质量问题);镀锌金属(考虑到腐蚀和化学渗出的问题)。

③ 通常用于食品接触面的材料,应注意以下问题:

a. 不锈钢。推荐使用的材料,应选择较高的等级,低等级的不锈钢容易被氧化剂腐蚀。

b. 塑料。选用无毒塑料,根据用途选择不同的颜色(如生区和熟区的塑料周转筐)。

c. 混凝土。食品初级加工时使用,也作为蓄水池,应选择相应的配方,以防腐蚀,并注意表面抛光,减少表面微孔。

d. 瓷砖。不应含有铅等有害成分,选择高质量的瓷砖,防止腐蚀和开裂,贴瓷砖时应使用水泥浆,防止砖与砖之间留有缝隙。

e. 木材。许多国家的法规中已明令禁止在食品加工过程中使用竹木器具,因此,除了传统工艺必须使用木材外,一般不推荐使用木材,即使例外使用,木材中的防腐剂含量也应符合国家规定标准,并及时清洗消毒。

(4) 食品接触面的清洁和消毒

① 清洗消毒的方法包括物理方法和化学方法。物理方法包括臭氧、电灭菌灯、紫外线等,肉类加工厂应首选 82℃ 热水清洗消毒法;化学方法一般使用含氯消毒剂(如次氯酸钠 $100\sim150\text{mg/L}$)。

② 清洗消毒的步骤一般是:清除——预冲洗——使用清洁剂——再冲洗——消毒——最后冲洗。

清除是用刷子、扫帚等清除设备清除工器具表面的食品颗粒和污物;预冲洗是用洁净的水冲洗被清洗器具的表面,除去清洗后遗留的微小颗粒;清洁剂的类型主要有普通清洁剂、碱、含氯清洁剂、酸、酶等。根据清洁对象的不同,选用不同类型的清洁剂。普通清洁剂用

于手的清洁，含氯清洁剂用于工器具的清洁。

清洁剂的清洁效果与接触的时间、温度、物理擦洗等因素有关。一般来讲，清洁剂与清洁对象接触时间越长，温度越高，清洁对象表面擦洗得越干净，水中 Ca^{2+}、Mg^{2+} 越低，清洁的效果越好。如果擦洗不干净，残留有机物首先与清洁剂发生反应，进而降低其效力。水中 Ca^{2+}、Mg^{2+} 也可以与清洁剂发生反应，产生矿物质复合物，其残留沉淀能固化食品污物，变得更加难以除去，进而影响清洁效果。

冲洗是用流动的洁净水冲去食品接触面上清洁剂和污物，要求接触面要冲洗干净，不残留清洁剂和污物，为消毒提供良好的表面。

应用允许使用的消毒剂，杀灭和清除物品上存在的病原微生物。食品接触面清洁以后，必须进行消毒以除去潜在的病原微生物。消毒剂的种类很多，有含氯消毒剂、过氧乙酸、醋酸、乳酸等。目前，食品加工厂常用的是含氯消毒剂，如次氯酸钠溶液。消毒的方法通常为：浸泡、喷洒等。消毒的效果与食品接触表面的清洁度、温度、pH、消毒剂的浓度和时间有关。

消毒结束后，应用符合卫生要求的水对被消毒对象进行清洗，尽可能减少消毒剂的残留。

③ 设备和工器具的清洗消毒及管理。

a. 加工设备和器具清洗消毒应在大型设备每班加工结束之后；清洁区工器具每2～4小时消毒一次；屠宰线上用的刀具要每用一次消毒一次（每个岗位至少2把刀，交替使用）；加工设备、器具被污染之后应立即进行清洗消毒。

b. 手和手套。每次进车间前和加工过程中手被污染时必须进行洗手消毒，要做到这一点，必须在车间的入口处、车间流水线和操作台附近设有足够的洗手消毒设施；在清洁区的车间入口处还应派专人检查手的清洗消毒情况，检查是否戴首饰、是否留过长的指甲等。手套要比手容易清洗和消毒，一般在一个班次结束或中间休息时更换；手套不得使用线手套，所用材料应不易破损和脱落；肉类加工企业，特别是使用刀具的工序，推荐使用不锈钢编织的手套；手套清洗消毒后应贮存在清洁的密闭容器中后送到更衣室。

c. 工作服。要有专用的洗衣房集中清洗和消毒，洗衣设备、能力与实际相适应；不同清洁要求的工作服分开清洗；工作服每天必须清洗消毒，一般每个工人至少配备2套工作服；工人出车间、去卫生间必须脱下工作服、帽和工作鞋；更衣室和卫生间的位置应设计合理；应加强监督管理。

d. 工器具清洗消毒。要有固定的场所或区域消毒，推荐使用82℃热水，但应注意蒸汽排放，防止产生冷凝水；要根据被洗物的性质选择相应的清洗剂；在使用清洗剂、消毒剂时要考虑接触时间和温度，以求达到最佳效果；冲洗时要用流动的水；要注意排水问题，防止清洗、消毒水溅到食品上造成污染；注意科学程序，防止清洗剂、消毒剂的残留。

（5）食品接触表面的监测 为确保食品接触面（包括手套、外衣）的设计、安装便于卫生操作，维护、保养符合卫生要求，以及能及时充分地清洁和消毒，必须对食品接触表面进行监测。

① 监测的内容。加工设备和工具的状态是否适合卫生操作，设备和工具是否被适当地清洁和消毒，使用消毒剂的类型和浓度是否符合要求，可能接触食品的手套和外衣是否清洁并且状况良好。

② 监测的方法。

a. 感官检查包括检查接触表面是否清洁卫生，有无残留物；工作服是否清洁卫生，有无卫生死角等。

b. 化学检查主要检查消毒剂的浓度，消毒后的残留浓度。如用试纸测试 NaClO 消毒液的浓度等。

c. 表面微生物的检查推荐使用平板计数，一般检查时间较长，可用来对消毒效果进行检查和评估。

d. 监测的频率取决于被监测的对象，如设备是否锈蚀，设计是否合理。应每月检查 1 次，消毒剂的浓度应在使用前检查。感官检查应在每天上班前（工作服、手套）、下班清洗消毒后进行。实验室监测按实验室制订的抽样计划进行，一般每周 1~2 次。

（6）纠正措施　在检查发现问题时，应采取适当的方法及时纠正，如再清洁、消毒、检查消毒剂浓度，对员工进行培训等。

（7）记录　包括卫生消毒记录、个人卫生控制记录、微生物检测结果报告、臭氧消毒记录、员工消毒记录。

3. 防止交叉污染

交叉污染指通过生的食品、食品加工人员和食品加工环境把生物的或化学的污染物转移到食品上去的过程。它涉及预防污染的人员要求、原材料和熟食产品的隔离和工厂预防污染的设计。当致病菌或病毒被转移到即食食品上时，通常会导致食源性疾病的交叉污染。

（1）防止交叉污染的方式　工厂选址、设计和布局要合理；生的和即时食品应隔离；内外包装材料的存放以及外包装与内包装操作间应隔离；防止员工不当操作造成产品污染。

（2）交叉污染的来源及预防

① 工厂选址、设计和布局。企业由于选址、设计上的失误，把厂区建在有环境污染的地方，如附近有医院、制药厂、水泥厂等污染源，地下水可能被污染。工厂建在低洼处，到雨季地面污水可能倒灌而污染水源。如果车间设计不合理可造成工艺倒流，清洁区与非清洁区界线不明显，可造成产品交叉污染。预防措施：

a. 为了使工厂和车间的选址、设计、布局尽量合理，企业应提前与有关政府主管部门取得联系，有关部门也应及早介入。

b. 车间的布局既要便于各生产环节的相互衔接，又要便于加工过程的卫生控制，防止交叉污染的发生。

c. 加工工艺布局合理，能采取物理隔离的地方尽量采取物理隔离。比如：加工前后工序，如生熟之间、不同清洁度要求的区域之间完全隔离；贮存的原料库、辅料库、成品库、内包装材料库、外包装材料库、化学品库、杂品库等，专库专用。

d. 同一车间不能同时加工不同的产品。

e. 人流、物流、水流和气流的合理设计（人走门，物走传递口；水流气流均从高清洁度区域流向低清洁度区域）。

② 食品接触表面应保持清洁。加工人员是造成交叉污染的主要因素，加强对员工的教育培训，使员工保持良好个人卫生习惯，以下的卫生规范员工必须遵守：

a. 手的清洗和消毒。在接触到除已清洁的手和胳膊外的人体暴露部分后；上完厕所后；咳嗽、打喷嚏、用完手绢或处理过卫生纸后，吸烟后，吃完东西或喝完饮料后；食品预处理间，在去除脏物及污染物后以及在交换工作时；在处理完脏的设备和工器具后；进入车间前、加工过程中、接触不洁物后。均应在指定的洗手设施彻底对手进行清洗消毒。

b. 洗手程序：用温水湿手（水温约 43℃）——用肥皂彻底刷洗（20s）——用清水冲洗——在消毒液中浸泡手（根据不同的消毒液及其浓度确定浸泡时间）——再用清水冲洗——消毒纸巾擦干手（或用其他等效的方法）。

c. 首饰。在洗手消毒前，应摘掉所有不安全的首饰。如果手上戴的首饰无法摘掉的话，应使用乳胶手套，要保持完整、清洁的卫生状态，并且确保能有效防止对食品、食品接触面及食品包装材料造成污染。

d. 穿戴。食品中的头发既可以是微生物污染的来源也可以是自身污染的来源。食品加工者需要保持头发清洁，留长度适中的头发和胡须。在任何必要的地方，应保持恰当的着装方式，戴发网、发带、帽子等来有效遮盖头发。

e. 鞋靴。鞋可能把污染物传到员工的手上或带到加工区域。理想的状态是员工在开工前换上靴子或干净的鞋子。在换鞋时，应注意防止脏鞋和干净鞋之间的交叉污染，或在换鞋后经过消毒池或消毒垫进行鞋底消毒。当工厂中有来访者需要参观加工车间时，来访者也必须遵守同样的卫生控制程序。

f. 饮食、吸烟等。不应该在食品暴露处，设备、工器具清洗处吃东西、嚼口香糖、喝饮料或吸烟，因为健康人的口腔或呼吸道中经常暗藏致病菌。当吃东西、喝饮料或吸烟时都涉及手与口的接触以及手与饮食外包装的接触，致病菌便会传播到员工的手上，然后通过整理食品传播到食品上。这些活动不应该在食品加工区域中进行，当员工在进行这些活动后重新工作前应洗手消毒。

g. 其他（包括汗、化妆品、药品等）。采取其他必要的预防措施来避免食品、食品接触面或食品包装物料受微生物或外来物的污染，包括但不仅限于汗、头发、化妆品、化学品及皮肤用药的污染。除了员工养成良好卫生习惯外，在生产加工操作管理上同样必须遵守良好卫生规范，如：车间内使用的工器具、设备应及时清洗，特别是在受到污染时必须随时清洗或更换，并保证有清洗消毒的条件。清洗干净后的工器具、设备等应有显著的标示加以区分；产品和盛放产品的容器不能落地，不同区域使用的工器具、容器、工作服应有显著的标示（如颜色、形状等）加以区别，并保证不随意流动；内包装材料使用前应进行必要的消毒处理。

③ 保证重复使用的水及各种食品组分的清洁。重复使用的清洗原料或半成品的水、重复使用的接触半成品或成品的冷却用水均应及时更换，最好使用较大流量的长流水；直接加入成品（特别是熟的成品）的辅料必须事先消毒。

（3）纠正措施

① 如果有必要应立即停产，直到问题被纠正；

② 采取措施防止再发生污染；

③ 评估产品的安全性，如有必要，改用、再加工或废弃；

④ 记录采取的改正措施；

⑤ 加强员工的培训。

（4）记录 包括培训记录、员工卫生检查记录、纠正措施记录等。

4. 手的清洁与消毒，卫生间设施的维护

在食品加工过程中通常需要大量的手工操作处理人员，因此，员工在整理、加工操作中接触食品时，进行手部清洗消毒是必需的。根据上面讲述的，工厂必须建立一套行之有效的手部清洗消毒程序，但仅仅有程序是不够的。企业必须在所有需要洗手消毒的地方设置数量足够的洗手消毒设施，并确保其保持良好的使用状态。

（1）洗手消毒设施的设置和维护

① 洗手消毒的设施包括足够数量的非手动开关的水龙头、冷热水或预混的温水、装有皂液的皂液器、装有消毒液的消毒槽、干手设施、流动消毒车等。

② 位置应设在车间入口处、车间内加工操作岗位的附近、卫生间。

③ 洗手消毒设施应定期检查，发现问题及时维修。确保洗手消毒的设施保持良好的状态，能正常使用。特别要注意消毒液浓度不适宜时，必须立即重新配制。

(2) 卫生间设施的设置和维护

① 卫生间的门不能直接朝向车间；卫生间的门应能自动关闭；卫生间最好不在更衣室内，确保在更衣室脱下工作服、工作鞋后才能上卫生间。

② 数量要与加工人员相适应。

③ 严禁使用旱卫生间；避免使用"土耳其式"（大通道冲水式）卫生间，选用蹲坑式或坐便器，后者更不易被污染。

④ 配套设施包括冲水装置、手纸和纸篓、洗手消毒设施、干手设施。

⑤ 要求通风良好，地面干燥，整体清洁；有防蚊蝇设施；方便之后要洗手和消毒。

⑥ 卫生间设施的状况应定期检查，发现问题及时维修。确保设施保持良好的状态，能正常使用。

以上对卫生间的要求包括厂区、车间和办公楼的卫生间。

(3) 手的清洁与消毒，厕所设施的监测 员工进入车间，如厕后应设专人随时监督检查洗手消毒情况。车间内操作人员应定时进行洗手消毒。生产区域、卫生间和洗手间的洗手设备每天至少检查一次，确保处于正常使用状态，并配备有热水、皂液、一次性纸巾等设施。消毒液的浓度应每小时检测一次。上班高峰每半小时检测一次。

对于厕所设施状况的检查，要求每天开工前至少检查一次，保证厕所设施一直处于完好状态，并经常打扫保持卫生清洁，以免造成污染。

(4) 纠正措施 当厕所和洗手设施卫生用品缺少或使用不当时，应马上修理或补充卫生用品；若手部消毒液浓度不适宜，则应配置新的消毒液；及时修理不能正常使用的厕所。

(5) 记录 包括每日卫生控制记录、消毒液浓度记录等。

5. 防止外来污染物（杂质）的污染

在食品加工过程中，卫生操作不当就有可能造成外来污染物的污染。美国FDA《联邦食品、药品和化妆品法》把"被外部污染的食品"定义为："若食品表面或内部带有任何的对健康有害的物质；若食品在不卫生条件下进行加工处理、包装或储存，有可能被污染物污染或对身体有害。"因此必须对食品加工中有可能造成外来污染物的种类进行分析和预防。

(1) 外来污染物（杂质）分类

① 微生物污染。污染的水滴和冷凝水；空气中的灰尘、颗粒；溅起的污水（清洗工器具和设备的水、冲洗地面的水、其他已污染的水直接排到地面溅起的水滴等）；因不戴口罩造成的口沫、喷嚏污染等。

② 物理性污染。天花板、墙壁的脱落物（涂料）；工具上脱落的漆片、铁锈；竹木器具上脱落的硬质纤维；无保护装置的照明设备的碎片；因头发外露而造成头发的脱落等。

③ 化学性污染。润滑剂、燃料、杀虫剂、清洗剂、消毒剂等化学品。

(2) 外来污染物（杂质）的控制

① 水滴和冷凝水的控制。要保持车间的通风，防止空调管道形成冷凝水；在有蒸汽产生的车间，安装适当的排气装置，防止形成水滴；冲洗天花板后，应及时擦干；控制车间温度稳定，或提前降温；天花板设计成弧形，使水滴顺壁流下，防止滴落；将空调风道与加工线、操作台错开，防止冷凝水滴落到产品上。

② 防止污染的水溅到食品上。清扫地面，清除地面积水；车间内设专用工器具清洗消

毒间；待加工原料或半成品远离加工线或操作台、车间内没有产品时才能冲洗台面、地面；车间内的洗手消毒池旁应没有产品；车间台面、池子中的水不能直接排到地面，应排进管道并引入下水道。

③ 包装物料的控制。贮存包装物料的仓库应有防尘设施，防止灰尘污染；保持库房通风、干燥、防霉、防鼠；内外包装分别存放，内包装间与外包装间隔离，防止外包装表面的灰尘污染产品。

④ 物理性外来杂质的控制。车间内天花板、墙壁使用耐腐蚀、易清洗、不易脱落的材料；生产线上方的灯具应装有防护罩；加工器具、设备、操作台使用耐腐蚀、易清洗、不易脱落的材料；禁用竹木器具；工人禁戴耳环戒指等饰物、不准涂抹化妆品、头发不得外露。

⑤ 化学性外来杂质的控制。加工设备上使用的润滑油必须是食用级润滑油；有毒化学物正确标识、保管和使用；在非产品区域操作有毒化合物时，应采取相应措施保护产品不受污染；禁用没有标签的化学品。

(3) 外来污染物（杂质）的监测 要保持足够的检测频率以保证达到卫生要求，发现问题及时纠正。建议在生产加工前和加工过程中休息时进行检查，如潜在的有毒化合物、不卫生的水（包括不流动的水）和不卫生的表面所形成的冷凝物。

(4) 纠正措施 纠正措施包括除去不卫生表面的冷凝物；调节空气流通和房间温度以减少凝结；安装遮盖物防止冷凝物落到食品、包装材料或食品接触面上；清扫地板，清除地面上的积水；在有死水的周边地带，疏通行人和交通工具；清洗因疏忽暴露于外部的污染物的食品接触面；在非产品区域操作有毒化合物时，设立遮蔽物以保护产品；测算由于不恰当使用有毒化合物所产生的影响，以评估食品是否被污染；加强对员工的培训，纠正不正确的操作；丢弃没有标签的化学品。

(5) 记录 包括班前班后卫生检查记录、巡检记录。

6. 有毒化合物的正确标记、贮存和使用

每个食品加工企业或多或少都要购买和使用有毒有害化合物，有毒有害化合物不正确使用是导致产品外部污染的一个常见原因。因此，保证有毒有害化合物的正确标记、正确贮存和正确使用才能确保食品免受有毒有害化合物的污染。大多数食品加工企业使用的有毒有害化合物主要包括：洗涤剂、消毒剂（如次氯酸钠）、杀虫剂（如灭害灵、灭鼠药等）、机械润滑剂、试验室用药品（如氰化钾等剧毒品）、食品添加剂（如亚硝酸钠等）等。

(1) 容器的正确标记 以上所列化学物质的原包装容器的标签必须标明制造商、使用说明和批准文号、容器中的试剂或溶液名称。工作容器标签必须标明容器中试剂或溶液名称、浓度、使用说明，并注明有效期。

(2) 有毒化学物的正确贮存 化学物贮存要做到食品级化学品与非食品级化学品分开存放；清洗剂、消毒剂与杀虫剂分开存放；一般化学品与剧毒化学品分开存放；储存区域应远离食品加工区域；化学品仓库应上锁，并有专人保管；车间使用现场应配备带锁的柜子或房间。

(3) 有毒化学物的正确使用和管理 建立化学物品台账（入库记录），以一览表的形式标明库存化学物品的名称、有效期、毒性、用途、进货日期等；建立化学物品领用、核销记录；建立化学物品使用登记记录（配制记录、用处、实际使用量、剩余配制液的处理等）；制定化学物品进厂验收制度和标准，建立化学物品进厂验收记录；制定化学物品包装容器的回收、处理制度，严禁将化学物品的容器用来包装或盛放食品；对化学物品的保管、配制、使用人员进行必要的培训。

（4）有毒化学物的监督检查 监测的目的是确保有毒化合物的标记、贮藏和使用，使食品免遭污染。监测的区域主要包括食品接触面、包装材料，用于加工过程和包含在成品内的辅料。监测有毒化合物是否被正确标记、正确贮藏、正确使用。企业要以足够的监测频率来检查是否符合要求，一般每天至少检查一次，全天都应注意观察实施情况。

（5）纠正措施 对不符合要求的情况要及时纠正，包括有毒化合物的及时处理以避免其对食品、辅料、食品接触面或包装材料的潜在污染。下面列出了对不正确操作可采取的几种纠正措施：①将存放不正确的有毒物转移到合适的地方；②将标签不全的化合物退还给供货商；③对于不能正确辨认内容物的工作容器应重新标记；④不合适或已损坏的工作容器弃之不用或销毁；⑤分析不正确使用有毒化合物所造成的影响，判断食品是否已遭污染（有些情况必须销毁食品）；⑥加强员工培训以纠正不正确的操作。

（6）记录 包括化学物质使用控制记录、消毒液浓度配制记录、清洗消毒剂领用记录、实验室培养基配制记录、有毒有害化合物限量表、有毒有害化合物进货和领用记录、食品添加剂进货和领用记录等。

7. 员工健康状况的控制

员工的健康及卫生状况是企业卫生控制系统的重要组成部分，那些患病、有外伤或有其他身体不适的员工，可能会成为食品的微生物污染源。因此监测控制员工的健康状况是控制食品、食品包装材料和食品接触面微生物污染的必要措施。

（1）食品加工人员的健康卫生要求 从事食品加工的员工不能有影响食品卫生的身体状况（如：肝炎、黄疸、结核、痢疾、发烧、呕吐、上呼吸道感染、感冒等），其手部不能有外伤。

发现有患病症状的员工，应立即调离食品工作岗位监测，应在工厂开工前或员工换班时，观察员工是否患病或有无伤口感染的迹象。执行此项常规检查任务的卫生监督员通常需要一定的医务知识，这样能通过细心观察来发现员工是否生病。员工本身也应注意自己的健康状况，以便及时采取相应的措施。一般存在以下情况的员工被视为是不健康的：痢疾、腹泻、发烧、呕吐、黄疸症（眼睛或皮肤发黄）、发烧伴有咽喉疼痛、外伤、烫伤、尿色加深等。

（2）员工健康状况的监测 每日加工前对职工进行健康状况感观检查和手部外伤检查。发现可疑病症的员工，应视情况令其回家休息、去医院检查或临时安排别的工作；发现手部有外伤的，可以采取戴乳胶手套的形式，也可以劝其回家休息。待症状完全消失，并确认不会对食品造成污染后，可恢复正常工作。

（3）员工健康状况的控制

① 保持个人卫生，注意加工过程中手的清洁卫生。特别要注意，有些员工虽没表现出任何症状，但也可能是某些病原体（如伤寒沙门菌、志贺菌、大肠杆菌O157：H7）的携带者，如食品加工者在洗手（上厕所后、接触生肉后、清扫脏水或拿了垃圾后等）、戴干净手套、使用干净的工器具方面做得不够，会造成这些病原体的食源性传播。

② 制订健康体检计划并建立员工健康档案。企业应制订健康体检计划，员工（所有和加工有关的人员，包括管理人员）上岗前和每个年度必须进行健康体检，并取得县级以上卫生防疫部门的健康证明。建立员工健康档案的目的是及时掌握员工的健康状况，防止患病职工从事食品加工。

③ 加强对员工的教育培训，让其认识到疾病给食品卫生带来的危害，并主动向管理人员汇报自己的健康状况。

(4) 培训 新员工上岗卫生知识培训——入车间须知、洗手消毒程序等 GMP、SSOP 相关知识,使其认识疾病和卫生给食品带来的危害,并主动汇报健康状况;编制成培训手册;常规培训要制订培训计划,对员工进行系统培训,提高卫生消毒的意识。

(5) 监督 包括以下监督内容:健康档案及健康计划审查;健康证检查;个人卫生情况监督检查;入车间前检查;日常监督检查;外来人员健康承诺检查;培训检查。

(6) 记录 健康证、员工健康档案、员工健康查体计划、员工个人卫生检查记录、员工培训记录、外来人员健康登记表。

8. 害虫的灭除

这里所说的害虫(确切地说应该叫有害动物)包括所有给食品卫生带来危害的动物,如各种啮齿类动物、昆虫、鸟类、家养宠物等。

(1) 有害动物的危害 直接消耗食品;在食品中留下令人厌恶的东西(如粪便、毛发);给食品带来致病性微生物,如:苍蝇、蟑螂可传播沙门氏菌、葡萄球菌、产气荚膜杆菌、肉毒梭菌、志贺菌、链球菌以及其他致病菌;啮齿类动物可传播沙门氏菌、寄生虫;鸟类是多种病原菌的寄主,如沙门氏菌和李斯特菌。

为此,在食品加工工厂中,害虫的控制对减少通过微生物污染而传播的食源性疾病是十分必要的。一般来说,控制害虫的操作分为三个阶段:除去害虫的藏身地及食物;将工厂内的害虫驱逐出去;消灭那些进入厂区的害虫。为实现对有害动物的控制,工厂必须制订出一套有害动物预防和灭除计划以及相对应的且较为实用的有害动物控制审核、检查表。

(2) 有害动物预防和灭除 灭除计划应考虑的范围包括(但不仅限于)厂房和地面、结构布局、工厂机器、设备和工器具、原物料库及内部环境管理、废物处理、杀虫剂的使用和其他控制措施。

① 工厂和地面。是否已清除地面杂草、草丛、灌木丛、垃圾等,以减少害虫接近和进入工厂的遮蔽;地面是否有吸引害虫的脏水;是否有足够的"捕虫器",是否进行了良好的保养和维护;有没有家养动物或大的野生动物存在的痕迹。

② 建筑物、厂房。门窗是否关闭且密封,车间与外界相通的出入口处是否配有阻止有害动物进入的装置;门窗有没有维护良好并装有防蝇虫设施;是否存在超过 0.6cm 的可使啮齿类动物和昆虫进入的洞口;排水道是否清洁干净,且没有吸引啮齿类动物和其他害虫的杂物;有没有充足的干净空间以限制啮齿类动物的活动(从墙到设备之间至少为 15cm);排水道的盖子是否保养良好且正确安装。

③ 工厂机器、设备和工器具。机器、设备和工器具是否正确清洁和消毒处理而消除了那些可能吸引害虫的食品或固态物;生产线旁是否有适当的空间以便于进行卫生清洁工作;是否存在能存积食品或其他杂物的,可作为害虫的引诱物和藏身地的卫生死角;昆虫诱捕器是否有合适的光强度来吸引飞虫;昆虫诱捕器安装是否合适;昆虫诱捕器中的捕捉装置是否定期清洁。

④ 原料、物料库及室内环境管理。原料、物料库是否安装了挡鼠板、防鼠板、鸟网等设施;员工更衣室、私人物品存放室和休息室是否清洁和消毒,是否会吸引啮齿类动物和其他害虫;垃圾、废物、杂物等害虫的藏身之处是否已清除;是否有啮齿类动物、昆虫、鸟类的迹象,如粪便、毛发、羽毛、啃咬痕迹、啮齿类动物沿墙活动的油迹、尿氨味;已经观察到了的有害动物活动的痕迹是否已清扫干净,以便于观察有害动物的新的活动迹象。

⑤ 废物处理。为禁止害虫入侵,是否正确收集、贮藏和处理废物,垃圾桶、盆、箱等是否被正确清洁消毒过,从而限制对啮齿类动物和害虫的吸引。

(3) 杀虫剂的使用和其他控制措施

① 杀虫剂的批准。在害虫控制中,所使用的杀虫剂必须经过政府主管部门的批准。

② 使用者应对杀虫剂和被杀对象有充分的了解,包括对一般性杀虫剂、限制性杀虫剂、杀虫剂包装标签的理解;注意安全;考虑环境因素、正确使用和不正确使用杀虫剂的后果;了解害虫知识;了解杀虫剂知识及类型,包装残留物可能造成的危害。

(4) 纠正措施 根据实际情况,及时调整灭鼠、除虫方案。

(5) 记录 防蝇虫和防鼠分布图、班后卫生检查记录、厂区卫生检查记录、灭虫鼠情况检查及处理记录、趋势分析报告、车间防蝇虫检查记录及趋势分析报告、防虫鼠设施及效果检查记录。

第四节 危害分析和关键控制点(HACCP)

一、HACCP 定义和原理

1. HACCP 定义

HACCP 对食品加工、运输以至销售整个过程中的各种危害进行分析和控制,从而保证食品达到安全水平。它是一个系统的、连续性的食品卫生预防和控制方法。以 HACCP 为基础的食品安全体系,是以 HACCP 的 7 个原理为基础的。

2. HACCP 原理

HACCP 理论是在不断发展和完善的。1999 年食品法典委员会(CAC)在《食品卫生通则》附录《危害分析和关键控制点(HACCP)体系及其应用准则》中,将 HACCP 的 7 个原理确定为:

原理 1:危害分析与预防控制措施(hazard analysis);

原理 2:确定关键控制点(critical control point);

原理 3:确定与各 CCP 相关的关键限值(CL);

原理 4:确立 CCP 的监控程序(M);

原理 5:确立经监控认为关键控制点有失控时,应采取纠正措施(corrective actions);

原理 6:验证程序(verification procedures);

原理 7:记录保持程序(record-keeping procedures)。

二、HACCP 的预备步骤

1. 组成 HACCP 小组

(1) HACCP 小组的组成 来自本企业与质量管理有关的各主要部门和单位的代表;应包括有熟悉生产工艺和工装设备的技术专家和具备食品加工卫生管理和检验知识的人员,其中,至少小组的负责人应接受过有关 HACCP 原理及应用知识的培训。必要时,企业也可以在这方面寻求外部专家的帮助。

(2) HACCP 小组的职责

① 组长职责。确保建立、实施和保持食品安全管理体系;向总经理报告食品安全管理体系的有效性和适宜性,以供其进行评审,并做食品安全管理体系改进的基础;组织食品安全小组工作。

② 食品安全小组成员职责。负责编制食品安全管理体系文件并定期评审;负责策划食

品安全管理体系的培训，并组织 HACCP 计划的贯彻实施；负责监督和检查卫生规范、操作性前提方案等食品安全管理体系必备程序的落实工作；负责关键控制点监控、纠偏行动、关键控制点测量设备校准等记录的审核；负责食品安全管理体系的验证；负责产品召回的控制和模拟召回。

2. 产品描述

产品描述包括产品的成分，如原料、配料和添加剂等；产品的组织及理化特性；加工的方法；包装；贮藏和运输的条件；商品货架期；产品拟供应的对象和食用的方法；产品所采用的标准等。表 6-3 是产品描述的案例。

表 6-3 产品描述的案例

项目	雪白瓜子	南瓜子
生产企业	******农副产品有限责任公司	
企业地址	******省******市******县******镇	
主要原料	雪白瓜子	南瓜子
加工方法	原料分级筛选(去石)、浸润、脱壳、烘干、清杂和比重、去石(两次)、色选(分级)、手选、去石、金属探测、包装	
组织形态	表面完整，无缺损	
产品包装	塑料编织袋、牛皮纸袋	
预期用途	食品深加工的原料	
食用方法	食品链下游组织深加工后，方可食用	
保质期	12 个月	
标签说明	净重 25kg，毛重 26kg	
运输要求	保持清洁，不得与有毒有害物品混装	
储存要求	保持清洁、干燥通风，不得与有毒有害物品同库堆放	
分销方式	销售给国外农副产品加工商	
化学、生物和物理特性	菌落总数 CFU/g；大肠菌群 MPN/100g；致病菌不得检出。无机砷(以 As 计)≤0.2mg/kg；铅(以 Pb 计)≤0.2mg/kg；汞(以 Hg 计)≤0.01mg/kg	

3. 识别拟定用途

拟定用途应基于最终用户和消费者对产品的使用期望，在特定情况下，还必须考虑易受伤害的消费人群。

4. 制作流程图

注意考虑到每种原辅料成分，时间从一进入车间就开始计算。注意审查过程包括处于静置状态；注意每步加工、过程的时间；注意食品在危险区域（阶段）的温度和时间。图 6-1 是生产工艺流程图的案例。

原料收购→原料分级筛选(去石)▲◆■→浸润▲■→脱壳▲◆■→烘干★◆→清杂、比重▲★◆■→去石(两次)▲★◆■→色选(分级)▲★◆→手选★◆■→去石★◆■→金属探测→检验→包装→入库→仓储→报关报检→运输

图 6-1 白瓜子（雪白瓜子、南瓜子）生产工艺流程图
▲产品投入点；★返工点；◆循环点；■废弃物排放点

5. 流程图的现场确认

从原料接收到产品装运出厂，整个产品的前处理、加工、包装、贮藏和运输等与加工有

关的所有环节，包括产品的各工序之间的停留，都应体现在这份详尽的流程图上。流程图绘出来后，应到生产现场去进行核实查证，以免遗漏。

下面以白瓜子（雪白瓜子、南瓜子）生产工艺来讲述 HACCP 原理。

三、HACCP 原理的应用

原理 1：危害分析与预防控制措施

1. 危害（H）的定义

食品安全危害指，在非受控状态下，有可能导致消费者疾病或身体伤害的，生物的、化学的、物理的因素。

安全的食品不含有物理的、化学的和生物的危害（包括微生物所产生的毒素），人们食用后不会引起疾病、伤害或死亡。

2. 食品危害种类

食品安全危害可以分为三类，即生物的、化学的和物理的危害，在流行性暴发事件所占比例依次为 93%、4%、3%。因此生物危害是食源性疾病暴发的主要来源。

(1) 生物危害 指致病菌（主要指有害细菌）、病毒、寄生虫、昆虫等。

(2) 化学危害 指食用后能引起急性中毒或慢性积累性伤害的化学物质。一般可分为三类：天然存在的化学物质、内部添加的化学物质、外部或偶然添加的化学物质。

(3) 物理危害 指食用后导致物理性伤害的异物，如玻璃、金属、毛发、放射性物质等。

3. 危害及其产生的途径

(1) 生物危害 生物性危害包括致病菌（主要指有害细菌）、病毒、寄生虫等。而微生物又分为细菌、霉菌、酵母菌等。而致病菌危害主要是细菌引起的。

① 致病菌。与食品相关的致病菌包括沙门菌、单核细胞增生李斯特菌、大肠杆菌 $O_{157}:H_7$、空肠弯曲菌、金黄色葡萄球菌、副溶血性弧菌、香港海鸥菌等。

污染来源：某些细菌在食品中存活时，人体通常是肠道摄入活菌会导致感染；或预先在食品中产生的细菌毒素导致人体食品中毒。

细菌种类：芽孢菌如肉毒梭菌、产气荚膜梭菌、蜡样芽孢杆菌；非芽孢菌包括布鲁氏菌、猪布氏杆菌、空肠弯曲菌、致病性大肠杆菌、单核细胞增生李斯特菌、沙门菌、金黄色葡萄球菌、脓性链球菌、弧菌、小肠结肠炎耶尔森菌。

② 病毒包括甲肝病毒、诺沃克病毒、雪山力病毒、星状病毒等。

食品受病毒污染的途径主要包括：环境灌溉用水受污染会使蔬菜、水果的表面沉积病毒；使用污染的饮用水清洗或制作食品；受病毒感染的食品加工人员，卫生习惯不良。

③ 寄生虫。寄生虫是需要有合适的寄主才能存活的生物。世界上有几千种寄生虫，只有约 20% 的寄生虫能在食物或水中发现，通过食品感染人类的大约有 100 种，它们主要是线虫、绦虫、吸虫和原生动物等。原生动物是单细胞动物，食品中寄生的原生动物有痢疾阿米巴、肠兰伯氏鞭毛虫等，它们对人体都能造成危害。通过彻底加热食品可以杀死食品所带的寄生虫。

(2) 化学危害

① 天然存在的化学物质。这些化学物质存在于各种植物、动物和微生物中。这一类化学危害一般来自食品原料和辅料。例如：有毒菇类中含有的有毒甚至是剧毒的物质；生长在

谷物上的某些霉菌可以生成毒素,如黄曲霉毒素可以致癌;霉菌毒素、组胺、鱼肉毒素和贝类毒素等。

② 内部添加的化学物质。这些化学物质是在食品生产、加工、运输、销售过程中人为加入的,按照国家有关标准规定的安全水平使用时是安全的,如果超出安全水平使用就成为危害。例如:某些人工合成的食品色素在敏感人群中会产生过敏反应。维生素 A 作为营养加强剂,高浓度下会引起中毒。食品添加剂,如防腐剂、营养添加剂和色素添加剂等。这些化学物质并不总是代表危害,只有它们的用量超过了规定的使用量时,才会对消费者造成潜在的危害。

③ 外部或偶然添加的化学物质。农用化学药品:如杀虫剂、杀真菌剂、除草剂等农药以及化肥、抗生素和促生长激素等。这些化学物质会在植物中积累,动物吃了植物后,可以在动物体内蓄积。兽用药品:包括兽医治疗用药、饲料添加用药,如抗生素、磺胺药、抗寄生虫药、促生长激素、性激素等,这些化学物质可以在动物体内造成残留。工业污染化学物质:如铅、镉、砷、汞、氰化物等,这些化学物质可以污染土壤、水域,从而进入植物、畜禽、水产品等体内。食品加工企业使用的化学物质:如润滑剂、清洗剂、消毒剂、燃料、油漆、杀虫剂、灭鼠药、化验室用的药品等,这些物质使用和管理不当,可能污染食品。

偶然污染的化学药品,如原料、成品运输过程中运输工具造成的污染。

化学品危害人体后可能产生的后果有:急性中毒、慢性中毒、过敏、影响身体发育、影响生育、致癌、致畸、致死等。

化学污染可以发生在食品生产和加工的任何阶段。要消除这种危害,必须从种植、养殖的源头抓起,否则,危害一旦进入食品,就很难再将其消除。

化学物质并不总是代表危害,化学物质在食品中的含量将决定其是不是危害。有时候饮食习惯的不同(某种食品在消费者生活中的食用频次和每次摄入量)将改变对化学物质危害程度的判定。有些化学物质对食品工业来说是必不可少的,为了改善食品的品质和控制微生物的危害,它们必须被作为添加剂来使用。

(3) 物理危害 物理的危害包括任何在食品中发现的不正常的潜在的有害的外来物,如玻璃、金属等。这类危害是最常见的被消费者投诉的问题,因为伤害会立即发生或在吃后不久发生,并且伤害的来源是容易确认的。

4. 危害分析与预防控制措施

危害分析与预防控制措施是 HACCP 原理的基础,是第一步工作,危害分析的根据是食品中存在的危害及相应的控制措施。但 HACCP 是针对产品、工序或工厂特异性的,进行危害分析时应具体问题具体分析,或咨询专家以及参考有关资料。

(1) 危害分析的概念 危害分析(hazard analysis,HA)指收集有关的危害,分析这些危害产生和存在的条件;评估危害的严重性和危险性以判定危害的性质、程度和对人体健康的潜在影响以确定哪些危害对于食品安全是重要的。危害分析的目的:找到与食品相关的危害。

(2) 显著危害的概念和特征

① 显著危害是极有可能发生,如不加控制可能会导致消费者产生不可接受的健康或安全风险的危害。这是制订预防控制措施的依据。

② 显著危害的特征是风险性和严重性。风险性(risk)指显著危害是极有可能发生的。如生吃双壳贝类则极有可能会造成天然毒素中毒,风险性的判定需要专家、历史经验、流行病学资料以及其他科学技术资料的支持。

严重性（severity）指危害严重到消费者不可接受的程度。

如食品添加剂在规定的限量之内，相对的危害程度要小，食品添加剂不是显著危害；而直接使用的熟制品，致病菌则危害程度就高，如不及时杀灭，就极有可能导致发病，致病菌在熟食品中就是显著危害；玻璃碎片在冷藏中不常发生，也不是显著危害。

所以，在危害分析中缺少其中一个特征则不是显著危害。

显著危害是可变的。不同的工厂，由于原料来源不同，原料带来的危害也不同，加上生产过程控制条件和方法也存在差异，显著危害可能不同；在任何食品中，危害的严重性是不会变的，但危害的风险性转变使危害的严重性随之转变。因此不同产品、不同原料，显著危害可能不同。

显著危害具有潜在性。其表现在以前发生过。HACCP就是致力于永远将其控制在潜在阶段。

（3）怎样确定显著危害 危害分析就是分析出显著危害从而加以控制，不能控制过多的危害，否则会失去控制重点。SSOP致力于一般危害的控制。HACCP则要控制极有可能发生，如不加控制可能会导致产生消费者不可接受的健康或安全风险的危害。HACCP只把重点放到那些显著危害上，如果控制太多，就会导致看不到真正的危害，或者漏掉真正的显著危害。

（4）危害分析的方法 危害分析是一个反复的过程，需要HACCP小组（必要时请外部专家）广泛参与，以确保食品中所有潜在的危害都被识别以便实施控制。在危害分析期间，HACCP小组通过自由讨论和危害评估，根据各种危害发生的可能性和严重性来确定一种危害的潜在显著性。通常根据工作经验、流行病的数据及技术资料的信息来评估其发生的可能性；严重性就是危害的严重程度。对危害的严重性，可能有不同的意见，甚至于各专家间也会有不同意见。HACCP小组可以依据现有的指导性材料并吸取那些协助改进HACCP小组方案的专家们的意见来确定。

5. 危害分析的工具——危害分析工作表

已知HACCP是针对产品、工序和工厂特异性的，不同的产品有不同的危害，同一产品不同的加工方式存在不同危害，同一产品、同一加工工序而由不同的工厂生产仍然存在着不同危害。可根据经验、流行病学调查、客户投诉等一切信息，做出准确判断。某些工序加工经过分析后可能没有显著危害，应说明理由。

危害分析可用一张危害分析工作表来完成。下面是一份危害分析工作表的表头。

加工步骤	识别本工序中引入的须控制或增加的潜在危害	潜在的安全危害是否为显著危害？（是/否）	对第3列的判断提出依据	显著危害的预防措施	该步骤是否是关键控制点？（是/否）

危害分析必须考虑所有的显著危害。从原料的接收到成品的包装贮运整个加工过程的每一步都要考虑到。为了保持分析时的清晰明了，利用危害分析工作表来组织分析过程，将会有很大帮助。危害分析工作表的格式如表头所示。

第1列：加工步骤。经现场验证的工艺流程图中的每一步骤，分别填写在第1列里。

第2列：识别本工序中引入的须控制或增加的潜在危害。每一步骤可能有的潜在危害，包括生物的、化学的和物理的危害，都要列在第2列里。三类分别列出。

第3列：潜在的安全危害是否为显著危害？（是/否）。根据食品的预期用途、消费方式、预期的消费群体以及危害的严重程度，来判断列在第2列里的潜在危害是否是显著危害。

第4列：对第3列的判断提出依据。这里需强调的是，判定一个危害是否为显著危害，要看其是否符合显著危害特征（风险性和严重性）。

第5列：显著危害的预防措施。对显著危害必须制订相应的预防控制措施，将危害消除或降低到可接受水平。

预防控制措施可分为三类：第一类是预防危害发生，如改变 pH 或添加防腐剂可控制病原体在成品中的生长；改进食品的原料配方，可防止化学危害等。第二类是消除危害，如加热、烹调可杀死所有的致病菌；金属检测器可剔除金属碎片等。第三类是将危害降低到可接受水平，如收购从认可海区获得的贝类可使某些微生物和化学危害被减少到最低程度等。

一种危害可有多个预防措施来控制，一个预防措施也可以控制多种危害。预防措施是否适用，需要有科学依据，也需要通过验证得以确认。

第6列：该步骤是否是关键控制点？（是/否）。关键控制点的判定是 HACCP 原理2 的内容，在后面的阐述中将详细介绍。将关键控制点判定的结果填入该栏，就完成了危害分析表。表6-4 为白瓜子危害分析工作表。

表6-4　白瓜子危害分析工作表

加工步骤	确定在本步骤中被引入控制或增加的危害	潜在危害是否为显著危害？（是/否）	对第3列的判断依据	能用于显著危害的控制措施	本步骤是否是关键控制点？（是/否）
原料验收	生物危害：无				
	化学危害：药残	是	白瓜子上可能存在药残	严格检查，监控农户施药	是 CCP-1
	物理危害：杂质	是	可通过后续工作去除	每道工序严格检查	否
原料分级筛选（去石）	生物危害：无				
	化学危害：无				
	物理危害：少量杂质	否	可通过后续工作去除	每道工序严格检查	否
浸润	生物危害：无				
	化学危害：水质污染	是	水质受到污染	定期检测水质保证合格	否
	物理危害：无				
脱壳	生物危害：细菌污染	否	SSOP 控制		否
	化学危害：无				
	物理危害：无				
烘干	生物危害：细菌污染	否	SSOP 控制		否
	化学危害：无				
	物理危害：无				
清杂、比重	生物危害：细菌污染	否	SSOP 控制		否
	化学危害：无				
	物理危害：无				
去石（两次）	生物危害：细菌污染	否	SSOP 控制		否
	化学危害：无				
	物理危害：无				

续表

加工步骤	确定在本步骤中被引入控制或增加的危害	潜在危害是否为显著危害？（是/否）	对第3列的判断依据	能用于显著危害的控制措施	本步骤是否是关键控制点？（是/否）
色选（分级）	生物危害:细菌污染	否	SSOP控制		否
	化学危害:无				
	物理危害:无				
手选	生物危害:细菌污染	否	SSOP控制		否
	化学危害:无				
	物理危害:无				
去石	生物危害:细菌污染	否	SSOP控制		否
	化学危害:无				
	物理危害:无				
金属探测	生物危害:细菌污染	否	SSOP控制		否
	化学危害:无				
	物理危害:异物（金属等）	是	SUS、Fe 直径≤2.0mm	每隔一个小时质检员用试块验证金属探测仪的工作能力	是 CCP-2
检验	生物危害:细菌污染	否	SSOP控制		否
	化学危害:无				
	物理危害:无				
包装	生物危害:细菌污染	否	SSOP控制		否
	化学危害:无				
	物理危害:无				
入库	生物危害:细菌污染	否	SSOP控制		否
	化学危害:无				
	物理危害:无				
仓储	生物危害:细菌污染	否	SSOP控制		否
	化学危害:无				
	物理危害:无				
报关报检	生物危害:细菌污染				
	化学危害:无				
	物理危害:无				
运输	生物危害:细菌污染	否	SSOP控制		否
	化学危害:无				
	物理危害:无				

6. 危害分析重点问题

① 危害分析工作表和HACCP小组成员的名单必须予以保存，它是HACCP计划的组成部分，也是验证和审核（内审和外审）的依据；

② 当危害分析证明没有发生食品安全危害的可能时，可以没有 HACCP 计划，但危害分析工作表必须予以记录和保存；

③ 危害分析是针对特定产品的特定过程进行的，因为不同的产品或同一产品加工过程不同，其危害分析都会有所不同。当产品或加工过程产生了变动而且可能影响以前所作的危害分析结果时，企业应重新评估危害分析的适应性；

④ 当产品或加工过程发生变化时，都必须重新进行危害分析。这种变化可能包括但不限于以下：原料或原料来源、产品配方、加工方法或系统、产量、包装、成品流通系统、成品的预期使用或消费的变化。

原理 2：确定关键控制点（critical control point）

1. 关键控制点（CCP）

关键控制点（CCP）指能进行有效控制危害的加工点、步骤或程序。

2. CCP 的作用

（1）防止危害发生 如改变食品中的 pH 到 4.6 以下，可以使致病性细菌不能生长，或添加防腐剂、冷藏或冷冻能防止细菌生长。改进食品的原料配方，如食品添加剂，可防止化学危害的发生。

（2）消除危害 如加热，杀死所有的致病性细菌；$-38℃$ 冷冻可以杀死寄生虫；金属检测器消除物理的危害。

（3）将危害减少到一定水平 有时候有些危害不能完全防止，只能减少或降低到一定水平。如对于生吃的或半生的贝类，其化学、生物的危害防止只能从开放的水域以及对捕捞者进行控制、贝类管理机构的保证来进行，但这绝不能保证不会发生，也不能消除。

3. CCP 的确定原则

① 当危害能被预防时，这些点可以被认为是关键控制点；

② 能将危害消除的点可以被确定为关键控制点；

③ 能将危害降低到可接受水平的点可以被确定为关键控制点。

完全消除和预防显著危害是不可能的，因此，在加工过程中将危害尽可能地减少是食品安全管理体系唯一可行并且合理的目标。所以说，食品安全管理体系不是"零风险"体系。

尽管在某些情况下，将危害减少到最低程度是可接受的，但最重要的是明确所有的显著危害，同时要了解 HACCP 计划中控制这些危害的局限性。

4. 控制点（CP）和关键控制点（CCP）的区别

控制点（CP）是指食品加工过程中，在任何一点、步骤、工序，使生物的、物理的、化学的因素能够被控制。

关键控制点肯定是控制点，并不是所有的控制点都是关键控制点。在加工过程中许多点可以定为 CP，而不定为 CCP，控制如风味，色泽等非安全危害的为 CP。企业可根据自己的情况，对有关质量方面的 CP 通过 TQA（全面质量保证），TQC 或 ISO 9000 来进行控制。HACCP 只控制几个点，一般是 3~5 个 CCP。控制太多的点，就会失去重点，会削弱影响食品安全的 CCP 的控制。对于其他有关危害点可通过 SSOP 来控制，不列入 HACCP 计划中，对于其他质量方面的影响则可以通过全面质量管理来实现。

5. 确定 CCP 时应注意的问题

（1）区分关键控制点和控制点 只有某一点或某些点被用来控制显著的食品安全危害时，才被认为是关键控制点。关键控制点应是能最有效地控制显著危害的点。

（2）明确关键控制点和危害的关系 一个关键控制点可以用于一种以上危害的控制。如加热可以消灭致病性细菌以及寄生虫，或冷冻、冷藏可以防止致病性微生物生长和组胺的生成；也可能几个关键控制点用来共同控制一种危害，如某一产品在 A 加工线上生产时确定的关键控制点与在 B 加工线上生产同样产品的关键控制点不同。

如何判定某一点是不是关键控制点？可以借助 CCP 判断树。CCP 判断树对 CCP 的确定是一种有用的工具，但不是确定 CCP 所必需的工具。判断树不能代替专业知识，因为完全依赖判断树可能导致错误的结论。

6. 判断树

通过危害分析，知道了显著危害，以及采取什么样的预防措施来防止危害发生。但是危害发生时的步骤，不一定就是进行控制的步骤，若在随后步骤或工序上控制该危害，那么后面的工序就是 CCP。确定 CCP 容易混淆，但判断树（decision tree）是一个好帮手，见图 6-2。

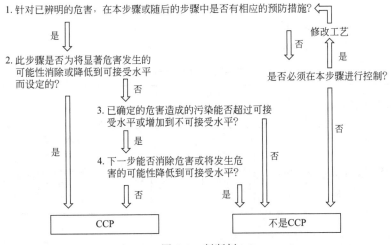

图 6-2 判断树

判断树由四个连续问题组成：

问题 1：在加工过程中存在的确定的显著危害，是否在这步或后步的工序中有预防措施？

如果回答"是"，接着回答问题 2；如果回答"不"，则回答是否有必要在这步控制食品安全危害。如果回答"不"，则不是 CCP。如果回答"是"，则说明加工工艺、原料或原因不能控制保证必要的食品安全，应重新改进产品等设计，包括预防措施。另外只有显著危害，而又没有预防措施，则不是 CCP，需改进。在有些情况下，的确没有合适的预防措施，这种情况进一步说明 HACCP 不能保证 100% 的食品安全。

问题 2：这一加工步骤是否能消除可能发生的显著危害或降低到可接受水平？

如果回答"是"，还应考虑一下，这步是否最佳，如果是，则是 CCP。如果回答"不"，则回答问题 3。

问题 3：已确定的危害是否超过可接受水平，或者这些危害会使产品增加到不可接受水平？

如果回答"不"，则不是 CCP。主要考虑危害的污染或介入，即是否存在或是否要发生或是要增加？如果"是"，就回答问题 4。

问题 4：下边的工序是否能消除已确定的危害或将其降低到可接受的水平？

如果回答"不"，这一步是 CCP。如回答"是"，这一步不是 CCP，继续判断下道工序是否为CCP。

7. CCP的改变

CCP或HACCP针对的是产品和加工过程特异性，对于已确定的关键点，如果出现工厂位置、配方、加工过程、仪器设备、配料供方、卫生控制和其他支持性计划改变以及用户改变，CCP都可能改变。

实际操作中，CCP确定后就要制作HACCP计划表。

HACCP 计划表

1. 公司名称：
2. 公司地址：
3. 产品描述：白瓜子
4. 储存和销售方式：常温、保持清洁、干燥通风，装在25kg塑料编织袋或4层牛皮纸包装袋内销往国外
5. 预期用途：食品深加工的原料
6. 消费者：深加工的食品链下游组织

白瓜子 HACCP 计划表

序号	关键控制点	危害	关键限值	监控 对象	监控 方法	监控 频率	监控 人员	纠正措施	记录	验证
CCP1	原料验收	药残	达到国家法律法规的要求和客户的要求	原料	抽查农户种植监控记录	每批	原料检验员	与农户签订协议,保证采摘前20天不喷农药和杀虫剂	协议书和过程监控记录	检验报告
CCP2	金属探测	金属碎片	SUS、Fe 直径≤2.0mm	25kg包装白瓜子(雪白瓜子、南瓜子)	测试金属模块	全部	检验员	调整金属探测器灵敏度	金属探测器记录单	生产技术部每小时一次

原理3：确定与各CCP相关的关键限值（CL）

1. 关键限值（CL）的定义

关键限值（CL）是与一个CCP相联系的每个预防措施所必须满足的标准，它是确保食品可接受与不可接受的界限。

每个CCP都必须建立关键限值。每个CCP必须有一个或多个关键限值用于每个显著危害，这些关键限值通常是一些与食品加工保藏相关的工艺参数，比如温度、时间、物理性能（如张力）、水分、水分活度、时间、pH、细菌总数等。当加工偏离了这些关键限值时，应采取纠正措施以确保食品安全。

2. 确定关键限值的信息来源

正确的关键限值需要通过试验或从科学刊物、法律性标准、专家及科学研究等渠道收集信息，予以确定。例如，从杂志文章、食品科学教科书、微生物参考书、政府食品卫生管理指南、进口国食品卫生标准、热力杀菌管理当局、食品科学家、微生物学家、设备制造商、大学研究服务机构处获得。有时，恰当的关键限值不一定是明显的或容易得到的，这时食品工厂就应选用一个比较保守的CL值。用于确定CL值的根据和资料应予存档，作为

HACCP 计划的支持性文件。

查到相关科学数据后,应结合企业实际做试验验证。如从某一权威科技文献上得到了蒸煮工序控制沙门菌的温度和时间参数,企业应在校准设备后按此参数在蒸煮机上进行相关试验,经过微生物检测后证明此数据是否可行,不行的话应根据试验情况对温度和时间进行调整。

关键限值的建立是与后面的监控以及纠正措施是相互联系的,当监控发现加工一旦偏离了关键限值,就要及时采取纠正措施。纠正措施不但要查找和消除发生偏离的原因,防止偏离再次发生,还要隔离和重新评估发生偏离期间所生产的产品,以确保食品安全。因此只设立关键限值不利于生产控制,为此我们还要为关键控制点设立一个操作限值。

3. 选择关键限值的原则

每个 CCP 都必须设立 CL;CL 是一个数值,而不是一个数值范围;CL 应符合相关的国家标准、法律法规的要求;CL 应具有科学的依据。

根据关键限值选择的原则,我们看一看 CL 选择的案例:为油炸鱼饼(CCP)设立关键限值(CL),以控制致病菌,有以下三种选择方案:

选择 1:CL 值定为"无致病菌检出";

选择 2:CL 值定为"最低中心温度 66℃;最少时间 1min";

选择 3:CL 值定为"最低油温 177℃;最大饼厚 6.35mm;最少时间 1min"。

分析:在选择 1 中所采用的 CL 值(微生物限值)是不实际的,通过微生物检验确定 CL 值是否偏离需要数日,很费时,CL 值不能及时监控。此外,微生物污染带有偶然性,需大量样品检测,结果才有意义。微生物取样和检验往往缺乏足够的敏感度和现实性;在选择 2 中,以油炸后的鱼饼中心温度和时间作为 CL 值,就要比选择 1 更灵敏、实用,但存在着难以进行连续监控的缺陷;在选择 3 中,以最低油温、最大饼厚和最少油炸时间作为油炸工序(CCP)的 CL 值,确保了鱼饼油炸后应达到的杀灭致病菌的最低中心温度和油炸时间,同时油温和油炸时间能得到连续监控(油温自动记录仪、传送网带速度自动记录仪)。因此,选择 3 是最快速、准确和方便的,是最佳的 CL 选择方案。

既不能过于严格,也不能过于宽松。如果确定 CL 的信息无法得到,可选择一个保守的值。当 CL 存在多种选择时,最好的控制选择和最好的 CL 选择往往是通过试验和经验决定的。通常不选择微生物检测结果作为 CL,更多采用物理和化学等直观的方法。用来确定一个 CL 的数据和参考资料应作为 HACCP 计划的支持文件,记录在 HACCP 体系中。

好的 CL 通常具备直观、易于监测、仅基于食品安全、通过控制时间能使只出现少量被销毁或处理的产品就可采取纠正措施、不能打破常规方式、不是 GMP 或 SSOP 措施、不能违背法规这些特点。

4. 操作限值(OL)

操作限值(operation limits,OL)指操作者用来防止发生偏离关键限值(CL)风险的标准,是比关键限值更严格的判定标准或最大、最小水平参数。

在实际工作中,制定出比关键限值更严格的标准即操作限值,可以在出现偏离 CL 迹象而又没有发生时,采取调整措施使关键控制点处于受控状态,不需要采取纠正措施。

操作限值不能与关键限值相混淆。在实际加工过程中,当监控值违反操作限值时,需要进行加工调整。加工调整是为了使加工回到操作限值内而采取的措施。加工调整不涉及产品,只是消除发生偏离操作限值的原因,使加工回到操作限值。加工人员可以使用加工调整避免加工失控和采取纠正措施的必要,及早地发现失控的趋势并采取行动可以防止产品返工,或造成产品的报废。只有监控值违反了关键限值时,才采取纠正措施。由此不难看出,

HACCP体系的正确建立和有效实施,不但可以提升企业的管理水平,还可以降低生产成本。以最低的生产成本,创造最佳的经济效益。

制作操作限值(OL)的好处是一方面是从质量方面考虑避免超过 CL;另一方面考虑正常误差,通过加工调整来避免出现偏离 CL 值,采取纠正措施。

原理4:确立 CCP 的监控程序

1. 监控的定义

监控(monitoring):按照制订的计划进行观察或测量来判定一个 CCP 是否处于受控之下,并且准确真实地进行记录,用于以后的验证。

监控			
对象	方法	频率	人员

首先应制订监控计划或程序即根据对象、方法、频率、人员进行监控。

2. 监控的目的

① 记录追踪加工操作过程,使其在 CL 范围之内;
② 确定 CCP 是否失控或是偏离 CL,进而应采取纠正措施;
③ 记录说明产品是在符合 HACCP 计划要求下生产的,即加工控制系统的支持性文件,而且在验证时特别是对官方审核验证是非常有用的资料。

3. 制订监控计划或程序

(1) **监控什么** 就是确定产品的性质或加工过程是否符合关键界限、采用测量、观察的方式。

(2) **如何监测** 即如何监控关键界限和预防措施。

首先是保证快速出结果,微生物学试验费时、浪费样品而且代表性意义不大,一般不作为监控方法,但在进行验证试验、产品检验时一般用微生物学方法。

测量仪器如温度计(自动或人工)、钟表、pH 计、水活度计(AW)、盐量计、传感器以及分析仪器。测量仪器的精度,相应的环境以及校验都必须符合相应的要求或被监控的要求。由监测量仪器导致的误差,在制订 CL 值应加以充分考虑。

(3) **监测的频率** 监控可以是连续的,可以是非连续的。连续监控最好,如自动温度计、时间记录仪、金属探测仪,因为这样一旦出现偏离或异常,偏离操作界限就可进行加工调整,一旦偏离关键界限就采取纠正措施。但是,连续检测仪器本身也应定期查看,并不是设置好连续监控就可以不管了,监控自动记录的周期愈短愈好,因为其影响产品的返工和损失,监控这些自动记录的周期至少能使不正常的产品进入装运前就可被分离出来。当然有的自动监测设备同时装有报警装置,就不影响产品的安全,不用人工监控自动记录。

如果不能进行连续监控,那么有必要确定监控的周期,以便能发现可能出现的偏离 CL 或操作限值。应充分考虑到产品生产加工是否稳定或变异有多大或产品的正常值与关键界限是否相近;出现危害后受影响的产品量是多少。

(4) **谁来监控** 明确责任,一般是生产线上的操作工、设备操作者、监督人员、质量控制保证人员、维修人员。不论是谁进行监控,当然最好是方便、有责任心以及有能力进行的人员来完成。

监控人员应该具有以下水平或能力:经过 CCP 监控技术的培训;完全理解 CCP 监控的重要性;有能力进行监控活动;能准确地记录每个监控活动,发现偏离关键界限应立即报告，以便能及时采取纠正措施。

注意：所有的记录由每个操作者签字或署名。

原理5：确立经监控认为关键控制点有失控时，应采取纠正措施

1. 纠正措施定义

纠正措施（corrective action）：当监控表明偏离关键界限或不符合关键界限时，而采取的程序或行动。

如有可能纠正措施一般应在HACCP计划中提前决定。有些情况则在HACCP计划中无法预先制订纠正措施。

2. 如何采取纠正措施

第一步：纠正，消除产生偏离的原因，将CCP返到受控状态之下。

一旦发生偏离CL，应立即报告，并立即采取纠正措施，所需时间愈短则就使加工偏离CL的时间愈短，这样就能尽快恢复正常生产，重新将CCP处于受控之下，而且受到影响的不合格产品（不一定是不安全）就愈少，经济损失就愈小。

纠正措施可以包括在HACCP计划中，而且使工厂的员工能正确地进行操作。应分析产生偏离的原因并予以改正或消除，以防止再次发生。如偏离关键界限不在事先考虑的范围之内（也就是没有已制订好的纠正措施），一旦有可能发生偏离CL时，要调整加工过程或产品，或者要重新评审HACCP计划。

第二步：隔离、销毁或返回。

隔离：评估和处理在偏离期间生产的产品。

专家或授权人员，或通过试验（生物、物理、化学）确定这些产品是否有食品安全危害，如果没有危害，可以放行；如有危害，可返工或重新加工或改作他用。

销毁：是最后的选择，经济损失较大。

返回：返工的产品仍然接受监控或控制，也就是确保返工不能造成或产生新的危害，如热稳定的生物学毒素。

3. 纠正措施的格式

说明情况/叙述采取的纠正措施。

4. 纠正措施的记录

如果采取纠正措施，应该加以记录。记录应包括产品的鉴定、描述偏离、整个纠正措施（包括受影响产品的处理）、负责采取纠正措施的人员姓名，必要时提供验证结果。

原理6：验证程序

验证程序（verification procedures）提高了置信水平，通过验证证明：HACCP计划建立在严谨的、科学的原则基础之上，它足以控制产品和工艺过程中出现的危害；这种控制正被贯彻执行着。

1. 验证的定义

除了监控方法以外，用来确定HACCP体系是否按照HACCP计划运作或者计划是否需要修改以及再被确认生效使用的方法、程序、检测及审核手段。

2. 验证的目的

（1）证实HACCP计划的有效性 根据HACCP法规，验证包括确认、CCP验证活动、HACCP体系的验证、执法机构等要素。

（2）要求列入 HACCP 计划的是 CCP 的验证　包括监控仪器的校正；复查记录（监控记录、校正记录）；取样进行检测。

3. 验证的内容

（1）确认　获取能表明 HACCP 计划各要素行之有效的证据。

确认的宗旨是提供客观的依据（写出根据），以表明 HACCP 计划的所有要素（危害分析、CCP 确定、CL 建立、监控计划、纠偏行动、记录保持等）都有科学的基础。

确认是验证的必要内容，必须有根据证实，当贯彻 HACCP 计划后，足以控制影响安全的危害。

① 确认方法。包括基于科学的原则；科学数据的运用；依靠专家意见；进行生产观察或检测。

② 确认的执行者。HACCP 小组以及受过适当培训或经验丰富的人员。

③ 确认的内容。对 HACCP 计划的各个组成部分的基本原理，由危害分析到 CCP 验证对策，做科学及技术上的复查。

④ 确认频率。最初的确认是在 HACCP 计划执行之前；当有原料的改变、产品或加工的改变、验证数据出现相反结果时，有重复出现的偏差时，有关危害或控制手段的新信息出现时，通过生产中的观察表明需要确认时，应进行再确认。

（2）CCP 点的验证

① 验证内容。校准：对监控设备的校准。校准记录的复查：复查设备的校准记录包括检查日期及校准方法和试验结果。针对性的取样检测：如原料的接受是 CCP，除了查验供应商的证明外，还应进行取样检测。CCP 记录的复查：每一个 CCP 至少有两种记录类型（监控记录和纠偏记录）。

② HACCP 计划有效运行的验证（内部验证——内审）。审核是收集验证所运用信息的一种有组织的过程，它是系统的评价，此评价包括现场观察和记录复查。审核的频率为每年两次或发生故障或更改工艺时重新审核。

原理 7：记录保持程序

1. 记录的要求

记录保持程序（record-keeping procedures）总的要求：

所有记录都必须至少包括以下内容：加工者的名称和地址，记录所反映的工作日期和时间，操作者的签字或署名，时间，产品的特性以及代码，以及加工过程或其他信息资料。

记录的保存期限：对于冷藏产品，一般至少保存一年，对于冷冻或货架稳定的商品应至少保存两年。对于其他说明加工设备、加工工艺等方面的研究报告，科学评估的结果应至少保存两年。

可以采用计算机保存记录，但要求保证数据完整统一。

2. 应该保存的记录

CCP 监控控制记录；采取纠正措施记录；验证记录，包括监控设备的检验记录，最终产品和中间产品的检验记录；HACCP 计划（不必须包括危害分析工作表）以及支持性材料（HACCP 小组成员以及其责任，建立 HACCP 的基础工作，如有关科学研究，实验报告以及必要先决程序如 GMP、SSOP）。

3. 记录审核

在建立和实施 HACCP 时，加工企业应根据要求，让经过培训合格的人员对所有 CCP

监控记录、采取纠正措施记录、加工控制检验设备的校正记录和中间产品最终产品的检验记录，进行定期审核。

① 监控记录以及审核。HACCP监控记录是证明CCP处于受控状态的最原始的材料，作为管理工具，使CCP符合HACCP计划要求。监控记录应该记录实际发生的事实，完整、准确、真实，应是实际数值（而不是"OK"或"符合要求"等），而且应该至少每周审核一次，并签字，注明日期。

② 纠正措施记录。一旦出现偏离CL，应立即采取纠正措施。采取纠正措施就是消除、纠正产生偏差的原因，并将CCP返回到受控状态隔离分析，处理在偏离期间生产的受影响的产品，必要时应验证纠正措施的有效性。记录这些活动是必要的。审核时主要判定是否按照HACCP计划去执行，应在实施后的一周内完成审核。

③ 验证记录以及审核。修改HACCP计划（原料、配方、加工、设备、包装、运输）；加工者评审供方附保证或证书验证的记录，即如原料的来源附有证书或保函，但在接收货物时，对这些验证记录进行审核的记录结果；验证监控设备的准确度以及校验记录；微生物学试验结果，中间产品，最终产品的微生物分析结果；现场检查结果。对验证记录的评审没有明显的时间限定，只是要在合理的时间内进行审核。

第五节　HACCP体系文件

一、HACCP体系文件的概念

HACCP体系文件是描述HACCP体系建立与实施过程的文件。作用是建立HACCP体系，目的是实施HACCP体系。HACCP体系文件的编制依据是《HACCP体系及其应用准则》和现行良好操作规范以及相关法规规章。

1. HACCP体系文件的编制原则

基于《HACCP体系及其应用准则》的内在要求；描述和规定HACCP体系建立与实施的全部内容；满足第三方认证和官方验证的需要；采用ISO 9000族质量管理体系文件的结构；以过程方式描述HACCP体系；体现HACCP体系的技术特征；注意HACCP计划与产品加工工序的关系；运用HACCP计划与SSOP计划联合控制显著危害的方法。

2. HACCP体系文件的构成

（1）**HACCP体系文件的内容**　HACCP体系文件包括三个部分。GMP计划；HACCP前提计划：SSOP计划、人员培训计划、工厂维修保养计划、产品回收计划、产品代码预计划；HACCP计划。

（2）**HACCP体系文件的结构**（图6-3）

3. HACCP手册

（1）**HACCP手册的编制要求**

① 对企业所建立的HACCP体系做出总体规定；
② 描述HACCP体系各组成部分、各过程之间的相互关系和相互作用；
③ 将准则、法规的要求转化为对本企业的具体要求；
④ 在手册的规定与程序文件之间建立对应关系，确保规定能够被实施。

（2）**HACCP手册的编写格式和内容框架**　包括：封面、版头、发布令、手册正文（目录、HACCP手册管理说明、HACCP手册修改页、企业基本情况）。

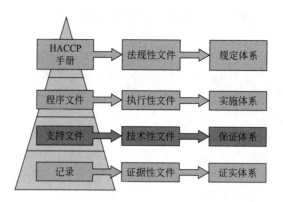

图 6-3　HACCP 体系文件的结构

封面：企业名称、文件编号、HACCP 手册名称、依据、版本、编制人、批准人、审核人、发布日期等信息。

版头：××××、文件名称、文件编号、版次和状态、第×页/共×页。

发布令：为确保对×××产品生产加工过程的安全卫生控制，本公司依据《HACCP 体系及其应用准则》（CAC）和相关法规，制定了 HACCP 体系文件，现予以颁布实施，公司各部门及全体员工自颁布之日起遵照执行。授权×××同志为管理者代表和 HACCP 小组组长；授权行政人事部为管理体系的日常管理部门。

目录：HACCP 手册管理说明、HACCP 手册修改页、企业基本情况、企业组织机构图、HACCP 小组成员及职责、程序文件。

HACCP 手册管理说明：由谁编制、由谁审核、由谁修改和批准、由谁发放和回收、如何使用、如何保存。

HACCP 手册修改页：设立一个表格，内容包括修改次数、修改章节、修改页码、修改内容说明、修改日期、修改人、批准人。

企业基本情况。

二、HACCP 文件案例

（1）封面

×××肉类有限公司

HACCP 计划

编号：01-2016

编写人：×××
审批人：×××

生效日期：××××年×月×日

(2) 目录

目 录

一、颁布令 ···	01
二、HACCP 小组成员及职责范围 ···	02
三、主要内容与适用范围 ··	03
四、产品描述 ···	05
五、工艺流程图及现场验证 ···	07
六、工艺操作规程 ··	09
七、危害分析工作单 ··	10
八、HACCP 计划表 ···	12
九、HACCP 验证程序 ···	14
十、HACCP 验证报告 ···	15

(3) 颁布令

颁 布 令

为了进一步改善我厂的质量管理体系,提高产品质量,保证出口食品安全卫生,我们制定了本 HACCP 计划。

HACCP 是用来控制食品安全危害的有效措施,是一种先进的管理模式,它能有效地防止和控制食品从原料到成品整个生产过程中被有害物质污染,具有预防为主的特点。

本计划的制订是为了在我厂推行这种先进的管理方法,以提高我厂产品的安全质量,现予批准实施。

我厂的所有部门和全体员工,应严格遵守本计划中的规定,为提高我厂产品质量和信誉而努力工作。

批准人:×××

批准日期:2015 年 4 月 21 日

(4) HACCP 小组成员及职责范围

HACCP 小组成员及职责范围

姓名	职务	设置日期	主要职责
	组长	2016.04.09	负责 HACCP 体系建立、实施和保持,完善审核的全面工作
	副组长	2016.04.09	1. 负责生产加工过程中,HACCP 体系实施和审核工作; 2. 负责加工车间及冷冻车间现场监查及 HACCP 体系的实施和审核工作
	组员	2016.04.09	负责包装冷冻过程中 HACCP 体系的实施和审核工作
	组员	2016.04.09	负责屠宰过程中 HACCP 体系的实施和审核工作
	组员	2016.04.09	1. 负责微生物检测工作; 2. 负责宰前检疫工作

(5) 主要内容与适用范围

主要内容与适用范围

本方案分析了羊肉产品加工过程中,某个环节存在的危害,找出显著危害,确定关键控制点,并制订了相应的预防措施和纠偏方法,建立记录的保存系统和验证程序,本方案适用于以羊肉为原料,经加工处理而成的产品,本方案作为提高肉类产品质量的措施,对生产过程和产品质量进行监督控制。

（6）产品描述

产品描述

5.1　鲜冻羊肉产品
5.1.1　活羊

生产用原料	羊	包装材料	纸箱
化学特性	羊在生长过程中有可能生病而使用兽药，药残有可能超标	无毒无害，符合相关食品用行业标准	—
生物特性	可能含有致病菌、病毒、寄生虫	—	—
物理特性	可能有针头等金属杂质	—	—
产地	乌兰浩特市周边地区		
交付方式、包装和贮存情况	公司与供应商联系，供方送货，暂养12～24h	铁笼、竹笼	赤峰市
使用前处理	不需处理	—	—

5.1.2　产品描述

产品名称	鲜、冻羊产品
产品特性	符合 GB 16869—2005《鲜、冻禽产品》
生产用原料	活羊
加工方式	冲洗、屠宰、分割、包装、冷冻
包装和规格	包装材料：聚乙烯袋。规格：15kg。袋装产品外包纸箱
销售方法	批发、零售
储藏、运输方法	−18℃以下冷藏贮存、运输；防压、轻拿轻放
消费对象	国内经销商、肉制品深加工厂、食堂、餐馆、个人等
保质期	冷藏12个月
食用方法	肉制品深加工厂加工或烹调后食用
不适宜人群	无
安全警示	发现有异味、变质现象和产品超过保质期，请勿使用或食用

5.1.3 生产用水辅料描述

辅料名称	生产用水
定义	供人生活的饮用和生活用水
重要特性	不得含有病原微生物；化学物质不得危害人体健康；放射性物质不得危害人体健康；感官性状良好；须经消毒处理。 应符合： 1. 微生物指标及限值：总大肠菌群、耐热大肠菌群、大肠埃希菌群均不得检出；菌落总数 100CFU/mL。 2. 毒理指标及限值：砷 0.01mg/mL；镉 0.005mg/mL；铬（六价）0.05mg/mL；铅 0.01mg/mL；汞 0.001mg/mL；硒 0.01mg/mL；氰化物 0.05mg/mL；氟化物 1.0mg/mL；硝酸盐（以 N 计）10mg/mL；三氯甲烷 0.06mg/mL；四氯化碳 0.002mg/mL；溴酸盐 0.01mg/mL；甲醛 0.9mg/mL；亚氯酸盐 0.7mg/mL；氯酸盐为 0.7mg/mL。 3. 感官性状和一般化学指标及限值：色度 15；浑浊度 1；无异臭、异味；无肉眼可见物；6.5≤pH≤8.5；铝 0.2mg/mL；铁 0.3mg/mL；锰 0.1mg/mL；铜 1.0mg/mL；锌 1.0mg/mL；氯化物 250mg/mL；硫酸盐 250mg/mL；溶解性总固体 1000mg/mL；总硬度 450mg/mL；耗氧量 3mg/mL；挥发酚类 0.002mg/mL；阴离子合成洗涤剂 0.3mg/mL。 4. 放射性指标及限值：总 α 放射性 0.5Bq/L；总 β 放射性 1Bq/L
预期用途	用于羊的屠宰分割
生产厂家	×××肉类有限公司
特殊运输要求	供水管道
接收准则	应符合 GB 5749——2006《生活饮用水卫生标准》

5.1.4 包装材料描述

① 品名：塑料袋
② 产地：某包装有限公司
③ 生产方法：符合食品级包装材料卫生要求
④ 配制辅料：溶剂等
⑤ 产品特性
a. 感官指标：色泽正常、无异味、无异嗅、无异物
b. 理化指标：溶剂残留总量≤10mg/m²，苯类和酯类溶剂残留量≤3mg/m²
c. 微生物指标：细菌总数≤5 个/cm²。大肠杆菌：不得检出。致病菌：不得检出
⑥ 包装和交付：袋装、箱装；供方送货，保持清洁，不得与有毒有害物品混装
⑦ 贮存条件：常温，通风防潮湿保持清洁，不得与有毒有害物品同库堆放
⑧ 保质期：一年
⑨ 生产前的预处理：直接使用

(7) 工艺流程图及现场验证

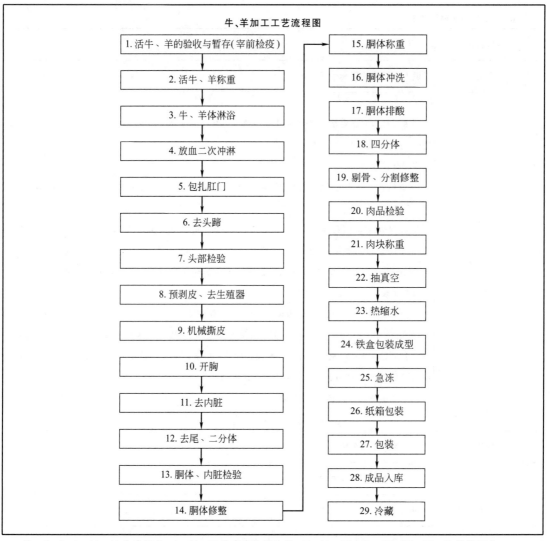

牛、羊加工工艺流程图

注：6、8、9、11、12 为放行点；4、11、19 为废弃物排放点；7、13、17、20、22、26、28、29 为返工点。

(8) 工艺操作规程

工艺操作规程

活畜验收：检查三证，严格检验羊只健康状况，车辆必须经过消毒池进厂。

待宰：按照入厂先后顺序将羊只赶入待宰圈，待宰期间观察羊只健康状况，做好宰前检疫并记录，宰前停饲静养12~24h，宰前停止饮水3h。

杀放血：按伊斯兰屠宰方式屠宰。

去头、蹄：割下头逐个编号，头、蹄送头蹄间。

剥皮：人工将畜腹部扒开，人工将皮拽下，保证皮张完整。

出腔：用刀切开肛门周围组织，使直肠末端游离，再沿腹白线切开腹肌。将胃肠一同拽出放同步检疫台上；将心、肝、肺沿肌腱部切割取出放同步检疫台上，经卫检人员按规定检疫合格后，分别送红、白下货间加工处理。

胴体检验：卫检人员遵照肉品检验规程依次检验。

胴体修整：修去血污、皮毛等。

检重：用指定的计量器具称重。

冲洗:用高压水枪喷刷胴体表面及腔内,刷去血污与羊毛。
排酸:排酸间要求温度为 0~4℃,温度为 86~92℃,排酸时间为 12~24h,胴体间距保持 3~5cm,每隔 3h 用喷雾器向羊体表面和腔内喷一次水。
修割:修去脖头、淋巴结、软骨、月牙骨等,去掉前后腿筋腱头及后腿上的游离脂肪。
产品制作:按顾客要求制作不同品种和规格的系列产品。
速冻:速冻库温控制在−28℃以下,速冻时间为 24h,定时查看库温并做好记录。产品出库时肉中心温度达到−15℃方可出库。
金属探测:产品在装箱前必须用金属探测仪进行检测,要求最小有效值 SUS、Fe 直径均为 2.0mm,检验不合格禁止继续包装,必须剔除,查明后另行处理,并采取纠正预防措施。
冷藏:将产品按规定放入冷藏库,库温保持−18℃以下,产品保质期为 10 个月。
成品销售:按订单要求,将产品交付到指定地点。

(9) 危害分析工作单

危害分析工作单

公司名称:×××肉类有限公司
公司地址:
产品描述:肉羊产品加工
贮存和销售条件:−18℃以下贮藏、运输、销售
预计用途和销售者:一般大众消费

配料加工步骤	确定本步骤引入的受控或增加的潜在危害		潜在的食品安全危害是否显著(是/否)	对第 3 列判断的依据	用什么措施预防显著危害	是否是关键控制点(是/否)
宰前检疫	生物的	寄生虫(囊尾蚴)、疫病(炭疽、布鲁氏菌病、口蹄疫)	是	活羊体温升高或有其他症状表示可能有寄生虫的存在;体温升高、脊瘦、口蹄有溃烂的活羊可能有疫病	兽医进行宰前检疫	是 CCP-1
	化学的	无				
	物理的	无				
待宰	生物的	寄生虫、微生物	是	可能为临床症状的亚感染型	后工序宰后检疫控制	否
	化学的	无				
	物理的	无				
屠宰	生物的	微生物污染	否		SSOP 控制	否
	化学的	无				
	物理的	无				
去头、蹄	生物的	微生物污染	否		SSOP 控制	否
	化学的	无				
	物理的	浮毛	否	去头、蹄时可能把羊毛带入胴体表面	后面的清洗工序可以去除	
剥皮	生物的	微生物污染	否		SSOP 控制	否
	化学的	无				
	物理的	浮毛、粪污	否	剥皮时可能把羊毛、粪污带入胴体表面	后面的清洗工序可以去除	

续表

配料加工步骤		确定本步骤引入的受控或增加的潜在危害	潜在的食品安全危害是否显著（是/否）	对第3列判断的依据	用什么措施预防显著危害	是否是关键控制点（是/否）
出腔	生物的	微生物污染	是	操作不当造成胴体污染		否
	化学的	无				
	物理的	有		胃内容物、胆汁	SSOP控制	
内脏检验	生物的	致病菌、寄生虫的存在	是	内脏带有致病菌性、寄生虫	在宰后内脏的检验中去除。SSOP控制	是 CCP-2
	化学的	无				
	物理的	无				
胴体检验	生物的	致病菌、寄生虫的存在	是	羊胴体可能有致病性病变、寄生虫	在宰后检疫中去除	是 CCP-3
	化学的	无				
	物理的	无				
胴体修整、清洗	生物的	无				否
	化学的	无				
	物理的	无				
排酸	生物的	微生物繁殖	否		OPRP控制	否
	化学的	无				
	物理的	肉质物理成熟			OPRP控制	
剔骨	生物的	微生物污染	否		SSOP控制	否
	化学的	无				
	物理的	有	是	剔骨中可能有骨渣	后工序修割可以控制	
分割	生物的	微生物污染	否		SSOP控制	否
	化学的	无				
	物理的	无				
速冻	生物的	无				否
	化学的	无				
	物理的	无				
包装材料	生物的	无				否
	化学的	有	是	不合格包装材料带有有害的化学物质		
	物理的	无				
包装	生物的	微生物污染	否		SSOP控制	否
	化学的	无				
	物理的	无				
金属探测	生物的	无				是 CCP-4
	化学的	无				
	物理的	有	是	金属物的进入	金属探测控制	
冷藏	生物的	无				否
	化学的	无				
	物理的	无				

注：OPRP，操作性前提方案。

(10) HACCP 计划表

HACCP 计划表

公司名称：×××肉类有限公司
公司地址：
产品描述：肉羊产品加工
贮存和销售条件：-18℃以下贮藏、运输、销售
预计用途和销售者：一般大众消费

关键控制点	显著危害	关键限值	监控				纠正措施	验证	记录
			对象	方法	频率	人员			
宰前检疫 CCP-1	寄生虫疫病	检疫证、消毒证、非疫区证明、宰前检验报告	验收相关报告单	目测、询问	每批	兽医	拒绝屠宰没有检疫的原料羊	检验员负责对检疫三证进行审核	1. 宰前检验记录；2. 纠偏记录；3. 准宰证
内脏检验 CCP-2	致病菌、寄生虫	心肝肺颜色正常，有弹性；淋巴结无肿大、脾脏无肿大、胃肠浆膜、黏膜正常	内脏各器官的病变	目测或用刀进行检验	每只	兽医、卫检员	检验不合格的内脏不准进入下一工序，一旦发现不合格的内脏及时通知检验员另行处理	卫检员负责对每批产品进行审核	1. 宰后检验记录；2. 纠偏记录
胴体检验 CCP-3	致病菌、寄生虫	胴体病理变化、淋巴结有无病变	胴体病变	目测或用刀进行检验	逐只	兽医、卫检员	检验不合格的胴体不准进入下一工序，一旦发现不合格的胴体及时通知卫检员另行处理	卫检员负责对每批产品进行审核	1. 宰后检验记录；2. 纠偏记录
金属探测 CCP-4	金属异物	SUS、Fe 直径≤2.0mm	金属碎片	肉眼观察	每件产品	库房操作员、卫检员	隔离单独存放，查出金属并记录分析原因	使用前校准，每小时校准一次	1. 金属探测仪试运行记录；2. 金属探测异常记录

(11) HACCP 验证程序

HACCP 验证程序

目的：为了整个 HACCP 质量管理体系更有效地实施。
范围：适用于整个肉禽屠宰加工过程。
人员：HACCP 小组。
程序：
1. 羊肉 HACCP 计划报请检验检疫局进行审查。
2. 生产期间每日进行现场验证和记录的检查，检查 CCP 是否完全按 HACCP 计划要求进行监控，检查各 CCP 加工过

程是否完全在建立的 CL 内,检查记录是否完整、准确,是否按时间间隔记录,检查监控器是否经过校正。

3. 检查出现偏差时,是否按照 HACCP 计划的纠偏措施进行纠偏处理,纠偏记录是否符合 HACCP 计划规定。

4. 每生产日的次日进行感官、微生物检验,验证 HACCP 计划是否正常有效。

5. HACCP 计划小组对 HACCP 计划的初步运行情况进行验证,确认计划是否可行,并详细列出验证报告。每年小组对本计划进行一次验证,评审本计划的适用性。

6. HACCP 计划在执行的过程中,如出现下列情况时,应及时验证,修订 HACCP 计划。
(1)关键限值反复出现偏离。
(2)原料或来源发生变化。
(3)产品配方与加工方法发生变化。
(4)出现结果异常。
(5)出现新的销售客户处理方法。
(6)关于潜在危害和控制的新科技上的观察。

(12) HACCP 验证报告

HACCP 验证报告

我厂羊肉的 HACCP 计划是由我厂 HACCP 计划小组制订的,制订该计划的理论依据是《肉产品 HACCP 实施指南》中 FDA 相关法规中有关指令要求。

一、HACCP 计划的确认

HACCP 小组通过对羊肉生产的危害分析,认为肉类可能存在的危害有生物危害(致病菌)、物理危害(金属碎片的混入)。

1. 生物危害有可能发生

一旦发生会对消费者造成不可接受的健康风险,根据水产品 HACCP 教程中的介绍,海洋中有副溶血性弧菌等,所以原料有被致病菌污染的可能,也有被外界污染物污染的可能。

2. 物理性危害有可能发生

在原料或加工过程中混入金属碎片或杂质会对消费者造成伤害,根据 SSOP,不准有大于 2mm 铁片和大于 2mm 非铁金属和杂质等。

二、CCP 的确认

经危害分析确定了羊肉可能存在的生物性危害、物理性危害,采用"CCP 判断树"的方法确定出羊肉生产过程中的 CCP 如下:

CCP-1 宰前检验:生物性致病危害,该危害来自动物自身或外界污染,可在原料验收时控制,如在此步骤不控制,在以后的加工工序中没有能消除危害的步骤。

CCP-2 摘取内脏:掏脏工对工具、手、靴子及围裙进行清洗消毒,防止交叉污染。根据病变组织、破损对污染进行评估,培训操作者。

CCP-3 胴体检验:胴体有可见污染物重新冲洗,有寄生虫和疾病肉按规定进行无害化处理,生产线消毒。

CCP-4 金属探测:Fe、SUS 的直径不超过 2.0mm。

三、CL 的确认

CCP-1 的 CL 是供货方能出示"三证"等有效证明。

CCP-4 的 CL 是通过分析产品中所有的金属杂质,此金属碎片达到一定限值后,对人体造成危害,若低于此值不会给人体带来危害,因此在确定关键控制点的 CL 时,根据探测仪器的系数及人体对金属的承受能力,将 CL 确定为最终产品不得检出直径大于 2mm 的铁金属和直径大于 2mm 以上的非铁金属,此 CL 是保证产品中不存在对人体造成危害的金属碎片,产品中存在低于此限值金属不会对人体带来任何危害。

四、监控程序的确认

本监控程序是根据《肉类产品安全质量控制与检验检疫手册》提供的监控系统设计的,根据所确定的 CCP 工序的特点和 CL 来确定监控。

CCP-1 的验证:由检验检疫部门对兽药残留进行检测结果记录,检查"三证"和兽医出具的准宰证、宰前检验记录。

CCP-2 的验证:由卫生人员根据"四部规程"对兽检人员的宰后检验情况进行复查。

CCP-4 的验证:由卫检员和库管员检查金属探测异常记录。

五、纠偏行动的确认

纠偏行动是 CCP 偏离了 CL 时所采取的措施。根据《肉类产品安全质量控制与检验检疫手册》介绍,纠偏行动包括:①找出偏离原因,使生产回到受控状况之下。②隔离偏离时对产品进行评估处理。纠偏行动是根据以上原则,结合偏离后产品是否可重新返工以减少危害的可能性而制订的纠偏措施。

CCP-1 的验证:由检验检疫部门对兽药残留进行检测结果记录,检查"三证"和兽医出具的准宰证、宰前检验记录。

CCP-2 的验证:由卫检人员根据"四部规程"对兽检人员的宰后检验情况进行复查。

CCP-4 的验证:由卫检员和库管员检查金属探测异常记录。

六、记录保持程序的确认

我厂在 HACCP 计划中设有的记录有监控记录、纠偏记录和金属探测器的校准记录,根据监控程序要求记录内容有:表头、工厂名称、地址、产品描述、产品预期用途、CL、日期、监控人、复查人和日期、监控(校准)记录。纠偏记录除了表头等信息外,有记录偏离原因、偏离产品的数量、偏离 CCP 纠偏行动及受影响产品的最终处理、纠偏人、日期、复查人、日期等。

 单元思考

1. 名词解释:卫生标准操作程序、HACCP、危害、危害分析、关键限值、操作限值。
2. GMP 包括哪些主要内容?
3. 简述选择关键限值的原则。
4. 简述 HACCP 与 ISO 9000 的关系。
5. 简述 GMP、SSOP 和 HACCP 关系。
6. GMP 的主要内容有几方面?
7. 简述 SSOP 的具体内容。
8. 简述 HACCP 的 7 个基本原理。
9. HACCP 实施的步骤是什么?
10. 试述 HACCP 小组的组成及其主要职能。

第七单元 农产品、食品可追溯体系

  知识与能力目标

1. 了解农产品、食品质量安全可追溯管理体制的建设现状。
2. 了解农产品、食品质量安全可追溯管理系统的基本组成。
3. 熟悉农产品、食品质量安全可追溯管理系统的使用特点和优势。
4. 了解农产品、食品质量安全可追溯管理体制的发展方向。

  思政与职业素养目标

农产品、食品质量安全追溯体系,通过建立统一的编码标识、信息采集、平台运行、数据格式、接口规范等关键技术标准和主体管理、追溯赋码、索证索票等追溯管理制度,实现农产品、食品源头可追溯、流向可跟踪、信息可查询、责任可追究,从而在生产、消费全流程保障公众饮食安全。

农产品、食品质量控制人员须明确追溯意义在于监控种植养殖源头污染、生产加工过程的添加剂以及有害物质、流通环节中的安全隐患,厉行求真、严谨的工作作风。

  案例引导

为确保市民吃上"放心菜",全国一些大、中城市都实行了农产品市场准入制度,对避免市民遭受有毒蔬菜侵害起到了防范作用。但由于蔬菜由千家万户的农民生产,中间经过多道流通环节,即使发现质量问题,也难以查找责任人。

山东寿光是全国闻名的蔬菜之乡,2004年首次探索建立了国内蔬菜安全可追溯性信息系统。由国家质检总局和山东省潍坊市及寿光市质量技术监督局等共同协作,在寿光田苑蔬菜基地和洛城蔬菜基地进行蔬菜质量安全可追溯制度的试验。使用了所谓的"身份证",即一个商品条码。这个看似简单的商品条码,却几乎包含了产品的所有生产信息,要了解这些信息,只要将贴有"身份证"的蔬菜拿到检测仪器前扫一下即可,从生产蔬菜的土地、水质的取样化验,到购种、用药、灌溉,甚至包括蔬菜的包装、仓储、运输等,所有的档案一目了然,确保食品安全的每一个环节到位。其实,这一项目主要通过编码系统对蔬菜生产流通的全过程进行记录,从农民生产出蔬菜到包装、仓储、运输、销售等全过程都可通过编码显示出来，消费环节如果发现蔬菜质量问题，即可通过编码系统进行追溯，查明责任。这不仅能够有效维护消费者权益，而且可以促使生产者及流通各环节加强质量安全管理，真正为市场提供可靠的蔬菜。

结果：山东省寿光市探索建立了"蔬菜质量安全追溯系统"，该系统的成功建立为该地区建设大规模"放心菜"生产基地奠定了重要的质量保障基础。

这种食品"身份证"其实是利用条码技术实现食品安全的跟踪与追溯。它包括两个途径，一种是从上往下进行跟踪，即从农场、食品原材料供应商、加工商、运输商到销售商，这种方法主要用于查找质量问题的原因，确定产品的原产地和特征；另一种是从下往上进行追溯，也就是消费者在销售点购买的食品发现了安全问题，可以向上层层进行追溯，最终确定问题所在，这种方法主要用于问题召回。随着国内大型的农产品、食品生产加工基地不断探索走质量可追溯之路，农产品、食品质量安全可追溯管理体系进入了一个崭新的时代。

第一节　农产品、食品可追溯体系的发展情况

食品安全一直是关系到人民群众基本利益的重要问题。多年来，我国已经制定了一系列的有关食品安全的法律法规，建立了食品安全预防和预警的应急机制和食品安全信用体系，同时也开展了一些有关食品安全的专项整治工作。2002年1月欧盟颁布了178/2002条例，强制要求进口食品可追溯，我国正式开始了对食品可追溯系统的研究和建立。

一、国外农产品、食品安全溯源体系建设

1. 国际上农产品溯源体系建设状况

（1）欧盟农产品溯源体系　欧盟对农产品安全溯源体系的应用较早，最先对牛肉进行了溯源。2000年，颁布了《食品安全白皮书》，将农产品安全溯源纳入法律框架，控制农产品从生产到销售各环节的质量安全，并明确各环节相关经营者的责任。2002年，出台了178/2002号法令，为确保农产品的质量安全，要求各农产品经营企业必须对各环节所使用的原料、化肥、农药等情况提供相关数据，并建立活牛检验和登记制度，为消费者提供农产品各环节的详细信息。在销售环节，所售牛肉必须有牛肉标签，必须标明：活牛的生产地、养殖场、屠宰场、分割厂等信息。对于进口的牛肉，标签上还须标注"非欧盟国家生产"及"××国家屠宰"。

（2）美国农产品溯源体系　在美国，企业自愿建立农产品溯源体系，政府在运行方面推进了溯源体系的发展。美国国会原有的标识制度被家畜溯源体系取代。2003年，FDA颁布了适用于美国境内从事农产品经营活动各类企业的《食品安全跟踪条例》，它要求跟踪记录所有涉及农产品流通的企业信息，强调除易腐农产品要保存1年的记录外，其他农产品要保存2年的记录。在正常营业时段内，相关企业必须能够在规定的时间内出具相关备查记录。在发现外来疫病时，为了能在48小时内确定疫病来源，美国的行业协会和一些企业自愿建立了溯源体系，在众多协会与畜牧兽医专业人员的共同参与下，自发成立了家畜标识小组并制订溯源工作计划。

（3）日本农产品溯源体系　日本在大部分超市等销售环节都安装了农产品溯源终端应用程序，方便消费者查询农产品的有关信息，而且对农产品安全溯源应用制订了相应的法规。2001年，在日本政府的推动下，为使消费者获取所购信息，溯源系统被全面引入肉牛生产

供应链体系，要求肉牛企业必须提供供应链各环节的溯源信息。2002年，日本将农产品强制信息溯源系统推广到其他肉质、海鲜、蔬菜农产品企业，并把信息溯源纳入"安全、安心信息供应计划"，使消费者通过商品的外包装便可获取农产品流通过程中的详细信息。同时，日本的农产品企业和行业协会在农产品溯源体系的建设方面也发挥了重要作用。

（4）英国的农产品溯源体系 英国政府通过建立家畜跟踪系统记录家畜从出生到死亡的整个过程，农户可通过这一系统登记家畜的有关信息，还可通过系统查询家畜的在栏现状、转栏情况，以及对疾病危险区家畜的跟踪情况。

（5）澳大利亚的农产品溯源体系 为了提升农产品国产品牌的竞争力以及促进农产品的出口，澳大利亚联邦政府对国内畜产品强制实施了身份识别系统（NLIS），对肉类农产品从出生、饲养、屠宰、加工、销售等环节建立全程溯源体系。畜产品身份识别系统（NLIS）已经被各州政府和全澳大利亚农场主广泛采纳，一旦发生农产品安全事件，政府监管部门能够依据识别系统迅速找到事件根源，并采取措施避免事件的扩大。为了激励农产品企业开展溯源工作，澳大利亚政府还给予了一定的补贴资金。

从以上分析可以看出，有关农产品安全溯源体系的应用状况，欧盟、美国和日本等地区对农产品溯源体系的实施较早，发展水平较高，相应的法律法规也较全面，英国和澳大利亚等国家虽然应用较晚，但发展速度很快。

（6）国际组织 国际物品编码协会开发和制定了全球统一标识系统，并制定包括基于XML的数据传输标准在内的食品溯源相关全球标准。食品法典委员会（CAC）食品进出口检验和认证体系委员会会议（2004年）同意建立进出口和认证系统食品可溯源的基本原则。国际标准化组织食品技术委员会（ISO/TC34）启动和研究标准项目提案"食品和饲料链可追溯系统的设计和开发指南"。

2. 国外开展农产品溯源系统实施的特点

（1）系统逐步推广、实施 受疯牛病以及畜禽产品本身标准统一、单位价值高等多方面的影响，不论是欧盟国家，还是后来的日本等国家，都先在禽畜领域逐步开展并实施农产品的溯源系统，取得一定的经验和效果后，逐步推广到其他的农产品领域和产业。

（2）系统实施离不开政府强制措施以及企业的意愿 从国外开展溯源系统的现状中可以看出，欧盟通过制定相关的法律法规强制性实施溯源系统，美国、日本等的一些大企业为了提高消费者对本企业农产品质量安全的信心，将农产品溯源系统作为一种竞争手段，自愿实施。同时，政府也通过制定相应政策支持并鼓励企业实施农产品的溯源系统。

（3）在具有较大规模的行业实施 发达国家和地区通常首先选择牧场、农场等具有较大生产规模、基础设施相对完备的行业实施溯源系统。一方面可以降低追溯的成本，另一方面也便于政府的监管，使溯源系统真正发挥应有的作用。

二、我国农产品、食品安全溯源体系建设情况

1. 我国农产品溯源体系建设状况

我国相关法律法规提出建立农产品、食品溯源的要求，制定了一些相关的标准和指南。2006年《奥运食品安全行动纲要》中规定奥运食品将全部加贴电子标签，实现全程追溯；2007年7月温家宝签署第503号国务院令，公布《国务院关于加强食品等产品安全监督管理的特别规定》；《畜禽标识和养殖档案管理办法》对畜禽等肉食品源的标识代码和信息管理做了明确要求；《农产品质量安全法》于2006年11月1日施行，要求农产品生产企业和农民专业合作经济组织应当建立农产品生产记录。

2016 年，农业部发布了《农业部关于加快推进农产品质量安全追溯体系建设的意见》。其指导思想为全面推进现代信息技术在农产品质量安全领域的应用，加强顶层设计和统筹协调，健全法规制度和技术标准，建立国家农产品质量安全追溯管理信息平台，加快构建农产品质量安全追溯体系，实现农产品源头可追溯、流向可跟踪、信息可查询、责任可追究，保障公众消费安全。主要目标为建立全国统一的追溯管理信息平台、制度规范和技术标准，选择苹果、茶叶、猪肉、生鲜乳、大菱鲆等几类农产品统一开展追溯试点，逐步扩大追溯范围，力争"十三五"末农业产业化国家重点龙头企业、有条件的"菜篮子"产品及"三品一标"规模生产主体率先实现可追溯。通过建立追溯管理运行制度、搭建信息化追溯平台、制定追溯管理技术标准、开展追溯管理试点应用，实现整体推进。国家平台于 2017 年上线。

2. 我国农产品安全追溯体系存在的主要问题

(1) 我国农产品行业的标准化程度低 我国的农产品行业大多是小规模经营，标准化程度低，这是溯源工作难以进展的主要原因。构建农产品安全溯源体系，需要按统一的标准来管理。如果供应链中的任何一环流通不畅，就会导致溯源信息的中断。

(2) 农产品生产企业对追溯体系的建立缺乏积极性 溯源工作的推广多是政府立法强制进行，由于构建溯源体系将会增加企业成本，且难以在短期内收获成效，致使企业参与的积极性不高。

(3) 农产品溯源体系的配套技术不完善 农产品溯源体系对技术要求较高，个体标识成本高、设备要求高、操作人员技术要求高等，这些原因极大地制约了农产品溯源工作的实施。而追溯体系标准将会解决缺乏统一的编码系统、生物测定系统、开放性的农产品数据库、信息基础框架系统等问题。

(4) 监管体制不利于溯源体系的建立 2019 年以前，农产品的生产、加工、流通及销售环节分别由农业部、质检部、工商部、卫生部进行监管，重大事故的查处工作主要由食品药品监督管理部门管理。在此管理模式下，农产品溯源工作的实施，需要各个部门密切合作，形成管理方法和技术标准的对接，然而这也增加了溯源工作实施的难度。

(5) 农产品生产企业规模小 一方面，我国长期受经济体制和生产方式的影响，农产品生产和销售企业大多为小型企业或非正规的家庭作坊。小规模农产品企业信息化程度低，生产技术落后，工作人员素质不高，安全生产的意识较低。虽然一些大中型农产品企业参与了农产品安全溯源体系，但只是为了满足出口和大型超市销售的需要。另一方面，农产品生产的主体多是分散的农户，农户所提供的农产品质量取决于农户的安全意识、生产方式、劳动方法。

3. 我国农产品、食品追溯体系发展趋势

(1) 推进平台建设 实施国家农产品质量安全追溯管理信息平台建设项目，完善追溯管理核心功能。按照"互联网＋农产品质量安全"理念，拓宽追溯信息平台应用，扩充监测、执法、舆情、应急、标准、诚信体系和投入品监管等业务模块，建设高度开放、覆盖全国、共享共用、通查通识的智能化监管服务信息平台。

(2) 出台国家农产品质量安全追溯管理办法 建立统一的编码标识、信息采集、平台运行、数据格式、接口规范等关键技术标准和主体管理、追溯赋码、索证索票等追溯管理制度。推动各地、各行业已建的追溯平台与国家追溯信息平台实现对接，实现追溯体系上下贯通、数据融合。

(3) 实施追溯管理 组织部分基础条件好的省份开展追溯信息平台试运行工作。优先将国家级和省级龙头企业以及农业部门支持建设的各类示范基地纳入追溯管理。鼓励有条件的

规模化农产品生产经营主体建立企业内部运行的追溯系统，带动追溯工作全面展开，实现农产品源头可追溯、流向可跟踪、信息可查询、责任可追究。积极推行食用农产品合格证制度，强化生产经营主体责任。

（4）推动智慧监管 利用互联网、大数据、云计算与智能手机等新型信息技术成果，借助互联网监管服务平台、手机终端 app、手持执法记录仪和移动巡检箱等设施设备，实现实时监管和风险预警，切实提升监管效能。加强数据收集挖掘和综合分析能力，探索农产品质量安全大数据分析决策，研判趋势规律，锁定监管重点，实行精准监管。

第二节　追溯的相关术语

根据 GB/T 38155—2019《重要产品追溯　追溯术语》。

一、追溯术语

（1）追溯（traceability） 通过记录和标识，追踪和溯源客体的历史、应用情况或所处位置的活动。

注：追溯包括追踪和溯源。

ISO 的 8402：1994 中，可追溯的定义为：通过记录标识，追溯某个实体的历史、用途或位置的能力。这个定义适用于工业制品，也适用于农产品，但该定义并未对农产品的供应过程进行具体说明。

ISO 的 2005：2007 中，可追溯被定义为：跟踪饲料或食品加工、生产和销售，在特定阶段的流动情况。

欧盟委员会的可追溯被定义为：饲料、食品以及用于饲料食品生产的动植物或可能使用的物质，在生产、加工、销售过程中发现并追寻其痕迹的能力。

美国将可追溯定义为：记录保存、跟踪与追溯，追溯食品在生产、加工、销售某个特定阶段的能力。

日本"食品可追溯"的定义为：在生产、处理和加工、流通和销售的食品供应链的各阶段，能够跟踪和追溯食品及其信息的能力。2010 年以后，日本修改了现行的《食品可追溯制度》，新制度中，对于"食品可追溯"的定义采用 CAC 的定义。

中国物品编码中心编制的《产品溯源通用规范》中，对于溯源定义为：从产品供应链的下游到上游，识别一个特定产品或者一批产品的来源，通过记录、标识的方法能够回溯某个实体的来历、用途、位置的处理过程。

（2）可追溯性（traceability） 追溯客体的历史、应用情况或所处位置的能力。

注：当考虑产品或服务时，可追溯性可涉及以下内容。

a. 原材料和零部件的来源；b. 加工的历史；c. 产品或服务交付后的分布和所处位置。（GB/T 36061—2018，定义 3.1）

（3）追溯单元（traceability unit） 需要对其历史、应用情况和所处位置的相关信息进行记录、标识并可追溯的单个产品、同一批次产品或同一品类产品。

（4）追溯参与方（traceability participant） 在供应链中从事产品初级生产、生产加工、包装、仓储、运输、配送、销售、消费（使用）等相关业务的组织或个人。

（5）追溯系统（traceability system） 基于追溯码、文件记录、相关软硬件设备和通信网络，实现现代信息化管理并可获取产品追溯过程中相关数据的集成。

（6）追溯服务平台（traceability service platform） 向政府、行业、企业和消费者提供

产品和追溯主体基本信息、产品追溯码服务等追溯服务的信息系统集合。

（7）**追溯管理平台**（traceability management platform） 由政府（或政府授权的机构）管理，具备追溯信息汇总、处理与综合分析利用等功能，支持对接入的追溯系统运行情况进行监测评价，用于落实生产经营主体责任和产品质量安全监管的信息系统集合。

（8）**追溯体系**（traceability system） 支撑维护产品及其成分在整个供应链或部分生产和使用环节所期望获取包括产品历史、应用情况或所处位置等信息的相互关联或相互作用的一组连续性要素。

（9）**追溯码**（traceability code） 追溯系统中对追溯单元进行唯一标识的代码。

（10）**主体码**（subject code） 追溯系统中对追溯主体进行标识的代码。

注：追溯主体指对追溯单元承担质量责任的追溯参与方，一般为追溯单元创建者。

（11）**产品码**（product code） 追溯系统中对产品进行标识的代码。

（12）**批次码**（batch code） 追溯系统中对产品批次进行标识的代码。

（13）**单品码**（individual code） 追溯系统中对单个产品进行标识的代码。

（14）**追溯精度**（traceability precision） 追溯系统中可追溯的最小追溯单元。

（15）**内部追溯**（internal traceability） 一个组织在自身业务操作范围内对追溯单元进行跟踪和（或）溯源的行为。

（16）**外部追溯**（external traceability） 对追溯单元从一个组织转交到另一个组织时进行跟踪和（或）溯源的行为。

（17）**位置**（location） 在追溯系统中，初级生产、生产加工、包装、仓储、运输、配送、销售、消费（使用）等活动中的地点，可用地理坐标表示。

（18）**产品批次**（product batch） 采用相同的原料、相同的环境、相同的工艺、同期生产或制造的具有相同（或相近）性能特征的一定数量的产品。

（19）**交易记录**（transaction record） 在供应链上下游市场主体间达成交易的有关资料的文字性记载。

（20）**供应链**（supply chain） 生产及流通过程中，涉及将产品或服务提供给最终用户所形成的网链结构。

二、技术术语

（1）**基本追溯信息** 能够实现追溯系统中各参与方之间有效链接的必需信息。

注：这些信息可以是责任主体备案信息、产品名称、产品唯一代码、追溯单元、追溯码等。

（2）**扩展追溯信息** 除基本追溯信息外，与产品追溯相关的其他信息，可以是产品质量或用于商业目的的信息。

注：这些信息可以是生产流程、参与人员及时间等信息。

（3）**数据关联** 在追溯系统中，通过共同字段将来源不同或不同数据库的数据建立联系，实现不同数据库之间跨库查询和数据使用的技术。

（4）**追溯数据** 记录追溯的信息。

（5）**元数据** 定义和描述其他数据的数据。

（6）**代码** 表示特定事物或概念的一个或一组字符。

注：这些字符可以是阿拉伯数字、拉丁字母或便于人和机器识别与处理的其他符号。

（7）**编码** 给事物或概念赋予代码的过程。

（8）**标志** 以实物或电子数据形式表现某一物品所具有的属性或特征的符号或标记。

（9）**标示** 将代码转换成为标志的过程。

（10）**识别** 对标志进行处理和分析，实现对物品进行描述、辨认、分类和解释的目的的过程。

（11）**标识** 将代码标示为标志并识别的过程。

（12）**全球贸易项目代码（GTIN）** 在世界范围内贸易项目的唯一标识代码，其结构为14位数字。

（13）**全球位置码（GLN）** 标识关键字之一，用于标识物理位置或参与方的代码。

（14）**系列货运包装箱代码（SSCC）** 对物流单元进行标识的唯一代码。

（15）**产品电子代码（EPC）** 开放的、全球性的编码标准体系，由标头、管理者代码、对象分类和序列号组成，是每个产品的唯一性代码。

注：标头标识 EPC 的长度、结构和版本，管理者代码标识某个公司实体，对象分类码标识某种产品，类别序列号标识某个具体产品。

（16）**信息载体** 指信息（包括知识）赖以存在的介质。

（17）**追溯标签** 以文字、图形、符号等方式标示追溯码及相关信息的标牌，与所追溯产品具有对应关系。

注：包括印刷标签、电子标签等。

（18）**电子数据交换** 采用标准化的格式，利用计算机网络进行业务数据的传输和处理。

（19）**条码** 由一组规则排列的条、空及其对应字符组成的标记，用以表示一定的信息。

（20）**一维条码** 只在一维方向上表示信息的条码符号。

（21）**二维条码** 在二维方向上都表示信息的条码符号。

（22）**射频识别** 在频谱的射频部分，利用电磁耦合或感应耦合，通过各种调制和编码方案，与射频标签交互通信唯一读取射频标签身份的技术。

（23）**射频识别系统** 一种自动识别和数据采集系统，包含一个或多个读写器以及一个或者多个标签，其中，数据传输通过对电磁场载波信号的适当调制实现。

第三节 追溯体系的架构与建设

追溯体系的建设离不开以下几个方面的建设：追溯系统、数据中心、管理人员以及制度规范（图7-1）。

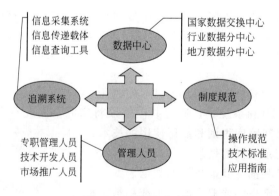

图 7-1 追溯体系建设

一、追溯平台建设

根据 GB/T 38157—2019《重要产品追溯 追溯管理平台建设规范》要求。追溯平台建设包括以下几个方面：

1. 总体要求

① 平台设计应统筹规划，充分考虑与当地电子政务设施与各类数据资源的共享性和互联互通性。

② 应采用模块化设计，便于产品种类、追溯环节及相关管理功能的扩展升级。

③ 应采取认证等必要措施，保证接入平台的设备、系统和用户的安全性；应采取适当的措施保证数据传输过程的安全性。

④ 平台应提供清晰、简洁、友好的中文人机交互界面，操作应简单、灵活、易学易用，便于管理和维护。

⑤ 应提供整个系统内部各应用、各业务模块间的信息交换和共享服务，支持系统外数据交换服务，与其他监管系统和追溯系统等实现数据共享交换。

⑥ 应制定追溯数据接口、追溯体系运行监测与统计评价等标准规范，为平台互联互通和追溯体系管理提供必要的支持。

2. 总体架构

重要产品追溯管理平台应实现对接入的食用农产品、食品、药品、农业生产资料、特种设备、危险品、稀土产品等重要产品追溯业务及相关数据的统一管理；应覆盖重要产品初级生产、生产加工、产品运输、产品检测、产品消费或使用等环节。重要产品追溯管理平台总体架构应由基础设施层、数据资源层、应用支撑层、应用层、交互层、平台安全保障体系和平台运行维护保障体系组成，各级平台可根据实际需求自行调整。总体架构见图7-2。

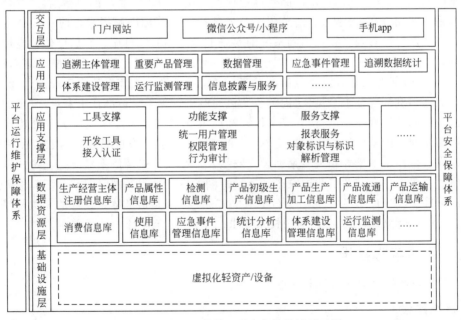

图7-2 产品追溯管理平台架构设计图示例

（1）基础设施层 基础设施层应为系统各层提供必要的基础环境，包括网络、服务器、存储设备、安全设备、系统软件、管理软件等。

（2）数据资源层 数据资源层为其上层提供数据支持，应包括生产经营责任主体库、产品信息库、检测信息库、产品生产信息库、产品流通信息库、标准法规知识库、应急管理模型库等。数据库设计（表、字段、键等）和管理（数据的读取、校验、审核等）应保证数据的一致性、完整性和安全性。

（3）**应用支撑层** 应用支撑层为应用层运行提供工具支撑、功能支撑、服务支撑。工具支撑由一系列统一的开发工具和接入认证功能组成；功能支撑提供应用系统基础功能，应包括统一的用户管理、权限管理、行为审计等；服务支撑提供数据服务，应对提供的服务进行管理维护，对服务建设提出要求。

（4）**应用层** 应用层是基于应用支撑层之上的，对于各项数据资源的具体应用，提供对追溯主体管理、重要产品管理、数据质量管理、追溯预警管理、追溯数据检索与分析、体系建设管理、运行监测管理、公共服务管理等业务功能。

（5）**交互层** 交互层直接面对用户，为用户提供多种使用和访问方式，应能对不同类型用户的访问、不同终端等提供支持，包括但不限于门户网站、微信公众号和小程序、手机app等形式。

（6）**平台安全保障体系** 平台安全保障体系应贯通系统的各层面，为系统各层提供安全服务，主要涉及安全管理、安全协议、加密、密钥管理等方面的内容；运行监控系统应监控各层运行状态。

（7）**平台运行维护保障体系** 应建立完善的运维服务制度和流程，运用先进成熟的运维管理技术，建立高素质的运维服务团队，从而保障平台稳定与高效的运行。

二、规范制度建设

我国政府、各食品委员会以及地方政府先后制定了《食品可追溯性通用规范》《食品追溯信息编码与标识规范》《出境水产品溯源规程（试用）》《牛肉制品溯源指南》《牛肉质量跟踪与溯源系统实用方案》《水果、蔬菜跟踪与追溯指南》等标准和指南，使农产品生产者和企业等农产品产业链参与者在可追溯系统的实施上能做到有章可循、有据可依，也促使企业对可追溯系统的应用有了更深层的认识。同时，商务部开展了"流通千万里，追溯零距离"的活动，于2020年先后在3批试点城市发布了《肉菜流通追溯体系建设工作的通知》《全国肉类蔬菜流通追溯标准征求意见》《肉类蔬菜流通城市管理平台标准征求意见》《全国肉类蔬菜流通追溯体系建设规范（试行）》等文件；2015年国务院办公厅印发《关于加快推进重要产品追溯体系建设的意见》（国办发〔2015〕95号）；农业部农垦局对农垦农产品的质量追溯体系建设也做出了如培养相关专家、设立农垦农产品质量追溯体系建设量化考核方案和举办相关研讨会等工作，推动了我国农产品质量追溯的发展进程。同时国家、部、地方适时出台相关的标准。GB/T 38154—2019～GB/T 38159—2019是追溯体系设计的相关标准；GB/T 38574—2020《食品追溯二维码通用技术要求》于2021年4月1日起实施。

三、数据中心建设

图7-3为农产品追溯管理数据中心建设图。

1. 标准建设

2019年，国家颁布了GB/T 38154—2019～GB/T 38159—2019重要产品追溯系列标准。标准涵盖了核心元数据、追溯术语、交易记录总体要求、追溯管理平台建设规范、产品追溯系统基本要求和追溯体系通用要求等内容。

针对农产品，2010年陆续颁布了GB/T 22005—2009《饲料和食品链的可追溯性 体系设计与实施的通用原则和基本要求》、GB/T 28843—2012《食品冷链物流追溯管理要求》、GB/Z 25008—2010《饲料和食品链的可追溯性 体系设计与实施指南》、GB/T 33915—

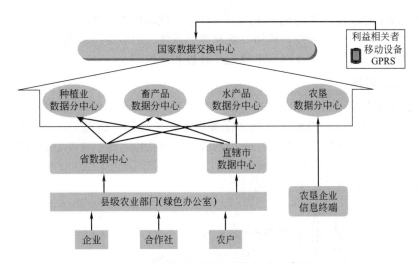

图 7-3 农产品追溯管理数据中心建设

2017《农产品追溯要求 茶叶》、GB/T 29568—2013《农产品追溯要求 水产品》、GB/T 29373—2012《农产品追溯要求 果蔬》、GB/T 36759—2018《葡萄酒生产追溯实施指南》、GB/T 31575—2015《马铃薯商品薯质量追溯体系的建立与实施规程》、GB/T 37029—2018《食品追溯 信息记录要求》、GB/T 36061—2018《电子商务交易产品可追溯性通用规范》等系列标准。

农业部、商业部先后发布多个追溯标准。NY/T 1431—2007《农产品追溯编码导则》、NY/T 1761—2009《农产品质量安全追溯操作规程 通则》、NY/T 1762—2009《农产品质量安全追溯操作规程 水果》、NY/T 1763—2009《农产品质量安全追溯操作规程 茶叶》、NY/T 1764—2009《农产品质量安全追溯操作规程 畜肉》、NY/T 1765—2009《农产品质量安全追溯操作规程 谷物》、SB/T 10680—2012《肉类蔬菜流通追溯体系编码规则》、SB/T 10681—2012《肉类蔬菜流通追溯体系信息传输技术要求》、SB/T 10682—2012《肉类蔬菜流通追溯体系信息感知技术要求》、SB/T 10683—2012《肉类蔬菜流通追溯体系管理平台技术要求》、SB/T 10684—2012《肉类蔬菜流通追溯体系信息处理技术要求》、SC/T 3043—2014《养殖水产品可追溯标签规程》、SC/T 3044—2014《养殖水产品可追溯编码规程》、SC/T 3045—2014《养殖水产品可追溯信息采集规程》。

2. 试点示范

（1）国家食品安全追溯平台

（2）国家食品（产品）安全追溯平台

（3）第三方追溯平台 比如山东省追溯平台、四川农产品质量信息追溯平台、新疆昌吉国家农业科技园区产品质量安全追溯平台、安徽省食品安全追溯平台、新疆食品安全信息追溯公共服务平台。

第四节 农产品追溯体系的建设

一、系统设计

1. 设计原则

设计原则包括可扩展性、成熟性、可靠性、开放性、安全性、实用易用性、可维护性。

系统设计逐渐标准化、规范化，通过分层设计实现软件构件化。采用系统结构分层将业务与实现分离，逻辑与数据分离，使用开放标准，以统一的服务接口规范为核心，通过系统管理模块对数据进行备份，以及对日志等进行管理和维护。

2. 系统总体架构

基于信息化建设基础软硬件设备的支持，农产品质量安全溯源系统围绕基础管理、生产管理、质量安全管理的业务需求，建立和完善面向相关部门、试点生产基地的信息交互系统，并通过门户网站等终端提供对外综合信息服务，构建涵盖信息采集、系统应用和综合信息服务的农产品质量安全监管应用完整框架。

农产品质量安全溯源系统架构图见图7-4。

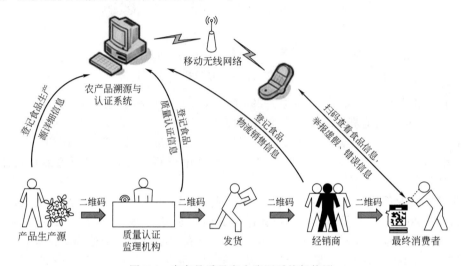

图7-4　农产品质量安全溯源系统架构图

平台主要分为数据层、服务层、业务层、通信层、设备层和表现层，见图7-5。

（1）数据层　主要为了储存重要数据，同时对数据进行分类，对数据整合、共享和统一管理，为以后的信息流、业务流和知识流的系统集成提供数据基础，为溯源更好地实现提供必要的信息服务。需要整体统筹规划、统一数据标准、分工协作，建设数据信息库，实现数据信息资源的有效整合和共享，尽可能地避免重复性的建设以及标准不统一引起的资源浪费。

数据主要分为系统基础数据、业务基础数据、应用数据。

系统基础数据是整个系统的基础管理数据，用来保障系统得以正常运行，如系统用户数据和权限数据等。业务基础数据为农产品流通各个环节的供应链数据等，包括企业信息、农产品信息、生产过程信息、投入品使用信息和农产品流向信息等。应用数据是用户对基础信息进行应用操作的数据，包括业务报表和溯源数据。

（2）服务层　系统服务层是系统的技术支撑层，为系统的功能实现提供专业、规范的服务组件。通过模块化和集约组合的方式提供服务来提高系统的扩展性，每种服务不仅可以单独使用，而且也可以随意组合，使平台更加灵活易用。

（3）业务层　为了便于管理不同的业务关系，系统挂接业务系统，实现农产品质量安全溯源系统的各个功能，包括基础管理、生产管理、质量安全管理等功能，通过系统不同的接口为系统最终使用的用户之间提供信息查询、交互、共享的机制，同时通过信息采集传输网关，对数据采集以及各个环节数据传输与共享提供支持。

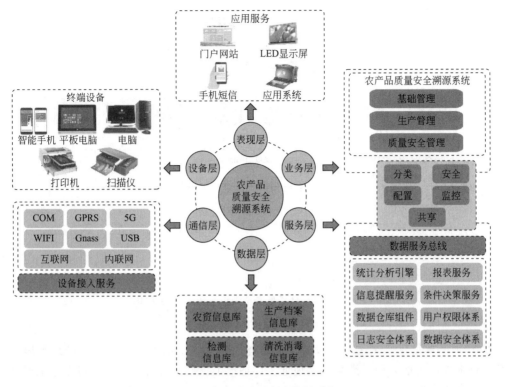

图 7-5 农产品质量安全溯源系统

（4）通信层 通信层对多种数据传输方式提供相应的支持，同时为其提供效率高且安全的数据交互通道。

（5）设备层 系统在多种终端设备进行访问，并且可以自动完成与终端设备相适应的各种格式的数据转换和交互。

（6）表现层 系统支持各种数据展现和交互方式，可实现门户网站、LED 显示屏、手机短信推送等信息发布方式与交互。友好的用户界面，个性化的服务为用户提供农产品质量安全溯源系统，用于农产品安全管理和信息采集。

二、系统各功能模块设计

基于对蔬菜水果生产和溯源管理的流程分析，农产品质量安全追溯系统将围绕基础管理、生产管理、质量安全管理等方面建设产地管理、投入品管理、种植管理、采收管理、储藏管理、加工管理、企业自检、溯源码生成等功能模块。系统各模块功能见图 7-6。

1. 基础管理模块

基础管理模块围绕农产品种植基地的产地、投入品等相关信息进行收集和管理，实现对基地的信息化管理。它包括产地管理模块和投入品信息管理模块。

（1）产地管理模块 用于采集和管理农产品基地的企业信息、基地信息、不同种植产地所在区域、占地面积、主要种植农产品品种等信息，并动态更新，实现对产地使用情况的全面管理。

① 企业信息。通过登录系统的用户企业编码显示所属企业的企业名称。

② 基地基础信息。在这一环节中，可以查询到单一基地的种植基地名称、占地面积、种植种类、种植规模、地理坐标、地址、负责人、联系电话、基地邮编。可以对基地进行信

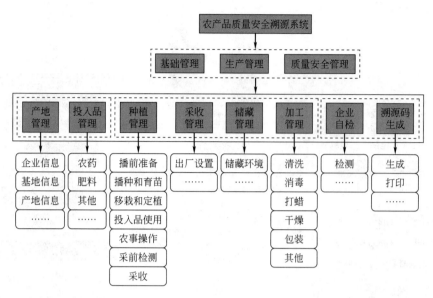

图 7-6　农产品质量安全溯源系统各模块功能

息编辑。

③ 产地基本信息。在这一环节中，可以查询到单一产地的产地名称、产地编码、产地类型、负责人、占地面积、灌溉水、地址、详细地址、周边环境、备注。可以添加产地、删除一个或多个产地、编辑产地信息。

④ 查看全部产地信息。在这一环节中，可以查询到通过列表形式显示的产地名称、产地编码、产地类型、占地面积及相关操作项目（修改、删除）。可以添加产地、删除一个或多个产地记录、编辑产地信息、通过产地名称查询产地信息。

(2) 投入品信息管理模块　用于采集和管理基地管理过程中使用的农药、肥料等重要投入品的种类、产品名称、生产企业、防治对象名称等信息，建立投入品信息库，实现对投入品名录的信息化备案管理，同时为系统中投入品的使用记录管理提供基础数据，确保投入品使用的安全规范。具体设计如下：

① 农药投入品信息。在这一环节中，可以查询到通过列表形式显示的农药的产品名称、登记证号、生产企业、毒性、有效成分、含量、剂量、防治对象名称、施用方法及相关操作项目（修改、删除）。可以添加农药投入品信息、删除一个或多个农药记录、编辑农药信息、通过某一字段查询农药信息。

② 肥料投入品信息。在这一环节中，可以查询到通过列表形式显示的肥料的产品名称、通用名称、登记证号、生产企业、类型、有效成分、含量、适宜范围、产品形态及相关操作项目（修改、删除）。可以添加肥料投入品信息、删除一个或多个肥料记录、编辑肥料信息、通过某一字段查询肥料信息。

③ 其他投入品信息。在这一环节中，可以查询到通过列表形式显示的其他投入品的产品名称、类型、生产企业、有效成分、含量、用途及相关操作项目（修改、删除）。可以添加其他投入品信息、删除一个或多个其他投入品记录、编辑其他投入品信息、通过某一字段查询其他投入品信息。

2. 生产管理模块

生产管理模块依据农产品标准化生产操作规程，详细记录农产品生产过程投入品使用和种植操作信息，记录农产品采收、储藏、加工信息，并对生产数据进行统计分析，实现对农产品生产过程的全面管理。它包括种植管理模块、采收管理模块、储藏管理模块和加工管理模块。

（1）种植管理模块 用于详细记录农产品种植过程中药品、肥料等农业化学投入品的生产企业、使用方法、防治对象等信息，以及播前准备、播种和育苗、移栽和定植、投入品使用、农事操作、采前检测和采收等农事操作信息，实现对种植过程的信息化管理。

① 药品使用信息。可以查询到通过列表形式显示的使用药品的种植地块名称、药品名称、药品生产企业、药品批次号、使用量、稀释倍数、使用方法、防治对象、使用日期、操作人及相关操作项目（修改、删除）。可以添加使用药品信息、删除一个或多个使用药品记录、编辑使用药品信息、通过某一字段查询使用药品信息。

② 肥料使用信息。可以查询到通过列表形式显示的使用肥料的种植地块名称、肥料名称、使用量、使用方法、生产企业、使用日期、操作人、用途、备注及相关操作项目（修改、删除）。可以添加使用肥料信息、删除一个或多个使用肥料记录、编辑使用肥料信息、通过某一字段查询使用肥料信息。

③ 基本操作信息。可以查询到通过列表形式显示的基本操作的种植地块名称、基本操作名称、操作名称、使用日期、操作人、操作目的、备注及相关操作项目（修改、删除）。可以添加基本操作信息、删除一个或多个基本操作记录、编辑基本操作信息、通过某一字段查询基本操作信息。

④ 基质或床土配方。可以查询到通过列表形式显示的基质或床土配方的种植地块名称、成分、配置日期、配置人、比例、备注及相关操作项目（修改、删除）。可以添加基质或床土配方信息、删除一个或多个基质或床土配方记录、编辑基质或床土配方信息、通过某一字段查询基质或床土配方信息。

⑤ 采前检测信息。可以查询到通过列表形式显示的采前检测的种植地块名称、检测内容、检测时间、检测人、检测结果、备注及相关操作项目（修改、删除）。可以添加采前检测信息、删除一个或多个采前检测记录、编辑采前检测信息、通过某一字段查询采前检测信息。

⑥ 采收记录信息。可以查询到通过列表形式显示的采收记录的种植地块名称、收获日期、收获量、收获人、备注及相关操作项目（修改、删除）。可以添加采收记录信息、删除一个或多个采收记录、编辑采收记录信息、通过某一字段查询采收记录信息。

（2）采收管理模块 用于详细记录农产品采收过程中农产品品种、收货时间、收获量、收货人、出厂状态等采收信息，实现对采收过程的信息化管理。

在采收记录信息这一环节中，可以查询到通过列表形式显示的采收记录的产品品种、产品批次号、收获时间、收获量、收获人、出厂状态及相关操作项目（修改、删除）。可以添加采收记录信息、删除一个或多个采收记录、编辑采收记录信息、通过某一字段查询采收记录信息。

（3）储藏管理模块 用于详细记录农产品储藏环境的贮藏位置和介质等储藏环境信息的要求，实现对储藏环境的信息化管理。模块中可以查询到通过列表形式显示的储藏环境的产品批次号、贮藏位置和介质、温度、相对湿度、二氧化碳、氧、备注及相关操作项目（修改、删除）。可以添加储藏环境信息、删除一个或多个储藏环境记录、编辑储藏环境信息、通过某一字段查询储藏环境信息。

（4）加工管理模块 用于详细记录农产品加工操作清洗、消毒、打蜡、干燥、包装和其他环节过程中操作人、投入品名称、投入品生产企业及使用量、包装材质等加工信息，实现对加工过程的信息化管理。

① 加工操作信息。可以查询到通过列表形式显示的加工操作的操作名称、产品类型、批次号、使用投入品、生产企业、使用量、操作日期、操作人及相关操作项目（修改、删除）。可以添加加工操作信息、删除一个或多个加工操作记录、编辑加工操作信息、通过某一字段查询加工操作信息。

② 包装详细信息。可以添加详细包装操作的包装材质类型、规格、生产企业、标签类型、备注。

3. 质量安全管理模块

质量安全管理模块通过企业自检和溯源码生成对农产品质量安全进行信息化管理，建立溯源码备案机制，规范生产基地溯源码使用，确保为农产品建立具有唯一标识的溯源码。它包括企业自检模块和溯源码生成模块。

（1）企业自检模块 用于详细记录农产品企业自检过程中检测项目、检测结果等自检信息，实现对自检过程的信息化管理。在这一环节中，可以查询到通过列表形式显示的企业自检的水果批次、检测时间、检测项目、检测机构、抽查数量、检测结果、备注及相关操作项目（修改、删除）。可以添加企业自检信息、删除一个或多个企业自检记录、编辑企业自检信息、通过某一字段查询企业自检信息。

（2）溯源码生成模块 主要是生产基地通过系统农产品编码和产品批次号，依据制定的溯源码编码规则，生成农产品追溯源码，为实现下游经销商和消费者溯源查询提供依据。采集农产品生产基地的溯源码打印数量，进行统计分析，全面了解该基地的生产情况和溯源码使用情况，为质量安全监管提供指导和参考。

① 溯源码信息。可以查询到通过列表形式显示的溯源码的时间、溯源码、产品批次号、收获数量、溯源码打印数量及相关操作项目（打印、打印记录、删除）。可以添加溯源码信息、删除一个溯源码记录、打印溯源码信息、查看溯源码打印记录、通过某一字段查询溯源码信息。

② 溯源码打印记录信息。在这一环节中，可以查询到通过列表形式显示的溯源码打印记录的打印时间、打印数量、流行区域、客户名称。可以通过某一字段查询溯源码打印记录信息。

三、数据库设计

数据库作为系统开发的基础决定了任何一个系统需具备完善的数据库系统。为了高效服务生产者和消费者，溯源系统开发的关键是设计合理的数据库。

1. 数据库设计原则

系统数据库设计原则包括命名规范性、数据最小冗余、数据完整性与安全性、编码标准化与规范化等。

2. 数据库表设计

系统数据库的主要表结构设计包括用户表、企业基础信息表、农产品信息表、基地基础信息表、产地信息表、省码表、市码表、区县码表、乡镇码表、村码表、投入品信息表、药品使用信息表、肥料使用信息表、基本操作信息表、基质床土配方信息表、采前检测信息表、批次信息表、贮藏环境信息表、加工操作信息表、包装详细信息表、检测信息表、追溯码表、打印记录信息表，具体的表结构设计如下：

（1）用户表 用户表是系统中用户的基本信息，包括用户名、密码、真实姓名、电话、电子邮件、行政区域、用户类型、监测点 ID、单位名称、创建日期、企业用户权限、企业编码。对数据库表中对应的字段名称及数据类型、数据长度、是否为空值等进行了详细设计，见表 7-1。

表 7-1　用户表

字段名称	描述	类型	长度	空否	备注
ID	编号	INT		N	自增
USERNAME	用户名	NVARCHAR	20	N	
PASSWORD	密码	NVARCHAR	20	N	
RENAME	真实姓名	NVARCHAR	20	N	
PHONE	电话	NVARCHAR	20		
EMAIL	电子邮件	NVARCHAR	20		
REGIONID	行政区域	INT			
TYPE	用户类型	INT			

(2) 企业基础信息表　企业基础信息表是系统中企业的基本信息，包括企业名称、企业地址、负责人、法人代表、来源地、企业编码、邮箱、网址、电话、图片、主要农产品、省、市。

第五节　RFID 食品追溯应用

一、RFID 食品追溯管理系统

1. 射频识别（RFID）

射频识别（RFID）是一种无线通信技术，可以通过无线电讯号识别特定目标并读写相关数据，而无需识别系统与特定目标之间建立机械或者光学接触。无线电的信号是通过调成无线电频率的电磁场，把数据从附着在物品上的标签上传送出去，以自动辨识与追踪该物品。某些标签在识别时从识别器发出的电磁场中就可以得到能量，并不需要电池；也有标签本身拥有电源，并可以主动发出无线电波（调成无线电频率的电磁场）。标签包含了电子存储的信息，数米之内都可以识别。与条形码不同的是，射频标签不需要处在识别器视线之内，也可以嵌入被追踪物体。

RFID 食品追溯管理系统将利用 RFID 先进的技术并依托网络技术及数据库技术，实现信息融合、查询、监控，为每一个生产阶段以及分销到最终消费领域的过程提供针对每件货品安全性、食品成分来源及库存控制的合理决策，建立食品安全预警机制。

RFID 技术贯穿于食品安全始终，包括生产、加工、流通、消费各环节，全过程严格控制，建立了一个完整产业链的食品安全控制体系，形成各类食品企业生产销售的闭环生产，以保证向社会提供优质的放心食品，并可确保供应链的高质量数据交流，以便让食品行业彻底实施食品的源头追踪以及在食品供应链中提供完全的透明度。

通过食品追溯系统的建设，解决了因为油污、潮湿等原因造成的对条码的损坏而不能准确读出数据的问题，不仅可以追溯养殖与加工业的疫病与污染问题，还可以追溯养殖过程中滥用药、加工过程中超范围超限量使用添加剂问题，改变以往对食品质量安全管理只侧重于生产后的控制，而忽视生产中预防控制的现象，完善食品加工技术规程、卫生规范以及生产中认证的标准，带动行业的整体进步，全面提升我国食品行业的水平。

2. RFID食品追溯管理系统组成

RFID食品追溯管理系统可以保障食品安全及可全程追溯，规范食品生产、加工、流通和消费四个环节，给大米、面粉、油、肉、奶制品等食品都颁发一个"电子身份证"——RFID电子标签，并建立食品安全数据库，从食品种植养殖及生产加工环节开始加贴，实现"从农田到餐桌"全过程的跟踪和追溯，包括运输、包装、分装、销售等流转过程中的全部信息，如生产基地、加工企业、配送企业等都能通过电子标签在数据库中查到。

RFID食品追溯管理系统包括：

（1）三个层次结构 网络资源系统、公用服务系统和应用服务系统。

（2）二级节点 由食品供应链及安全生产监管数据中心和食品产业链中各关键监测节点组成。数据中心为海量的食品追溯与安全监测数据提供充足的存储空间，保证信息共享的开放性、资源共享及安全性，实现食品追踪与安全监测管理功能。各关键监测节点包括种植养殖场节点、生产与加工线节点、仓储与配送节点、消费节点，实现各节点的数据采集和信息链相连接，并使各环节可视。

（3）一个数据中心与基础架构平台 一个数据中心为食品供应链及安全生产监管数据管理中心，本中心是构建于基础支撑平台RFID之上的管理平台（图7-7）。

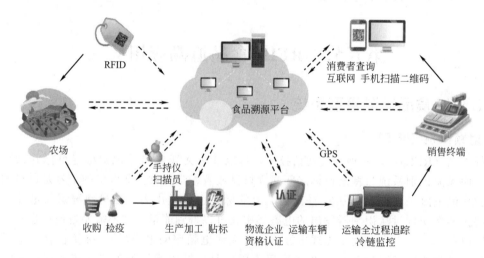

图7-7　RFID食品追溯系统结构示意图
实线：产品流转；虚线：信息流转

下面是一些食品追溯的图例。如图7-8所示，在生猪或牛出生后将被打上RFID电子耳标，耳标里有此头生猪或牛的唯一标识号，此号码将贯穿所有节点，并和各环节的相关管理和监测信息关联，以达到追溯目的。图7-9为粮油果蔬类食品追溯系统流程。

二、食品追溯系统功能

RFID食品追溯管理系统由以下各系统组成：中心数据库系统、种植养殖场安全管理系统、安全生产与加工管理系统、食品供应链管理系统、消费管理系统、检疫监控系统、食品安全基础信息服务系统等，通过种植养殖生产、加工生产、流通、消费的信息化建立信息链接，实现了企业内部生产过程的安全控制和对流通环节的实时监控，达到食品追溯与召回的目的。

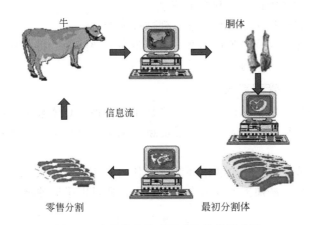

图 7-8　畜牧类食品追溯系统流程示意图

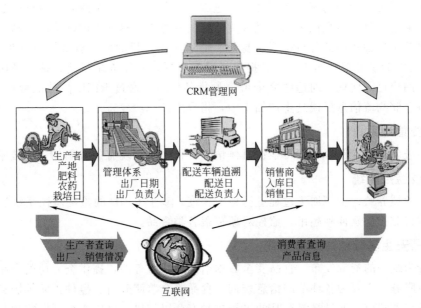

图 7-9　粮油果蔬类食品追溯系统流程示意图

1. 中心数据库系统

中心数据库系统主要包括以下内容：食品分类库及样品库、食品生产单位属性数据库、食品安全标准与安全指标、食品生产与管理信息、食品安全监测与检测数据。

2. 种植养殖场安全管理系统

种植养殖场的数据上传管理中心，监管部门可实时监控。主要包括以下功能：

(1) 食品维护管理　给本养殖场中或外购的畜禽、果蔬、鱼类等建立基本信息档案，并用电子标签标识；

(2) 生长发育管理　根据标准参数，判断其发育及健康状况，调整营养措施及饲养方法；

(3) 饲养管理　记录饲养情况，查看在不同生长发育阶段的营养需求，选用合理的饲养配方；

（4）**养殖管理**　记录家谱信息和繁殖信息；

（5）**疾病管理**　根据相应的管理标准，建立疫病档案；

（6）**防疫管理**　建立检疫和免疫档案，包括疫苗、喂药等，将各种违禁药物信息嵌入系统中，用来防止动物等休药期内出栏，杜绝源头污染。

3. 安全生产与加工管理系统

本系统主要对种植养殖场的食品进行生产加工的管理，具体来讲，包括畜、禽、鱼等肉类的屠宰与生产加工、果蔬谷物大米等食品的挑选加工、奶类生产与奶制品加工、饮料的生产等。

在生产与加工环节中，将种植养殖环节中标签所标识的信息传入生产加工环节信息链，按管理标准与规范采集生产加工不同节点上的信息，通过电子标签唯一标识将该信息传送到物流环节中。

4. 食品供应链管理系统

本系统主要为仓储与物流配送管理，通过 RFID 在生产加工及商店供应链中建立可追溯系统。在物流上，货品信息记录在托盘或货品箱的标签上。这样 RFID 系统能够清楚地获知托盘上货箱甚至单独货品的各自位置、身份、储运历史、目的地、有效期及其他有用信息。RFID 系统能够为供应链中的实际货品提供详尽的数据，并在货品与其完整的身份之间建立物理联系，用户可方便地访问这些完全可靠的货品信息。通过 RFID 高效的数据采集方式，可以及时将仓储物流信息反馈到生产加工中，指导生产。

5. 消费管理系统

在食品进入最终端销售时，可根据具体情况分析，采用现有的成熟的条码技术。

6. 检疫监控系统

不仅在种植养殖、生产加工过程进行检验检疫，基于 RFID 的检疫监控系统还在道口实施使用，并将监控链延伸到超市，监控对象覆盖各类食品。

7. 食品安全基础信息服务系统

本系统为统一的资源发布、食品安全数据信息共享服务网，提供全方位的食品安全数据信息共享与服务。主要为各环节的信息查询、食品安全监测分析、事件预防等服务，并可部署到消费终端如超市。通过最终产品的电子质量安全码扫描，可以查询到所购食品的各供应环节信息，也可以向上层层进行追溯，最终确定问题所在，这种方法主要用于问题产品的召回。

三、食品追溯系统特点

① 利用 RFID 的优势特性对食品的安全与追溯进行管理，相比记录档案追溯方式具有高效、实时、便捷的特点。

② 在食品供应链中提供完全透明的管理能力，保障食品安全全程可视化控制、监控与追溯，并可对问题食品进行召回。

③ 可以全面监控种植养殖源头污染、生产加工过程的添加剂以及有害物质、流通环节中的安全隐患。

④ 可以对有可能出现的食品安全隐患进行有效评估和为科学预警提供依据。

⑤ 数据能够通过网络实现实时、准确报送，便于快速高效做更深层次的分析研究。

⑥ 通过网络，消费者可查询所购买食品的完整追踪信息。

四、食品追溯系统适用领域

系统可广泛应用于农、林、渔、牧、副各类食品的安全追溯管理,适用于粮油食品、畜禽食品、果蔬食品、水产食品、调味品、乳制品、方便食品、婴幼儿食品、食品添加剂、饮料、化妆品、保健食品等。

 单元思考

1. 我国农产品安全溯源体系建设包括哪些?
2. RFID 是什么?
3. 请列举我国农产品安全溯源体系存在的主要问题。
4. 请说明食品追溯体系基本组成部分。
5. 农产品质量安全溯源系统平台一般分成几个部分?
6. 追溯管理系统设计原则有哪些?
7. 农产品果品追溯体系投入品信息设计考虑哪些信息?

第八单元　安全农产品质量检验

 知识与能力目标

1. 质量检验的基本知识。
2. 明确质量检验机构的权限和责任以及检验机构的设置。
3. 了解实验室的基本知识。
4. 重点学习质量检验计划相关知识。

 思政与职业素养目标

农产品安全检验是农产品质量控制的重要手段之一。因为它具备：①鉴别功能，即采用相应的检测方法，通过观察、检验食品质量特性，判定食品质量是否符合规定的要求；②把关功能，农产品生产往往是一个复杂过程，影响质量的各种因素（人、机、料、法、环）都会在这过程中发生变化和波动，必须通过严格的质量检验，严把质量关；③预防功能，农产品质量检验不单纯是事后把关，还同时起到预防的作用；④报告功能，将检验获取的数据和信息，经汇总、整理、分析后写成报告，使相关的管理部门及时掌握食品生产过程中的质量状况，评价和分析质量控制的有效性，为质量控制、质量改进、质量考核以及管理层进行质量决策提供重要信息和依据。

农产品质量控制人员在工作中必须坚持公正、公平原则，严格履行自己的职责，不受各个方面的干扰和影响，独立地公正地做出判断，始终依据客观的科学的检测数据办事。

 案例引导

"三鹿牌婴幼儿奶粉"事件

2008年6月28日，位于甘肃省兰州市的中国人民解放军第一医院泌尿科收治首例患"双肾多发性结石"和"输尿管结石"的婴幼儿。到9月8日，该院在两个月内共收治14名患有同样疾病的婴幼儿。经各方调查发现，患儿有着相似的经历，即长期食用河北省石家庄三鹿集团生产的三鹿牌婴幼儿配方奶粉。9月11日，卫生部调查证实石家庄三鹿集团生产的婴幼儿配方奶粉受三聚氰胺污染。当日，陕西、宁夏、湖南、湖北、山东、安徽、江苏等地也发生类似案例，由此揭开三鹿婴幼儿奶粉违法添加三聚氰胺事件。9月13日，党中央、国务院对严肃处理三鹿婴幼儿配方奶粉事件作出部署，立即启动国家重大食品安全事件1级响应，并成立应急处置领导小组。截至2008年12月2日，全国因三鹿牌婴幼儿奶粉事件累计筛查婴儿2240.1万人次，累计报告因食用三鹿牌奶粉和其他问题奶粉导致泌尿系统异常的患儿29.4万人，累计住院患儿52019万人，累计收治重症患儿154人。在上报的11例死亡病例中，经专家组排查，有6例不能排除与食用问题奶粉有关。

免检制度指依据《产品免于质量监督检查管理办法》，对符合规定的产品，在三年内免于各级政府部门的质量监督抽查的制度。我国免检制度始于20世纪90年代，1999年12月5日公布的《国务院关于进一步加强产品质量工作若干问题的决定》第十六条指出："对产品质量长期稳定、市场占有率高、企业标准达到或严于国家有关标准的，以及国家或省、自治区、直辖市质量技术监督部门连续三次以上抽查合格的产品，可确定为免检产品。"在此期间产品免检制度的弊端也日益为社会所诟病：①一些企业为抢占市场，获取高额利润，通过暗箱操作获取"免检产品"资格，利用"免检产品"的光环作为企业的保护伞；②免检产品的范围过大，免检的环节过宽，造成产品的质量监管成真空状态；③免检产品以政府信誉为产品提供担保，免检产品出问题给政府的信誉带来不良影响。随着三鹿牌奶粉事件的曝光，产品免检制度引起了社会的广泛关注。2008年9月18日，国务院办公厅发布《关于废止食品质量免检制度的通知》，通知指出："为了保证食品质量安全，维护人民群众身体健康，国务院决定废止1999年12月5日发布的《国务院关于进一步加强产品质量工作若干问题的决定》（国发〔1999〕24号）中有关食品质量免检制度的内容。"2009年6月1日起实施的《食品安全法》明确规定"食品安全监督管理部门对食品不得实施免检"。

我国建立严格的食品检验制度。为严把食品质量关，确保食品安全，食品安全和实施条例在以下几个方面规范了食品检验制度。①食品检验的主体。②食品检验的监督主体。③食品检验的方式。包括抽检和复检。结果不得作为执法依据。④食品检验费用及效力。

从本案例可以看出，食品检验制度是非常重要的质量控制保障手段，是出厂的最后一关，作为食品从业人员，应具备检验的能力才能进行有效控制。

第一节 质量检验与食品质量检验机构概述

一、质量检验的基本知识

1. 食品质量检验的定义

(1) 检验 就是通过观察和判断，适当结合测量、试验所进行的符合性评价。

对食品而言，检验指根据食品产品标准或检验规程对食品原材料、中间产品、成品进行观察，适当进行测量或试验，并把所得到的特性值和产品规定值做比较，判定产品合格与不合格的技术性检查活动。

(2) 质量检验 指对产品的一个或多个质量特性进行观察、测量、试验，并将结果和规定的质量要求进行比较，以确定每项质量特性合格情况的技术性检查活动。

(3) 食品质量检验 指对食品的一个或多个质量特性进行观察、测量、试验，并将结果和规定的质量要求进行比较，以确定每项质量特性合格情况的技术性检查活动。

例如：对某一品牌执行GB 8608—1988《低筋小麦粉》标准的小麦粉进行检验需要对标签、感官、净含量、理化指标（水分、脂肪酸值、蛋白质、磁性金属物、含砂量）、微生物指标进行检测，从而对其质量做出判断。

2. 食品质量检验的基本要点

① 一种食品为满足顾客要求或预期的使用要求和政府法律、法规的强制性规定，都要对其人身安全、健康影响的程度等多方面的要求做出规定，这些规定组成对食品相应质量特性（感官、净含量、理化指标、微生物指标）的要求。不同的产品会有不同的质量特性要求，同一产品的用途不同，其质量特性要求也会有所不同。

② 对食品的质量特性要求一般都转化为具体的技术要求在食品产品技术标准（国家标准、行业标准、企业标准）和其他相关的产品作业文件或检验规程中明确规定，成为食品质量检验的技术依据和检验后比较检验结果的基础。

③ 食品质量特性是在食品加工过程中形成的，是由食品的原材料、构成食品的各个组成部分（各种成分）的质量决定的，并与生产食品的专业技术、人员水平、设备能力甚至环境条件密切相关。因此要对食品进行质量检验，判定质量状态。

④ 食品质量检验是要对食品的一个或多个质量特性，通过物理的、化学的、仪器分析方法进行观察、试验、测量，取得证实食品质量的客观证据。因此，需要有适宜的检测手段，包括各种计量检测器具、试验设备等，并且对其实施有效控制，保持所需的准确度和精密度。

⑤ 食品质量检验的结果，要与食品技术标准和相关的工艺文件或食品检验规程的规定进行对比，确定每项质量特性是否合格，从而对单件产品或批量产品质量进行判定。

3. 食品质量检验的主要功能

(1) 鉴别功能　根据食品技术标准，采用相应的食品检测方法观察、检验食品质量特性，判定食品质量是否符合规定的要求，这是食品质量检验的鉴别功能。鉴别主要由专职食品检验人员完成。

(2) 把关功能　食品生产过程往往是一个复杂过程，影响质量的各种因素（人、机、料、法、环）都会在这过程中发生变化和波动，各生产过程（工序）不可能始终处于等同的技术状态，质量波动是客观存在的。因此，必须通过严格的质量检验，剔除不合格品并予以"隔离"，实现不合格的原材料不投产，不合格的食品组成部分及中间产品不转序、不放行，不合格的成品不交付（销售、使用），严把质量关，体现"把关"功能。

(3) 预防功能　食品质量检验不单纯是事后"把关"，还同时起到预防的作用。食品检验的预防作用体现在以下几个方面：

① 通过加工过程（工序）能力的测定和控制图的使用起预防作用。

② 通过加工过程（工序）作业的首检与巡检起预防作用。

③ 广义的预防作用。对原材料和外购件的进货检验，对中间产品转序或入库前的检验，既起把关作用，又起预防作用。

(4) 报告功能　把检验获取的数据和信息，经汇总、整理、分析后写成报告，为质量控制、质量改进、质量考核以及管理层进行质量决策提供重要信息和依据。

质量报告的主要内容包括：

① 食品原材料、其他材料（如添加剂）、包装材料等进货验收的质量情况和合格率。

② 工艺过程检验，食品成品检验的合格率、等级率，以及相应的报废损失金额。

③ 产品不合格原因的分析。

④ 重大质量问题的调查、分析和处理意见。

⑤ 提高产品质量的建议。

4. 农产品质量检验的步骤

（1）检验的准备 熟悉相关食品规定要求，选择检验方法，制定检验规范；要熟悉检验标准和技术文件规定的质量特性和具体内容，确定检验项目和量值。

要确定检验方法，选择精密度、准确度适合检验要求的计量器具和测试、试验及理化分析用的仪器设备。将确定的检验方法和方案用技术文件形式做出书面规定，制定规范化的检验规程（细则）、检验指导书、工序检验卡等。

（2）检验 按已确定的检验方法和方案，对食品质量特性进行定量或定性的观察、测量、检验，得到需要的量值和结果。

（3）记录 质量检验记录是证实产品质量的证据，因此数据要客观、真实，字迹要清晰、整齐，不能随意涂改，需要更改的要按规定程序和要求办理。质量检验记录要记录检验数据，还要记录检验日期、班次，由检验人员签名，便于质量追溯，明确质量责任。

（4）比较和判定 专职人员将检验的结果与规定要求进行对照比较，确定每一项质量特性是否符合规定要求，从而判定被检验的产品是否合格。

（5）确认和处置 检验有关人员对检验的记录和判定的结果进行签字确认。对产品（单件或批）是否可以"接收""放行"做出处置。

5. 产品验证及监视

（1）产品验证 指通过提供客观证据对规定要求已得到满足的认定。食品验证就是对生产的食品通过物理、化学和微生物等检测手段和方法进行观察检测后所提供的客观证据，它是一种管理性的检查活动。

食品放行、交付前要通过两个过程，第一是食品检验，提供能证实产品食品质量符合规定要求的客观证据；第二证实客观证据已经满足食品标准的认定。二者缺一不可。

产品验证的主要内容如下：

① 查验提供的食品质量凭证。核查食品名称、规格、编号（批号）、数量、交付单位、日期、产品合格证或有关质量合格证明，确认检验手续、印章和标记，必要时核对主要技术指标或质量特性值。它主要适用于采购食品原料的验证。

② 确认检验技术文件的正确性、有效性。检验依据的技术文件，一般有食品的国家标准、行业标准、企业标准、采购（供货）合同（或协议）。

③ 查验食品检验凭证（报告、记录等）的有效性，凭证上检验数据填写的完整性，产品数量、编号和实物的一致性，确认签章手续是否齐备。这主要适用于食品生产后准予放行。

④ 需要进行产品复核检验的，由有关检验人员提出申请，送有关检验部门（或委托外部检验机构）进行检验并出具检验报告。

（2）监视 监视是对某项事物按规定要求给予应有的观察、注视、检查和验证。现代工业化国家的质量管理体系要求对产品的符合性、过程的结果及能力实施监视和测量。

在食品生产过程的质量控制中，监视和检验是不可能相互替代的，两者是相辅相成、互为补充的。

二、食品质量检验机构的基本知识

1. 食品质量检验机构的主要工作范围

食品生产者为确保食品质量，必须对食品生产过程进行质量控制，包括对食品的质量进行检验。因此，要设立质量检测的专门机构（大、中型生产单位）或专职人员（小型生产单位)。

食品质量检验部门的主要工作范围是：

(1) 宣传贯彻产品质量法律、法规

(2) 编制和控制食品质量检验程序文件 检验程序文件的编制，由质量检验部门起草，质量管理部门协调，经最高管理层批准后纳入质量管理体系文件，并在实施过程中保持文件的现行有效。

(3) 质量检验用文件的准备和管理

(4) 产品形成全过程的质量检验 它是通过在组织内部设置理化室、计量室，在产品形成过程的各阶段控制点设置检验站等检验实体，履行质量检验职责，实现对日常生产全过程的产品检验。确保最终产品质量符合技术文件规定要求，确保不合格品不转序、不放行、不交付并实行有效隔离。

(5) 检测设备的配置和管理 食品生产者对检验和试验所需的检测、计量器具、测试仪器设备和各种专用量、检具等进行正确使用和严格管理是确保质量检验结果准确、可靠的基本条件。检验部门应组织质量检验有关人员学习、掌握正确的使用方法和做好维护保养工作。对检验用的计量器具、测试设备等必须按规定进行检定或校准，并妥善管理，确保量值准确可靠。

2. 质量检验机构的权限和责任

(1) 质量检验机构的权限 为了开展好质量检验工作，实现质量职能，根据有关法律、法规及政策规定，生产组织的最高管理者应赋予质量检验部门必要的权限，其中主要有：

① 有权在生产组织内认真贯彻产品质量方面的方针、政策，执行检验标准或有关技术标准。

② 按照有关技术标准的规定，有权判定产品或半成品合格与否。

③ 对购入的形成产品用的各种原材料、包装材料及配套产品，有权按照有关规定进行检验，根据检验结果确定合格与否。

④ 交检的中间产品或成品，由于缺少标准或相应的技术文件，有权拒绝接收检查。

⑤ 对成品或中间产品的材料代用，有权参与研究和审批。

⑥ 对于忽视产品质量、以次充好、弄虚作假等行为，有权制止、限期改正，视其情节建议给予责任者相应处分。

⑦ 对产品质量事故，有权追查产生的原因，找出责任者，视其情节提出给予处分的建议。

⑧ 对产品形成过程中产生的各种不合格品，有权如实进行统计与分析，针对存在的问题要求有关责任部门提出改进措施。

(2) 质量检验机构的责任

① 对由于未认真贯彻执行产品质量方面的方针、政策，执行技术标准或规定不认真、不严格，致使产品质量低劣和出现产品质量事故负责。

② 对在产品形成过程中由于错检、漏检或误检而造成的损失和影响负责。

③ 对由于组织管理不善，在生产中造成压检，影响生产进度负责。

④ 对由于未执行首件检验和及时进行流动检验，造成成批质量事故负责。

⑤ 对不合格品管理不善，废品未按要求及时隔离存放，给生产造成混乱和影响产品质量负责。

⑥ 对统计上报的质量报表、质量信息的正确性和及时性负责。

⑦ 对在产品形成中发现的忽视产品质量的行为或质量事故，不反映、不上报，甚至参与弄虚作假，而造成的影响和损失负责。

⑧ 对经检验明知质量不合格，还签发检验合格证书的行为负责。

3. 质量检验机构的设置

(1) 设置质量检验部门的必要性

① 食品检验部门的设置，是生产力发展的必然要求。由于生产能力的扩大、科学技术的发展、工艺水平的不断提高、产品品种和规格多样化等原因，食品质量检验逐步成为一门专业技术，需要由具有一定水平的专业人员来承担，并需要由专职部门进行统一管理和组织实施。

② 设置质量检验机构是提高生产效率，降低成本的需要。随着社会化大生产的进行，可通过实行科学合理的分工提高劳动生产率，从而降低成本。这就要求质量检验工作从生产作业的劳动组织中分离出来，成为独立的检验部门。

③ 设置质量检验机构是企业建立正常生产秩序，确保产品质量的需要。由于产品往往涉及多学科多专业，生产作业人员和作业的管理人员，由于受分工精细和多工序等影响，对产品结构和工艺流程难于系统地全面了解和掌握，因而企业建立正常生产秩序和组织稳定生产有一定的难度，需要有专职部门的专业人员，从事生产环节及各工序和成品的质量把关验收，这样可稳定正常生产秩序，同时也确保了产品质量。

④ 向顾客和社会提供产品质量保证和承担质量责任。质量保证活动的主要目的是向顾客及社会提供一系列足以证明产品质量水平的客观证据，这些证据资料的收集、记录、整理和出证，都需由质量检验部门的专职人员来完成。

因此，生产者为了建立正常生产秩序，提高生产效率，降低成本，确保产品质量和向顾客、向社会实现质量保证等的需要，必须设置独立行使职权的质量检验机构。

(2) 质量检验部门的地位

① 在内部组织结构中的地位。质量检验部门是由组织的最高管理层直接领导，并授权独立行使检验职权的。质量检验部门是组织中质量把关的重要部门，它最及时、最全面地直接掌握整个组织产品实现的质量情况，对产品能否全面达到要求负有重要责任。

因此，质量检验部门在质量管理体系组织结构中处于既不能缺少，又不能削弱的重要地位。在各生产、业务部门中，就行使检验职权来讲，它是唯一独立行使检验职能的部门，它在执行质量标准、判定检验结果时，不受生产组织内外部任何方面的干扰。

② 在组织外部的地位。由于质量检验部门的性质具有两重性，它代表生产组织向顾客、消费者、社会提供产品质量证据，实现质量保证，是维护国家利益和人民利益的部门。它的工作受到法律的保护，受到社会广大消费者和顾客的尊重。因此，任何干扰和阻止检验人员合法独立行使职权，打骂或破坏检验人员正常行使职责的行为都是违法的，都要受到法律的制裁。

(3) 质量检验机构设置的基本要求　质量检验机构，在产品形成的全过程严格实行质量检验，实现检验的鉴别、把关、预防和报告四项功能，已经是保证和提高产品质量不可缺少的重要环节。检验机构的设置，应符合以下基本要求：

① 专职检验机构应在最高管理层直接领导下。最高管理者应支持与保证检验机构能独立、公正地行使职权，并为检验机构提供必要的工作环境与工作条件，使检验工作有序地进行。

② 明确职能与职责，确定其工作范围。专职检验机构必须明确四项基本职能、权限和应负的责任，确定其工作范围，建立起质量检验机构的职责条例。

③ 科学合理地规划好检验机构内部设置，建立完善的检验工作体系。根据开展检验工作的需要，配备符合要求的各专业质量检验人员。

④ 制订和完善质量检验的工作程序，作为企业质量管理体系的支持性文件。应建立和不断完善质量检验方面的程序文件或管理标准、工作标准及相应的规章制度，并认真贯彻执行。

⑤ 配备能满足开展质量检验所需的计量器具，测试、试验设备及有关物质资源。

"质量是企业的生命"。国内外的经验和大量的事实告诫我们，一个生产组织的质量检验职能不能削弱，检验机构应保持其独立性，不能撤销或与其他部门随意合并。任何削弱检验把关的做法都是不符合保证与提高产品质量要求这一目的的，不利于产品生产者自身的生存与发展。

三、实验室的基本知识

1. 实验室的基本任务和工作准则

（1）实验室的基本任务 实验室是组织中负责质量检验工作的专门技术机构，承担着各种检验测试任务。它是组织质量工作、质量控制、质量改进的重要技术手段，是重要的质量信息源。其基本任务是：

① 快速、准确地完成各项质量检验测试工作；出具检测数据（报告）。

② 负责对购入的原材料、包装材料等物品，依据技术标准、合同和技术文件的有关规定，进行进货验收检验。

③ 负责对产品形成过程中，需在实验室进行检验测试的半成品的质量控制和产成品交付前的质量把关检验。

④ 负责产品的型式试验（例行试验）。

⑤ 承担或参与产品质量问题的原因分析和技术验证工作。

⑥ 承担产品质量改进和新产品研制开发工作中的检验测试工作。

⑦ 及时反馈和报告产品质量信息，为纠正和预防质量问题，提出意见。

（2）实验室的基本工作准则 由于实验室能为各项检验任务提供正确的、可靠的检测结果，并对质量做出正确的判断和结论。因此，实验室最基本的工作准则，应该是坚持公正性、科学性、及时性，做好检验测试工作。

① 公正性。就是实验室的全体人员都能严格履行自己的职责，坚持原则，认真按照检验工作程序和有关规定行事。不受来自其他方面的干扰和影响，能独立公正地做出判断，始终以客观的科学的检测数据说话。

② 科学性。就是实验室应具有同检测任务相适应的技术能力和质量保证能力。人员的素质、检测仪器设备和试验环境条件符合检测的技术要求。对检测全过程都实行有效的控制和管理，能够持续稳定地提供准确可靠的检测结果。

③ 及时性。就是实验室的检测服务要快速及时。为了做到及时性，就要精心安排，严格执行检测计划，做好检测过程各项准备工作，使检测工作能高效有序地进行。

2. 实验室质量管理

建立质量管理体系的基本要求包括：

（1）明确质量形成过程 实验室是专门从事检验测试工作的实体。实验室工作的最终成果是检测报告。检测报告就是实验室的产品，同样有一个质量形成过程。为了确保检测数据的准确可靠，以确保检测报告的质量，就必须明确它的质量形成过程和过程的各个阶段可能影响检测报告质量的各项因素。

① 明确检测依据。首先要明确检测依据的技术标准和技术规范，熟悉和正确掌握它的技术要求和检测条件。必要时，编制便于操作的具体的检测程序和方法。

② 样品的抽取。为了使抽取的样品具有代表性，且真实完整，应制订合理的随机抽样方案，明确抽样、封样、记录、取送方式等各项质量要求或严格按检验规程规定进行抽样工作。

③ 样品的管理和试样的制备。为了保证样品的完好，符合检测技术要求，应编制样品的交接、保管、使用、处置的质量控制措施。需要制备试样时，还应制订制备程序和方法，对制样的工具、模具等也应进行质量控制。

④ 外部供应的物品。对检测工作需用的从外部购进的材料、药品、试剂、器件等物品，应有明确的质量要求和进行验收的质量控制措施。

⑤ 环境条件。应有满足符合技术要求的工作环境，并有必要的监控环境技术参数的技术措施。

⑥ 检测操作。检验人员要依据技术标准和检验规范规定的方法，正确、规范地进行检测操作，及时准确地记录和采集检测数据。

⑦ 计算和数据处理。依据检验规范的有关规定，对检测数值进行正确地计算和数据处理，并经过校对验证，以确保结果正确无误。

⑧ 检测报告的编制和审定。检测报告的内容应完整，填写应规范、正确、清晰，结果判定准确，并严格执行校核、审批程序。

一个完善的实验室质量管理体系，应能纠正和预防质量问题的发生，即使一旦出现质量问题也能及时发现，迅速予以纠正和改进。

（2）配备必要的人员和物质资源

① 配备包括管理人员、执行人员、监督人员的各类人员。这些人员应具有同工作任务相适应的工作能力、经验和技能，规定有明确的质量职责、权限和彼此的相互关系。

② 配备物质资源包括各种仪器设备、工作场所、环境设施、技术控制手段和其他检测装置等。资源的配置应满足工作任务的需要和食品检测技术规范的技术要求。仪器设备的功能和准确度符合产品的技术要求，环境条件和监控设施符合有关技术规定。

（3）形成与检测有关的程序文件

① 程序文件是规定检测活动和检测过程的途径，是为控制可能影响检测质量的各项因素而制订的文件。质量管理体系的运行是通过贯彻实施程序文件实现的，因而制订好程序文件是至关重要的一项工作。

② 程序文件应做到全面、适用、可操作。其内容通常包括：检测的目的和范围；检验要做什么，由谁来做，如何做，如何控制；使用的设备和文件等。

③ 编制程序文件时应参照GB/T 27025—2019《检测和校准实验室能力的通用要求》，并结合本生产组织实验室建立质量管理体系的实际需要。应组织有关人员对编制的程序文件的内容是否完整、适用，可操作性进行评审，提出意见，经修改、审核后正式批准，颁布执行。

④ 应制订的检测程序文件一般包括：各类人员的质量责任制、食品质量检测程序、样品质量控制、技术文件控制、仪器设备质量控制、环境条件控制、外购检验用品质量控制、分包检测的控制、记录和报告、质量申诉处理等。

3. 检验样品质量控制

(1) 抽样　样品是实验室检测工作的对象，抽样是检测工作过程的首要环节，是一项很重要的基础性工作。抽取的样品应做到真实、完整，具有代表性。

① 规定具体的抽样方案。按照抽取的样品类别，分别编制各类样品的随机抽样方案。技术标准中抽样方案已有具体规定的，则按照标准中的规定执行；技术标准没有规定抽样方案的，则应针对抽取样品的具体情况，确定可操作的具体抽样方案，纳入检验规程或作业指导文件。

② 认真做好抽样工作记录。抽样记录是检测工作的原始凭证之一，是检测和溯源的依据。抽样人员应认真执行规定的抽样方案和随机抽样方法，封样应做到牢固、有效，并如实记载样品抽取的情况。

(2) 样品管理　实验室应对样品的接收、保管、领用、传递、处理等过程进行严格管理，以确保样品不污染、不损坏、不变质，保持完好的原始状态。

① 样品接收。应有人负责样品接收检查、登记和管理工作；接收时要检查样品是否符合抽样记录单上的记载，如，样品的品种、规格型号、数量、包装；封样状况和样品是否完好等。接收人员应记录检查情况并签字。

② 样品保管。应分类存放，账物相符。为防止混淆误用，样品应附有标识。标识可分为待检、在检、已检等。

③ 复验用的备用样品，应妥善保存并做好标识和记录。

④ 样品存放场所应保持清洁，摆放整齐有序，环境条件（如温度、湿度等）应符合有关的技术要求。

⑤ 样品应按规定期限保存，保存期满后应按程序处理。对易燃、易爆、有毒、有害、污染环境的样品的处理，应符合国家有关法规的规定。

⑥ 样品的领用和退回，应办理交接手续，做好清点核实工作，交接人员应在记录上签字。

4. 检测过程的质量控制

(1) 检测的准备　检测之前，应检查样品或试样（件）的技术状态是否完好；检测用仪器设备的功能和准确度是否符合要求；使用状态是否符合检定和校准状态；环境技术条件是否满足检测的技术要求；样品、仪器设备及环境状态的检查结果应如实记录。

(2) 检测操作和记录

① 检测人员按照规定的检测程序和检验规程进行检测操作。

② 做好检测原始记录。当检测由一人读数一人记录时，记录人员要复念一遍所记的数字，以避免数字传递发生差错。

③ 在检测中，出现靠近合格界限的边缘数据时，须进行必要的重复检测，以验证检测的准确性。

④ 检测结束，应对仪器设备的技术状态和环境技术条件进行检查，看其是否处于正常状态。如出现异常，应查明原因，并对检测结果的可靠性进行验证。

(3) 异常情况的处理

① 检测数据发生异常时，应查清原因，纠正后，方可继续检测。

② 因外界干扰（如停电、停水等）影响检测结果时，检测人员应中止检测，待排除干

扰后，重新检测，原检测数据失效，并记录干扰情况。

③ 因仪器设备出现故障而中断检测时，原检测数据失效。故障排除后，经校准合格后，方可重新检测。

④ 检测过程中，发现样品或试样（件）损坏、变质、污染，无法得出正确的检测数据时检测失效，应改用备用样品或者重新抽取样品进行检测。以后者的检测数据为准，不得将前后二者的检测数据拼凑在一起。

(4) 使用计算机检测的控制 使用计算机采集、处理、运算、记录、报告、储存检测数据时，应进行必要的质量控制，以保证检测数据的可靠性和完整性。

① 计算机的操作应实行专人负责制，未经批准不得交叉使用。

② 计算机软盘应建账，专人负责，妥善管理。禁止非授权人接触，以防止对检测数据的人为修改。

③ 首次使用计算机检测和数据处理时，应验证计算机检测结果的正确性，可通过人工计算等其他方法进行比对。

④ 计算机发生故障时，应及时查明原因，采取措施予以排除，并在检测记录中注明。

⑤ 计算机打印的原始记录应有检测人员签字。对多页原始记录应加盖骑缝章保存，以防止随意更改储存的数据，便于区分原始数据和二次调出的数据。

5. 检测记录和报告

(1) 检测记录的要求 检测原始记录是检测数据和结果的书面载体，是表明产品质量的客观证据，是分析质量问题、溯源历史情况的依据，是采取纠正和预防措施的重要依据。因而应加强对检测记录的质量控制。对检测记录的格式、标识、填记、校核、更改、存档等应有具体的规定。

① 检测记录应做到如实、准确、完整、清晰。记录的项目应完整，空白项应画上斜线。

② 检测记录的格式和内容，应合理编制。一般包括：检测的样品名称、规格型号、数量、编号，检测的技术依据，主要仪器设备，环境技术条件（如温度、湿度），检测项目、技术要求的规定值，检验和测试的实测值，计算公式及计算结果，检测中发生的异常情况和处理记录，检测的时间、检测人和校核人签名，检测记录的页数和页次。

③ 检测记录发生数字记错时，应及时更正。更改的方法应采取"杠改"的办法，即在错误的数字上画一水平线，将正确的数字填写在其上方或下方，加盖更改人的印章。更改只能由检测记录人进行，他人不得代替更改。不允许用铅笔记录，也不允许用涂改液更改。

④ 检测记录应由检测人和校核人本人签名，以示对记录负责。

⑤ 数据处理应符合误差分析和有关技术标准的规定。

(2) 检测报告的基本要求 检测报告是实验室的工作成果，检测报告的质量是检测工作质量的综合反映。检测报告应做到：完整、准确、清晰、结论正确、易于理解。

检测报告的格式应统一。其内容依据检测的要求，包括检测结果相关的、必需的全部信息。如，检测报告的标识、编号，样品状况，检测依据，检测的日期和场所，各项检测项目和检测数据，检测环境条件，检测结果的判定，报告的编制、审核、批准人等。检测报告的编制和审批。检测报告通常是由检测人编制，经审核人员审核后，由实验室技术负责人批准。

第二节 质量检验计划

一、质量检验计划的概念和编制

1. 质量检验计划的定义

质量检验计划就是对检验涉及的活动、过程和资源及相互关系做出的规范化的书面（文件）规定，用以指导检验活动正确、有序、协调地进行。

检验计划是产品生产者对整个检验和试验工作进行系统策划和总体安排的结果，确定检验工作何时、何地、由何人（部门）做、做什么、如何做的技术和管理活动，一般以文字或图表形式明确地规定检验站（组）的设置，资源的配备（包括人员、设备、仪器、量具和检具），选择检验和试验方式、方法和确定工作量，它是指导各检验站（组）和检验人员工作的依据，是产品生产者质量管理体系中质量计划的一个重要组成部分，为检验工作的技术管理和作业指导提供依据。

2. 质量检验计划的作用

检验计划是对检验和试验活动带有规划性的总体安排，重要作用有以下几方面。

① 按照食品加工及工艺流程，充分利用企业现有资源，统筹安排检验站、点（组）的设置，可以降低质量成本中的鉴别费用，降低产品成本。

② 根据食品产品和工艺要求合理地选择试验项目和方式、方法，合理配备和使用人员、设备、仪器仪表和量检具，有利于调动每个检验和试验人员的积极性，提高检验和试验的工作质量和效率，降低物质和劳动消耗。

③ 对产品的不合格严重性分级，并实施管理，能够充分发挥检验职能的有效性，在保证产品质量的前提下降低产品制造成本。

④ 使检验和试验工作逐步实现规范化、科学化和标准化，使产品质量能够更好地处于受控状态。

3. 食品质量检验计划的内容

食品质量检验部门根据生产作业组织的技术、生产、计划等部门的有关计划及产品的不同情况来编制检验计划，其基本内容如下。

① 检验流程图和适合工艺特点的检验程序。
② 合理设置检验站、点（组）。
③ 成品及组成成分的质量特性分析表。制订产品不合格严重性分级表。
④ 检验规程（检验指导书、细则或检验卡片）。
⑤ 检验手册。
⑥ 适宜的检验方式、方法。
⑦ 检验工具、仪器设备明细表，提出补充仪器设备及测量工具的计划。
⑧ 检验人员培训计划和资格认定方式，明确检验人员的岗位工作任务和职责等。

4. 编制检验计划的原则

根据成品生产工艺、生产规模、批量的不同，质量检验计划可由质量管理部门或质量检验的主管部门负责，由检验技术人员编制，也可以由检验部门归口会同其他部门共同编制。编制检验计划时应考虑以下原则。

① 充分体现检验的目的。一是防止产生和及时发现不合格品，二是保证检验通过的产品符合质量标准的要求。

② 对检验活动能起到指导作用。检验计划必须对检验项目、检验方式和手段等具体内容有清楚、准确、简明的叙述和要求，而且应易于检验活动相关人员理解。

③ 对关键产品应优先保证制订质量检验计划。

④ 综合考虑检验成本。在保证产品质量的前提下，尽可能降低检验费用。

⑤ 进货检验、验证应在采购合同的附件或检验计划中详细说明检验、验证的场所、方式、方法、数量及要求，并经双方共同评审确认。

⑥ 检验计划应随产品实现过程中产品质量要求、加工方法的变化作相应的修改和调整，以适应生产作业过程的需要。

二、检验流程图

1. 流程图的基本知识

（1）流程图　与产品形成过程有关的流程图有工艺流程图和检验流程图，而检验流程图的基础和依据是工艺流程图。

（2）工艺流程图　是用简明的图形、符号及文字组合形式表示的作业全过程中各过程输入、输出和过程形成要素之间的关联和顺序。工艺流程图可从产品的原材料、产品组成部分和工艺所需的其他物料投入开始，到最终产品实现的全过程涉及的劳动组织（车间、工段、班组）或场地结束，用规范的图形和文字予以表示，以便于作业的组织和管理。

（3）食品检验流程图　是用图形、符号，简洁明了地表示检验计划中确定的特定产品的检验流程（过程、路线）、检验工序、位置设置和选定的检验方式、方法和相互顺序的图样。它是食品检验人员进行检验活动的依据。检验流程图和其他检验指导书等一起，构成完整的检验技术文件。

较为简单的产品可以直接采用工艺图，并在需要质量控制和检验的部位、处所，连接表示检验的图形和文字，必要时标明检验的具体内容、方法，同样起到检验流程图的作用和效果。

2. 食品检验流程图的编制过程

首先要熟悉和了解有关的产品技术标准、质量特性；其次要熟悉产品形成的工艺文件，了解产品工艺流程图；然后，根据工艺流程图、工艺规程等工艺文件，设计食品检验工序的检验位置，确定检验工序和操作工序的衔接点及主要的检验方式、方法，绘制检验流程图；最后，对编制的检验流程图进行评审。由产品设计人员、工艺人员、检验人员、操作管理人员、操作人员一起联合评审流程图方案的合理性、适用性、经济性，提出改进意见，进行修改。流程图最后经生产组织的技术领导人或质量的最高管理者（如总工程师、质量保证经理）批准。

三、检验站的设置

1. 检验站的基本概念

检验站是根据生产工艺及检验流程设计确定的作业过程中最小的检验实体。其作用是通过对产品的检测，履行产品检验和监督的职能，防止所辖区域不合格品流入下一作业过程或交付（销售、使用）。

2. 检验站设置的基本原则

检验站是检验人员进行检验活动的场所,合理设置检验站可以更好地保证检验工作质量,提高检验效率。设置检验站通常遵循的基本原则是:

(1) 要重点考虑设在质量控制的关键作业部位和控制点　例如,原料购入、成品的放行、中间产品、成品完成入库之前,一般都应设立检验站。在产品的配料、工序之后或生产线的最后工序终端,也必须设立检验站。

(2) 要能满足生产作业过程的需要,并和生产工艺同步和衔接　在流水生产线和自动生产线中,在某些重要工序之后,在生产线某些分段的交接处,应设置必要的检验站。

(3) 要有适宜的工作环境　检验站要有合适的存放和使用检验工具、检验设备的场地和存放等待进行检验产品的面积;要方便检验人员和操作人员的联系。

(4) 要考虑节约检验成本,有利于提高工作效率　检验站和检验人员要有适当的负荷,检验站的数量和检验人员、检测设备、场地面积都要适应作业和检验的需要。检验人员太少或太多,都会影响工作效率。

(5) 检验站的设置不是固定不变的,应根据工艺的需要做适时和必要的调整

3. 检验站设置的分类

(1) 按产品类别设置　这种方式就是同类产品在同一检验站检验,不同类别产品分别设置不同的检验站。其优点是检验人员对产品的组成、结构和性能容易熟悉和掌握,有利于提高检验的效率和质量,便于交流经验和安排工作。

(2) 按生产作业组织设置　按生产作业组织设置,如一车间检验站,二车间检验站,三车间检验站。

(3) 按工艺流程顺序设置　包括原料检验站(组)、过程检验站(组)、完工检验站(组)、成品检验站(组)。

(4) 按检验技术的性质和特点设置　检验工作中针对特殊检测技术要求和使用的测试设备特点而设置专门检验站。

实际检验站设置不是单一形式的,根据生产特点、生产规模,可以从有利作业出发兼顾多种形式设置混合型检验站。

4. 几种主要检验站设置的特点和要求

(1) 进货检验站　进货检验通常有两种形式,一是在本企业检验。原材料进厂后由进货检验站根据规定进行接收检验,合格品接收入库,不合格品退回供货单位或另作处理。二是在供货单位进行检验,一旦检查发现不合格品,生产者可以就地解决问题。

(2) 工序检验站　有两种不同形式。第一种是分散的,即分散在生产流程中。第二种是集中式的,工艺完成后,都送同一检验站进行检验。

(3) 完工检验站　指产品在某一作业过程、环节(如某生产线或作业组织)全部工序完成以后的检验。完工检验可能是入库前的检验,也可能是直接放行进入装配前的检验;对于成品来说,可能是交付前检验,也可能是进入成品库以前的检验。

四、检验手册和检验指导书

1. 检验手册

(1) 检验手册的含义　是质量检验活动的管理规定和技术规范的文件集合。它是专职检验部门质量检验工作的详细描述,是检验工作的指导性文件,是质量检验人员和管理人员的

工作指南，也是质量管理体系文件的组成部分，使质量检验的业务活动达到标准化、规范化、科学化。

（2）检验手册构成　由程序性和技术性两方面内容组成。具体内容如下：

① 质量检验体系和机构，包括机构框图，机构职能（职责、权限）的规定；

② 质量检验的管理制度和工作制度；

③ 程序文件：进货检验程序、工序检验程序、成品检验程序、计量控制程序、不合格产品审核和鉴别程序等；

④ 检验有关的原始记录表格格式、样张及必要的文字说明。

（3）产品和工序检验手册内容　不合格严重性分级的原则和规定及分级表；抽样检验的原则和抽样方案的规定；材料部分，有各种材料规格及其主要性能及标准；工序部分，有工序规程、质量控制标准；产品部分，有产品规格、性能及有关技术资料等；规则部分，有检验规程、细则及标准。

编制检验手册是专职检验部门的工作，由熟悉产品质量检验管理和检测技术的人员编写。检验手册中首先要说明质量检验工作宗旨及其合法性、目的性，并经授权的负责人批准签字后生效，并按规定程序发布实施。

2. 检验指导书

（1）检验指导书的含义、特点和作用　是具体规定检验操作要求的技术文件，又称检验规程或检验卡片。它是产品形成过程中，用以指导检验人员规范、正确地实施检查和试验的技术文件。它是产品检验计划的一个重要部分，其目的是为重要产品及组成部分和关键作业过程的检验活动提供具体操作指导。它是质量管理体系文件中的一种技术作业指导性文件，又可作为检验手册中的技术性文件。

其特点是技术性、专业性、可操作性很强，文字表述明确、准确，操作方法说明清楚、易于理解，过程简便易行；其作用是使检验操作达到统一、规范。

（2）编制要求　在检验指导书上应明确规定需要检验的质量特性及其技术要求，规定检验方法、检验基准、检测量具及检验示意图等内容。编制检验指导书的主要要求如下：

① 对该生产工艺的所有技术要求，应全部逐一列出，不可遗漏。还要包括不合格的严重性分级、检测顺序、检测频率、样本大小等有关内容。

② 必须针对质量特性，合理选择适用的测量工具，并在指导书中标明它们的型号、规格和编号，甚至说明其使用方法。

③ 抽样检验时，应正确选择并说明抽样方案。

检验指导书的主要作用，是使检验人员按检验指导书规定的内容、方法、要求和程序进行检验，保证检验工作的规范性，有效地防止错检、漏检等现象发生。

（3）检验指导书的内容

① 检测对象：受检产品名称及编号；

② 质量特性值：规定食品检验的项目；

③ 检验方法：规定检验的程序和方法、有关计算方法、抽样检验时有关规定和数据；

④ 检测手段：规定检测使用的计量器具、仪器名称和编号；

⑤ 检验判定：规定数据处理、判定比较的方法、判定的准则；

⑥ 记录和报告：规定记录的事项、方法和表格，规定报告的内容与方式、程序与时间。

3. 检验类型

食品质量检验按照目的不同，可分为生产检验（第一方检验）、验收检验（第二方检验）

和第三方检验。

① 生产检验：有关法规和技术标准对原材料、半成品和成品进行的检验活动，起到不合格产品不出厂的把关作用。

② 验收检验：指经营者为维护自身和消费者利益，保证其所售食品满足合同或标准要求进行的检验活动，起到防止不合格产品进入流通领域的作用。

③ 第三方检验：指处于买卖利益之外的第三方以公正、权威的非当事人的身份根据有关法律、合同或标准所进行的检验活动。国家质量监督检验属于第三方检验，是国家授权的法定检验，其结果具有公正性、权威性、仲裁性和法律效力。

质量检验的依据是质量标准。按照标准指定的检验规则和检验方法对标准指定的产品的技术要求及其他各项要求进行检验。检验一般分为两类：出厂检验和型式检验。

① 出厂检验：又称交收检验或常规检验，指每批产品在出厂前由生产厂的检验部门按该产品标准规定的检验项目，逐批逐项进行检验，检验合格并签发证明书的产品方可出厂。

② 型式检验：又称例行检验，指产品符合技术规范的验证性检验。其检验项目一般包括该产品标准中所列出的全部技术要求和其他要求如包装、标志等的全部检验项目，是对产品质量的全面考核。国家质量监督检验的检验项目基本和型式检验的项目相同，有的产品需要检查全部生产过程。

4. 质量检验的一般程序

（1）根据检验目的和被检对象确定检验规则、检验项目及内容和试验方法 首先，要明确检验的目的是全面考察产品的质量水平，还是检验某一方面的质量问题；其次，是常规检验还是型式检验抑或是为解决生产者、经营者和消费者之间的争议而做的仲裁检验，以决定检验依据的检验规则和应采用的标准。

（2）科学取样和样品存储 只有科学的抽样方案和恰当的取样方法才能保证检验的可靠性。取样的基本原则是保证所取样本具有代表性、典型性、适时性和适用性。抽样方案包括抽取样品的数量、样品抽取的原则和结果判定的规则。抽样方法包括样品抽取的技术、具体操作方法和操作程序。

对于一般理化检验应注意样品的均匀性和代表性；对于污染食品、掺伪食品和食物中毒样品应直接采集可疑部位，以保证样品的典型性；对于微生物检验应采用完整的未开封的样品或用无菌采样技术采样。样品的保存应使样品保持采样时的质量状况。

（3）采用适当方法进行样品制备和预处理 食品是一个复杂的体系，有益成分和有害杂质混合在一起，同时具有有机化合物成分和无机化合物成分，各类成分又以游离态形式和结合态形式存在，给待测组分的检验测定带来困难。为保证检测样品能代表全部样品的特性及特征，除去干扰物质对检验的影响，并使待测的成分以合适的状态被检测，样品必须进行制备和预处理。样品分析检验前的一系列准备工作称为制备和预处理。一般把整理、清洗、粉碎、过筛、匀化、缩分称为制备，目的是得到均匀化的检测样品；分离、提取、分解、净化、浓缩、衍生等称为预处理，目的是得到纯化无干扰的适合检测的检测样品。

通过样品的预处理，干扰组分应减少到不再干扰测定，而待测组分的损失应小到可忽略不计。常用回收率和分离因子评价分离效果。

（4）应用合适的试验技术和分析方法对样品进行检验，获取分析数据 合适的试验方法应保证具有好的精密度、准确度、选择性、重现性和重复性，具有合适的灵敏度、检测限，以及经济合理的费用。如果方法选择不当，即使预处理各环节均非常严格、正确，所得结果也可能毫无意义，甚至产生错误。

一般情况下应选用国家标准指定的试验方法。标准中指定的试验方法大部分是 GB/T 5009.1—2003《食品卫生检验方法　理化部分　总则》和 GB 4789 食品微生物学检验系列标准中的方法。但在各目的组分测定的方法标准中，大都提供了几个测定方法，一般指明第一法的标准中，第一法为仲裁方法。

（5）经科学分析及统计处理，从分析数据中提取有用信息，给出分析结果　由计量仪器上读取记录的数据，是原始记录。必须在读数的同时进行记录，并应记录于正式编页的记录单上，不能补记，也不能用铅笔记录，如有笔误只能用杠改方式即时修正，不得涂改。

（6）对分析结果进行解释，对被检对象的质量水平给出评价　对于以数据形式表示的试验结果，应转化为清晰明了的文字解释。根据国家标准的规定，感官不合格的产品直接判定为不合格产品，不必进行理化检验。进行理化检验的样品应根据具体食品种类，按照相关质量标准中的判定规则进行判定。

单元思考

1. 为什么农产品要进行检验？
2. 食品检验的作用是什么？
3. 食用农产品、食品检验的一般程序分为几个步骤？
4. 检验指导书有哪些编制要求？

第九单元 标准化管理体系

知识与能力目标

1. ISO 9000 质量管理体系相关知识。
2. ISO 22000 食品安全管理体系相关知识。
3. ISO 14000 环境管理体系相关知识。

思政与职业素养目标

质量管理的发展经历了质量检验管理、统计质量管理、全面质量管理阶段（TQM）、质量管理体系标准化四个阶段。质量管理体系标准即 ISO 9000 标准。ISO 9000 族标准可提高组织的运作能力，增进国际贸易，促进全球的繁荣和发展。

现代食品质量管理人员既要具备工匠精神，又要具有国际视野，要将"人类命运共同体"深深刻在思想里、践行在工作中、落实在行动上。

案例引导

冷冻分割鸡肉中混入木屑

2008 年 4 月，接到客户反馈，在使用规格为 240~260g 的冷冻整腿肉原料时，发现一块长 1.5cm、宽 4mm 的细木屑。

本案例涉及的产品是冷冻鸡肉，其工艺流程为：

毛鸡验收→卸鸡→挂鸡→宰杀→沥血→浸烫、打毛→喷淋冲洗→摘小毛→去爪→掏脏→宰后检验→清洗→去头→冷水浸泡冷却→喷淋、沥水→分割→装袋→真空封口→速冻→金属探测→装箱→入库贮存。

由于冷冻生肉制品在屠宰加工环节没有加热等熟制灭菌工序，而鸡体表、内脏的带菌率很高，微生物指标主要通过防止交叉污染、彻底清洗、冷链加工、缩短加工时间等方法和措施控制。根据 SN/T 1346—2004《肉类屠宰加工企业卫生注册规范》的要求，鸡体在分割前要冷却到 4℃以下，并通过环境温度、加工时间等控制，在包装完毕速冻之前，一直保持 4℃以下的温度。

经过调查，在冷库协助监装员监装时，从冷库拉一车冰回车间，冰上有很多异物。预冷间，工人正将带有沙子、木屑等异物的冰破碎后直接倒进预冷池，预冷池内漂浮着油脂、小鸡毛，还发现了木屑。

分析木屑原因：

① 用来协助降温的冰放在冷库内，木质垫板上的碎屑会污染冰表面，员工将冰运进车间后，有时并未处理冰块表面的异物就破碎加入预冷池中或分到各工序使用。

② 外购的冰内部偶尔也混有木屑等异物。

③ 预冷池内的木屑有时会黏附在鸡体表面，并在分割过程中混入鸡肉表面，甚至扎入肉内。

整改措施：

① 通知采购部门对冰的供应商进行评估检查，查找冰内混有异物的原因，共同制订整改措施。

② 运冰、卸冰车辆保持清洁卫生，经质检员确认并在检查表上签字后方可使用。

③ 提报计划，冷库内全部更换塑料垫板。

④ 冰在冷库内加强防护，用一个带盖的大不锈钢方桶存放。

⑤ 冰运回车间先到消毒间用清水将表面冲洗干净，再运到预冷间或各工序使用，破碎后要认真检查以后再使用，冲洗掉和检查出的异物要收集并记录。

⑥ 预冷池内的油脂等异物要及时捞出，防止混有异物黏附在鸡体不易发现。

⑦ 给公司提报计划，改造预冷水降温能力，减少或不用加冰的方式给预冷池的水降温。

⑧ 尽量协调生产，分割下的半成品及时加工，对于不能马上加工的半成品，暂存时必须采取必要的防护措施，如装到方底袋内封口，放在恒温库内存放。

⑨ 改变过去修剪、分级、称量、检验由同一组人完成的做法，设专门的人员负责检验，并经常地对检验人员进行培训和训练；每检验 30min，休息 5min，防止因疲劳而注意力分散。

案例总结：

① 坚持循证决策的原则。这是质量管理原则中的一项。

② 品管员的职责以及品管部门和生产部门的关系。要让生产部门和品管部门真正良好合作，应从主管人员或部门做起。如果主管人员或部门不喜欢听问题，听到问题就处罚、责问，就会误导生产部门遮盖问题；反之，主管人员或部门对问题熟视无睹，见怪不怪，生产部门就不会把品管部门放在眼里。所以，主管人员或部门对问题的态度是品管部门的作用能否发挥和平衡好品管部门与生产部门关系的关键因素。

品管部门是负责发现问题，完善和改进管理体系的，但需要与有更多实践经验的生产人员沟通、合作；产品是生产部门生产制造出来的，出现问题需要负责任，如何减少问题的出现，那就看自身的管理能力和与品管部门的配合程度。在这种理念的指导下，每个部门都应以完善管理体系、减少问题为目标。

第一节 ISO 系列标准简介

一、ISO 的基本知识

1. ISO 组织

其全称是 International Organization for Standardization，中文就是"国际标准化组织"。它是一个非政府机构，制定的所有标准都是自愿性的，成立于 1947 年 2 月 23 日，目前已发展成为世界上最大的标准化组织。ISO 负责除电工、电子领域之外的所有其他领域的标准化活动。ISO 现有 117 个成员，包括 117 个国家和地区。ISO 的最高权力机构是每年一次的"全体大会"，其日常办事机构是中央秘书处，设在瑞士的日内瓦。中央秘书处现有 170 名职员，由秘书长领导。

2. ISO 目标和任务

让全世界都接受和使用 ISO 标准，为提高组织的运作能力提供有效的方法，增进国际贸易，促进全球的繁荣和发展，使任何机构和个人，可以有信心从世界各地得到任何期望的产品，以及将自己的产品顺利销到世界各地（不考虑社会环境变化、政治因素）。

3. ISO 工作

ISO 的宗旨是在世界上促进标准化及其相关活动的发展，以便于商品和服务的国际交换，在智力、科学、技术和经济领域开展合作。ISO 通过它的 2856 个技术机构开展技术活动，其中技术委员会（简称 TC）共 185 个，分技术委员会（简称 SC）共 611 个，工作组（简称 WG）2022 个，特别工作组 38 个。ISO 的 2856 个技术机构技术活动的成果（产品）是"国际标准"。

ISO 制定出来的国际标准除了有规范的名称之外，还有编号，编号的格式是：ISO＋标准号＋[杠＋分标准号]＋冒号＋发布年号（方括号中的内容可有可无），例如 ISO 8402：1987、ISO 9000-1:1994 等，分别是某一个标准的编号。

二、ISO 9000 族标准简介

1. ISO 9000 族标准

① ISO 9000 是国家标准化组织在 1994 年提出的概念，它不是指一个标准，而是一族标准的统称。指："由 ISO/TC176 制定的所有国际标准。"

② TC176 即 ISO 中第 176 个技术委员会，它成立于 1980 年，全称是"质量保证技术委员会"，1987 年又更名为"质量管理和质量保证技术委员会"。TC176 专门负责制定质量管理和质量保证技术的标准。

2. ISO 9000 族标准修订

自 1987 年首次发布近 30 年来，ISO 9000 系列为各类组织建立了一个质量管理的通用框架和语言，成为 ISO 标准中应用最广泛的标准。

自 1987 年 ISO 9000 族标准正式诞生以来，已历经了四次正式的改版：

第一次改版发生在 1994 年，它沿用了质量保证的概念，传统制造业烙印仍较明显；

第二次改版是在 2000 年，不论是从理念、结构还是内涵，这都是一次重大的变化，标准引入了"以顾客为关注焦点""过程方法"等基本理念，从系统的角度实现了从质量保证到质量管理的升华，也淡化了原有制造业的痕迹，具备了更强的适用性；

第三次改版是在 2008 年，这次改版被定义为一次"编辑性修改"，并未发生显著变化；

第四次是 2015 版本，这次改版在结构、质量手册、风险等方面都发生了巨大的变化。为使以 ISO 9001 和 ISO 9004 为核心的质量管理系列标准能动态满足使用者的需求，驱动组织主动实现持续发展，ISO/TC176/SC2 工作组历时三年多的时间出台了 ISO 9001:2015 标准。ISO 9001 这次改版发生了很大的变化："一变"（条文架构改变）、"三减"（减质量手册要求、减管理代表要求、减预防措施要求）、"六增加"（增加组织背景环境分析和确定组织目标和战略、增加风险和应急措施和机遇的管理、增加知识管理理解相关方的需求和期望、增加领导作用和承诺及组织的知识、增加绩效评估、增加变更控制管理）。

ISO 9000 系列标准也为其他的管理体系，包括环境、安全和健康，信息安全和能源管理等奠定了基础；同时，随着其核心标准 ISO 9001 在诸多特定行业（如汽车、航空、医疗器械等）的深入应用，不论是从深度、广度而言，其影响力都在与日俱增。

三、ISO 22000 标准简介

1. ISO 22000 的版本历史

ISO 22000 是由 ISO/TC34 农产食品技术委员会制定的一套专用于食品链内的食品安全管理体系。ISO 22000 是在 HACCP、GMP（良好操作规范）〔GAP（良好农业规范）、GHP（良好卫生规范）、GDP（良好分销规范）、GVP（良好兽医规范）、GPP（良好生产规范）、GTP（良好贸易规范）〕和 SSOP（卫生标准操作规范）的基础上，同时整合了 ISO 9001 的部分要求而形成的。最早的版本是 2005 年颁布的。2018 年进行了修订。

2. ISO 22000：2018 修订的内容

2018 年 6 月 18 日，ISO 组织发布 ISO 22000:2018 标准，此次修订的 2018 版将在过渡期后代替 ISO 22000：2005 标准，此次修订内容主要包括以下几点。

高级架构：新版的 ISO 22000 将沿用与其他 ISO 管理体系标准相同的架构，即高级架构。

风险方法：包含一个与以往不同的对风险进行理解的方法。

PDCA 循环：使用了 2 个单独的 PDCA 循环，其中一个涵盖管理体系，另一个涵盖 HACCP 原理。

操作流程：对于关键词组有了清晰的描述。

标准的更新使之更加适用于食品行业现状，包含了食品行业最新的趋势和食品安全要求。

四、ISO 14000 标准简介

1. ISO 14000 产生的背景

在近代工业的发展过程中，人类过度追求经济增长速度而忽略环境的重要性，导致水土流失、土地沙漠化、水体污染、空气质量下降、全球气候反常、臭氧层耗竭、生态环境严重破坏……环境问题已成为制约经济发展和人类生存的重要因素。

各国政府非常重视环境问题，纷纷制定环境标准，各项标准日趋严格，出口国常因出口商品不符合标准而蒙受巨大经济损失。环境问题已成为绿色贸易壁垒，成为企业生存和发展必须关注的问题。考虑到零散的、被动适应法规要求的环境管理机制不足以确保一个组织的环境行为不仅现在满足，将来也一直能满足法律和方针所提出的要求，致使企业没有持续改进的动力，ISO 国际标准化组织在汲取世界发达国家多年环境管理经验的基础上制定并颁布了 ISO 14000 环境管理系列标准。

ISO 14000 是国际标准化组织（ISO）制定的环境管理体系国际标准。ISO 14000 已经成为一套目前世界上最全面和最系统的环境管理国际化标准，并引起世界各国政府、企业的普遍重视和积极响应。

2. ISO 14000 版本历史

ISO 14000 标准是继 ISO 9000 系列标准后由国际标准化组织（ISO）第 207 技术委员会（ISO/TC 207）组织制定的环境管理体系标准，其标准号从 14001 至 14100，共 100 个，统称为 ISO 14000 系列标准。

ISO 14001 环境管理体系标准作为 ISO 14000 系列标准的核心，是企业建立环境管理体系并开展审核认证的根本准则。ISO 14001：1996《环境管理体系——规范及使用指南》为第一版，由环境方针、策划、实施与运行、检查和纠正、管理评审 5 个部分的 17 个要素构成，各要素之间有机结合，紧密联系，形成 PDCA 循环的管理体系，并确保企业的环境行为持续改善。

3. ISO 14001:2015 修订的内容

ISO 14001:2015 于 2015 年发布，新版标准，增加了组织的环境和领导力条款要求；管理的对象除了重要环境因素之外增加了符合性义务、组织的风险及机会，且在产品的整个生命周期阶段考虑组织需管理的对象；操作上，针对组织需管理的对象，策划组织应采取的措施，控制方法除了运行控制和应急准备与响应之外，增加了通过价值链控制其环境影响。比如适用时，考虑在货物或服务交付期间及产品使用和寿命末期处置期间可能产生重要环境影响的信息。

五、ISO 系列标准的关系

1. ISO 9000 与 ISO 22000 的关系

（1）ISO 22000（食品安全管理体系）与 ISO 9000 的相同点

① 管理思想一致。均采用过程控制方式，通过识别过程确定控制内容，制定控制方法，验证控制方法的有效性，改进和完善体系。

② 采用的术语基本一致。除 ISO 22000 重新定义的 4 个术语外，ISO 9000 的其他术语和定义在 ISO 22000 中均适用。

③ 结构基本相同。基本包括管理职责、资源管理、产品实现、验证改进四大部分。

ISO 22000 考虑了 ISO 9001 的条款，以加强相互的兼容性。除涉及食品安全的控制内容外，管理体系中共性要求的条款一致。容易实现组织建立食品质量和安全管理体系。在质量管理体系框架内设计、运行和更新食品安全体系，并将之纳入组织的整体管理活动中，将为组织和相关方带来最大的利益。

ISO 22000 尽管为其他管理体系提供了接口，但组织实施 ISO 22000 认证时，仅关注食品安全方面的问题。但不排斥组织将其他管理体系要素的内容结合至体系中。

（2）ISO 22000 与 ISO 9000 的不同 ISO 22000 研究的是食品安全，后者研究的是产品质量。

ISO 22000 关注食品链中组织间和组织内的沟通、食品安全方针、突发事件准备和响应、安全产品的策划和实现、前提方案（基础设施、工作环境）等；后者包含以顾客为关注焦点、与顾客的沟通、质量方针、不合格品控制、产品实现等条款。

ISO 22000 可以独立于其他管理体系标准单独使用。其实施可结合或整合现有相关管理体系要求，组织也可利用现有管理体系建立一个符合 ISO 22000 的食品安全管理体系。当与其他管理体系一起使用时，组织的最高管理者必须承诺能够满足 ISO 22000 的要求。

ISO 22000 旨在协调全球范围食品链内食品安全管理的要求，尤其适合于寻求更有重点、更连贯和更有整体性的食品安全管理体系，而不仅是针对某一点解决某一问题。

ISO 22000 的应用不以守法为最低要求，但是它要求组织将有关食品安全的法律法规要求纳入食品安全管理体系。

2. ISO 9000 与 ISO 14000 的关系

ISO 9000 系列标准是保证产品的质量，ISO 14000 系列标准则是要求组织承诺遵守环境法律、法规及其他要求，并对污染预防和持续改进做出承诺。

(1) 共同之处 ISO 14000 与 ISO 9000 具有共同的实施目标：在各类组织建立科学、规范和程序化的管理系统。

两套标准的管理体系相似：ISO 14000 某些标准的框架、结构和内容参考了 ISO 9000 中的某些标准规定的框架、结构和内容。

(2) 不同之处 两个标准在内涵和承诺对象上不同，主要表现为以下几个方面。

承诺对象不同：ISO 9000 标准的承诺对象是产品的使用者、消费者，它是按不同消费者的需要，以合同形式体现的。而 ISO 14000 系列标准则是向相关方的承诺，受益者将是全社会，是人类生存环境和人类自身的共同需要，这无法通过合同体现，只能通过利益相关方，其中主要是政府来代表社会的需要，用法律、法规来体现，所以 ISO 14000 的最低要求是达到政府规定的环境法律、法规与其他要求。

承诺的内容不同：ISO 9000 系列标准是保证产品的质量；而 ISO 14000 系列标准则是要求组织承诺遵守环境法律、法规及其他要求，并对污染预防和持续改进做出承诺。

体系的构成模式不同：ISO 9000 质量管理模式是封闭的，而环境管理体系则是螺旋上升的开环模式。要求体系不断地有所改进和提高。

审核认证的依据不同：ISO 9000 标准是质量管理体系认证的根本依据；而环境管理体系认证除符合 ISO 14001 外，还必须结合本国的环境法律、法规及相关标准，如果组织的环境行为不能满足国家要求，则难以通过体系的认证。

对审核人员资格的要求不同：ISO 14000 系列标准涉及的是环境问题，面对的是如何按照本国的环境法律、法规、标准等要求保护生态环境，污染防治和处理的具体环境问题，故环境管理体系对组织有目标、指标的要求，因而从事 ISO 14000 认证工作的人员必须具备相应的环境知识和环境管理经验，否则难以对现场存在的环境问题做出正确判断。

第二节 质量管理发展历程

一、质量管理的不同阶段

质量管理的发展经历了四个阶段：质量检验管理阶段、统计质量管理阶段、全面质量管理阶段、质量管理体系标准化阶段。

1. 质量检验管理阶段

(1) 操作者的质量管理阶段 这是 20 世纪以前的阶段，市场经济处于低级发展时期，当时生产分工粗糙，质量检验主要由工人自己完成。

(2) 质量检验管理阶段 20 世纪初，资本主义生产组织日臻完善，生产分工逐渐细化，这是从技术到管理的全面革命时期。美国管理学家泰勒首先提出了用计划、标准化和统一管理三项原则来管理生产，并提出了计划与执行分工、检验与生产分工，建立了终端专职检验。但这都属于"事后检验"，即使全数检验也不能确保质量。因为从本质上来说，"质量是生产出来的，而不是检验出来的"。

2. 统计质量管理阶段

第二次世界大战极大地刺激了美国经济，促使美国经济复苏，这时军需物资出现了大量的质量问题，而"终端检验制"无法解决这些问题。于是美国政府颁布了三项战时质量控制标准：Z1.1《质量控制指南》；Z1.2《数据分析用控制图法》；Z1.3《工序控制用控制图法》。这是质量管理中最早的正式的质量控制标准。美国政府还采取了三项强制性措施：

① 强行对各公司以总检验师为首的质量管理人员开办"质量控制方法学习班"；

② 强制实施上述三项标准及其细则；

③ 所有订货合同中应规定质量管理条款（此即质量管理认证的雏形），否则取消订货资格。

第二次世界大战以后美国民用工业也相继采用了这三项标准，并开展了国际合作，这标志着质量管理正式进入了"统计质量管理阶段"：把质量管理的重点由生产线的"终端"前移至生产过程的"工序"，把全数检验改为随机抽样检验，用抽样数据的统计分析制作"控制图"，再用控制图对工序进行加工质量监控，从而杜绝生产过程中大量不合格品的产生。

3. 全面质量管理阶段

1961 年美国通用电气公司质量经理菲根堡姆出版了《全面质量管理》一书，指出："全面质量管理是为了能够在最经济的水平上并考虑到充分满足用户要求的条件下，进行市场研究、设计、生产和服务，使企业的研制质量、维持质量和提高质量的活动成为整个的有效体系。"20 世纪 60 年代世界各国纷纷接受这一全新观念，日本实施效果最显著。

市场经济的公平竞争，要求设计出适销的产品，因此质量管理还要前移至产品的"设计过程"，进而再前移至"市场研究"阶段；产品出厂后还要跟踪市场，积极为顾客服务。随着市场经济的发展，质量管理沿着产品流程向前端拓展，最终汇聚于市场：全员质量管理始于市场又终于市场。

全面质量管理（TQM）的特征为"四全、一科学"。"四全"指全过程的质量管理、全企业的质量管理、全指标的质量管理、全员的质量管理；"一科学"是以数理统计方法为中心的一套科学管理方法。

(1) 过程的质量管理 一个新产品，从调研、设计、试制、生产、销售、使用到售后服务等，每个阶段都有自己的质量管理。

(2) 全企业的质量管理 从企业纵的方向看，由原料入厂到生产的各工序，再到销售各环节都应进行质量管理；从企业横的方向看，由生产车间到各管理职能部门都参与质量管理。

(3) 全指标的质量管理 除了产品的技术指标外，还有各部门、各项工作的质量要求。

(4) 全员的质量管理 即全员参与，从企业领导、中层干部、技术人员到生产工人、服务人员等都应参与质量管理。

我国在 1978 年开始引入全面质量管理，而市场经济在 1992 年才被正式确认，当时市场拉力很弱，为急于求成，只好求助于计划经济的行政手段，搞频繁的检查评比，反而使企业负担沉重，效果欠佳。

4. 质量管理体系标准化阶段

质量体系标准化阶段是在 20 世纪 70 年代末由欧洲兴起的，它逐步发展为质量管理与质量保证标准（即 1987 版和 1994 版），从 2000 年开始改名为"质量管理体系标准"（即 2000 版的 ISO 9000 标准）。这种名称上的改变，是为了更明确地阐述组织为确保其满足顾客要求的能力应达到的质量管理体系要求，同时也提高了其与 ISO 14000 环境管理体系系列标准的相容性。

二、质量管理体系标准的产生和作用

1. 质量管理体系标准的产生

第二次世界大战期间,世界军事工业得到了迅猛的发展。一些国家的政府在采购军品时,不但提出了对产品特性的要求,还对供应厂商提出了质量保证的要求。20 世纪 50 年代末由美国发布的 MIL-Q-9858A《质量大纲要求》是世界上最早的有关质量保证方面的标准。70 年代初,借鉴军用质量保证标准的成功经验,美国国家标准化协会(ANSI)和美国机械工程师协会(ASME)分别发布了一系列有关原子能发电和压力容器生产方面的质量保证标准。英国、美国、法国和加拿大等国在 70 年代末先后制定和发布了用于民品生产的质量管理和质量保证标准。质量管理体系标准的产生原因是:

(1) 质量管理和质量保证的国际化是促进国际贸易和合作、消除技术壁垒的需求 由于各国实施的标准不一致,在国际贸易中形成了技术壁垒,给经济的全球化带来了障碍,因此,质量管理和质量保证的国际化成为世界各国的迫切需要。

(2) 建立、实施质量管理体系是组织增强市场竞争能力的需要 随着地区化、集团化、全球化经济的发展,市场竞争日趋激烈,顾客对质量的期望越来越高。针对所有顾客和相关方的需求,建立、实施并保持一个系统的、科学的管理体系,可以帮助组织增强市场竞争能力,从而使组织获得成功。

(3) 建立实施质量管理体系是组织持续满足顾客要求产品的能力需要 如果组织没有完善的质量管理体系作为其提供产品的基础,那么,这些组织就很难具备持续提供满足顾客要求产品的能力,也就不能始终满足顾客的需要。

基于以上背景,制定国际化的质量管理和质量保证标准成为一种迫切需求,从而推进了质量管理体系标准的产生,并以其作为对产品技术规范和标准中有关产品要求的补充。国际标准化组织(ISO)于 1979 年成立了质量管理和质量保证技术委员会(TC176),负责制定质量管理和质量保证标准。

2. ISO 9000 质量管理体系标准的作用

1990 年 ISO/TC176 在第九届年会上提出:"要让全世界都接受和使用 ISO 9000 标准,为提高组织的运作能力提供有效的方法;增进国际贸易,促进全球的繁荣和发展;使任何机构和个人,可以有信心从世界各地得到任何期望的产品,以及将自己的产品顺利销到世界各地。"目前,甚至在没有竞争的领域,如政府的行政管理部门也在大力提倡使用相关的政策,开始用 ISO 9000 标准对其机构的效率进行评审。

因此,ISO 9000 标准已成为当代企业、事业单位推行全面质量管理应遵循的规范和追求的目标,这称为"ISO 9000 现象"。它适用于所有行业或经济领域,不论其提供何种类别的产品和服务。组织按统一的 ISO 9000 标准建立自己的质量管理体系,顾客可按此标准对组织进行评审,而更有效的是有了权威、公正的第三方,即认证机构,它按统一的国际质量标准对其质量管理体系进行认证,因此通过认证的组织就等于取得了进入国内外市场的通行证。

3. ISO 9000 族标准与 TQM 的关系

(1) 共同点 ①都体现预防为主,对质量全过程控制;②都强调最高管理者负责;③全员参与;④都重视不断改进质量;⑤都要使顾客满意,本组织受益。

(2) 不同点 ①TQM 只是企业内部加强质量管理的方法;而 ISO 9000 标准在对内、对外时都可向顾客提供信任,因为各企业都用相同的标准建立质量管理体系,以达到持续增强顾客满意的目标。②TQM 没有一套对质量体系评价的标准，而 ISO 9000 标准完善了质量管理体系，有一套评价标准。③TQM 没有严谨的术语标准，而 ISO 9000 标准有 ISO 9000:2015《质量管理体系　基础和术语》。

第三节　ISO 9000 族标准

一、ISO 9000 族标准的构成

1. ISO 管理体系标准的分类和 ISO 9000 族标准的构成

根据 ISO 指南 72《管理体系标准的论证和制定》中的规定，管理体系标准分为三类：A 类为管理体系要求标准；B 类为管理体系指导标准；C 类为管理体系相关标准。ISO/TC176 发布的各类标准如下。

A 类（管理体系要求标准）：向市场提供有关组织的管理体系的相关规范，以证明管理体系是否符合内部和外部的要求（例如内部和外部各方予以评定）的标准。

如 ISO 9001:2015《质量管理体系　要求》，我国等同采用的国家标准为 GB/T 19001—2016。

B 类（管理体系指导标准）：通过对管理体系要求标准各要素提供附加指导或提供非同于管理体系要求标准的独立指导，以帮助组织实施或完善管理体系和标准。

如 ISO 9004:2009《追求组织的持续成功　质量管理方法》，我国等同采用的国家标准为 GB/T 19004—2011，该标准为期望超越 GB/T 19001—2016 要求的最高管理者所在的组织提供了指南，强调通过系统地持续改进组织绩效，来关注所有相关方的需求和期望及其满意度。

C 类（管理体系相关标准）：就管理体系的特定部分提供详细信息或就管理体系的相关支持技术提供指导的标准。例如管理体系术语文件、评审、文件提供、培训、监督、测量绩效评价标准，标记和生命周期评定标准。

如 ISO 9000:2015《质量管理体系　基础和术语》提供了基本概念、原则和术语，为 QMS 的其他标准奠定了基础。该标准能帮助使用者理解质量管理的基本概念、原则和术语，以便能有效且高效地实施 QMS，并实现 QMS 其他标准的价值。

2. ISO 9000 族核心标准介绍

（1）GB/T 19000—2016 等同于 ISO 9000:2015《质量管理体系　基础和术语》 修改了 QMS 的部分基础和术语。提出基本概念、原则和术语、给出了有关质量的 13 类 138 个术语。

（2）GB/T 19001—2016 等同于 ISO 9001:2015《质量管理体系　要求》 规定了 QMS 的要求；可作为审核、认证和合同的依据；鼓励组织在建立、实施和改进 QMS 及提高其有效性时，采用过程方法，通过满足顾客要求增强顾客满意；应用了以过程为基础的 QMS 模式；标准中有十个部分，提出的要求是通用的，如果由于组织及其产品的特点对标准中的某些条款不适用时，可以考虑进行删减；标准规定了对 QMS 的要求，包括产品质量保证和顾客满意两层含义。

（3）GB/T 19004—2011 等同于 ISO 9004:2009《追求组织的持续成功　质量管理方法》 为组织提供了通过运用质量管理方法实现持续成功的指南，适用于所有组织，与组织的规模、类型和从事的活动无关。标准强调通过改进过程的有效性和效率，提高组织的整体绩效。此标

准不能用于认证、法规或合同。

（4）**GB/T 19011—2013 等同于 ISO 19011:2011《管理体系审核指南》** 标准提供了管理体系审核指南，包括审核原则、审核方案的管理和管理体系审核的实施，也对参与管理体系审核过程的人员的能力提供了评价指南，这些活动包括管理审核方案、审核员和审核组的人员。

二、实施 ISO 9000 族标准的作用和意义

（1）**提高质量管理水平** 获得质量认证必须具备一个基本条件，即必须按照 ISO 9000 标准建立质量体系。建立质量体系是组织实现质量好、成本低的目标的必由之路，可使组织具有减少、消除，特别是预防质量缺陷的机制，使组织的质量管理工作规范化、标准化。

（2）**获得质量认证证书可以给组织带来良好的声誉，能得到行业管理部门的认同，并取得顾客的信任**

（3）**扩大销售并获得更大利润** 取得 ISO 9000 质量认证标志是产品质量信得过的证明。带有认证标志的产品在市场上具有明显的竞争力，受到更多顾客的信任。

（4）**有利于开拓国际市场** 实行质量认证制度是当今世界各国特别是工业发达国家的普遍做法。许多从事国际贸易的采购商愿意或者指定购买经过认证的产品。有些采购商在订货时要求生产厂家提供按 ISO 9000 标准通过质量体系认证的证明。

（5）**免于其他机关的监督检查** 组织通过质量管理体系认证，表明其质量管理体系健全而且持续运行符合 ISO 9000 族标准，因此在接受国家或行业规定的检查时，可以免除对质量体系的检查。

三、质量管理原则

1. 质量管理原则产生背景和变化情况

随着全球竞争的不断加剧，质量管理越来越成为所有组织管理工作的重点。为了保证组织可以向顾客提供高质量的产品，ISO/TC176/SC2/WG15 结合 ISO 9000 标准制订工作的需要，通过广泛的顾客调查制订了质量管理八项原则。ISO/TC176 系统将质量管理原则应用于 ISO 9000 标准中，ISO 9000 标准以质量管理原则作为一种管理理念，在标准要求中充分运用。

ISO 9000:2005 中的八项管理原则为以顾客为关注焦点，领导作用，全员参与，过程方法，管理的系统方法，持续改进，基于事实的决策方法，与供方互利的关系。ISO 9000:2015 与 ISO 9000:2005 相比，减少了一项"管理的系统方法"，这一项现在归结到"过程方法"中了。表 9-1 为质量管理原则条款对比。

表 9-1 质量管理原则条款对比

2015 年条款	2005 年条款
原则 1:以顾客为关注焦点	原则 1:以顾客为关注焦点
原则 2:领导作用	原则 2:领导作用
原则 3:全员参与	原则 3:全员参与
原则 4:过程方法	原则 4:过程方法
原则 5:改进	原则 5:管理的系统方法
原则 6:循证决策	原则 6:持续改进
原则 7:关系管理	原则 7:基于事实的决策方法
	原则 8:与供方互利的关系

2. 质量管理原则与 GB/T 19001—2016 标准间的关系

（1）质量管理原则　①质量管理实践经验的高度概括总结；②质量管理最基本、最适用的一般性规律；③质量管理的基本理念；④QMS 标准的基础。

（2）GB/T 19001—2016 标准　①以质量管理原则作为一种管理理念，在标准的具体条款中予以充分运用；②标准以 QMS 基础作为总体要求，阐明了质量管理活动的具体要求或方法指南。

3. 质量管理七大原则的内涵

图 9-1 为质量管理七大原则的内涵关系。

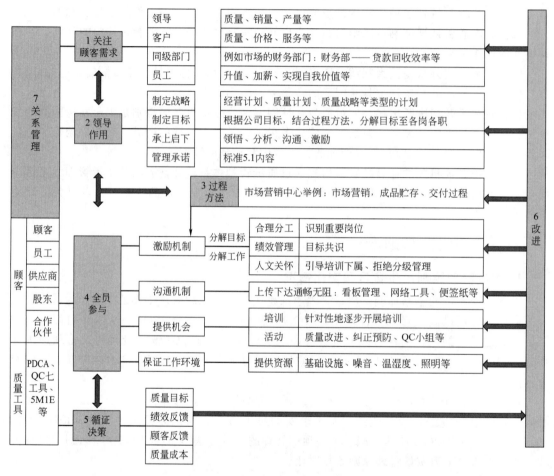

图 9-1　质量管理七大原则的内涵关系

（1）原则 1：关注顾客需求　组织依存于其顾客。组织的首要关注点是要满足和努力超越顾客的期望。因此，组织应理解顾客当前的和未来的需求，满足顾客要求并争取超越顾客期望。

实施目的是提升顾客价值，增加顾客满意，提高顾客忠诚度，增加重复性业务，提高组织声誉，扩展顾客群，增加收入和市场份额。

（2）原则 2：领导作用　各级领导建立统一的宗旨和方向，并鼓励全员积极参与以使组织战略、方针、过程和资源协调一致，以实现目标。

实施目的是提高实现组织质量目标的有效性和效率，使组织过程更加协调，改善组织各层次、各职能间的沟通，开发和提高组织及其人员的能力，以获得期望的结果。

（3）原则3：全员参与 整个组织内各级胜任、经授权并积极参与的人员，是提高组织创造和提供价值能力的必要条件。各级人员是组织之本。只有他们充分参与，才能使他们的才干为组织带来最大的收益。

实施目的是使组织内人员对质量目标有更深入的理解，以及更强的加以实现的动力；在改进活动中，提高人员的参与程度；促进个人发展、主动性和创造力；提高员工的满意程度；增强整个组织的信任和协作；促进整个组织对共同价值观和文化的关注，图9-2为全员参与关系图。

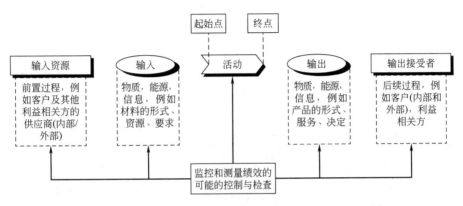

图 9-2 全员参与关系图

（4）原则4：过程方法 当活动被作为相互关联、功能连贯的过程组成的体系来理解时，可更加有效和高效地得到一致的、可预知的结果。过程方法的原则不仅适用于某些较简单的过程，也适用于由许多过程构成的过程网络。在应用于质量管理体系时，ISO 9000族标准建立了一个过程模式。此模式把管理职责、资源管理、产品实现、测量、分析与改进作为体系的主要过程，描述其相互关系，并以顾客要求为输入，提供给顾客的产品为输出，通过信息反馈来测定顾客的满意度，评价质量管理体系的业绩。

实施目的是提高关注关键过程和改进机会的能力；通过协调一致的过程体系，始终得到预期的结果；通过过程的有效管理，资源的高效利用及职能交叉障碍的减少，尽可能提升其绩效；使组织能够向相关方提供关于其一致性、有效性和效率方面的信任。

（5）原则5：改进 成功的组织持续关注改进。持续改进是组织的一个永恒的目标。改进对于组织保持当前的业绩水平，对其内外部条件的变化做出反应并创造新的机会都是非常必要的。

实施目的是为了改进过程绩效、组织能力和顾客满意度；增强对调查和确定基本原因及后续的预防和纠正措施的关注；提高对内外部的风险和机会的预测和反应的能力；增加对渐进性和突破性改进的考虑；更好地利用学习来改进；增强创新的动力。

（6）原则6：循证决策 基于数据和信息的分析和评价的决策，更有可能产生期望的结果。事实为依据做决策，可防止决策失误。在对信息和资料做科学分析时，统计技术是重要的工具之一。统计技术可以用来测量、分析和说明产品和过程的变异性。统计技术可以为持续改进的决策提供依据。

（7）原则7：关系管理 为了持续成功，组织需要管理与有关相关方（如供方）的关系。通过互利的关系，增强组织及其供方创造价值的能力。供方提供的产品可能将对组织向顾客提供满意的产品产生重要的影响，一次处理好与供方的关系，影响到组织能否持续稳定地提供顾客满意地产品。对供方不能只讲控制，不讲合作互利。特别对关键供方，更要建立互利关系。这对组织和供方都是有利的。

实施目的是为了通过对每一个与相关方有关的机会和限制的响应，提高组织及其相关方的绩效；对目标和价值观，与相关方有共同的理解；通过共享资源和人员能力，以及管理与质量有关的风险，增加为相关方创造价值的能力；具有管理良好、可稳定提供产品和服务的供应链。

四、ISO 9000 基本术语

GB/T 19000—2016《质量管理体系 基础和术语》列出 138 条术语。包括十三类。具体如表 9-2。

表 9-2 质量管理体系术语汇总表

类别	内容	数量	类别	内容	数量
第一类	有关人员的术语	6	第八类	有关数据、信息和文件的术语	15
第二类	有关组织的术语	9	第九类	有关顾客的术语	6
第三类	有关活动的术语	13	第十类	有关特性的术语	7
第四类	有关过程的术语	8	第十一类	有关确定的术语	9
第五类	有关体系的术语	12	第十二类	有关措施的术语	10
第六类	有关要求的术语	15	第十三类	有关审核的术语	17
第七类	有关结果的术语	11	合计		138

1. 与组织有关的术语

① 组织：为实现其目标，由职责、权限和相互关系构成自身功能的一个人或一组人。

注：组织的概念包括，但不限于代理商、公司、集团、商行、企事业单位、行政机构、合营公司、协会、慈善机构或研究机构，或上述组织的部分或组合，无论是否为法人组织，公有的或私有的。

例如：公司、集团、商行、社团、研究机构或上述组织的部分或组合。可以这样理解，组织是由两个或两个以上的个人为了实现共同的目标组合而成的有机整体，安排通常是有序的。

② 组织的环境：对组织建立和实现目标的方法有影响的内部和外部结果的组合。

注1：组织的目标可能涉及其产品和服务、投资和对其相关方的行为。

注2：组织环境的概念，除了适用于营利性组织，还同样能适用于非营利或公共服务组织。

注3：在英语中，这一概念常被其他术语，如商业环境、组织环境或组织生态系统所表述。

注4：了解基础设施对确定组织环境会有帮助。

组织环境指所有潜在影响组织运行和组织绩效的因素，它既需要考虑内部因素（例如组织的价值观、文化、知识和绩效），还需要考虑外部因素（例如法律的、技术的、竞争的、市场的、文化的、社会的和经济的环境）。"组织的目标"可表达为其愿景、使命、方针、宗旨等。

③ 相关方：可影响决策或活动，受决策或活动影响，或自认为受决策或活动影响的个人或组织。

示例：顾客、所有者、组织内的员工、供方、银行、监管者、工会、合作伙伴以及可包括竞争对手或相对的社会群体。

相关方相对于某一特定的组织，指的是与该组织有利益或利害关系的一组群体，该群体中任一组织或个人的利益均与该组织的业绩有关；相关方可以是组织内部的，如组织内的销售部门的相关方包括组织内的各部门及其各级员工，也可以是组织外部的，如银行、社会、合作伙伴。相关方，也称利益相关方，是相对于组织而言有相互影响的一方。

④ 顾客：能够或实际接受为其提供的，或按其要求提供的产品或服务的个人或组织。

示例：消费者、委托人、最终使用者、零售商、受益者和采购方。

注：顾客可以是组织内部的或外部的。

2. 与过程有关的术语

① 过程：利用输入实现预期结果的相互关联或相互作用的一组活动。

注1：过程的"预期结果"称为输出，还是称为产品或服务随相关语境而定。

注2：一个过程的输入通常是其他过程的输出，而一个过程的输出又通常是其他过程的输入。

注3：两个或两个以上相互关联和相互作用的连续过程也可作为一个过程。

注4：组织通常对过程进行策划，并使其在受控条件下运行，以增加价值。

注5：不易或不能经济地确认其输出是否合格的过程，通常称之为"特殊过程"。

过程由输入、实施活动和输出三个环节组成。过程可包括产品实现过程和产品支持过程。

② 外包：安排外部组织承担组织的部分职能或过程。

注：虽然外包的职能或过程在组织的管理体系范围内，但是外部组织处在范围之外。

外包过程的管理是 QMS 的重要部分，必须确保外包过程得到充分的实施和控制：

a. 组织可以把原属于自己对顾客的承诺工作活动外包，但是不能把责任外包；

b. 外包组织可以是与组织同属一个大组织的另外的一个组织；

c. 外包可能是一种长期的合作关系，也可能是短期的合作。

3. 与要求有关的术语

① 客体：可感知或可想象到的任何事物。

示例：产品、服务、过程、人、组织、体系、资源。

注：客体可能是物质的（如一台发动机、一张纸、一颗钻石），非物质的（如转换率、一个项目计划）或想象的（如组织未来的状态）。

客体可以被感知，也可以被想象；是人们与社会和环境接触中的对象；可以是物质的也可以是非物质的。

② 质量：客体的一组固有特性满足要求的程度。

注1：术语"质量"可使用形容词如差、好或优秀来修饰。

注2："固有的"（其反义是"赋予的"）指存在于客体中。

质量的内涵是由一组固有特性组成，并且这些固有特性是以满足顾客及其他相关方所要求的能力加以表征。

质量具有广义性、时效性和相对性。

③ 要求：明示的、通常隐含的或必须履行的需求或期望。

a. "明示的"可以理解为是规定的要求。如在文件中阐明的要求或顾客明确提出的要求。

b. "通常隐含的"指组织、顾客和其他相关方的惯例或一般做法，所考虑的需求或期望是不言而喻的。例如食品的可食性。一般情况下，顾客或相关方的文件（如标准）中不会对这类要求给出明确的规定，组织应根据自身产品的用途和特性进行识别，并做出规定。

c. "必须履行的"指法律法规要求的或有强制性标准要求的。如《食品安全法》。

d. 要求可以由不同的相关方提出，不同的相关方对同一产品的要求可能是不相同的。

例如：要求可以是多方面的，当需要特指时，可以采用修饰词表示，如产品要求、质量管理要求、顾客要求等。

④ 不合格（不符合）：未满足要求。不合格指没满足要求。要求包括明示的、通常隐含的或必须履行的需求或期望，只要没满足要求就是不合格。

4. 与结果有关的术语

① 输出：过程的结果。

注：组织的输出是产品还是服务，取决于其主要特性，如画廊卖一幅画是产品，而接受委托绘画则是服务。在零售店购买汉堡包是产品，而在饭店里接受点餐并提供汉堡包则是服务的一部分。

② 产品：在组织和顾客之间未发生任何交易的情况下，组织能够产生的输出。

注1：在供方和顾客之间未发生任何必要交易的情况下，可以实现产品的生产。但是，当产品交付给顾客时，通常包含服务因素。

注2：通常，产品的主要要素是有形的。

注3：硬件是有形的，其量具有计数的特性（如轮胎）。流程性材料是有形的，其量具有连续的特性（如燃料和软饮料）。硬件和流程性材料经常被称为货物。软件由信息组成，无论采用何种介质传递（如计算机程序、移动电话应用程序、操作手册、字典、音乐作品版权、驾驶执照）。

③ 服务：至少有一项活动必须在组织和顾客之间进行的组织的输出。

注1：通常，服务的主要特征是无形的。

注2：通常，服务包含与顾客在接触面的活动，除了确定顾客的要求以提供服务外，可能还包括与顾客建立持续的关系，如银行、会计师事务所，或公共组织（如学校或医院）等。

注3：服务的提供可能涉及，例如在顾客提供的有形产品（如需要维修的汽车）上所完成的活动；在顾客提供的无形产品（如为准备纳税申报单所需的损益表）上所完成的活动；无形产品的交付（如知识传授方面的信息提供）；为顾客创造氛围（如在宾馆和饭店）。

注4：通常，服务由顾客体验。

④ 风险：不确定性的影响。

注1：影响是指偏离预期，可以是正面的或负面的。

注2：不确定性是一种对某个事件，甚至是局部的结果或可能性缺乏理解或知识的信息的状态。

注3：通常，风险表现为参考潜在事件和后果或两者组合。

注4：通常，风险以某个事件的后果组合（包括情况的变化）及其发生的有关可能性的词语来表述。

注5："风险"一词有时仅在有负面结果的可能性时使用。

5. 有关数据、信息和文件的术语

① 文件：信息及其载体。比如设备操作规程、作业指导书、图纸、明细表、检查基准书、工艺流程图、行政通知公告、部门管理规范、临时作业文件、对外沟通函件等。

② 规范：阐明要求的文件。

注：规范可能与活动有关（如程序文件、过程规范和试验规范）或与产品有关（如产品规范、性能规范和图样）。

规范指群体所确立的行为标准。它们可以由组织正式规定，也可以是非正式形成。物流企业组织为了做到别具特色，需要规范自己的行为，影响组织的决策与行动。

③ 记录：阐明所取得的结果或提供所完成活动的证据的文件。

④ 成文信息：组织需要控制和保持的信息及其载体。

注1：成文信息可以任何格式和载体存在，并可来自任何来源。

注2：成文信息可包括：管理体系，包括相关过程；为组织运行产生的信息（一组文件）；结果实现的证据（记录）。

6. 有关特性的术语

① 特性：可区分的特征。

② 质量特性：与要求有关的客体的固有特性。特性有各种类别的特性，如物的特性（如机械性能）；感官的特性（如气味、噪音、色彩等）；行为的特性（如礼貌）；时间的特性（如准时性、可靠性）；人体工效的特性（如生理的特性或有关人身安全的特性）和功能的特性（如飞机的最高速度）。

特性可以是固有的或赋予的。"固有的"就是指某事或某物中本来就有的，尤其是那种永久的特性。

赋予特性不是固有的，不是某事物中本来就有的，而是完成产品后因不同的要求而对产品所增加的特性，如产品的价格、硬件产品的供货时间和运输要求（如运输方式）、售后服务要求（如保修时间）等特性。

产品的固有特性与赋予特性是相对的，某些产品的赋予特性可能是另一些产品的固有特性，例如供货时间及运输方式对硬件产品而言，属于赋予特性；但对运输服务而言，就属于固有特性。

产品质量特性有内在特性，如结构、性能、精度、化学成分等；有外在特性，如外观、形状、色泽、气味、包装等；有经济特性，如成本、价格、使用费用、维修时间和费用等；有商业特性，如交货期、保修期等；还有其他方面的特性，如安全、环境、美观等。质量的适用性就是建立在质量特性基础之上的。

根据对顾客满意的影响程度不同，应对质量特性进行分类管理。常用的质量特性分类方法是将质量特性划分为关键、重要和次要三类。

五、GB/T 19001—2016《质量管理体系　要求》理解要点

标准的构成见图 9-3。

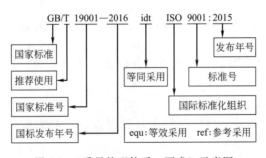

图 9-3 《质量管理体系　要求》示意图

标准框架见表 9-3。

下面就标准的内容进行简要介绍。

1. 引言

(1) 总则

① 采取 GB/T 19001—2016《质量管理体系　要求》是组织的一项战略决策。

② 过程方法使组织能够策划过程及其相互作用。

③ PDCA 循环使组织确保对其过程进行恰当的资源配置和管理，确定改进机会并采取行动。

④ 基于风险的思维使组织确定可能导致其过程和质量管理体系偏离所策划结果的各种因素，采取预防性控制，最大限度地降低不利影响，并最大限度地利用出现的机遇。

表 9-3 《质量管理体系　要求》框架

章	节	章	节
引言			
1. 范围			
2. 规范性引用文件			
3. 术语和定义		7. 支持	7.1　资源； 7.2　能力； 7.3　意识； 7.4　沟通； 7.5　成文信息
4. 组织环境	4.1　理解组织及其环境； 4.2　理解相关方的需求及期望； 4.3　确定质量管理体系的范围； 4.4　质量管理体系及其过程	8. 运行	8.1　运行的策划和控制； 8.2　产品和服务的要求； 8.3　产品和服务的设计和开发； 8.4　外部提供的过程、产品和服务的控制； 8.5　生产和服务提供； 8.6　产品和服务的放行； 8.7　不合格输出的控制
5. 领导作用	5.1　领导作用和承诺； 5.2　方针； 5.3　组织的岗位、职责和权限	9. 绩效评价	9.1　监视、测量、分析和评价； 9.2　内部审核； 9.3　管理评审
6. 策划	6.1　应对风险和机遇的措施； 6.2　质量目标及其实现的策划； 6.3　变更的策划	10. 改进	10.1　总则； 10.2　不合格和纠正措施； 10.3　持续改进

(2) PDCA 循环　本标准采用过程方法，该方法结合了策划-实施-检查-处置（PDCA）循环和基于风险的思维。

策划（plan）：建立体系及其过程的目标，配备所需的资源，以实现与顾客要求和组织方针相一致的结果。

实施（do）：实施所做的策划。

检查（check）：根据方针、目标和要求对过程以及产品和服务进行监视和测量（适用时），并报告结果。

处置（act）：必要时，采取措施提高绩效。

PDCA 循环能够应用于所有过程和整个质量管理体系。图 9-4 展示了 4.1、4.2 和 5～10 的关联。

(3) 基于风险的思维对质量管理体系有效运行是至关重要的　本标准以前的版本已经隐含基于风险思维的概念。为符合本标准的要求，组织需策划和实施应对风险和利用机遇的措施。应对风险和利用机遇可为提高质量管理体系有效性、实现改进结果以及防止不利影响奠定基础。机遇的出现可能意味着出现某种有利于实现预期结果的局面，利用机遇也需要考虑相关风险。风险是不确定性的影响，不确定性可能是正面或负面的影响。

2. 范围和规范性引用文件

(1) 范围　本标准为下列组织规定了质量管理体系要求：

a. 需要证实其具有稳定地提供满足顾客要求和适用法律法规要求的产品和服务的能力；

b. 通过对体系的有效应用，包括体系改进的过程，以及保证符合顾客和适用的法律法

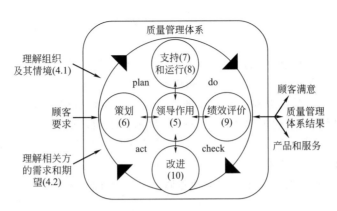

图 9-4 《质量管理体系 要求》PDCA 循环

规要求,旨在增强顾客满意。

本标准规定的所有要求是通用的,适用于各种类型、不同规模和提供不同产品和服务的组织。

注1:在本标准中的术语"产品"或"服务"仅适用于预期提供给顾客或顾客所要求的产品和服务。

注2:法律法规要求可作为法定要求。

(2) 规范性引用文件 GB/T 19000—2016《质量管理体系 基础和术语》(等同于 ISO 9000:2015)对于本文件的应用是必不可少的。凡是标注日期的引用文件,仅注日期的版本适用于本文件。凡是未注日期的引用文件,则最新版本(包括所有的修改单)适用于本标准。

3. 术语和定义

GB/T 19000—2016 中界定的术语和定义适用于本文件。

4. 组织环境

4.1 理解组织及其环境 组织应确定与其宗旨和战略方向相关并影响其实现质量管理体系预期结果的能力的各种外部和内部因素。组织应对这些内部和外部因素的相关信息进行监视和评审。

4.2 理解相关方的需求及期望 相关方对组织稳定提供符合顾客要求和适用法律法规要求的产品和服务的能力具有影响或潜在影响。

4.3 确定质量管理体系的范围 组织应明确质量管理体系的边界和适用性,以确定其范围。

4.4 质量管理体系及其过程 组织应按照本标准的要求,建立、实施、保持和持续改进质量管理体系,包括所需过程及其相互作用。

5. 领导作用

5.1 领导作用和承诺 最高管理者应通过以下方面,证实其对质量管理体系的领导作用和承诺(10 个方面)。

以顾客为关注焦点,最高管理者应通过 3 个方面,证实其以顾客为关注焦点的领导作用和承诺。

5.2 方针 制定质量方针。最高管理者应制定、实施和保持质量方针,质量方针包括 4 个方面。

5.3 组织的岗位、职责和权限 最高管理者应确保组织相关岗位的职责、权限得到分配、沟通和理解。

6. 策划

6.1 应对风险和机遇的措施 策划质量管理体系，组织应考虑到4.1所提及的因素和4.2所提及的要求，确定需要应对的风险和机遇。

应对措施应与风险和机遇对产品和服务符合性的潜在影响相适应。

6.2 质量目标及其实现的策划 组织应针对相关职能、层次和质量管理体系所需的过程建立质量目标。策划如何实现质量目标时，组织应确定要做什么，需要什么资源，由谁负责，何时完成，如何评价结果。

6.3 变更的策划 组织确定需要对质量管理体系进行变更时，应考虑到变更目的及其潜在后果等。

7. 支持

7.1 资源 组织应确定并提供所需的资源，以建立、实施、保持和持续改进质量管理体系。

① 人员。组织应确定并配备所需的人员，以有效实施质量管理体系，并运行和控制其过程。

② 基础设施。组织应确定、提供和维护所需的基础设施，以运行过程，并获得合格产品和服务。

③ 过程运行环境。组织应确定、提供和维护需要的环境，以运行过程，并获得合格产品和服务。

④ 监视和测量资源。当利用监视或测量活动来验证产品和服务符合要求时，组织应确定并提供所需的资源，以确保结果有效和可靠。

当发现测量设备不符合预期用途时，组织应确定以往测量结果的有效性是否受到不利影响，必要时，应采取适当的措施。

7.2 能力 组织应确定在其控制下的工作人员所需具备的能力，这些人员从事的工作影响质量管理体系绩效和有效性；基于适当的教育、培训或经历，确保这些人员是胜任的；适用时，采取措施以获得所需的能力，并评价措施的有效性；保留适当的成文信息，作为人员能力的证据。

7.3 意识 组织应确保在其控制下工作的人员知晓质量方针；相关的质量目标；他们对质量管理体系有效性的贡献，包括改进绩效的益处；不符合质量管理体系要求的后果。

7.4 沟通 组织应确定与质量管理体系相关的内部和外部沟通，包括：沟通什么，何时沟通，与谁沟通，如何沟通，谁来沟通。

7.5 成文信息 组织的质量管理体系应包括本标准要求的成文信息，组织确定的为确保质量管理体系有效性所需的成文信息。

8. 运行

8.1 运行的策划和控制 为满足产品和服务的要求，并实施6.1所确定的措施，组织应通过措施对标准中所需的过程进行策划、实施和控制。

8.2 产品和服务的要求 顾客沟通条款中沟通指组织与顾客之间就所提出的产品和服务事宜进行信息传递及协商的活动。

产品和服务要求的确定条款旨在要求组织要准确确定产品或服务的各种要求及其他要求，确保全面准确理解顾客及食用法律法规要求。

产品和服务有关要求的评审条款是组织应确保有能力向顾客提供满足要求的产品和

服务。

产品和服务要求的更改条款指若产品和服务要求发生更改，组织应确保相关的成文信息得到修改，并确保相关人员知道已更改的要求。

8.3 产品和服务的设计和开发 组织应建立、实施和保持适当的设计和开发过程，以便确保后续的产品和服务的提供。

在确定设计和开发的各个阶段及其控制时，组织应考虑设计和开发活动的性质、持续时间和复杂程度。

组织应针对所设计和开发的具体类型的产品和服务，确定所需的要求。

组织应对设计和开发过程进行控制，以确保规定拟获得的结果。

组织应确保设计和开发输出，组织应保留有关设计和开发输出的成文信息。

组织应对产品和服务在设计和开发期间以及后续所做的更改进行适当的识别、评审和控制，以确保这些更改对满足要求不会产生不利影响。

8.4 外部提供的过程、产品和服务的控制 组织应确保外部提供的过程、产品和服务符合要求。组织应基于外部供方按照要求提供过程、产品或服务的能力，确定并实施对外部供方的评价、选择、绩效监视以及再评价的准则。对于这些活动和由评价引发的任何必要的措施，组织应保留成文信息。

组织应确保外部提供的过程、产品和服务不会对组织稳定地向顾客交付合格产品和服务的能力产生不利影响。

组织应确保在与外部供方沟通之前所确定的要求是充分和适宜的。

8.5 生产和服务提供 组织应在受控条件下进行生产和服务提供。需要时，组织应采用适当的方法识别输出，以确保产品和服务合格。组织应在生产和服务提供的整个过程中按照监视和测量要求识别输出状态。当有可追溯要求时，组织应控制输出的唯一性标识，并保留所需的成文信息以实现可追溯。

组织应爱护在组织控制下或组织使用的顾客或外部供方的财产。对组织使用的或构成产品和服务一部分的顾客和外部供方财产，组织应予以识别、验证、保护和防护。若顾客或外部供方的财产发生丢失、损坏或发现不适用情况，组织应向顾客或外部供方报告，并保留所发生情况的成文信息。

组织应在生产和服务提供期间对输出进行必要防护，以确保符合要求。

组织应满足与产品和服务相关的交付后活动的要求。

组织应对生产和服务提供的更改进行必要的评审和控制，以确保持续地符合要求。

8.6 产品和服务的放行 组织应在适当阶段实施策划的安排，以验证产品和服务的要求已得到满足。除非得到有关授权人员的批准，适用时得到顾客的批准，否则在策划的安排已圆满完成之前，不应向顾客放行产品和交付服务。组织应保留有关产品和服务放行的成文信息。

8.7 不合格输出的控制 组织应确保对不符合要求的输出进行识别和控制，防止其非预期的使用或交付。组织应根据不合格的性质及其对产品和服务符合性的影响采取适当措施。这也适用于在产品交付后，以及在服务提供期间或之后发现的不合格产品和服务。

9. 绩效评价

9.1 监视、测量、分析和评价 组织应评价质量管理体系的绩效和有效性。组织应保留适当的成文信息，以作为结果的证据。

组织应监视顾客对其需求和期望已获得满足的程度的感受。组织应确定获取、监视和评审该信息的方法。

组织应分析和评价通过监视和测量获得的适当的数据和信息。

9.2 内部审核 组织应按照策划的时间间隔进行内部审核,以提供有关质量管理体系的下列信息。

9.3 管理评审 最高管理者应按照策划的时间间隔对组织的质量管理体系进行评审,以确保其持续的适宜性、充分性和有效性,并与组织的战略方向保持一致。

10. 改进

10.1 总则 组织应确定并选择改进机会,并采取必要措施,以满足顾客要求和增强顾客满意度。

10.2 不合格和纠正措施 当出现不合格时,包括来自投诉的不合格,组织应对不合格做出应对。组织应保留成文信息,作为事项的证据。

10.3 持续改进 组织应持续改进质量管理体系的适宜性、充分性和有效性。组织应考虑分析和评价结果以及管理评审的输出,以确定是否存在需求或机遇,这些需求或机遇应作为持续改进的一部分加以应对。

第四节 ISO 22000:2018 食品安全管理体系

一、食品安全管理体系的产生和作用

1. 食品安全管理体系产生的背景

随着科学技术的发展及人们物质生活水平的提高,消费者对食品安全卫生的要求更高,而传统的食品生产管理方法难于保证生产出安全的食品,主要是因为:依赖于对生产状况的抽查,依赖于对成品随机抽样后的检验,依赖于对既成事实的反应性。

抽样检验本身就有误断的风险,而且食品是来自单个的易变质的生物体,其样品个体的不均匀性要比其他工业产品更突出,误断风险更难预料;大量的成品检验费用高、周期长,而且一旦出现不合格为时已晚;危害物质检测的可靠性是相对的,即使检测结果符合法规要求,并不能消除人们对食品安全的疑虑。

2. 食品业所面临的挑战

随着贸易全球化使食品链构成日益复杂化,同时政府颁布越来越多的有关食品安全方面的法律;食品标准、法规成为各国设置贸易壁垒的工具。同时新媒体工具使食品安全事件传播速度迅速加快,公众健康意识逐渐提高导致发生重大食品安全问题时企业信誉受损,从而企业在食品安全事件中造成的损失急剧增加。

3. 食品安全管理体系的起源与发展

(1) **起源** 食品安全管理体系起源于 HACCP 原理。HACCP 的概念起源于 20 世纪 60 年代,由美国皮尔斯堡(Pillsbury)公司和美国陆军纳提克(Natick)实验室,以及美国航空航天局(NASA)共同提出,主要是为了开发太空食品,确保宇航员的食品安全。

(2) **发展** HACCP 的发展史在第六单元第一节有详细描述。食品安全管理体系是在 HACCP、GMP(良好操作规范)[GAP(良好农业规范)、GHP(良好卫生规范)、GDP(良好分销规范)、GVP(良好兽医规范)、GPP(良好生产规范)、GTP(良好贸易规范)]和 SSOP(卫生标准操作规范)的基础上,同时整合了 ISO 9001 的部分要求而形成的。

2001 年 11 月 15 日 ISO 利用 CAC 暂不制定应用 ISO 9000 系列标准的 HACCP 准则的

机会，将 HACCP 原理引入到 ISO 9000 中形成了 BS ISO 15161:2001《食品与饮料业用 ISO 9001:2000 的应用指南》。

2005 年底 ISO 发布了 ISO 22000《食品安全管理体系——对整个食品链中组织的要求》。

2006 年 6 月 1 日中华人民共和国国家质量监督检验检疫总局和中国国家标准化管理委员会共同发布 GB/T 22000—2006 等同于 ISO 22000:2005《食品安全管理体系 食品链中各类组织的要求》。2006 年 7 月 1 日实施。

2018 年改版为 ISO 22000:2018《食品安全管理体系——食品链中各类组织的要求》。

4. ISO 22000 的定义与作用

（1）ISO 22000 的定义 ISO 22000 是由 ISO/TC34 农产食品技术委员会制定的一套专用于食品链内的食品安全管理体系。

（2）ISO 22000 的作用 可以有效地识别和控制危害，可以有效地降低成本，可以提高消费者的信任度，可以促进国际贸易的发展。

贸易全球化使食品链中涉及的国家和地区越来越多，需要整合出一个统一的国际化食品安全标准。全球统一食品安全标准，有利于沟通和理解食品安全的概念。与其他成功的国际性管理体系标准一致，有利于标准的推广和实施。如 ISO 22000 标准结构与 ISO 9001 一致。

5. 对食品经营者的指导作用

① 遵守其食品安全方针。
② 建立、维护和更新适合其经营特点的食品安全管理体系（FSMS）。
③ 证明遵守法律法规要求和满足顾客食品安全需要。
④ 食品链中相关方对食品安全事件的有效沟通。
⑤ 通过内审或第三方审核证明遵守标准要求。
⑥ 可以涵盖现存所有标准。

6. HACCP、GMP、SSOP、ISO 9001 和 ISO 22000 之间的关系

ISO 22000 是建立在 HACCP、GMP、SSOP 基础上，同时整合了 ISO 9001 标准的部分要求，因此其完全包括了 HACCP、GMP、SSOP 的要求（即满足 HACCP 认证的要求），但其未完全包括 ISO 9001 标准的要求，所以依据 ISO 22000 建立起体系的组织不能宣称其管理体系满足 ISO 9001 标准的要求（即其不满足 ISO 9001 认证的要求）。

7. ISO 22000 的应用范围

（1）直接介入食品链中一个或多个环节的组织 如：饲料加工、种植生产、辅料生产、食品加工、零售、食品服务、配餐服务、提供清洁、运输、贮存和分销服务的组织。

（2）间接介入食品链的组织 如：设备供应商，清洁剂和包装材料及其他食品接触材料的供应商。

二、ISO 22000:2018 食品安全管理体系理解要点

两版标准的变化情况见表 9-4。

表 9-4 ISO 22000:2018 标准与 ISO 22000:2005 的比较

ISO 22000:2018 条款	与 ISO 9001:2015 的区别	ISO 22000:2005 条款
4.1 理解组织及其环境	此条款与 QMS 要求一致	
4.2 理解相关方的需求和期望	此条款与 QMS 要求一致	

续表

ISO 22000:2018 条款	与 ISO 9001:2015 的区别	ISO 22000:2005 条款
4.3 确定食品安全管理体系的范围	a. FSMS 没有不适用； b. FSMS 的范围包括活动、过程、产品和服务。QMS 的范围只包括产品和服务	4.1 总要求
4.4 食品安全管理体系	此条款与 QMS 要求一致	4.1 总要求
5.1 领导作用和承诺	最高管理者的 8 项主要职责。 a. 缺少 ISO 9001 中的 a 和 d 的内容； b. 增加 d. 法定和监管要求以及共同商定的与食品安全相关的客户要求	5.1 管理承诺
5.2 方针	增加满足食品安全的要求,确保能力需求	5.2 方针
5.2.2 沟通食品安全方针	比原 ISO 22000 标准增加方针的外部沟通	5.2 方针
5.3 组织角色、职责和权限	FSMS 有食品安全小组长的要求	5.4 职责和权限 5.5 食品安全小组组长
6.1 应对风险和机遇的措施	除增加食品安全危害外,此条款内容与 QMS 标准一致	
6.2 食品安全管理体系目标及其实现的策划	此条款内容与 QMS 标准一致	
6.3 变更的策划	此条款内容与 QMS 标准一致	
7.1.1 资源总则	此条款与 QMS 内容一致	6.1 资源提供
7.1.2 人员	增加外部专家的相关内容	6.2.1 人力资源
7.1.3 基础设施	此条款与 QMS 内容一致	6.3 基础设施
7.1.4 工作环境	与 QMS 要求一致	6.4 工作环境
7.1.5 食品安全管理体系的外部开发因素	针对小型欠发达或能力不足的企业,可引用外部的危害分析、前提方案[PRP(s)]、HACCP,但需要满足 a~e 的要求。 a. 满足 ISO 22000;b. 适用性;c. 经食品安全小组确认;d. 确定后就要实施、维护和更新;e. 保留记录	1 范围
7.1.6 控制外部提供的过程、产品或服务	此条款与 QMS 标准 8.4 的内容相似,但比 8.4 的要求简单许多	
7.2 能力	此条款与 QMS 内容一致	6.2.2 能力、意识和培训
7.3 意识	此条款与 QMS 内容一致	6.2.2 能力、意识和培训
7.4 沟通	比 QMS 标准更明确了内、外部沟通的内容	5.6 沟通
7.5 文件化信息	此条款与 QMS 内容一致(增加 7.5.1 c.)	4.2 文件要求
8.1 运行策划和控制	QMS 关注产品和服务的准则,FSMS 更强调过程的准则——产品标准、操作规范(包括监控要求)	7.1 安全产品的策划和实施
8.2 前提方案[PRP(s)]	增加了 k. 产品信息/消费者意识	7.2 前提方案
8.3 可追溯性系统	比原 ISO 22000 提出了更具体的要求(验证的要求)	7.9 可追溯性系统
8.4 应急准备和响应	比原 ISO 22000 提出了更具体的要求	5.7 应急准备和响应

续表

ISO 22000:2018 条款	与 ISO 9001:2015 的区别	ISO 22000:2005 条款
8.5.1 实施危害分析的预备步骤	在原料描述中增加了 8.5.1.2 c. 来源	7.3 实施危害分析的预备步骤
8.5.2 危害分析	增加 8.5.2.2.1 e. 法律法规和顾客的要求	7.4 危害分析
8.5.3 控制措施和控制措施组合的确认		8.2 控制措施组合的确认
8.5.4 危害控制计划（HACCP/OPRP 计划）	在原 HACCP 计划的基础上增加了 OPRP，明确危害的控制措施有 2 个：HACCP 和 OPRP，二者的要求是一样的，且 CCP 有 CL，OPRP 有操作标准，都需要实施监控	7.6 HACCP 计划的建立
8.6 PRP 和危害控制计划规定信息的更新		7.7 预备信息的更新、规定前提方案和 HACCP 计划的更新
8.7 监视和测量的控制	此条款与 QMS 中 7.1.5 内容一致	8.3 监视和测量的控制
8.8 有关 PRP(s) 和危害控制计划的验证		7.8 验证策划 8.4.2 单项验证结果的分析 8.4.3 验证活动结果的分析
8.9 不合格控制	比原 ISO 22000 增加了要求：对不合格品的处置方法增加"改作其他用途"，并要明确不合格品处置人员的身份	7.10 纠正
9.1.1 监视、测量、分析和评价总则	此条款与 QMS 内容一致	
9.1.2 分析与评价	此条款与 QMS 中 9.1.3 内容一致	
9.2 内部审核	此条款与 QMS 中 9.2 的内容一致	8.4.1 内部审核
9.3 管理评审	此条款与 QMS 中 9.3 的内容基本一致，但管理评审输入的内容有所不同	5.8 管理评审
10.1 不合格和纠正措施	此条款与 QMS 中 10.2 的内容一致	
10.2 持续改进	此条款与 QMS 中 10.3 的内容一致	8.5.1 改进
10.3 食品安全管理体系更新		8.5.2 FSMS 更新

下面就标准的内容进行简要介绍。

1. 前言

1.1 总则 采用食品安全管理体系（FSMS）是组织的一项战略决策，能够帮助其提高食品安全的整体绩效。本标准采用过程方法，该方法结合了"策划-实施-检查-处置"（PDCA）循环和基于风险的思维。这部分内容与 ISO 9001 相同（内容详见本单元第三节）。

过程方法使组织能够策划过程及其相互作用。PDCA 循环使组织能够确保其过程得到充分的资源和管理，确定改进机会并采取行动。基于风险的思维使组织能够确定可能导致其过程及其 FSMS 偏离策划结果的各种因素，采取控制措施以防止和最大限度地降低不利影响。

本标准中使用下列助动词：应——要求，宜——建议，可以——允许，能——可能或能够。

1.2 FSMS 原则 食品安全与消费时（由消费者摄入）食品安全危害的存在状况有关。

由于食品链的任何环节均可引入食品安全危害，因此，应对整个食品链进行充分的控制。食品安全应通过食品链中所有参与方的共同努力来保证。

本标准规定了 FSMS 的要求，该体系结合了下列普遍认同的关键要素：相互沟通、体系管理、前提方案、HACCP 原理。此外，本标准是在 ISO 管理体系标准通用原则的基础上制定的（见本单元第三节质量管理原则）。

1.3　过程方法

① 本标准在建立、实施 FSMS 和提高其有效性时采用过程方法，通过满足适用要求增强安全产品和服务的生产。将相互关联的过程作为一个体系加以理解和管理，有助于组织有效和高效地实现其预期结果。过程方法包括按照组织的食品安全方针和战略方向，对各过程及其相互作用进行系统的规定和管理，从而实现预期的结果。可通过采用 PDCA 循环以及基于风险的思维，对过程和整个体系进行管理，旨在有效利用机遇并防止不良结果。

为确保整个食品链中的组织进行有效的相互沟通，认识到组织在食品链中的作用和所处位置是必要的。

② PDCA 循环与食品安全管理体系的过程方法见图 9-5。

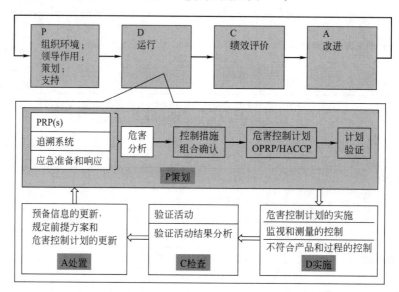

图 9-5　食品安全管理体系的过程方法与 PDCA 循环

PDCA 循环具体内容见第三节五、GB/T 19001—2016《质量管理体系　要求》理解要点 1. 引言部分。

③ 基于风险的思维。基于风险的思维对实现 FSMS 有效性至关重要。在本标准中，基于风险的思想分为两个层面，即组织和运行，这与 PDCA 循环中描述的过程方法一致。

组织风险管理的风险是不确定性的影响，不确定性可能有正面的影响，也可能有负面的影响。在组织风险管理的背景下，风险正面影响可能提供机遇，但并非所有的正面影响均可提供机遇。为满足本标准的要求，组织策划并实施应对风险的措施。应对风险为提高 FSMS 的有效性、获得改进结果以及防止不利影响奠定基础。

危害分析操作过程：本标准在操作层面隐含了以 HACCP 原理为基础的基于风险的思维的概念。HACCP 中的步骤可被视为预防危害或将危害降低到可接受的水平的必要措施，以确保消费时食品是安全的。应用 HACCP 时所做的决定应基于科学，不存在偏见及文件化。文件应包括决策过程中的任何关键假设。

④ 与其他管理系统标准的关系 本标准采用了ISO高阶结构（HLS）制定。HLS的目标是改善ISO管理体系标准之间的一致性。本标准使组织能够运用过程方法，并结合PDCA循环和基于风险的思想，将其FSMS与其他管理体系标准和支持性标准的要求保持一致或一体化。

标准是FSMS的核心原则和框架，并为整个食品链组织规定了具体的FSMS要求。与食品安全的其他领域的特定说明或要求相关的其他指南可与该框架一起使用。此外，ISO还建立了一系列相关文件。这些文件包括：前提方案（ISO/TS 22002系列），用于食品链特定位置；审核和认可机构的要求；可追溯性。

ISO还为组织如何实现本标准和相关标准提供了指南文档。

2. 范围和引用标准

2.1 范围 本标准规定了食品安全管理体系（FSMS）的要求，以使直接或间接参与食品链的组织能够：

a. 策划、实施、运行、保持和更新FSMS，使其提供的产品和服务按预期用途是安全的；

b. 证实符合适用的食品安全法律法规要求；

c. 评价、评估共同商定的，与食品安全有关的顾客要求，并证实其符合性；

d. 与食品链中的相关方在食品安全方面进行有效沟通；

e. 确保符合其声明的食品安全方针；

f. 证实与有关相关方的符合性；

g. 寻求由外部组织对其FSMS的认证，或进行符合性自我评估或自我声明。

本标准的所有要求都是通用的，适用于食品链中各种规模和复杂程度的所有组织，直接或间接介入的组织包括但不限于：饲料生产者，动物食品生产者，野生动植物收获者，农作物种植者，辅料生产者，食品生产制造者，零售商，提供食品服务的组织，餐饮服务者，清洁和消毒、运输、储存和分销组织，设备、清洁剂、消毒剂、包装材料和其他食品接触材料的供应商。

2.2 引用标准（无）

3. 术语和定义

3.1 食品安全（food safety） 确保食品按照预期用途制备或消费时，不会对消费者产生不良健康影响。

3.2 食品链（food chain） 从初级生产直至消费的各环节和操作的顺序，涉及食品及其辅料的生产、加工、分销、贮存和处理。

3.3 食品安全危害（food safety hazard） 食品中含有可能导致不良健康影响的生物、化学或物理的因素。

3.4 显著危害 通过危害评估识别的，需要通过控制措施进行控制的食品安全危害。

3.5 终产品（end product） 组织不再进一步加工或转化的产品。

3.6 流程图（flow diagram） 以图解的方式系统地表达各环节之间的顺序及相互作用。

3.7 可接受的水平 组织提供的最终产品中不得超过的食品安全危害水平。

3.8 控制措施（control measure） 防止显著食品安全危害或将其降低到可接受水平的必要措施或活动。

3.9 前提方案（prerequisite program，PRP） 在组织和整个食品链中为保持食品安全所必需的基本条件和活动。

注：前提方案取决于组织在食品链中的位置及类型，等同术语的例子有：良好农业规范（GAP）、良好兽医规范（GVP）、良好操作规范（GMP）、良好卫生规范（GHP）、良好生产规范（GPP）、良好分销规范（GDP）、良好贸易规范（GTP）。

3.10　操作性前提方案（operational prerequisite program，OPRP）　用于预防或减少显著食品安全危害至可接受的水平的控制措施或控制措施的组合，用行动准则测量或观察以能够使过程和产品得到有效控制。

3.11　关键控制点（critical control point，CCP）　用于防止或降低显著食品安全危害至可接受水平，确定关键限值和测量以适用于纠正控制措施过程中的某一过程步骤。

3.12　关键限值（critical limit，CL）　区分可接受和不可接受的判定值。

注：设定关键限值保证关键控制点（CCP）受控。当超出或违反关键限值时，受影响产品应视为潜在不安全产品被处理。

3.13　监控（monitoring）　确定体系、过程或活动的状态。

3.14　纠正（correction）　消除发现的不合格。

3.15　确认（validation）　获取证据以证明控制措施（或控制措施组合）能够有效控制显著食品安全危害。

3.16　验证（verification）　通过提供客观证据对规定的要求已得到满足的认定。

3.17　更新（updating）　为确保应用最新信息而进行的即时或有计划的活动。

3.18　风险（risk）　不确定性的影响。

4. 组织环境

4.1　理解组织及其环境　组织应确定与其宗旨相关并影响其实现 FSMS 预期结果的能力的各种外部和内部因素。组织应对这些外部和内部因素的相关信息进行确认、评审、更新。

注1：这些因素可能包括需要考虑的正面和负面要素或条件。

注2：通过考虑外部和内部因素有助于理解环境，包括但不限于各种法律法规、技术、竞争、市场、文化、社会和经济环境、网络安全和食品欺诈、食品防护和蓄意污染、知识和绩效，无论是国际的、国内的、地区的或当地的。

4.2　理解相关方的需求和期望　为确保组织有能力稳定提供符合食品安全相关的适用法律法规要求和顾客要求的产品和服务，组织应确定：与 FSMS 有关的相关方，与 FSMS 相关方的相关要求。组织应识别、评审和更新这些有关相关方及其要求的信息。

4.3　确定食品安全管理体系的范围　组织应确定 FSMS 的边界和适用性，以确定其范围。范围应规定 FSMS 中包含的产品和服务、过程和生产现场。范围应包括可能对其终产品的食品安全产生影响的活动、过程、产品或服务。在确定范围时，组织应考虑：各种外部和内部因素；相关方的要求。范围应作为文件化信息提供和维护。

4.4　食品安全管理体系　组织应根据本标准的要求建立、实施、维护、更新和持续改进 FSMS，包括所需的过程及其相互作用。

5. 领导作用

5.1　领导作用和承诺　最高管理者应通过以下方面，证实其对 FSMS 的领导和承诺：确保制定 FSMS 的食品安全方针和的目标，并与组织的战略方向保持一致；确保 FSMS 要求融入组织的业务过程；确保 FSMS 所需的资源是可获得的；沟通有效的食品安全管理和符合 FSMS 要求、适用的法律法规要求以及与食品安全相关的共同商定的顾客要求的重要性；确保对 FSMS 进行评审和保持，以实现其预期结果；指导和支持人员为 FSMS 的有效性作出贡献；推动持续改进；支持其他相关管理人员在其职责范围内发挥领导作用。

5.2 方针

5.2.1 制定食品安全方针 最高管理者应制定、实施和保持食品安全方针,食品安全方针应:适应组织的宗旨和环境;为建立和评审 FSMS 目标提供框架;承诺满足适用的食品安全要求,包括法律法规要求以及与食品安全有关的共同商定的顾客要求;进行内外和外部沟通;包括对持续改进 FSMS 的承诺;体现确保与食品安全相关能力的需求。

举例:

A 公司食品安全方针:满足顾客需求,超越顾客期望,生产安全食品,提供健康保证。

B 公司食品安全方针:以顾客满意为宗旨,奉献健康、安全、味美的食品。

5.2.2 沟通食品安全方针 食品安全方针应:a. 可获取并保持文件化信息;b. 在组织内的各个层次得到沟通、理解和应用;c. 适宜时,可为有关相关方所获取。

5.3 组织角色、职责和权限 最高管理者应确保组织的相关岗位的职责、权限得到分配、沟通和理解。

5.3.1 最高管理者应分配职责和权限 以:确保 FSMS 符合本标准的要求;向最高管理者报告 FSMS 的绩效;任命食品安全小组和食品安全小组组长;授予指定人员明确的责任和权限,以采取措施并予以记录。

5.3.2 食品安全小组组长的职责和权限 确保建立、实施、保持和更新 FSMS;管理和组织食品安全小组的工作;确保食品安全小组成员的相关培训和能力;向最高管理者报告 FSMS 的有关问题。

5.3.3 所有员工都有责任向指定人报告与 FSMS 有关的问题

6. 策划

6.1 应对风险和机遇的措施

6.1.1 在策划 FSMS 时,组织应考虑到 4.1 所提及的因素和 4.2 所提及的要求,并确定需要应对的风险和机遇,以确保 FSMS 能够实现预期的结果;增强有利影响;预防或减少不利影响;实现持续改进。

6.1.2 组织应策划:应对这些风险和机遇的措施;如何在 FSMS 过程中整合并实施这些措施;评估这些措施的有效性。

6.1.3 组织应对风险和机遇而采取的措施应与以下方面相适应:对食品安全要求的影响;向顾客提供符合要求的产品和服务;食品链中相关方的要求。

注 1:应对风险和机遇的措施可包括规避风险、为寻求机遇承担风险、消除风险源、改变可能性或后果、分担风险或通过信息决策接受风险的存在。

注 2:机遇可能导致采用新实践(产品或过程的修改),使用新技术和其他可取之处,以应对组织或顾客的食品安全需求。

6.2 食品安全管理体系的目标及其实现的策划

6.2.1 组织应针对相关职能、层次建立 FSMS 的目标。FSMS 的目标应是:与食品安全方针保持一致;可测量(可行时);考虑适用的食品安全要求,包括法律法规及顾客要求;予以监控和验证;予以沟通;适时保持和更新。组织应保留关于 FSMS 目标的文件化信息。

6.2.2 策划如何实现 FSMS 的目标时,组织应确定:要做什么,需要什么资源,由谁负责,何时完成,如何评价结果。

6.3 变更的策划 当组织确定需要对 FSMS 进行变更(包括人员变更)时,变更应按策划的方式实施和沟通。组织应考虑:变更目的及其潜在后果;FSMS 的持续完整性;有效实施变更的资源的可获得性;职责和权限的分配或再分配。

7. 支持

7.1 资源

7.1.1 资源总则 组织应确定并提供所需的资源,以建立、实施、保持、更新和持续改进 FSMS。组织应考虑:现有内部资源的能力和局限;外部资源的需要。

7.1.2 人员 组织应确保运行和保持有效 FSMS 所需的人员是胜任的。当需要外部专家帮助建立、实施、运行或评价 FSMS 时,则应在签订的协议或合同中对外部专家的能力、职责和权限予以规定,并保留文件化信息。

7.1.3 基础设施 组织应提供确定、建立和保持实现符合 FSMS 要求所需的基础设施。

注:基础设施可包括土地、器物、建筑物和相关设施;设备包括硬件和软件;运输;信息和通信技术。

7.1.4 工作环境 组织应确定、提供和保持实现符合 FSMS 所需的工作环境资源。

注:适宜的环境可能是人为因素和物理因素的结合,例如社会因素(如非歧视、安定、非对抗);心理因素(如减压、预防过度疲劳、稳定情绪);物理因素(如温度、热量、湿度、照明、空气流通、卫生、噪声)。根据所提供的产品和服务的不同,这些因素可能存在显著的差异。

7.1.5 食品安全管理体系的外部开发因素 当组织通过使用 FSMS 的外部开发因素 [包括 PRP(s)、危害分析和危害控制计划] 建立、保持、更新和持续改进 FSMS 时,组织应确保提供的内容有:根据本标准的要求开发;与组织的场所、过程和产品相适宜;由食品安全小组专门改编以适应组织的过程和产品;根据本标准的要求实施、保持和更新;保留文件化信息。

7.1.6 外部提供的过程、产品或服务的控制 组织应:建立和提供对外部提供的过程、产品和服务的评价、选择、绩效监视以及再评价的准则;确保与外部供方的充分沟通;确保外部提供的过程、产品或服务不会对组织稳定地满足 FSMS 要求的能力产生不利影响;对于这些活动和由评价和再评价引发的任何必要的措施,组织应保留文件化信息。

7.2 能力 组织应确定在其控制下工作的人员(包括外部提供者)所需的能力,这些能力影响到食品安全绩效和 FSMS 的有效性;基于适当的教育、培训和经验,确保这些人员(包括食品安全小组和负责实施危害控制计划的人员)是胜任的;确保食品安全小组应具备多学科知识和建立与实施 FSMS 的经验(包括但不限于组织的 FSMS 范围内的产品、过程、设备和食品安全危害);适用时,采取措施以获得所需的能力,并评价所采取措施的有效性;保留适当的文件化信息,作为人员能力的证据。

注:适用的措施可包括对在职人员提供培训、辅导或重新分配工作,或者雇用、外包胜任的人员。

7.3 意识 组织应确保在其控制下工作的人员知晓:食品安全方针;与其任务相关的 FSMS 目标;他们对 FSMS 有效性的贡献,包括改进食品安全绩效的益处;不符合 FSMS 要求的后果。

7.4 沟通

7.4.1 总则 组织应确定与 FSMS 有关的内部和外部沟通,包括:沟通什么,何时沟通,与谁沟通,如何沟通,谁来沟通。组织应确保有效沟通的要求为所有对食品安全有影响的人员所理解。

7.4.2 外部沟通 组织应确保在食品链相关方中获得充分的信息。组织应与以下各方建立、实施和保持有效的沟通:a. 外部供方和承包方。b. 顾客或消费者,涉及与食品安全有关的产品信息,以在食品链中由消费者进行的产品的处理、陈列、贮存、制备、分发和使用;识别需要由食品链中其他组织或消费者控制的食品安全危害;合同安排、问询和查询订单,包括其修改;顾客或消费者的反馈信息,包括抱怨。c. 立法和执行部门。d. 对 FSMS

的有效性或更新具有影响或将受其影响的其他组织。

指定人员应具有规定的职责和权限以进行有关食品安全信息的对外沟通。通过外部沟通获得的信息应作为管理评审的输入和 FSMS 的更新。外部沟通的证据应作为文件化信息予以保留。

7.4.3 内部沟通 组织应制定、实施和保持一个有效的体系，以对影响食品安全的事项进行沟通。为保持 FSMS 的有效性，组织应确保食品安全小组及时了解以下变化。食品安全小组应确保 FSMS 的更新。最高管理者应确保将相关信息作为管理评审输入。

7.5 文件化信息

7.5.1 总则 组织的 FSMS 应包括：本标准要求的文件化信息；组织确定的、为确保 FSMS 有效性所需的文件化信息；立法、执法部门和顾客要求的文件化信息和食品安全要求。

注：对于不同组织，FSMS 的文件化信息的多少与详略程度可以不同，取决于组织的规模，以及活动、过程、产品和服务的类型；过程及其相互作用的复杂程度；人员的能力。文件的分类包括方针及目标；程序文件；支持性文件（岗位职责、规范、作业指导书、操作规程、检验方法、各类规定等）；记录。

7.5.2 创建和更新 在创建和更新成文信息时，组织应确保适当的标识和说明（如标题、日期、作者、索引编号）；格式（如语言、软件版本、图示）和媒介（如纸质的、电子的）；评审和批准，以保持适宜性和充分性。

7.5.3 文件化信息的控制 应控制 FSMS 和本标准所要求的文件化信息，以确保可在需要的场合和时机，获得并适用；予以妥善保护（如防止泄密、不当使用或缺失）。

为控制文件化信息，适用时，组织应进行下列活动：分发、访问、检索和使用；存储和防护，包括保持可读性；更改控制（如版本控制）；保留和处置。

对于组织确定的策划和运行 FSMS 所必需的来自外部的文件化信息，组织应进行适当识别，并予以控制。对所保留的作为符合性证据的文件化信息应予以保护，防止非预期的更改。

注：对文件化信息的"访问"可能意味着仅允许查阅，或者意味着允许查阅并授权修改。

文件控制要求：发布前及再版时有审批；更改时有标记；使用现场有适用的文件，且为最新版本；文件清晰、干净、易检索；外来文件应为最新版本，满足渠道（上网、标准化出版社、媒体、官方、相关方等）使用和发放的要求；作废文件应保留或销毁。

8. 运行

8.1 运行策划和控制 为满足实现安全产品要求，并实施 6.1 中所确定的措施，组织应通过以下措施对所需的过程进行策划、实施、控制、保持和更新：建立过程准则；按照准则实施过程控制；在必要的范围和程度上保持文件化信息，确信和证实过程已经按策划进行。

组织应控制策划的变更，评审非预期变更的后果，必要时，采取措施减轻不利影响。组织应确保外包过程受控。

8.2 前提方案 [PRP(s)]

8.2.1 应建立、实施、保持和更新 PRP(s)，以促进预防或减少产品、产品加工和工作环境中污染物（包括食品安全危害）。

8.2.2 PRP(s) 应当：与组织及其环境相关的食品安全相适应；与组织运行的规模和类型、制造或处置的产品性质相适应；在整个生产系统中实施，无论是普遍适用还是适用于特定产品或过程；获得食品安全小组的批准。

8.2.3 在选择或制定前提方案 PRP(s) 时，组织应确保适用的法律法规和顾客要求得到识别。组织宜考虑：ISO/TS 22002 系列的适用部分；适用的标准、操作规范和指南。

8.2.4 在建立 PRP(s) 时，组织应考虑：建筑物和相关设施的构造与布局；包括分区、工作空间和员工设施在内的厂房布局；空气、水、能源和其他基础条件的供给；虫害控制，包括废物及污水处理的支持性服务；设备的适用性及其清洁、保养的可实现性；供应商批准和保证过程（如原材料、配料、化学品和包装材料）；材料接收、储存、派发、运输和产品处置；交叉污染的预防措施；清洁和消毒；人员卫生；产品信息或消费者意识；其他有关方面。

应规定 PRP(s) 的选择、制定、适用的监视和验证的文件化信息。

8.3 可追溯性系统

可追溯性系统应能够唯一地识别供应商的材料和终产品的首次分销途径。在建立和实施可追溯性系统时，应考虑以下最低要求：

a. 材料接收、辅料和中间产品的批次与终产品的关系；
b. 材料或产品的再加工；
c. 终产品的分销。组织应确保符合适用的法律、法规和客户要求得到识别。在规定的期限（至少包括产品的保质期）保留可追溯系统证据的文件化信息。组织应验证和测试可追溯系统的有效性。

注：适当时，可追溯系统的验证应包括配料数量与终产品数量的衡算，作为有效性的证据。

8.4 应急准备和响应

① 总则。最高管理者确保程序到位，以响应与组织在食品链中的作用相关的可能影响食品安全的潜在紧急情况或事件。管理这些情况和事件的文件化信息应得到建立和保持。

注：可能影响食品安全或生产的紧急情况的例子有：自然灾害、环境事故、生物恐怖主义、工作场所事故、突发公共卫生事件和其他事故，如水、电或制冷供应等基本服务的中断。

② 处理突发事件。组织应：

a. 通过以下方式响应实际的紧急情况和事件；
b. 采取降低紧急情况后果的措施，与紧急情况或事故的程度以及潜在的食品安全影响相适应；
c. 可行时定期测试程序；
d. 必要时，在发生任何事故、紧急情况或测试后评审、更新文件化信息。

8.5 危害控制

8.5.1 实施危害分析的预备步骤

8.5.1.1 总则 为进行危害分析，食品安全小组应收集、保持和更新预备的文件化信息。应包括但不限于：

a. 适用的法律法规及顾客要求；
b. 组织的产品、过程和设备；
c. 与 FSMS 有关的食品安全危害。

8.5.1.2 原料、辅料及产品接触材料的特点 组织应确保识别所有原料、辅料和与产品接触材料的所有适用的食品安全法律法规。组织应保持所有原料、辅料和与产品接触材料的文件化信息，其详略程度应足以实施危害分析，适宜时，包括以下方面：

a. 生物、化学和物理特性；
b. 配料成分的组成，包括添加剂和加工助剂；
c. 来源（例如动物、矿物或蔬菜）；
d. 原产地（起源或种源）；

e. 生产方法；

f. 包装和交付方式；

g. 贮存条件和保质期；

h. 使用或生产前的预处理；

i. 与采购材料和辅料预期用途相适宜的，有关食品安全的接收准则或规范。

8.5.1.3 终产品的特点 组织应确保识别所有与终产品适用的食品安全法律法规要求。组织保持终产品的文件化信息，其详略程度应足以进行危害分析，适当时，包括下列信息：

a. 产品名称或类似标志；

b. 成分；

c. 与食物安全有关的生物、化学及物理特性；

d. 预期的保质期和贮存条件；

e. 包装；

f. 与食物安全有关的标志或处理、制备及预期用途的说明书；

g. 分销和交付的方法。

预期用途：应考虑包括终产品的预期用途和合理预期的处理，以及非预期使用可能发生的错误处置和误用，并将其作为文件化信息予以保持，其详略程度应足以实施危害分析。适当时，应识别每种产品的消费者或使用群体。识别出对特定食品安全危害易感的消费者或用户群体。

流程图和过程描述：食品安全小组应建立、保持和更新 FSMS 所覆盖产品、产品类别及过程的文件化信息形式的流程图。流程图提供了过程的图形表示。在进行危害分析时，流程图应作为评价可能出现、增加、减少或引入的食品安全危害的基础。流程图应该清晰、准确和足够详细，其详略程度应足以实施危害分析。

8.5.2 危害分析 食品安全小组应基于预备信息实施危害分析，以确定需要控制的危害。控制的程度应确保食品安全，适当时，应采取控制措施的组合。

危害识别和可接受水平的确定：

a. 组织应识别和记录与产品类型、过程类型和过程环境相关的所有合理预期发生的食品安全危害。识别应基于以下方面：收集的预备信息和数据；经验；内部和外部信息，尽可能包括流行病学、科学和其他历史数据；来自食品链中，可能与终产品、中间产品和消费食品有关的食品安全的危害信息；立法、执法部门和顾客要求。

b. 组织应识别能够存在、引入、增加或残留食品安全危害的每一步骤（如原料接收、加工、分销和交付）。在确定危害时，组织应考虑：食品链中的前后阶段；流程图中的前后步骤；过程设备、公共设施或服务、过程环境和人员。

c. 只要可能，组织应确定每一种终产品的食品安全危害的可接受水平。在确定可接受水平时，组织应考虑：确保适用的法律法规和顾客要求已经识别；考虑终产品的预期用途；考虑任何其他相关信息。组织应保持有关可接受水平及其理由的文件化信息。

危害评估：组织应对每种已识别的食品安全危害进行危害评估，以确定是否必须预防或降低到可接受水平。

控制措施的选择和分类：根据危害评估的结果，组织应选择适当的控制措施或其组合，使已识别的显著食品安全危害能够得到预防或降低至规定的可接受水平。组织应将选择确定的控制措施分类，通过 OPRP 或 CCP 实施管理。应使用系统方法进行分类。此外，对于每项控制措施，系统方法应包括对可行性的评估。

8.5.3 控制措施和控制措施组合的确认 食品安全小组应确认所选择的控制措施能使

其针对显著食品安全危害实施预期控制。该确认应在控制措施及包括危害控制计划在内的控制措施组合实施之前，及发生任何变更之后进行。当确认结果表明控制措施不能满足预期控制要求时，食品安全小组应修改和重新评估控制措施和控制措施组合。食品安全小组应以文件化信息形式保持确认的方法和作为控制措施实现预期控制能力的证据。

8.5.4 危害控制计划（HACCP/OPRP 计划） 组织应当建立、实施和保持危害控制计划。应保持危害控制计划的文件化信息，并包括针对每个 CCP 或 OPRP 的控制措施。

关键限值和行动准则的确定：应规定 CCP 的关键限值和 OPRP 的行动准则，其确定的理由应作为文件化信息予以保持。CCP 的关键限值应是可测量的。符合关键限值应确保不超过可接受水平。OPRP 的行动准则应是可测量的或可观察的。符合行动准则应有助于保证不超过可接受水平。

CCP 和 OPRP 的监控系统：在每个 CCP 中，应为每个控制措施及其组合建立监视系统，以发现关键限值的任何失效。该系统应包括针对关键限值的有计划的测量。对于每项 OPRP，应为控制措施或控制措施的组合建立监视系统，以发现行动准则的失效。每个 CCP 和每项 OPRP 的监测系统应由文件化信息构成。

不符合关键限值或行动准则时的措施。组织应规定在关键限值或行动准则不符合时所采取的纠正和纠正措施，并应确保：潜在不安全产品不会被放行；查明不符合的原因；使 CCP 或 OPRP 控制的参数恢复到关键限值或行动准则规范内；防止再次发生。

实施危害控制计划：组织应实施和保持危害控制计划，并保留形成文件化信息的实施证据。

8.6 PRP(s) 和危害控制计划规定信息的更新 制订危害控制计划后，必要时，组织应更新以下信息：原料、辅料及产品接触材料的特性；终产品的特性；预期用途；流程图、过程和过程环境的描述。组织应确保危害控制计划和 PRP(s) 是最新的。

8.7 监视和测量的控制 组织应提供证据表明所采用的监测、测量方法和设备与 PRP(s) 和危害控制计划有关的监测和测量活动相适应。

8.8 有关 PRP(s) 和危害控制计划的验证

8.8.1 验证 组织应建立、实施和保持验证活动。验证策划应规定验证活动的目的、方法、频次和职责。

验证活动应确定：PRP(s) 得以实施；危害控制计划得以实施且有效；危害水平在确定的可接受水平之内；危害分析的输入持续更新；组织要求的其他措施得以实施且有效。组织应确保验证活动不能由同一活动有监测职责的人员执行。验证结果应作为文件化信息保留，并予以沟通。

8.8.2 验证活动结果分析 食品安全小组应对验证结果进行分析，分析的结果作为 FSMS 绩效评价的输入。

8.9 不合格控制

8.9.1 总则 组织应确保从监视 OPRP 和 CCP 获得的数据由指定的有能力和职责启动纠正和纠正措施的人员进行评价。

8.9.2 纠正 当 CCP 的关键限值和/或 OPRP 的行动准则不符合时，组织应确保根据产品的用途和放行要求，识别和控制受影响的产品。

组织应建立、保持和更新文件化信息，包括：对受影响产品进行识别、评价和纠正，以确保它们进行适宜处置；评审所实施纠正的安排。

当 CCP 的关键限值不符合时，受影响的产品应当被识别并作为潜在不安全产品被处置。

当 OPRP 的行动准则不符合时，则应执行以下方面：确定该失效对食品安全影响的后果；确定不符合的原因；确定受影响的产品并根据 8.9.4 处置。组织应保留评价结果的文件化信息。

应保留描述产品和过程不符合及其纠正的文件化信息，包括：不符合的性质；不合格的原因；因不符合而产生的后果。

8.9.3 纠正措施 当 CCP 超出 CL 值和/或 OPRP 的行动准则不符合时，应评价采取纠正措施的必要性。组织应建立和保持文件化信息，规定适宜的措施以识别和消除已发现的不符合的原因，防止其再次发生，并在不符合发生后，使过程恢复受控状态。

8.9.4 潜在不安全的产品的处置

8.9.4.1 总则 组织应采取措施防止潜在不安全产品进入食品链，除非能证实：有关的食品安全危害已降低到规定的可接受水平；相关的食品安全危害在进入食品链前将降至确定的可接受水平；尽管不符合，但产品仍能满足相关规定的食品安全危害的可接受水平。

组织应保留识别的潜在不安全产品在其控制下，直至产品经过评价并确定处置。当产品在组织的控制之外，并继而确定为不安全时，组织应通知相关方，并启动撤回/召回。处理潜在不安全产品的控制要求、相关方响应和授权应形成文件化信息予以保留。

8.9.4.2 放行的评价 受到不符合影响的每批产品应进行评价。超出 CCP 关键限值的受影响的产品不能放行，应按 8.9.4.3 进行处理。

因不符合 OPRP 行动准则而受影响的产品，只在符合下列任一条件时，才能作为安全产品放行：除监测系统以外的其他证据证实控制措施有效；证据表明，针对特定产品的控制措施的组合作用达到预期效果（即确定的可接受水平）；抽样、分析和/或其他验证活动的结果证实受影响的产品符合所确定的相关食品安全危害的可接受水平。产品放行的评价结果应作为文件化信息予以保留。

8.9.4.3 不合格产品处置 不接受放行的产品应在组织内或组织外重新加工或进一步加工，以确保食品安全危害得到消除或降至可接受水平；当食品链中的食品安全不受影响时，转作他用；或销毁和（或）按废物处理。应保留关于不合格产品处理的文件化信息，包括具有批准权限人员的识别。

8.9.5 撤回/召回 组织应通过任命有权启动和执行撤回/召回的胜任人员，确保能够及时撤回/召回被确定为不安全批次的终产品。组织应建立和保持文件化信息，以便：通知有相关方（如立法和执法部门、顾客和/或消费者）；处置撤回/召回的产品及库存的产品；实施采取措施的顺序。

被撤回/召回的产品和仍在库存的终产品，应在组织的控制下进行保护或持有，直至它们依据 8.9.4.3 进行管理。

撤回/召回的原因、范围和结果应作为文件化信息予以保留，并向最高管理者报告，作为管理评审的输入。

组织应通过应用适当的技术（如模拟撤回/召回或实际撤回/召回）来验证撤回/召回的实施和有效性，并保留文件化信息。

9. 绩效评估

9.1 监视、测量、分析和评价

9.1.1 总则 组织应确定：需要监视和测量的内容；适用的监视、测量、分析和评价方法，适用时，以确保结果有效；何时实施监视和测量；何时对监测和测量结果进行分析和评价；应由谁分析和评价监视和测量的结果。组织应保留适当的文件化信息，以作为结果的证据。组织应评估 FSMS 的绩效和有效性。

9.1.2 分析和评价　组织应分析和评价因监测和测量而产生的适当数据和信息,包括与 PRP(s) 和危害控制计划有关的验证活动的结果、内部审核和外部审核。应进行分析以便:证实体系的整体运行满足策划的安排和本组织建立 FSMS 的要求;识别 FSMS 更新或改进的需要;识别表明潜在不安全产品或过程失效事故风险的趋势;确定信息,用于策划与受审核区域和重要性相关的内部审核方案;提供纠正和纠正措施有效性的证据。

分析结果和由此产生的活动应作为文件化信息予以保留。结果应向最高管理者报告,并作为管理评审的输入和 FSMS 的更新。

9.2 内部审核

9.2.1 组织应按策划的时间间隔进行内部审核,以提供有关 FSMS 的下列信息,是否:符合组织自身的 FSMS 要求;符合本标准的要求;得到有效的实施和保持。

9.2.2 组织应:依据有关过程的重要性、FSMS 的变化以及监视和测量的结果和以往的审核结果,策划、建立、实施和保持审核方案,审核方案包括频次、方法、职责、策划要求和报告;规定每次审核的准则和范围;选择胜任的审核人员实施审核,以确保审核过程的客观性和公正性;确保将审核结果报告给食品安全小组及有关管理人员;保留文件化信息,作为实施审核方案和审核结果的证据;进行必要的纠正,并在约定的时间范围内采取必要的纠正措施;确定 FSMS 是否符合食品安全方针和目标和意图。

组织的后续活动应包括对所采取纠正措施的验证和对验证结果的报告。

9.3 管理评审

9.3.1 总则　最高管理者应按照策划的时间间隔对组织的 FSMS 进行评审,以确保其持续的适宜性、充分性和有效性。

9.3.2 管理评审的输入　管理评审应考虑:以往管理评审所采取措施的实施情况;与 FSMS 有关的内外部环境的变化,包括组织及其背景的变化(见 4.1);有关 FSMS 绩效和有效性的信息,包括其趋势;资源的充分性;发生的任何紧急情况及事件;通过外部(见 7.4.2)和内部(见 7.4.3)沟通获得的相关信息,包括相关方的诉求和抱怨;改进的机会。

提交给最高管理者的资料的形式,应能使其理解所含信息与已声明的 FSMS 目标之间的关系。

9.3.3 管理评审的输出　管理评审的输出应包括:与持续改进机会有关的决策和措施;FSMS 所需要的更新和变更,包括资源需求和食品安全方针、目标的修订。组织应保留文件化信息,作为管理评审结果的证据。

10. 改进

10.1 不符合和纠正措施

10.1.1 当出现不合格时,组织应:对不符合项做出应对,并在适用时采取措施以控制和纠正不合格并处置后果;通过下列活动,评价是否需要采取措施,以消除不符合的原因,避免其再次发生或者在其他场合发生(如评审不合格,确定不合格原因,确定是否存在或可能发生类似的不合格);实施所需的措施;评审所采取的纠正措施的有效性;需要时,变更 FSMS。

10.1.2 组织应保留文件化信息,作为下列事项的证据:不合格的性质以及随后采取的措施;纠正措施的后果。

10.2 持续改进
组织应持续改进 FSMS 的适用性、充分性和有效性。

最高管理者应确保组织通过以下活动,持续改进 FSMS 的有效性:沟通,管理评审,内部审核，验证活动结果分析，控制措施及其组合的确认，纠正措施和 FSMS 更新。

10.3 食品安全管理体系的更新 最高管理者应确保 FSMS 持续更新。为此，食品安全小组应按策划的时间间隔评价 FSMS。应考虑评审危害分析、已建立的危害控制计划和 PRP(s) 的必要性。更新活动应基于：内部和外部沟通信息的输入；与 FSMS 适用性、充分性和有效性有关的其他信息的输入；验证活动结果分析的输出；管理评审的输出。

系统更新活动应作为文件化信息予以保留，并作为管理评审的输入进行报告。

第五节　ISO 14000 环境管理体系

一、ISO 14000 系列标准产生的背景

1. 环境

（1）环境的概念

① 指影响人类生存和发展的各种天然的和经过人工改造的自然因素的总体［来自《中华人民共和国环境保护法（2014 年修订本）》］。

② 组织运行活动的外部存在（ISO 14001：2015）。

（2）环境的分类 按范围大小分成特定空间、车间环境、生活区环境、城市环境、区域环境、全球环境、宇宙环境。按环境要素分成自然环境、人工环境、社会环境。

自然环境包括地质环境（地核、地幔、地壳）、土壤环境、大气环境（对流层、平流层、中间层、电离层、逸散层）、水体环境（海洋、湖泊、河流环境等）、生物环境（森林、草原、野生动植物环境等）。

社会环境包括生产环境（工厂、矿山、农场、林场、果园环境等）、交通环境（机场、港口、铁路、公路环境等）、商业环境（商业区等）、聚落环境（如城乡生活区、院落环境、村落环境等）、科教环境（学校及文化教育区、科教区等）、卫生环境（医院、疗养院、社区等）、旅游环境（自然保护区、风景名胜区、文化古迹保护区等）。

生活环境包括生存环境（战争、暴力、刑事犯罪等）、工作环境（胜任工作、上级赏识、同事关系融洽等）、生活环境（拥有住房、收入可观、丰衣足食、家庭幸福、爱情甜蜜等）、才智环境（施展专长、智慧发挥、社会尊重与承认等）。

2. 环境问题

（1）环境问题定义 指人类活动作用于周围环境所引起的环境质量变化，以及这种变化对人类的生产、生活和健康造成的影响。

（2）环境问题分类

① 原生环境问题：由自然力引起的环境问题。

② 次生环境问题：环境污染和生态破坏。

（3）环境污染 一般指有害物质或因子进入环境，并在环境中扩散、迁移、转化，使环境系统的结构与功能发生变化，对人类以及其他生物的生存和发展产生不利影响。

（4）环境污染分类

① 由有害物质引起的污染包括大气污染、水体污染、土壤污染、生物污染、环境污染、噪声污染、热污染。

② 由物理特性引起的污染包括放射性污染、电磁污染、光污染。

③ 生态环境破坏：人类活动直接作用于自然界引起的自然生态系统的破坏和对生物体

的危害，从而导致生态失衡。

3. 环境问题的产生

(1) 农业环境问题 由气候、土壤、水、地形、生物要素及人为因子组成。农业环境的突出问题是环境污染和生态破坏。

(2) 工业环境问题 工业生产产生的固体废弃物；含有大量的破坏土壤结构、污染水体的物质；废气；废水；噪声。

历史上非常重大典型的工业污染事件有比利时马斯河谷事件（1930.12.1～1930.12.4）、日本熊本水俣病事件（1953～1956）、美国洛杉矶光化学烟雾事件（1943）、美国多诺拉事件（1948.10.26～1948.10.31）、英国伦敦烟雾事件（1952.12.5～1952.12.8）、日本四日市哮喘病事件（1961）、日本富山痛痛病事件（1955～1972）、日本北九州市爱知县米糠油事件（1968.3）、印度博帕尔事件（1984.12.3）、乌克兰切尔诺贝利核电站污染事件（1984.4.26）。

(3) 人类当代环境问题 环境问题归纳起来主要是酸雨、温室效应与气候变化、臭氧层破坏、生态平衡破坏、人口对环境的影响、生活方式对环境的影响、水资源与环境、生物资源与环境、矿产资源与环境。

4. 环境保护标准的发展历程

环境保护经过产业革命以前、"三废"治理时期、综合治理阶段、可持续性发展阶段。

1972年，联合国在瑞典斯德哥尔摩召开了人类环境大会。大会成立了一个独立的委员会，即"世界环境与发展委员会"。该委员会承担重新评估环境与发展关系的调查研究任务，历时若干年，在考证大量素材后，于1987年出版了《我们共同未来》报告，这篇报告首次引进了"持续发展"的观念，敦促工业界建立有效的环境管理体系。这份报告一经颁布就得到了50多个国家领导人的支持，他们联合呼吁召开世界性会议专题讨论和制定行动纲领。

从20世纪80年代起，美国和西欧的一些公司为了响应持续发展的号召，减少污染，提高在公众中的形象以获得经营支持，开始建立各自的环境管理方式，这是环境管理体系的雏形。

1985年荷兰率先提出建立企业环境管理体系的概念，1988年试行实施，1990年建立标准化和许可制度。1990年欧盟在慕尼黑的环境圆桌会议上专门讨论了环境审核问题。英国也在质量体系标准（BS5750）的基础上，制定BS7750环境管理体系。英国的BS7750和欧盟的环境审核措施实施后，欧洲的许多国家纷纷开展认证活动，由第三方予以证明企业的环境绩效。这些实践活动奠定了ISO 14000系列标准产生的基础。

1992年在巴西里约热内卢召开"环境与发展"大会，183个国家和70多个国际组织出席会议，通过了《21世纪议程》等文件。这次大会的召开，标志着全球谋求可持续发展的时代开始了。各国政府领导、科学家和公众认识到要实现可持续发展的目标，就必须改变工业污染控制战略，从加强环境管理入手，建立污染预防（清洁生产）的新观念。通过企业的"自我决策、自我控制、自我管理"方式，把环境管理融于企业全面管理之中。

为此国际标准化组织（ISO）于1993年6月成立了ISO/TC207环境管理技术委员会，正式开展环境管理系列标准的制定工作，以规范企业和社会团体等所有组织的活动、产品和服务的环境行为，支持全球的环境保护工作。

5. 环境保护标准的基础

ISO 14000系列标准的基础首先是BS7750，由英国标准所制定；其次是欧盟的环境管理系统，称为生态管理和审核体系（EMAS），其大部分内容来源于BS7750。

1987年ISO颁布的世界上第一套管理系列标准ISO 9000"质量管理与质量保证"取得了成功。ISO 9000的成功经验证明了国际标准中设立管理系列标准的可行性和巨大进步意义。因此，ISO 在成功制定 ISO 9000 系列标准的基础上，开始着手制定标准序号为 14000 的系列环境管理标准。因此可以说欧洲发达国家积极推行的 BS7750、EMAS 以及 ISO 9000 的成功经验是 ISO 14000 系列标准的基础。

6. ISO/TC207

（1）ISO/TC207 的成立 1993 年 1 月，国际标准化组织环境管理标准化技术委员会即 ISO/TC207 正式成立。

（2）ISO/TC207 的任务和宗旨 进行环境管理工具和体系领域的标准化工作。

（3）ISO/TC207 的组织结构 5 个分委员会：环境管理体系、环境审核和调查、环境标志和声明、环境绩效评价、生命周期评价。

二、ISO 14000 系列标准的简介

1. ISO 14000 系列标准

ISO 14000 系列标准是由国际标准化组织（ISO）第 207 技术委员会（ISO/TC207）组织制定的环境管理体系标准，其标准号从 14001 至 14100，共 100 个标准号，统称为 ISO 14000 系列标准，包括环境管理体系标准，环境审核标准，环境标志和声明标准，环境表现评价标准，生命周期评价标准，术语标准，产品中的环境因素、环境信息交流、气候变化标准。

2. ISO 14000 的版本特点

GB/T 24001 等同于 ISO 14000 标准的修订：

第一版，1996 年 9 月 1 日发布，环境管理体系标准有 5 项。

第二版，2004 年 11 月 15 日发布，环境管理体系标准修订了 2 项，废止了 3 项。

第三版，2015 年发布，新的高级结构（HLS）采用所有管理体系标准通用的术语、定义、标题和文本内容，以便在实施多个管理体系时实现轻松整合。

高层结构：新版将沿用与其他 ISO 管理体系标准相同的架构。SL 高层结构见图 9-6。

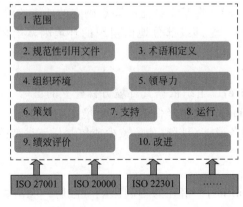

图 9-6 SL 高层结构

ISO 公布了一个指导文件，"ISO Directives 2013"。该指导文件中有一个规范性的附件，叫作"Annex SL"。这是一个管理体系标准的标准模板，即"标准的标准"。即确定 ISO 管理体系所有新标志和现行标准修订版的共同结构和格式，所有的管理体系标准有 30% 或更多将是同样的文本（共同文本）。按照国际标准组织的要求，所有的 ISO 管理体系标准，如我们熟知的 ISO 9001、ISO 14001、ISO 27001 等，在今后修改时都要按照 Annex SL 的要求重写。

作为管理体系标准模板的"Annex SL"包含两方面的内容：标准化的管理体系标准通用术语，标准化

的管理体系标准通用结构。

"Annex SL"里面列举了 22 个术语,作为管理体系标准的通用术语,包括组织、利益相关者、政策、管理体系、目标、风险等。

三、实施 ISO 14000 系列标准的意义

① 保护人类生存和发展,实现经济可持续发展的需要;
② 树立企业形象,提高企业的知名度,增强市场竞争能力,不断扩大生产经营活动;
③ 促使企业自觉遵守环境法律法规;
④ 促使企业在其生产、经营、服务及其他活动中考虑其对环境的影响,减少环境负荷;
⑤ 消除国际贸易中的绿色壁垒的需要;使企业获得进入国际市场的"绿色通行证";
⑥ 增强企业员工的环境意识,促使企业加强环境管理;
⑦ 促使企业节约能源,再生利用废弃物,降低经营成本;
⑧ 减少环境风险事故,降低处理污染风险的费用。

四、术语和定义

(1) 管理体系(management system) 组织用于建立方针、目标以及实现这些目标的过程的相互关联或相互作用的一组要素。

(2) 环境管理体系(environmental management system) 管理体系的一部分,用来管理环境因素、履行合规义务,并应对风险和机遇。

(3) 环境方针(environmental policy) 由最高管理者就环境绩效正式表述的组织的意图和方向。

(4) 环境(environment) 组织运行活动的外部存在,包括空气、水、土地、自然资源、植物、动物、人,以及它们之间的相互关系。

(5) 环境因素(environmental aspect) 一个组织的活动、产品和服务中与环境或能与环境发生相互作用的要素。

(6) 环境状况(environmental condition) 在某个特定时间点确定的环境的状态或特征。

(7) 环境影响(environmental impact) 全部或部分地由组织的环境因素给环境造成的不利或有益的变化。

(8) 目标(objective) 要实现的结果。

(9) 环境目标(environmental objective) 组织依据其环境方针建立的目标。

(10) 污染预防(prevention of pollution) 为了降低有害的环境影响而采用(或综合采用)过程、惯例、技术、材料、产品、服务或能源以避免、减少或控制任何类型的污染物或废物的产生、排放或废弃。

(11) 风险(risk) 不确定性的影响。

(12) 风险和机遇(risks and opportunities) 潜在的不利影响(威胁)和潜在的有益影响(机会)。

(13) 能力(competence) 运用知识和技能实现预期结果的本领。

(14) 文件化信息(documented information) 组织需要控制并保持的信息,以及承载信息的载体。

(15) 生命周期(life cycle) 产品(或服务)系统中前后衔接的一系列阶段,从自然界或从自然资源中获取原材料,直至最终处置。

(16) 过程(process) 将输入转化为输出的一系列相互关联或相互作用的活动。

注：过程可形成也可不形成文件。

（17）**符合**（conformity） 满足要求。

（18）**不符合**（nonconformity） 未满足要求。

注：不符合与本标准要求及组织自身规定的附加的环境管理体系要求有关。

（19）**纠正措施**（corrective action） 为消除不符合的原因并预防再次发生所采取的措施。

注：一项不符合可能由不止一个原因导致。

（20）**绩效**（performance） 可度量的结果。

（21）**环境绩效**（environmental performance） 与环境因素的管理有关的绩效。

注：对于一个环境管理体系，可依据组织的环境方针、环境目标或其他准则，运用参数来测量结果。

五、GB/T 24001—2016 等同于 ISO 14001:2015《环境管理体系 要求及使用指南》

1. 引言

1.1 背景 为了既满足当代人的需求，又不损害后代人满足其需求的能力，必须实现环境、社会和经济三者之间的平衡。通过平衡这"三大支柱"的可持续性，以实现可持续发展目标。

随着法律法规的日趋严格，以及因污染、资源的低效使用、废物管理不当、气候变化、生态系统退化、生物多样性减少等给环境造成的压力不断增大，社会对可持续发展、透明度和责任的期望值已发生了变化。

因此，各组织通过实施环境管理体系，采用系统的方法进行环境管理，以期为"环境支柱"的可持续性做出贡献。

环境管理体系旨在为各组织提供框架，以保护环境，响应变化的环境状况，同时与社会经济需求保持平衡。本标准规定了环境管理体系的要求，使组织能够实现其设定的环境管理体系的预期结果。

环境管理的系统方法可向最高管理者提供信息，通过下列途径以获得长期成功，并为促进可持续发展创建可选方案：预防或减轻不利环境影响以保护环境；减轻环境状况对组织的潜在不利影响；帮助组织履行合规义务；提升环境绩效；运用生命周期观点，控制或影响组织的产品和服务的设计、制造、交付、消费和处置等的方式，能够防止环境影响被无意地转移到生命周期的其他阶段；实施环境友好的且可巩固组织市场地位的可选方案，以获得财务和运营收益；与有关的相关方沟通环境信息。

成功因素：环境管理体系的成功实施取决于最高管理者领导下的组织各层次和职能承诺。组织可利用机遇，尤其是那些具有战略和竞争意义的机遇，预防或减轻不利的环境影响，增强有益的环境影响。通过将环境管理融入组织的业务过程、战略方向和决策制定过程，与其他业务的优先项相协调，并将环境管理纳入组织的整体管理体系中，最高管理者就能够有效地应对其风险和机遇。成功实施本标准可使相关方确信组织已建立了有效的环境管理体系。

然而，采用本标准本身并不保证能够获得最佳环境结果。本标准的应用可因组织所处环境的不同而存在差异。两个组织可能从事类似的活动，但是可能拥有不同的合规义务、环境方针承诺，使用不同的环境技术，并有不同的环境绩效目标，然而它们均可能满足本标准的要求。

环境管理体系的详略和复杂程度将取决于组织所处的环境、其环境管理体系的范围、其合规义务，以及其活动、产品和服务的性质，包括其环境因素和相关的环境影响。

1.2 策划-实施-检查-改进模式（PDCA）模式 环境管理体系也采用策划-实施-检查-改进（PDCA）模式。构成环境管理体系的方法是基于策划、实施、检查与改进（PDCA）的概念。PDCA模式为组织提供了一个循环渐进的过程，用以实现持续改进。该模式可应用于环境管理体系及其每个单独的要素。

1.3 标准内容 本标准符合 ISO 对管理体系标准的要求。这些要求包括一个高层结构，相同的核心正文，以及具有核心定义的通用术语，目的是方便使用者实施多个 ISO 管理体系标准。

本标准不包含针对其他管理体系的要求，例如：质量、职业健康安全，能源或财务管理。然而，本标准使组织能够运用共同的方法和基于风险的思想，将其环境管理体系与其他管理体系的要求进行整合。

1.4 文件控制要求 发布前及再版时有审批；更改时有标记；使用现场有适用的文件，且为最新版本；文件清晰、干净，易检索；外来文件应为最新版本，满足渠道（上网、标准化出版社、媒体、官方、相关方等）使用和发放的要求；作废文件应保留或销毁。

本标准包括了评价符合性所需的要求。任何有愿望的组织均可能通过以下方式证实与本标准的符合：进行自我评价和自我声明；或寻求组织的相关方（例如顾客），对其符合性进行确认；或寻求组织的外部机构对其自我声明的确认；或寻求外部组织对其环境管理体系进行认证或注册。

2. 范围

本标准规定了组织能够用来提升其环境绩效的环境管理体系要求。本标准可供寻求以系统的方式管理其环境责任的组织使用，从而为"环境支柱"的可持续发展做出贡献。

本标准可帮助组织实现其环境管理体系的预期结果，这些结果将为环境、组织自身和相关方带来价值。与组织的环境方针保持一致的环境管理体系预期结果包括：提升环境绩效，履行合规义务，实现环境目标。

3. 术语和定义（见本单元第五节）

4. 组织所处的环境

4.1 理解组织及其所处的环境 组织应确定与其宗旨相关并影响其实现环境管理体系预期结果的能力的外部和内部问题。这些问题应包括受组织影响的或能够影响组织的环境状况。

4.2 理解相关方的需求和期望 组织应确定：a. 与环境管理体系有关的相关方；b. 这些相关方的有关需求和期望（即要求）；c. 这些需求和期望中哪些将成为其合规义务。

相关方强制性的要求和期望：法律、法规、规章、政府甚至法庭判决的许可和授权，自愿接受或采纳的相关方的其他需求和期望。例如纳入合同关系或签署自愿性协议。一旦组织采纳，这些需求和期望则成为组织的要求，即成为合规义务。

4.3 确定环境管理体系的范围 组织应确定环境管理体系的边界和适用性，以界定其范围。确定范围时组织应考虑：a. 4.1 所提及的内、外部问题；b. 4.2 所提及的合规义务；c. 其组织单元、职能和物理边界；d. 其活动、产品和服务；e. 其实施控制与施加影响的权限和能力。

范围一经确定，在该范围内组织的所有活动、产品和服务均需纳入环境管理体系。应保持范围的文件化信息，并可为相关方获取。组织边界内的最高管理者有权限建立环境管理体系。范围的确定不能排除具有或可能具有重要环境因素的活动、产品、服务或设施，或规避其合规义务。

4.4 环境管理体系 为实现组织的预期结果，包括提高其环境绩效，组织应根据本标准的要求建立、实施、保持并持续改进环境管理体系，包括所需的过程及其相互作用。

组织建立并保持环境管理体系时，应考虑 4.1 和 4.2 获得的知识。初始环境评审应考虑：

① 适用于组织的法律、法规、标准是如何要求的？有无严格的管理手段？现状与规定之间有什么差距？

② 识别现行和潜在的环境问题（如企业产生哪些废物对人体和环境有害）。

③ 现有管理和运行程序（如谁负责废物处置？现场如何管理工艺生产？），以及是否有需改进之处。

④ 已发生的环境事故分析，以及是否建立了纠正和预防措施。

5. 领导作用

5.1 领导作用和承诺 最高管理者应证实其在环境管理体系方面的领导作用和承诺，通过：对环境管理体系的有效性负责；确保建立环境方针和环境目标，并确保其与组织的战略方向及所处的环境相一致；确保将环境管理体系要求融入组织的业务过程；确保可获得环境管理体系所需的资源；就有效环境管理的重要性和符合环境管理体系要求的重要性进行沟通；确保环境管理体系实现其预期结果；指导并支持员工对环境管理体系的有效性做出贡献；促进持续改进；支持其他相关管理人员在其职责范围内证实其领导作用。

注：本标准所提及的"业务"可从广义上理解为涉及组织存在目的的那些核心活动。

5.2 环境方针 最高管理者应在确定的环境管理体系范围内建立、实施并保持环境方针，环境方针应：适合于组织的宗旨和组织所处的环境，包括其活动、产品和服务的性质、规模和环境影响；为制定环境目标提供框架；包括保护环境的承诺，其中包含污染预防及其他与组织所处环境有关的特定承诺；包括履行其合规义务的承诺；包括持续改进环境管理体系以提高环境绩效的承诺。

环境方针应：以文件化信息的形式予以保持；在组织内得到沟通；可为相关方获取。

5.3 组织的角色、职责和权限 最高管理者应确保在组织内部分配并沟通相关角色的职责和权限。最高管理者应对下列事项分配职责和权限：a. 确保环境管理体系符合本标准的要求；b. 向最高管理者报告环境管理体系的绩效，包括环境绩效。

分配沟通环境管理的相关角色的职责和权限，如污染预防、污染物排放、原材料使用、节能降耗，以及有关新产品开发的环境方面的管理等。

6. 策划

6.1 应对风险和机遇的措施

6.1.1 总则 组织应建立、实施并保持满足 6.1.1 至 6.1.4 的要求所需的过程。策划环境管理体系时，组织应考虑：a. 4.1 所提及的问题；b. 4.2 所提及的要求；c. 其环境管理体系的范围。并且，应确定与环境因素（见 6.1.2）、合规义务（见 6.1.3）、4.1 和 4.2 中识别的其他问题和要求相关的需要应对的风险和机遇，以确保环境管理体系能够实现其预期结果；预防或减少不期望的影响，包括外部环境状况对组织的潜在影响；实现持续改进。

组织应确定其环境管理体系范围内的潜在紧急情况，特别是那些可能具有环境影响的潜在紧急情况。

组织应保持以下内容的文件化信息：需要应对的风险和机遇；6.1.1 至 6.1.4 中所需过

程,其详尽程度应使人确信这些过程按策划得到实施。

6.1.2 环境因素 组织应在所界定的环境管理体系范围内,确定其活动、产品和服务中能够控制和能够施加影响的环境因素及其相关的环境影响。此时应考虑生命周期观点。

确定环境因素时,组织必须考虑:a. 变更,包括已纳入计划的或新的开发,以及新的或修改的活动、产品和服务;b. 异常状况和可合理预见的紧急情况。组织应运用所建立的准则,确定那些具有或可能具有重大环境影响的环境因素,即重要环境因素。

适当时,组织应在其各层次和职能间沟通其重要环境因素。组织应保持以下内容的文件化信息:环境因素及相关环境影响;用于确定其重要环境因素的准则;重要环境因素。

注:重要环境因素可能导致与不利环境影响(威胁)或有益环境影响(机会)相关的风险和机遇。

6.1.3 合规义务 组织应:a. 确定并获取与其环境因素有关的合规义务;b. 确定如何将这些合规义务应用于组织;c. 在建立、实施、保持和持续改进其环境管理体系时必须考虑这些合规义务。组织应保持其合规义务的文件化信息。

注:合规义务可能会给组织带来风险和机遇。

6.1.4 措施的策划 组织应策划:a. 采取措施管理重要环境因素,合规义务,6.1.1所识别的风险和机遇。b. 如何策划。在其环境管理体系过程(见6.2、7、8和9.1)中或其他业务过程中融入并实施这些措施;评价这些措施的有效性(见9.1)。

当策划这些措施时,组织应考虑其可选技术方案、财务、运行和经营要求。

6.2 环境目标及其实现的策划

6.2.1 环境目标 组织应针对其相关职能和层次建立环境目标,此时须考虑组织的重要环境因素及相关的合规义务,并考虑其风险和机遇。

环境目标应:a. 与环境方针一致;b. 可度量(如可行);c. 得到监视;d. 予以沟通;e. 适当时予以更新。

组织应保持环境目标的文件化信息。

6.2.2 实现环境目标措施的策划 策划如何实现环境目标时,组织应确定:a. 要做什么;b. 需要什么资源;c. 由谁负责;d. 何时完成;e. 如何评价结果,包括用于监视实现其可测量的环境目标的进程所需的参数(见9.1.1)。

组织应考虑如何能将实现环境目标的措施融入其业务过程。

7. 支持

7.1 资源 组织应确定并提供建立、实施、保持和持续改进环境管理体系所需的资源。

7.2 能力 组织应:a. 确定在其控制下工作,对其环境绩效和履行合规义务的能力有影响的人员所需的能力;b. 基于适当的教育、培训或经历,确保这些人员能够胜任工作;c. 确定与其环境因素和环境管理体系相关的培训需求;d. 适当时,采取措施以获得所必需的能力,并评价所采取措施的有效性。

注:适当措施可能包括,例如向现有员工提供培训和指导,或重新分配工作;或聘用、雇佣胜任的人员。

7.3 意识 组织应确保在其控制下工作的人员意识到:a. 环境方针;b. 与他们的工作相关的重要环境因素和相关的实际或潜在的环境影响;c. 他们对环境管理体系有效性的贡献,包括对提高环境绩效的贡献;d. 不符合环境管理体系要求,包括未履行组织的合规义务的后果。

7.4 信息交流

7.4.1 总则 组织应建立、实施并保持与环境管理体系有关的内部与外部信息交流所需的过程，包括：a. 信息交流的内容；b. 何时进行信息交流；c. 与谁进行信息交流；d. 如何进行信息交流（内容、时机、对象、方式、责任人）。策划信息交流过程时，组织应：考虑其合规义务；确保所交流的环境信息与环境管理体系形成的信息一致且真实可信。组织应对其环境管理体系相关的信息交流做出响应。适当时，组织应保留文件化信息，作为其信息交流的证据。

7.4.2 内部信息交流 组织应：a. 在其各职能和层次间就环境管理体系的相关信息进行内部信息交流，适当时，包括交流环境管理体系的变更；b. 确保其信息交流过程能够促使在其控制下工作的人员对持续改进做出贡献。

7.4.3 外部信息交流 组织应按其合规义务的要求及其建立的信息交流过程，就环境管理体系的相关信息进行外部信息交流。

7.5 文件化信息

7.5.1 总则 组织的环境管理体系应包括：a. 本标准要求的文件化信息；b. 组织确定的实现环境管理体系有效性所必需的文件化信息。

注：不同组织的环境管理体系文件化信息的复杂程度可能不同，取决于组织的规模及其活动、过程、产品和服务的类型；证明履行其合规义务的需要；过程的复杂性及其相互作用；在组织控制下工作的人员的能力。

标准要求的文件化信息要求保持的条款：4.3；5.2；6.1.1；6.1.2；6.1.3；6.1.4；6.2.1；8.1；8.2。要求保留的条款：7.2；7.4.1；9.1.1；9.1.2；9.2.2；9.3；10.2。要求建立实施保持"过程和方案"的条款：6.1.1；6.1.2；6.1.3；6.1.4；7.4.1；8.1；8.2；9.1.2；9.2.2。

7.5.2 创建和更新 创建和更新文件化信息时，组织应确保适当的：a. 标识和说明（例如标题、日期、作者或文献编号）；b. 形式（例如语言文字、软件版本、图表）与载体（例如纸质的、电子的）；c. 评审和批准，以确保适宜性和充分性。

7.5.3 文件化信息的控制 环境管理体系及本标准要求的文件化信息应予以控制，以确保其：a. 在需要的时间和场所均可获得并适用；b. 受到充分的保护（例如防止失密、不当使用或完整性受损）。为了控制文件化信息，适用时，组织应采取以下措施：分发、访问、检索和使用；存储和保护，包括保持易读性；变更的控制（例如版本控制）；保留和处置。

组织应识别所确定的对环境管理体系策划和运行所需的来自外部的文件化信息，适当时，应对其予以控制。

注："访问"可能指只允许查阅文件化信息的决定，或可能指允许并授权查阅和更改文件化信息的决定。

8. 运行

8.1 运行策划和控制 组织应建立、实施、控制并保持满足环境管理体系要求以及实施6.1和6.2所识别的措施所需的过程，通过：建立过程的运行准则；按照运行准则实施过程控制。

注：控制可包括工程控制和程序控制。控制可按层级（例如消除、替代、管理）实施，并可单独使用或结合使用。

组织应对计划内的变更进行控制，并对非预期性变更的后果予以评审，必要时，应采取措施降低任何不利影响。组织应确保对外包过程实施控制或施加影响。应在环境管理体系内规定对这些过程实施控制或施加影响的类型与程度。

从生命周期观点出发，组织应：a. 适当时，制定控制措施，确保在产品或服务设计和开发过程中，考虑其生命周期的每一阶段，并提出环境要求；b. 适当时，确定产品和服务采购的环境要求；c. 与外部供方（包括合同方）沟通其相关环境要求；d. 考虑提供与产品或服务的运输或交付、使用、寿命结束后处理和最终处置相关的潜在重大环境影响的信息的需求。组织应保持必要程度的文件化信息，以确信过程已按策划得到实施。

8.2 应急准备和响应 组织应建立、实施并保持对 6.1.1 中识别的潜在紧急情况进行应急准备并做出响应所需的过程。组织应：a. 通过策划措施做好响应紧急情况的准备，以预防或减轻它所带来的不利环境影响；b. 对实际发生的紧急情况做出响应；c. 根据紧急情况和潜在环境影响的程度，采取相适应的措施预防或减轻紧急情况带来的后果；d. 可行时，定期试验所策划的响应措施；e. 定期评审并修订过程和策划的响应措施，特别是发生紧急情况后或进行试验后；f. 适用时，向有关的相关方，包括在组织控制下工作的人员提供应急准备和响应相关的信息和培训。

组织应保持必要的文件化信息，以确信过程按策划予以实施。

9. 绩效评价

9.1 监视、测量、分析和评价

9.1.1 总则 组织应监视、测量、分析和评价其环境绩效。组织应确定：a. 需要监视和测量的内容；b. 适用时，监视、测量、分析与评价的方法，以确保有效的结果；c. 组织评价其环境绩效所依据的准则和适当的参数；d. 何时应实施监视和测量；e. 何时应分析和评价监视和测量结果。适当时，组织应确保使用经校准或经验证的监视和测量设备。组织应评价其环境绩效和环境管理体系的有效性。

组织应按其建立的信息交流过程的规定及其合规义务的要求，就有关环境绩效的信息进行内部和外部信息交流。

组织应保留适当的文件化信息，作为监视、测量、分析和评价结果的证据。

9.1.2 合规性评价 组织应建立、实施并保持评价其合规义务履行情况所需的过程。组织应：a. 确定实施合规性评价的频次；b. 评价合规性，需要时采取措施；c. 保持其合规状况的知识和对其合规情况的理解。组织应保留文件化信息，作为合规性评价结果的证据。

9.2 内部审核

9.2.1 总则 组织应按计划的时间间隔实施内部审核，以提供下列环境管理体系的信息：a. 是否符合组织自身环境管理体系的要求及本标准的要求；b. 是否得到了有效的实施和保持。

9.2.2 内部审核方案 组织应建立、实施并保持一个或多个内部审核方案，包括实施审核的频次、方法、职责、策划要求和内部审核报告。建立内部审核方案时，组织必须考虑相关过程的环境重要性、影响组织的变化以及以往审核的结果。

组织应：a. 规定每次审核的准则和范围；b. 选择审核员并实施审核，确保审核过程的客观性与公正性；c. 确保向相关管理者报告审核结果。

组织应保留文件化信息，作为审核方案实施和审核结果的证据。

9.3 管理评审
最高管理者应按计划的时间间隔对组织的环境管理体系进行评审，以确保其持续的适宜性、充分性和有效性。

管理评审应包括对下列事项的考虑：

a. 以往管理评审所采取措施的状况。

b. 以下方面的变化：与环境管理体系相关的内外部问题；相关方的需求和期望，包括合规义务；其重要环境因素；风险和机遇。

c. 组织环境绩效方面的信息，包括以下方面的趋势：不符合和纠正措施；监视和测量的结果；其合规义务的履行情况；审核结果。

d. 资源的充分性。

e. 来自相关方的有关信息交流，包括抱怨。

f. 持续改进的机会。

管理评审的输出应包括：对环境管理体系的持续适宜性、充分性和有效性的结论；与持续改进机会相关的决策；与环境管理体系变更的任何需求相关的决策，包括资源；如需要，环境目标未实现时采取的措施；如需要，改进环境管理体系与其他业务过程融合的机遇；任何与组织战略方向相关的结论。组织应保留文件化信息，作为管理评审结果的证据。

10. 改进

10.1 总则 组织应确定改进的机会（见9.1，9.2和9.3），并实施必要的措施，以实现其环境管理体系的预期结果。

10.2 不符合和纠正措施 发生不符合时，组织应：

a. 对不符合做出响应，适用时：采取措施控制并纠正不符合；处理后果，包括减轻不利的环境影响。

b. 通过以下方式评价消除不符合原因的措施需求，以防止不符合再次发生或在其他地方发生：评审不符合；确定不符合的原因；确定是否存在或是否可能发生类似的不符合。

c. 实施任何所需的措施。

d. 评审所采取的任何纠正措施的有效性。

e. 必要时，对环境管理体系进行变更。

纠正措施应与所发生的不符合造成影响（包括环境影响）的重要程度相适应。组织应保留文件化信息作为下列事项的证据：不符合的性质和所采取的任何后续措施；任何纠正措施的结果。

10.3 持续改进 组织应持续改进环境管理体系的适宜性、充分性与有效性，以提升环境绩效。图9-7为环境管理体系框架图。

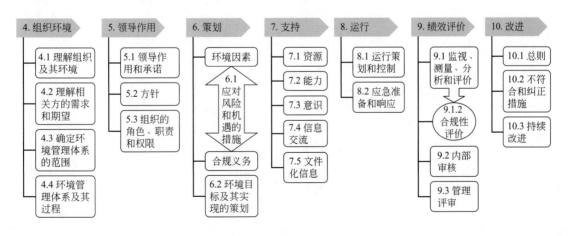

图 9-7 环境管理体系框架图

单元思考

1. 试述 ISO 9000 与 ISO 22000 的关系。
2. 试述 ISO 9000 与 ISO 14000 的关系。
3. 质量管理的发展历经几个阶段?
4. 试述 ISO 9000 族标准与 TQM 的关系。
5. 质量管理七原则是什么?
6. 试述 HACCP、GMP、SSOP、ISO 9001 和 ISO 22000 之间的关系。
7. ISO 22000 的应用范围与 ISO 9000 有什么不同?
8. 试述环境和环境问题的内涵。

参 考 文 献

[1] 中华人民共和国食品安全法．全国人民代表大会常务委员会．2018.12.
[2] 中华人民共和国农产品质量安全法．全国人民代表大会常务委员会．2018.10.
[3] 中华人民共和国标准化法．中华人民共和国主席令 第七十八号．2017.11.
[4] 采用国际标准管理办法．中华人民共和国国家质量监督检验检疫总局令 第10号．2001.12.
[5] 无公害农产品管理办法．中华人民共和国国家质量监督检验检疫总局令 第12号．2002.4.
[6] 农产品地理标志管理办法．中华人民共和国农业农村部令 第2号．2019.4.
[7] 程方．良好农业规范实施指南（一）．北京：中国标准出版社，2006．
[8] GB/T 20000.1—2014．标准化工作指南 第1部分：标准化和相关活动的通用术语．
[9] GB/T 16733—1997．国家标准制定程序的阶段划分及代码．
[10] GB/T 1.1—2020．标准化工作导则 第1部分：标准化文件的结构和起草规则．
[11] GB/T 17989.2—2020．控制图 第2部分：常规控制图．
[12] GB/T 24001—2016．环境管理体系 要求及使用指南．
[13] GB/T 24004—2017．环境管理体系 通用实施指南．
[14] GB/T 19000—2016．质量管理体系 基础和术语．
[15] GB/T 19001—2016．质量管理体系 要求．
[16] GB/T 19011—2013．管理体系审核指南．
[17] GB/T 19630—2019．有机产品 生产、加工、标识与管理体系要求．
[18] GB/T 20014.2—2013．良好农业规范 第2部分：农场基础控制点与符合性规范．
[19] GB/T 19630—2019．有机产品 生产、加工、标识与管理体系要求．
[20] GB/T 27341—2009．危害分析与关键控制点（HACCP）体系 食品生产企业通用要求．
[21] GB/T 19538—2004．危害分析与关键控制点（HACCP）体系及其应用指南．
[22] GB 14881—2013．食品安全国家标准 食品生产通用卫生规范．
[23] GB/T 38157—2019．重要产品追溯 追溯管理平台建设规范．
[24] GB/T 38154—2019．重要产品追溯 核心元数据．
[25] GB/T 22000—2006．食品安全管理体系 食品链中各类组织的要求．
[26] GB/T 22004—2007．食品安全管理体系 GB/T 22000—2006的应用指南．
[27] GB/T 38155—2019．重要产品追溯 追溯术语．
[28] GB/T 38156—2019．重要产品追溯 交易记录总体要求．
[29] GB/T 38158—2019．重要产品追溯 产品追溯系统基本要求．
[30] GB/T 38159—2019．重要产品追溯 追溯体系通用要求．